武大国际法评论

钱绍武题

CSSCI（2008-2009年）来源集刊

武大国际法评论

INTERNATIONAL LAW REVIEW OF WUHAN UNIVERSITY

教育部人文社会科学重点研究基地
武汉大学国际法研究所
主办

第九卷
VOL. 9

WUHAN UNIVERSITY PRESS
武汉大学出版社

图书在版编目(CIP)数据

武大国际法评论．第9卷/教育部人文社会科学重点研究基地;武汉大学国际法研究所主办．—武汉：武汉大学出版社,2009.7
ISBN 978-7-307-07048-6

Ⅰ．武…　Ⅱ．①教…　②武…　Ⅲ．国际法—研究　Ⅳ．D99

中国版本图书馆CIP数据核字(2009)第078242号

责任编辑:田红恩　　责任校对:黄添生　　版式设计:支　笛

出版发行：**武汉大学出版社**　(430072　武昌　珞珈山)
(电子邮件：cbs22@whu.edu.cn　网址：www.wdp.com.cn)
印刷：湖北金海印务公司
开本：787×1092　1/16　印张:27　字数:524千字　插页:1
版次：2009年7月第1版　2009年7月第1次印刷
ISBN 978-7-307-07048-6/D·905　定价:39.00元

武大国际法评论（第九卷）

International Law Review of Wuhan University (Vol. 9)

武大国际法评论

学术顾问

（按姓氏拼音先后为序）

International Law Review of Wuhan University

Editorial Advisory Board

前　言

经过半年多的筹备，《武大国际法评论》（第九卷）终于呈现在读者面前。自《武大国际法评论》被收录为2008～2009年CSSCI来源集刊以来，本刊受到越来越多的国际法学人的关注，读者的喜爱、同仁的关注、学界的重视是激励我们刊物不断前进的动力。我们将继续秉承兼容并包、博采众长、思想自由、百家争鸣的学术传统，为进一步推动中国国际法学界的学术争鸣、提升我国国际法学科的研究水平贡献一份力量。

本卷内容颇丰，不仅设有传统的“专论”、“武大国际法学人”、“综述”三个栏目，同时为了反映学界的最新研究动态，还结合黄进教授主持的教育部“学习宣传贯彻党的十七大精神和纪念改革开放三十周年”理论研究课题《“一国两制”在香港、澳门的成功实践及历史经验研究》项目，精选了课题研究成果中的四篇论文编辑了“中国区际法律问题的回顾与展望专题”。此外，对于广大读者非常感兴趣的涉外司法实践领域，本刊收录了两位从事司法审判一线工作的法官的论文，组成“涉外司法实践专题”，不仅具有很强的可读性，而且具有丰富的资料价值。作为红十字国际委员会在中国高校支持设立的第一个国际人道法研究中心，武汉大学国际人道法研究中心的成立引起了国内外的广泛关注，本刊特载了在研究中心成立仪式上四方代表的讲话，以飨读者。

近年来国际法学界对WTO的研究越来越深入和细化，本期专论部分也有三篇关于WTO的文章，分别是张乃根教授的《试析WTO争端解决的履行》，朱广东副教授的《反倾销归零及其应对策略研究》和张建邦博士的《WTO发展中成员在TRIPS-plus协定下的知识产权保护义务研究》。WTO争端解决的履行是整个WTO争端解决机制的关键，张乃根教授的文章依据《关于争端解决的规则与程序的谅解》及其适用实践，概括了WTO争端解决的履行内容及程序，梳理了十多年来履行的基本情况，并通过与联合国国际法院争端解决之履行的比较，探究WTO争端解决的履行对当代国际法发展的意义，并对我国应对WTO争端解决的履行提出了若干建议。朱广东副教授的文章回顾了反倾销“归零”从GATT时期到WTO时期的发展历程，分析了在WTO体制下反倾销“归零”法律规制变动的原因及前景，总结了反倾销“归零”问题的最终解决途径和我国对待该问题应持有的立场。张建邦博士的文章从 TRIPS-plus 协定的产生与发展谈起，从国际法的角度去归纳和分析了 TRIPS-plus 协定下发展中成员国承担的义务，并探究此类协定对发展中国家缔约方所产生的不平等的国际义务，为发展中国家的应有立场和应对策略提出了建议，最后得出结论认为我国作为世界上具有重要影响的发展中大国，虽然对此类协定的抵御能力较强，但仍应当与广大发展中国家一道抵制 TRIPS-plus 协定所引发的全球知识产权保护“棘轮效应”。

张玲博士的文章《美国跨界破产立法三十年及其对中国的启示》选取了世界破产立法最为发达的美国跨界破产法的发展史为研究对象，分别从官方破产立法改革和美国法学会的民间立法活动两条线索回顾了美国跨界破产法三十年来的发展和变革，并透视出对我国相关立法的启示和借鉴意义。无独有偶，刘勇副教授的文章《美国〈非洲增长与机遇法案〉述评——兼论对中国的启示》也是从美国法的视角谈对我国构建对外援助政策体系的启示，该文从立法背景、立法内容、实施效果等角度对美国《非洲增长与机遇法案》进行了详细的介绍，借此进一步思考我国在推进对外援助法制化进程中应当注意的问题。

在《双边投资条约对发展权的负面影响及对策》一文中，季烨博士认为晚近的双边投资条约以高度自由化为导向，极为重视对私人财产权的保护，并在相当程度上限制和侵蚀了东道国、特别是广大发展中国家的发展权，因此发展中国家有必要合理借鉴美国、加拿大、挪威等发达国家在实践中的最新转轨，实现双边投资条约与发展权在文本和解释角度的连结，从而在技术层面缓解投资自由化过度扩张的压力。黄志雄副教授在《企业社会责任的国际法问题研究》一文中从国际法的角度去研究企业社会责任的发展，主要分析了企业社会责任的国际法规范渊源、主要内容及其在国际法上的实施和监督机制，认为我国也应通过包括国际法在内的各种途径，积极参与国际人权、劳工、环保等标准的制定和实施，推动企业经济责任和社会责任的良性互动，为建设以人为本的和谐社会和 21 世纪的和平发展作出应有的贡献。人权与主权的关系是一个长盛不衰的主题，何志鹏副教授在《国际法治视野中的人权与主权》一文中，回顾了人权与主权的理论纷争与实践对立，分析了人权与主权的应然和实然状态，并在国际法治视野中分析人权与主权的关系和调整方向。

本卷还特别刊载了我国台湾地区赖淳良博士的论文《论域外裁判之许可执行》，主要介绍了我国台湾地区的判决许可执行制度，赖博士主要从立法和实务两个层面对该问题进行详细分析，并对台湾地区现行判决许可执行制度提出了改进方向。“专论”栏目中还收入例如来自卢松副教授和 TANG Yi 同学的英文论文 *Some Thoughts on the Characteristic Performance Test*，该篇文章结合我国的立法与实践对合同法律适用中的特征性履行理论进行系统的研究，从该理论的内含和历史发展入手，联系最新的《关于合同义务法律适用的罗马条例I》对特征性履行理论进行评析，最后结合我国2007年通过的《最高人民法院关于审理涉外民事或商事合同纠纷案件法律适用若干问题的规定》总结了特征性履行理论对我国立法和实践的影响。

随着信息社会的飞速发展，资料保护已经逐渐引起了各国立法者和学者们的关注，李晓述博士和孔令杰博士的文章《欧盟关于跨境资料转移的资料保护水平适当性制度述评》介绍了欧盟有关跨境资料转移中个人资料法律保护体制中的个人资料保护水平适当性制度，通过考察欧盟对第三国资料保护水平适当性的认定情况，指出资料保护水平适当性制度的优势和缺陷，并提出我国的应对策略。周晓明博士在《当代中国外国法适用的理论构建》一文中认为当代外国法适用理论的价值追求是国家、个人和社会利益的和谐统一，以及冲突法公平和实体法公平的有机结合，构建我国的外国法适用理论应在坚持国家主权独立和国家主权平等原则的前提下，从立法管辖权和司法管辖权两个方面出发，在法律适用的不同阶段综合分析各种因素，选择适用那些更有利于实现当代外国法适用理论的价值追求的外国法。

在“中国区际法律问题的回顾与展望专题”中，四篇文章分别从法学交流、法律解释、司法协助和法律文化交流四个角度研究我国的区际法律冲突问题。徐亚文教授和邓珊珊博士的《内地与香港的法学交流：成功实践与历史经验》一文分析了内地与香港法学交流在香港回归之前和回归以后的差异及其成因，得出结论认为在香港回归之后，两地经贸往来、中国传统法律文化、一国两制共同促进了法学交流的繁荣和发展。张小罗副教授的《论“一国两制”下两地法律解释体制之融合》一文分析了中国内地现行的法律解释体制和香港原“司法解释至上”的原则的冲突与矛盾，“人大释法”成功地化解了香港的人口压力或危机，为内地与香港两种解释体制的融合开辟了一条新的路径。李庆明博士的文章《一国两制下我国区际刑事司法协助研究的回顾与展望》在分析我国区际刑事司法协助研究现状的基础上，指出了研究存在的不足，提出未来的研究应在研究方法、范围、如何更好地利用国际条约来调整区际刑事司法协助关系、如何为区际刑事司法协助的规范化提供理论支持等方面多加注意。何秋竺博士的文章《我国区际法律文化交流的回顾与展望》则从区际法律文化交流的现状人手，指出目前交流的重点和不足，提出在今后的区际法律文化交流中应该加强基本理论的交流，扩大交流内容和交流人群范围，加强实务领域的交流。

“涉外司法实践专题”选取两位法官的文章，这两篇文章皆是建立在实践经验的基础之上，既具一定的理论意义，也具较强的实践价值。杨弘磊博士《人民法院涉外仲裁司法审查情况的调研报告》一文，分析了人民法院涉外仲裁司法审查案件的受案及办理情况，总结了人民法院在涉外仲裁司法审查中积累的经验和存在的问题，并且有针对性地提出了一些建设性的意见。李继法官的文章《涉港民商事审判中的两个证据问题》主要研究香港判决作为内地法院认定案件事实依据的问题和调取存在于香港的证据的问题，提出内地和香港应当通过协商尽速达成为调取证据提供司法协助的协议或安排。

秉承前几卷特设的“武大国际法学人”专栏，本卷收集了张辉副教授的《李浩培及其国际法思想评述》、谢晓庆博士的《王铁崖先生与国际法》。两位先生均是我国国际法学界的泰斗，其为人处世之道、求真治学之风、教书育人之德是留给我们后学晚辈的宝贵财富。

在“武汉大学国际人道法研究中心成立”专栏中，本卷刊载了中国政法大学校长（原武汉大学副校长、国际法研究所所长）黄进教授，红十字国际委员会东亚代表处主任 Thierry Meyrat（蒂埃里·梅拉）先生、外交部条法司易先良参赞和中央军委法制局肖凤城大校在中心成立仪式上的发言，他们表达了对武汉大学国际人道法研究中心成立的祝贺以及对该中心对于推动国际人道法的教学、研究和传播所产生积极作用的展望。此外，本卷还刊登了余敏友教授、廖丽博士和刘筱萌硕士文章《WTO 多哈回合与中国贸易政策和法律的新挑战——中国法学会世界贸易组织法研究会 2007 年年会综述》。

《武大国际法评论》第九卷顺利出版，我们衷心感谢社会各界对我们工作的关心支持。同时，本着繁荣学术、百家争鸣的宗旨，为促进国际法学事业的发展，我们热忱欢迎国内外专家、学者及各界同仁惠赐稿件！

目　　录

TABLE OF CONTENTS

Articles

Special Section Ⅰ: Chinese Interregional Conflict of Laws: Retrospect and Prospect

一、专　论

试析 WTO 争端解决的履行

□ 张乃根*

内容摘要　WTO 争端解决机制运行至今，为维护世界贸易的法律体制，促进各国或地区间贸易的正常发展，起到了不可缺少的重要作用。如果说 WTO 争端解决机制是整个 WTO 体制的核心，那么履行争端解决的建议或裁决，就是核心中的关键。本文首先依据 DSU 及其适用实践，概述了 WTO 争端解决的履行内容及程序，然后梳理了近十多年来履行的基本情况，着重分析了其实际效果，以期客观地评价其利弊，并通过略比国际法院的争端解决之履行，透视 WTO 争端解决的履行在当代国际法发展中的意义，最后就我国应对 WTO 争端解决的履行提出若干建议。

关键词　WTO　争端解决　履行机制

目　次

---

* 复旦大学法学院教授，博士生导师。

引　言

WTO 争端解决的履行是指根据《关于争端解决的规则与程序的谅解》（DSU），在争端解决机构（DSB）通过了争端解决的专家组报告或上诉机构报告之后，由有关当事方履行此类报告的争端解决建议或裁决以及由此产生的一系列履行的程序。DSU 第 2 条第 1 款规定 DSB 的四项职权，即“有权成立专家组，通过专家组和上诉机构的报告，监督裁决和建议的履行，并根据有关协定授权中止各项减让和其他义务”。①后两项构成了 WTO 争端解决的履行。“如果说 DSU 是乌拉圭回合的最重要成就，那么其中通过和履行报告的规定则是 DSU 的最重要部分。”② 换言之，人们公认争端解决机制是整个 WTO 体制的核心，而争端解决的履行是这一核心机制的关键，由此可见有关研究的重要性。我国加入 WTO 以来，已直接或间接地介入了大量争端解决案件。③ 熟悉及运用 WTO 争端解决的履行规则，实为维护我国对外贸易利益之所在。

本文首先依据 DSU 及其适用实践，概述 WTO 争端解决的履行内容及程序，然后梳理近十多年来履行的基本情况，着重分析其实际效果，以期客观地评价其利弊，并通过略比国际法院的争端解决之履行，透视 WTO 争端解决的履行在当代国际法发展中的意义，最后就我国应对 WTO 争端解决的履行提出若干建议。

---

① 《关于争端解决规则与程序的谅解》（中英文本），见《世界贸易组织乌拉圭回合多边贸易谈判结果法律文本》，法律出版社 2000 年版，下文所引该文本，出处略。

② David Palmeter and Petros C. Mavroidis, Dispute Settlement in World Trade Organization: Practice and Procedure, second edition, Cambridge University Press, 2004, p. 234.

③ 我国作为当事方直接介入的争端解决为 7 起：美国钢铁保障措施案（中国为申诉方之一，DS252，专家组解决），中国增值税案（美国为申诉方，DS309，磋商解决），中国汽车零部件案（美国、欧共体和加拿大分别为申诉方，DS339、DS340 和 DS342，成立专家组），中国退减免税案（美国为申诉方，DS358，成立专家组后和解），中国知识产权实施案（美国为申诉方，DS362，成立专家组），中国娱乐产品案（美国为申诉方，DS363，成立专家组）。此外，2007 年 9 月 14 日，我国首次作为单独申诉方，请求与美国就对来自中国的铜版纸反倾销暨反补贴税初步裁定案（DS368）进行磋商。我国作为第三方间接介入的争端解决为 45 起。具体案情见http：//www. wto. org/english/tratop_ e/dispu_ e/find_ dispu_ cases_ e. htm#results，2008 年 2 月 10 日访问（以下除另注，访问日期相同）。

一、WTO 争端解决的履行内容及程序

WTO 争端解决具有“准司法”性质，即以一整套较为完整的、司法意义上的程序规范为导向，同时又融合外交谈判解决争端的特点。WTO 争端解决的履行充分体现了这一性质。依据 DSU 及其适用的实践，本文将 WTO 争端解决的履行内容及程序归纳如下：

1. 履行的基本原则

WTO 争端解决的履行所遵循的基本原则是“为了全体成员的利益，必须迅速履行 DSB 的各项建议或裁决，以确保有效解决各项争端”。（DSU 第 21 条第 1 款）“各项建议或裁决”主要是专家组或上诉机构认为争端的被诉方某项措施不符合 WTO 某项协定，建议该成员使该措施与该协定精神相一致。

2. 履行的意向通知

“在通过专家组或上诉机构报告的 30 天内举行的 DSB 会议上，有关成员应通知 DSB 其履行 DSB 各项建议和裁决的意向。”（DSU 第 21 条第 3 款第 1 句）如果 DSB 的例会日期将在 30 天之后，则应举行“特别会议”，听取该成员履行的意向通知（DSU 第 21 条第 1 款第一句脚注 11）。这是履行的第一个实际步骤，也是必经程序。

3. 履行的合理期限

“如立即履行各项建议和裁决不是切实可行，有关成员应确定一个合理的履行各项建议和裁决的时间期限。”（DSU 第 21 条第 3 款第 2 句）虽然，依据 DSU，原则上有关当事方应立即履行此类建议和裁决，因而合理期限的确定不是必经程序，但是，实际上，多数争端解决的履行都经过这一步。具体的确定，可由三种途径：（a）由履行方提议，其他争端各方无异议，经 DSB 认可；（b）或争端各方有异议，则在通过各项建议和裁决之后 45 天内，由各方协商一致达成；（c）或协商不成，则在通过各项建议和裁决之后 90 天内经有拘束力的仲裁裁决。

合理期限的仲裁可由独任仲裁或仲裁庭进行（DSU 第 21 条第 3 款（c）脚注 13），实践中均为独任仲裁。仲裁员由争端各方协商任命，如在决定仲裁之日起 10 天内协商未成，则在此后 10 天内由 WTO 总干事任命。仲裁的合理期限一般不超过自通过专家组或上诉机构报告后的 15 个月。

4. 履行的监督

上述合理期限一经确定，DSB 就担负监督通过的各项建议和裁决履行的职责，直至履行完毕（DSU 第 21 条第 6 款）。这包括任何成员可在任何时候向 DSB 提出任何履行各项建议或裁决的问题，并在合理期限确定后的 6 个月内，这些问题应列

入 DSB 会议的议事日程，直至该问题解决前，应保留在 DSB 的议事日程之内。有关成员应至少在每次此类 DSB 会议之前 10 天向 DSB 递交有关履行这些建议或裁决的情况报告。

5. 履行的争端解决

在上述合理期限内，若有关成员就履行一方采取遵守各项建议和裁决的措施是否符合有关协定存在分歧，应通过 DSU 第 21 条第 5 款的争端解决程序，通常由原来的专家组在 90 天内审理解决（而不是原来的 6 个月）。该专家组报告仅限于认定有关成员旨在履行各项建议和裁决而采取的新措施是否抵触 WTO 有关协定。有关成员对该报告可以提起上诉。上诉复审期限则与原来一样，为 60 天。

6. 未履行的补救

作为 WTO 争端解决履行的最后程序，这包括补偿和减让的中止（DSU 第 22 条）。如果在合理期限内，履行一方不能够履行，可以与有关成员谈判，在最惠国待遇基础上以减让关税或其他关税壁垒的方式，自愿地提供补偿；或在合理期限届满前，要求履行一方提出，双方谈判以求得双方可接受的补偿；或在 DSU 第 21 条第 5 款程序裁决未履行之后，双方谈判达成补偿；如果在合理期限届满后的 20 天内，或在裁决未履行之后，双方仍未谈判达成令人满意的补偿协议，那么援引争端解决程序一方有权请求 DSB 授权对未履行一方实施中止有关协定的减让或其他义务，即授权采取贸易报复（DSU 第 22 条第 2 款）。可见，未履行的补救，实质上最终取决于要求履行一方是否满意履行的结果。作为未履行的补救，DSB 应要求履行一方之请求，可授权对未履行一方实施贸易报复。如同 DSB 决定建立专家组、通过专家组或上诉机构报告，DSB 授权报复也采取“反向一致”原则（DSU 第 21 条第 6 款第 1 句），从而使整个 WTO 争端解决机制得以有效运行。因此可以说，未履行的补救是 WTO 争端解决履行的最重要内容，也是下文将分析的该机制目前运行中问题突出的程序。WTO 为此曾专门开设论坛，征求公众改革建议。①

概言之，WTO 争端解决的履行由较完整的一系列程序构成，通过相对迅速地履行 DSB 通过的各项建议和裁决，有效地解决成员之间的贸易争端，其目的不是利益受损方获得损害赔偿，而是前瞻性地保障 WTO 的各项协定得以实施，即便是金钱补偿也只是一种临时手段，促使履行方尽快完全履行争端解决的有关建议或裁决。自从 17 世纪初，格老秀斯为了解决荷兰与葡萄牙之间因海外贸易及其航行权引起的国际争端，创立现代国际法理论与规则以来，在和平解决国际争端的历史上，WTO 争端解决的履行是独一无二的实践。这固然源于 WTO 的前身——《关税

① 见 WTO Forum：The Dispute Settlement System：What reforms for the 21st Century?，http：//www.wto.org/english/forums_e/debates_e/debate1_e.htm，2007 年 6 月 30 日访问。

与贸易总协定》（GATT）缺乏国际法人的地位，因而不可能作出任何损害赔偿的裁决，只能以全体缔约方的名义建议某一违约方撤销抵触 GATT 的任何国内措施，并在该违约方事实上无视该建议时，授权利益受损方中止相应的关税减让义务（作为国际法人的 WTO 秉承了 GATT 的这一做法），但从根本上说，无论是 GATT，还是 WTO，都是二战后各国及地区的经济日趋互相依存，乃至经济全球一体化的产物，客观上需要满足“你中有我，我中有你”这一世界贸易的体制安排，尤其是“有错应改，既往不咎”的争端解决机制，以最大限度地促进国际贸易，实现功利主义意义上的各方利益最大化。

二、WTO 争端解决履行的效果及评估

自 1996 年 5 月 20 日，DSB 通过第一起争端解决案件——美国汽油案（DS2）报告，已通过 101 起案件的专家组报告或上诉机构报告，①这些案件因而也都进入 WTO 争端解决的履行程序。下文着重评析履行的合理期限仲裁、未履行的争端解决复审及补救的实际情况。

1. 履行的合理期限仲裁的效果及评估

经仲裁履行的合理期限案件（即 DSU 第 21 条第 3 款（c）项仲裁案）有 23 起，约占履行程序案件总数的 22%（见表 1）：

表 1　　**合理期限仲裁案一览（以仲裁日期 日/月/年份 先后为序）②**

案件（案号 DS）	报告通过	仲裁日期	合理期限	履行情况
日本酒税案（8/10/11）	01/11/1996	14/02/1997	15 个月	履行完毕
欧共体香蕉案（27）	25/09/1997	07/01/1998	15 个月 1 周	未履行补救
欧共体荷尔蒙案（26/48）	13/02/1998	29/05/1998	15 个月	未履行补救
印尼汽车案（54/55/59/64）	23/07/1998	07/12/1998	12 个月	履行完毕

① 案件报告概要，见 WTO Dispute Settlement: One-page Case Summaries, 1995-September 2006, 2006 Edition. Published 15 January 2007；所有案件的最新情况，见 WTO Dispute Settlement: Find dispute cases, http: //www. wto. org/english/tratop_ e/dispu_ e/find_ dispu_ cases_ e. htm#results.

② 该表根据 WTO: Find Documents online/ Arbitration Report (Article 21. 3 (c)) 整理，截至 2007 年 9 月 30 日，见 http: //www. wto. org/ english/tratop_ e/dispu_ e/find_ dispu_ documents_ e. htm，不包括未履行争端解决中的合理期限仲裁案件。

续表

案件（案号 DS）	报告通过	仲裁日期	合理期限	履行情况
澳大利亚鲑鱼案（18）	11/06/1996	23/02/1999	8 个月	未履行复审
韩国酒税案（75/84）	17/02/1999	04/06/1999	11 个月 2 周	履行完毕
智利酒税案（87/110）	12/01/2000	23/05/2000	14 个月 9 天	履行完毕
加拿大药品专利案（114）	07/04/2000	18/08/2000	6 个月	履行完毕
加拿大汽车案（139/142）	19/06/2000	04/10/2000	8 个月	履行完毕
美国版权法案（160）	27/07/2000	15/01/2001	12 个月	未履行补救
加拿大专利期限案（170）	12/10/2000	28/02/2001	10 个月	履行完毕
美国 1916 年反倾销法案（136/162）	26/09/2000	28/02/2001	10 个月	未履行补救
阿根廷皮革案（155）	16/02/2001	31/08/2001	12 个月 16 天	履行完毕
美国排线管案（202）	08/03/2002	26/07/2002	当事方商定	履行完毕
智利农产品案（207）	23/10/2002	17/03/2003	14 个月	未履行复审
美国抵消法案（217/234）	27/01/2003	13/06/2003	11 个月	未履行补救
欧共体关税优惠案（246）	20/04/2003	20/09/2004	26 个月 10 天	履行完毕
美国软木案之五（264）	31/08/2004	13/12/2004	当事方商定	未履行复审
美国管状产品日落复审案（268）	17/12/2004	07/06/2005	12 个月	未履行复审
美国赌博措施案（285）	20/04/2005	19/08/2005	11 个月 2 周	未履行复审
多米尼加香烟案（302）	19/05/2005	29/08/2005	当事方商定	履行完毕
欧共体糖补贴案（265/266/283）	19/05/2005	28/10/2005	12 个月 3 天	履行完毕
欧共体鸡块案（269）	27/09/2005	20/02/2006	9 个月	履行完毕
美国归零法与日落复审案（322）	23/01/2007	05/11/2007	11 个月	正在履行

可见，在 23 起合理期限仲裁案中，13 起（超过半数以上）已履行完毕（含 3 起未经实际仲裁，当事方商定合理期限），这说明该程序的总体效果尚可，在相当程度上起到了约束作用，督促有关当事方按期履行完毕。

未履行而进入复审或补救程序的分别为 5 起，这说明这些案件本身难以履行，且以美国和欧共体为主，因此仅仅确定履行的合理期限，无济于事。

从技术性角度看，经仲裁的履行合理期限，绝大多数根据 DSU 第 21 条第 3 款（c）项关于最长为 15 个月的指导性规定，考虑履行一方采取符合 DSB 通过建议或裁决的措施性质（经立法程序或行政程序）而定。欧共体香蕉案经裁定为 15 个月 10 天，是基于该案的特别复杂性，事实证明该案至今仍存在履行争议。① 欧共体关税优惠案的实际仲裁日期为 2004 年 9 月 20 日，距裁定的合理期限届满日 2005 年 7 月 1 日，为 10 个月 10 天。还有不少案件的仲裁日期早已超过了 DSB 通过有关建议或裁决之后 90 天，这说明实践中允许一定的灵活性。此外，一旦当事方协商达成履行期限，仲裁员也不再作出裁定，在这一点上充分尊重了当事方的合意。

就整个 WTO 争端解决的履行而言，对合理期限的有拘束力仲裁只是解决履行中争端的初步阶段。履行的效果更多体现于对未履行的复审或补救阶段。

2. 未履行的争端解决复审的效果及评估

进入未履行的争端解决复审案件（即 DSU 第 21 条第 5 款专家组复审案）为 17 起，约占进入履行程序案件总数的 16%，其中 3 起经两次复审（见表 2）。

表 2　　**未履行复审案一览（以案号为序）②**

案件（案号 DS）	原专家组审理	通过报告	裁定	履行情况
澳大利亚鲑鱼案（18）	28/07/1999	29/03/2000 专家组	未履行	基本履行
欧共体香蕉案（27）	12/01/1999	06/05/1999 专家组	未履行	再次复审
巴西飞机案（46）	09/12/1999	04/08/2000 上诉	未履行	授权报复
巴西飞机案（46）之二	16/02/2001	23/08/2001 专家组	履行	仍有争议
美国虾案（58）	23/10/2000	21/11/2001 上诉	履行	履行
加拿大飞机案（70）	09/12/1999	04/08/2000 上诉	部分履行	授权报复
加拿大乳制品案（103/113）	01/03/2001	18/12/2001 上诉	未履行	再次复审
加拿大乳制品案（103/113）之二	18/12/2001	17/01/2003 上诉	未履行	和解
美国 FSC 案（108）	20/12/2000	29/01/2002 上诉	未履行	再次复审

① 该案后经未履行复审、补救以及 WTO 部长会议授予一定的豁免期，如今争端又起，2007 年 6 月 15 日，WTO 总干事任命包括中国专家张玉卿（替代原中国香港地区专家）在内的 3 位专家组成“第 21 条第 5 款专家组”，再次复审由厄瓜多尔提起的未履行“欧共体香蕉案”。见 WTO Reporter (Monday, June 18, 2007 issn1529-4153): WTO Chief Appoints Panelists to Rule on Ecuador's EU Banana Compliance Claim.

② 该表根据 WTO Dispute Settlement: One-page Case Summaries, 1995-September 2006, 2006 Edition. Published 15 January 2007 和 WTO: Dispute Settlement News Archive（截至 2007 年 9 月 30 日）整理。

续表

案件（案号 DS）	原专家组审理	通过报告	裁 定	履行情况
美国 FSC 案（108）之二	17/02/2005	14/03/2006 上诉	未履行	授权报复
澳大利亚汽车皮革案（126）	14/10/1999	11/02/2000 专家组	未履行	和解
墨西哥糖浆案（132）	23/10/2000	21/11/2001 上诉	未履行	履行
欧共体床单案（141）	22/05/2002	24/04/2003 上诉	部分履行	履行
美国版权法案（160）	27/07/2000	08/11/2001 专家组	未履行	授权报复
智利农产品案（207）	20/01/2006	20/05/2007 上诉	未履行	未定
美国对欧共体进口产品案（212）	27/09/2004	27/09/2005 专家组	部分履行	履行
日本苹果案（245）	30/07/2004	20/07/2005 专家组	部分履行	和解
美国软木案之四（257）	14/01/2005	20/12/2005 上诉	未履行	和解
美国软木案之五（264）	01/06/2005	15/08/2006 上诉	未履行	和解
美国软木案之五（277）	25/02/2005	09/05/2006 上诉	未履行	和解
美国赌博措施案（285）	19/07/2006	22/05/2007 专家组	未履行	未定

由上可见，这些未履行的争端解决复审案绝大多数（19 起）经裁定，尤其是多数再经过上诉机构复审，确实属于未履行或部分未履行引起，而这些案件经裁定后，多数得以最终履行或和解（11 起），还有 2 起经裁定为已履行，说明这一复审程序的设置很有必要，也有一定成效。① 但应看到，少数案件的复审与授权报复同时进行，譬如，在澳大利亚鲑鱼案中，加拿大同时提出授权报复和未履行复审，在欧共体香蕉案中，欧共体主动提出复审，而美国则请求授权报复，从而造成所谓两个程序“先后顺序”（sequencing）问题，②或复审后履行一方仍未履行，导致一再复审，大大影响了履行的效率。

值得一提的是，虽然 DSU 明文规定原专家组（original panel，即由审理原争端案件的专家组根据 DSU 第 21 条第 5 款，复审该争端解决的履行引起的新争端）审理应为 90 天，但是实际上从 DSB 决定由原专家组审理到通过其报告，少则四五个

① 有关对 DSU 第 21 条第 5 款项下未履行的争端解决程序评价，见 Jason E. Kearns and Steve Charnoviz, Adjudicating Compliance in the WTO: a Review of DSU Article 21.5, JIEL, Vol. 5, 2002, p. 331.

② 在 WTO 争端解决的履行实践中，已形成了先复审，后授权的公认做法，从而克服了这一程序难题。

月，多则 1 年，如经上诉复审，时间更长，这使得许多争端解决案件的履行，一拖再拖，举步维艰。所谓“迅速”、“有效”几成空话。DSB 秘书处法律部前主任戴维尔（William J. Davey）在回顾 WTO 争端解决第一个十年情况时，也认为“该体制在许多案件中未取得及时的目标”。① 这些一再推延的未履行案件，除个别未履行一方为巴西、智利和墨西哥，其余都是美国、欧共体、加拿大和日本等发达国家或地区的成员，这使 WTO 争端解决的履行可信度也有所损害。在某种意义上，未履行的争端解决程序成了拖延履行的手段。

3. 未履行的补救效果及评估

如上所说，未履行的补救包括自愿补偿和授权报复，迄今这类案件如下：

表 3　**未履行的补救案一览**

（以达成自愿补偿或授权报复之日为序）②

案名（案号 DS）	补救形式	补救日期/授权方/仲裁水平	实施情况
欧共体香蕉案（27）	授权报复	09/04/1999/美国/1.914 亿美元/年 18/05/2000/厄瓜多尔/2.016 亿美元/年	未解决，再复审
欧共体荷尔蒙案（26/48）	自愿补偿 授权报复	13/07/1999/美国/一次性 1.168 亿美元 13/07/1999/加拿大/一次性 1.13 亿加元	最后履行 仍有争议
巴西飞机案（46）	授权报复	12/12/2000/加拿大/3.4 亿加元/年	未解决
美国版权法案（160）	授权报复	11/09/2002/欧共体 121 万欧元/年	暂时和解
加拿大飞机案（222）	授权报复	18/03/2003/巴西/2.4 亿美元/年	未解决
美国 FSC 案（108）	授权报复	07/05/2003/欧共体/40 亿美元/3 年	已履行
美国反倾销法（136/162）	授权报复	24/02/2004/欧共体/欧共体公司的损失	仍有争议
美国抵消法案（217/234）	授权报复	17/12/2004/澳大利亚等 8 成员/等值补贴	未解决

如上所说，WTO 争端解决的未履行补救，具有临时性，旨在最终迫使应履行一方，将其被裁定为抵触 WTO 有关协定的国内措施，与 WTO 协议相一致。因此，应履行一方是否做到，成为评估补救的效果的最重要标准。从这一点来看，迄今为

① William J. Davey, The WTO Dispute Settlement System: the First Ten Year, JIEL, Vol. 8, 2005, p. 17.

② 根据 WTO: Update of WTO Dispute Settlement Cases (WT/DS/OV/31, 22 August 2007) 整理，其中美国抵消法案的授权报复包括 8 项单独仲裁。

止，上述补救案的结果，均未达到目的。其中涉及欧共体与美国这两个 WTO 最主要成员的 5 起未履行补救的实施概况如下：

其一，欧共体香蕉案，几经周折，争端又起。2007 年 3 月 20 日，经厄瓜多尔请求，DSB 同意再次成立专家组审理欧共体新的香蕉进口制度是否与 WTO 协定相一致。

其二，欧共体荷尔蒙案，也正在进行新的争端解决。2005 年 2 月 17 日，DSB 应欧共体请求成立专家组审理美国、加拿大是否应撤销其授权报复的措施，因为欧共体认为其涉及荷尔蒙的牛肉进口措施已符合了 WTO 有关协定。

其三，美国版权法案，由于美国一再以国会未通过有关修改法案而推迟履行 DSB 的裁定，因此欧共体在表示失望的同时，于 2003 年 6 月 23 日与美国达成暂时和解协议，由美国在履行期间每年给予欧共体 121 万欧元，以直接补偿其版权持有人的损失。

其四，美国反倾销法案，也是由于美国一再以国会未废止该法案而推迟履行 DSB 的裁定，因此欧共体于 2003 年 9 月 13 日要求重新启动原先与日本共同提起的授权报复程序，DSB 于 2004 年 2 月 24 日授权欧共体以其公司因美国法院依该法判决而遭受的损失等为报复水准。迄今，美国国会仍未取消该法。

其五，美国抵消法案，由于澳大利亚等均认为美国于 2006 年 2 月通过生效的修改法案仍抵触 WTO 有关协议，因此争议尚未解决。

至于美国 FSC 案的履行，则一拖再拖。早在 2000 年 12 月 7 日，欧共体就对美国国会于 2000 年 11 月 15 日通过废止 FSC 法是否符合 WTO 有关协定表示异议，在请求复审之时，又要求授权报复。经双方协商，先复审，后裁定授权报复水平。2002 年 1 月 29 日，DSB 通过该案复审报告，裁定美国未履行，然后通过自动恢复的授权报复程序，于 2003 年 5 月 7 日授权欧共体采取适当的反措施和中止减让义务，每年为 40 亿美元。2004 年 10 月 22 日，美国国会又通过《创造美国工作法案》（JOBS Act）。欧共体再次表示异议，请求未履行的争端解决复审。2006 年 3 月 14 日，DSB 通过复审的上诉报告，再次裁定美国仍未履行其义务。美国国会于 2006 年 5 月修改了该法案，以履行该裁定，但是，该争端案件并未完全终结，欧共体是否取消授权报复，尚待观察。

可见，WTO 的未履行补救未达到其目的之症结在于这两个 WTO 争端解决的“大玩家”出于其根本的贸易利益，都千方百计地在这些重大案件中拖延履行，或不撤销报复措施，一而再、再而三地启动未履行争端解决复审程序，极大地损害了 WTO 争端解决履行的可信度。

加拿大与巴西相互间就地区民用飞机出口补贴案请求授权报复，具有显著的特殊性。其一，这涉及《民用航空器协定》这一数边协定，不具有普遍性；其二，该地区民用飞机的贸易具有区域性的限制，不具有全球性。值得一提的是，这两起案件的授权报复均依据 WTO《补贴与反补贴措施协定》（SCM）第 4 条第 10 款，采取反措施的形式。这也就是说，在双方均未完全撤销其补贴措施前，各自再以反措施加以补偿。显然，这与 WTO 争端解决的履行宗旨相悖。

总之，上述未履行的补救，均还未达到促使履行一方尽早使其有关措施完全符合 WTO 有关协定之目的，或者说，得出一个令各方满意的解决争端结果。这是目前整个 WTO 争端解决的履行中存在的最严重问题。①

三、WTO 与国际法院争端解决履行的略比及意义

尽管 WTO 争端解决的履行还远不尽如人意，但是，由 GATT 时期争端解决实践逐步演变，并通过乌拉圭回合的谈判，推陈出新而形成的现行 WTO 争端解决履行机制，毕竟是国际争端解决的历史上前所未有的独特制度。由于国际社会至今仍以各国主权平等为基础，因此，如何使国家间争端的和平解决最终得以实现，是当代国际法理论与实践中具有根本意义的问题。

回顾肇启于 20 世纪 20 年代国际联盟下的常设国际法院，延续至 40 年代联合国下的国际法院实践，可以看到争端解决的履行是困扰国际社会和平解决国家间争端的核心问题之一。根据现行《国际法院规约》，“法院之裁判除对于当事国及本案外，无拘束力”（第 59 条），“法院之判决系属确定，不得上诉”（第 60 条）。《联合国宪章》第 94 条第 1 项规定：“联合国每一会员国为任何案件之当事国者，承诺遵行国际法院之判决。”如果国际法院的一项判决得不到遵守会发生什么情况？根据《联合国宪章》第 94 条第 2 项，“任何国家，不论是否联合国会员国，如果认为另一方不遵守法院的判决，都可以将这一问题提交安全理事会。安理会如认为有必要，可以提出建议或决定应采取的措施，以执行判决”。可见，国际法院判决为终局判决，对当事国具有国际法拘束力，但是，判决的履行完全依靠联合国安理会。问题在于安理会是一个政治机构，其中五个常任理事国对安理会的决议具有否决权。因此，一旦某一常任理事国为国际法院判决的一当事国，如美国在“尼加拉瓜军事干预案”，②安理会就无法根据《联合国宪章》第 94 条第 2 项作出

---

① 有关建议改革该补救机制的讨论，可访问 WTO Forum（12/6/2007）：The Dispute Settlement System：What reforms for the 21st Century？见 http：//www.wto.org/english/forums_e/debates_e/debate1_e.htm。

② Nicaragua v. United States of America（Merits），Judgment of 27 June 1986. http：//www.icj-cij.org/docket.

有关执行判决的决议，或采取相关行动，从而使国际法院的判决成为一纸空文。这是国际法院本身无法解脱的现状。但是，联合国安理会的主要职责并非执行国际法院的判决，而是以五大国集体保障体制，维护国际和平与安全，从而也决定了难以从安理会角度改革国际法院的判决执行机制。

与国际法院不同，WTO 的 DSB 既是裁决机构（包括本身的上诉复审机构），又是监督和保障履行的机构。尤其值得称道的是该机构采取了“反向一致”原则，避免了某一成员行使类似安理会中的否决权，使裁决“前功尽弃”。诚然，如前所述，WTO 争端解决的未履行补救旨在前瞻性地消除与 WTO 有关协定抵触的措施，而实践中却未实现其宗旨，因此，仍存在严重缺陷。但是，在和平解决国际争端的历史上，WTO 的争端解决履行机制不能不说是一大进步。在“反向一致”的裁决程序上，WTO 的 DSB 开始具有司法机构的性质。这对于当今国际法的理论与实践发展，均具有十分重要和深远的意义。

四、我国如何应对 WTO 争端解决的履行

我国正式加入 WTO 的时间虽不长，但已单独作为申诉方启动了 1 起 WTO 争端解决案件，作为应诉方的争端解决案件也已有 6 起，其中汽车零部件案、知识产权实施案和文化产品市场案已经处于专家组审理阶段。今后，我国迟早会遇到争端解决的履行问题，尤其是在系争的有关国内措施被裁定与 WTO 协定抵触，而又牵涉重大贸易和经济利益之时，如何最大限度利用现有 WTO 争端解决的履行规则，值得“未雨绸缪”。

首先，从 WTO 争端解决履行的实践看，我国应争取尽可能长的合理履行期，为国内有关产业或部门赢得过渡期。在这方面，应考虑建立和完善我国的法律保障机制，即在与 WTO 密切相关的领域，尽可能采用法律法规的立法形式，避免由于国内立法修改或取消的程序简单、快速而使自己处于被动局面。相反，对于其他成员应履行争端解决，则须了解其国内相关程序，促使其尽早履行。应清醒地看到，在现行的我国立法体制下，由每年一次的全国人大通过的基本法律较少，而每年举行数次例会的全国人大常委会则制定较多的法律，更多的行政法规及部门规章则由国务院及各部委制定，其立法程序并无严格的期限规定，至于司法解释的制定或修改、废止程序也缺乏宪政体制上的严格期限。一旦我国有关法律、法规和规章以及司法解释被认定抵触相关 WTO 协定，我国就难以立法程序的期限为由，尽可能延长合理的履行期。为此，建议我国不仅应提高与 WTO 协定相关的国内立法层次，而且须明确法律法规、规章及司法解释的修改及废止程序的期限，以期争取主动，延长合理的履行期。

其次，在诚意履行有关争端解决的建议和裁定的同时，也应对其他成员的无理指责给予驳斥，并利用未履行争端复审程序，据理力争。反之，则应跟踪应履行方的一举一动，在必要时提起未履行争端复审程序。WTO 争端解决的履行实践表明，采取技术性拖延手段，即在修改或废止有关抵触 WTO 有关协定的国内立法时设计某些可能引起新争端的条款，以便通过未履行争端复审程序，继续在事实上延长合理的履行期。“以其人之道，还治其人之身”，在 WTO 争端解决的履行中，早已不足为奇。

最后，在重大利益相关案件中，要利用国内的法律保障机制，最大限度推延履行同时对履行方执意不履行，则坚决请求授权报复。我国应对 WTO 已有的授权报复案件予以足够的重视，从中了解任何可能利用的规则，包括 DSU 明确规定的规则以及大量实践中形成的规则，如确定授权报复水平的各种方法或标准，为我所用。

总之，WTO 争端解决的履行规则是“双刃剑”，如何趋利避害，关键在于善用，而善用的前提是熟悉规则。

结　论

综上，本文通过对 WTO 争端解决履行的实证分析，得出的基本结论是：WTO 争端解决的履行规则，在实践中对促进有关当事方履行 WTO 争端解决的裁决或建议，起到了积极作用。但是，由于美国和欧共体在若干重大案件中迟迟不履行，使整个 WTO 争端解决履行的可信度受到严重损害。我国在有关争端解决中应尽快熟悉，并善于运用各种履行规则，以维护我国的重大经济利益。

On the Implementation of Recommendations and Rulings of the WTO Dispute Settlement

ZHANG Naigen

Abstract Since the WTO dispute settlement mechanism was put into operation in 1995, it has played a very important role to maintain the world trade system and to promote normal development of trade between or among states and regions. If it is regarded as the core of WTO system, the implementation of recommendations and rulings of the WTO dispute settlement would be the key of this core. Firstly, this paper will summarize the contents and procedures of WTO dispute settlement based on the provisions of DSU and its application. Secondly, this paper will review the basic situation of the implementation of recommendations and rulings of the WTO dispute settlement in the last decade with focus on its actual effectiveness, so as to make an objective assessment of its advantages and disadvantages. Thirdly, a brief comparison between the implementation of decisions of the International Court of Justice and that of the WTO will be followed so as to take a look at the significance of implementation of recommendations and rulings of the WTO dispute settlement for the development of contemporary international law. Finally, several suggestions will be provided.

Key words WTO; dispute settlement; implementation mechanism

反倾销归零及其应对策略研究

□ 朱广东*

内容摘要 虽然国际反倾销协议中缺乏对“归零”问题的明文规定，但从法律规制角度看，GATT争端解决的实践表明了反倾销“归零”法并不违反GATT规则，而WTO专家组和上诉机构在争端解决中逐步明确了反倾销“归零”法与WTO规则相悖。由于WTO争端解决机构的报告仅对个案有效以及WTO争端解决机制约束力的局限，目前对WTO其他成员方在反倾销过程中继续采用“归零”法仍然难以形成实质上的制约，所以，反倾销“归零”问题的最终解决必须依赖于反倾销协议相关条款的修改以及WTO争端解决机制约束力的加强。反倾销“归零”法的肆虐和DSB对其“剿而不灭”的现状反映了当前贸易救济权的滥用和异化，作为遭受反倾销“贸易救济”之害甚为严重的中国对此必须予以高度重视。

关键词 反倾销 归零 争端解决

目 次

一、反倾销“归零”的含义及其实践

长期以来，反倾销“归零”法一直是进口国运用反倾销贸易救济手段时惯用的一种技术手段。所谓“归零”法，是指反倾销机构在计算倾销幅度时，将正常价值高于出口价格的差额认定为正倾销幅度（positive dumping margin），对于出口

* 江苏盐城师范学院经济法政学院副教授。

价格高于正常价值的差额则不认定为负倾销幅度（negative dumping margin），而是将其归结为零，在累计合并上述差额的过程中，反倾销当局只对存在正倾销幅度的差额进行累计合并，而不将存在负倾销幅度的差额计算在内，最终将正倾销幅度的差额累计合并的结果除以出口总量就得出了涉案产品的最终倾销幅度。可见“归零”法的实质在于排除了能够抵消正倾销幅度的负倾销幅度，从而人为提高了倾销幅度和反倾销税率。从适用范围上看，“归零”法不仅在反倾销调查阶段被运用于计算倾销幅度，而且常常被反倾销主管当局运用于计算产品的损害幅度。① 更有甚者，一些国家在 WTO 争端解决机构（以下简称 DSB）基本否定“归零”实践的背景下，仍然将“归零”法的使用范围扩大到周期性复审、新出口商复审等行政复审程序之中。

从类型上看，“归零”法一般分为“简单归零”（simple zeroing）、“型号归零”（modle zeroing）和“其他归零”。所谓“简单归零”，是指反倾销机构比较历次交易中产品的正常价值和出口价格时，将负倾销幅度计为零，而不将其计入加权平均倾销幅度之中，不过，简单归零作为一种基本的归零方法，客观上却是导致反倾销中“加权平均对交易比较法”（weighted average-to-transaction method）产生不公平性的重要原因。②“型号归零”是指将涉案产品分为交易具有可比性的多个产品组，通过分别比较各产品组的加权平均正常价值和加权平均出口价格，将加权平均正常价值低于加权平均出口价格的负倾销幅度归结为零，在计算平均倾销幅度时事实上只考虑了加权平均正常价值高于加权平均出口价格差额的正倾销幅度。③ 而“其他归零”是指在涉案出口商销售被调查产品的时期、地区和客户存在差异，价格比较的结果可能会因此受到影响的情况下，反倾销主管当局采用的其他“隐性归零法”（hidden zeroing）。④ 一般认为，“简单归零”、“型号归零”和“其他归零”只是对反倾销归零的一种大体上的分类，此种分类从不同的角度说明了反倾销调查当局将负倾销幅度归结为零的不同情形。从反倾销归零具体计算方法的角度

① Pierre DIDIER, The WTO Anti-Dumping Code and EC Practice: Issues for Review in Trade Negotiations, Journal of World Trade 35 (1), 2001, p. 46.

② N. David Palmeter, The Antidumping Law: A Legal and Administrative Nontariff Barrier, in Richard Botluck and Robert E. Litan (eds), Down in the Dumps: Administration if the Unfair Trade Laws (Brooking Institution, Washington, D. C. 1991), p. 85.

③ Raj Bhala and David A. Gantz, WTO Review 2004, 22 Arizona Journal of International and Comparative Law 99, Summer 2005, pp. 46-50. The WTO Anti-dumping Agreement, Oxford University Press 2005, p. 57.

④ Pierre DIDIER, The WTO Anti-Dumping Code and EC Practice: issues for review in trade negotiations, Journal of World Trade 35 (1), 2001, p. 44. Note. 20.

看，平均正常价值与单笔出口交易价格比较方法、平均对交易比较法、平均对平均比较法、交易对交易比较法等各种不同的比较法使得倾销幅度的计算演变成一个纯粹的技术手段，不同的比较方法项下的归零往往能够从形式上掩盖归零的不公平性，这不仅使得反倾销归零的类型显得更为复杂，也给从法律层面上全面规制反倾销归零带来相当大的难度。

由于国际反倾销协议中缺乏对“归零”问题的明文规定，所以，反倾销“归零”法律规制问题的实质在于国际反倾销协议中的相关条文能否以及多大程度上被运用于规制成员方在反倾销实践中的“归零”做法。由于相关国际规则的自身不足以及争端方所处的立场差异，不可避免地导致了反倾销“归零”法律适用争端，国际争端解决机构解决贸易争端政策倾向的定位以及对相关规则解释和运用方法的选择相当程度上决定了反倾销“归零”法律适用争端的结局。

虽然WTO上诉机构在“美国日本钢制品反倾销案”（以下简称“钢制品案”）中推翻了先前专家组大部分支持美国商务部在反倾销过程中适用“归零”（zeroing practice）方法的裁决，确定美国在初步调查、周期性复审、新出口商复审程序中继续适用“归零”方法，违反了WTO《反倾销协议》（以下简称ADA）的多个条款,① 首次以“国际司法裁决”的形式全面否定了反倾销中的“归零”实践，从而暂时终结了长期以来在国际反倾销争端解决中对“归零”方法的“暧昧”裁决，然而，WTO争端解决机制的约束力有限，专家组和上诉机构的报告仅对个案有效，因而此项裁决并不能对WTO其他成员方在反倾销过程中继续采用“归零”方法形成实质上的制约。DSB在“印度诉欧共体床单反倾销案”（以下简称“床单案”）、“韩国诉美国不锈钢反倾销案”（以下简称“不锈钢案”）等案件中基本否定“归零”实践的背景下，美国商务部继续在反倾销初始调查、行政复审中使用“归零”法就是一个明显的例证。所以，对反倾销“归零”法及其争端解决的历程进行深刻的反思和理性的分析具有明显的理论和实践意义。

二、GATT时期反倾销“归零”法律规制的局限

从历史上看，引发“归零”争端的最早案例是欧共体1987年日本轴承案，当时欧委会在反倾销中使用交易对交易比较法，并对所有负倾销幅度进行了“归零”处理，当时这一做法被受调查的日本企业诉至欧洲法院，但法院判决维持了反倾销调查裁定。② 在国际争端解决层面上，“关税和贸易总协定”（以下简称GATT）时

① WT/DS322/AB/R. 9January 2007, at para 9. 190, pp. 71-72.

② 邓德雄：《欧盟反倾销的法律与实践》，社会科学文献出版社2004年版，第132页。

期成员方在反倾销“归零”问题上，对《东京回合反倾销守则》（以下简称TRC）有关平均正常价值与单笔出口交易价格比较方法的规定颇有争议，争端通常涉及TRC第2.6条第一句有关公平比较的规定应该如何解释。TRC第2.6条规定：“为公平比较出口价格和出口国（或原产国）国内价格、或在适当情况下依据总协议第6.1（b）条而确定的价格，应比较两个相同贸易水平、通常为出厂价水平，以及尽可能同时进行的销售价格。”GATT争端解决的历史表明，GATT专家组在涉及“归零”问题的争端解决中，不仅回避“归零”是否符合“倾销定义”这一问题，而且在乌拉圭回合以前从未明确界定一个单独的公平比较条件，也即，专家组并不持有将任何正常价值与出口价格比较的特别方法宣布违反TRC第2.6条的立场。

在“美国挪威鲑鱼反倾销案”（以下简称“鲑鱼案”）中，挪威认为，“平均对交易比较法”（average-to-transaction comparison method）不符合TRC第2.6条关于公平比较应该在正常价值与出口价格之间进行比较的规定，主要理由有：（1）无论TRC还是GATT第6条并未授权认可平均正常价值与单笔出口交易价格比较的方法，（2）如果美国采用“平均对平均比较法”（average-to-average comparison method），其特别之处在于实际上不存在倾销时能够“被创造”出倾销幅度；美国则认为，TRC第2.6并没有规定一个特别的比较方法，挪威所主张的方法将不能够应对“目标倾销”（target dumping），即倾销发生在特定产品序列或特定周期或关于特定消费者或区域性市场的情形予以救济。①

GATT专家组尽管认为TRC第2.6条没有规定正常价值和出口价格是否应该以平均对平均为基础进行比较，但考虑了解释TRC第2.6条第1句以反映公平比较一般条件的可能性，专家组指出，一个特定方法的公平性必须根据每一个案件的情况来进行判定，专家组支持这种主张的理由在于发现“平均对交易比较法”并非天生具有不公正性，专家组暗示，当出口价格全部低于平均正常价值时，不公正就不会发生，所以，在裁决案件的过程中，专家组虽然考虑了挪威提出的每次交易时出口价格与国内价格相同，而其后随着时间的变化价格发生变动的情形，但是专家组要求申诉方就具体案件中价格比较违反公平原则承担举证责任，专家组认为，没有证据表明案件中存在类似于挪威所举事例的实际价格模式，即如果采用“平均对平均比较法”会导致在没有倾销幅度时人为创造出倾销幅度的情形，最后专家组裁决，尽管TRC第2.6条提供了一个公平比较的基本条件，目前没有足够证据证明美国违反了这个条件。②

---

① Report of the Panel adopted by the Committee on Anti-Dumping Practices on 27 April 1994, GATT Document ADP87, 30 November 1992, at para. 474-476.

② Ibid., at para. 481-484.

在其后的“欧共体日本盒式录音带反倾销案”（以下简称“录音带案”）中，日本质疑将出口价格高于正常价值归结为零倾销幅度的“归零”方法，日本认为，平均倾销幅度是运用人为分配的零倾销幅度方法计算出来的，由于价格随着时间的不同而不断变化，反倾销中的“归零”做法本质上是不公平的，反倾销中的“归零”实践通常夸大倾销幅度并且给出口商造成明显的负面影响。① 对于欧共体而言，欧共体之所以将出口价格高于正常价值的交易归结为零倾销幅度，是因为欧共体清楚，如果将没有发现存在倾销的销售数量运用于权衡正倾销幅度，将会导致倾销幅度的降低，虽然欧共体承认，反倾销中采用的“平均方法”是根据其自由裁量权作出的一个标准的实践，但它证明了这种方法是依据 TRC 第 2.1 条有关出口价格低于正常价值即存在倾销的规定采取的正当举措，因而出口价格超过正常价值的交易没有必要包括在倾销幅度的计算范围之内。② 另外，欧共体主张，“归零”实践和“平均对交易比较法”对于发现“目标倾销”和“转移损害”也是极为必要的。③

GATT 专家组认为，欧共体“归零”法在方法论上引发了单笔出口交易价格与加权的平均正常价值之间的比较和任何负倾销幅度的“归零”两个因素的结合。在解释 TRC 第 2 条时，专家组观察到将出口价格平均的做法不是一个必要条件，专家组认为，成员方有权根据出口价格与特定交易中的可比价格之间的比较来决定倾销幅度的计算方法，进而专家组承认在 GATT 实践中“交易对交易比较法”(transaction-to-transaction methodology) 已经被认为是适宜的，考虑到公平比较要求的存在，专家组注意到，“将 TRC 第 2.1 条和第 2.6 条一并解释，以产生一个运用到正常价值与出口价格比较在任何方面符合公平比较的要求是可能的”。④ 可见，专家组的决定事实上留下了是否存在公平比较一般义务的问题，但是，专家组暗示，如果公平比较的要求存在，专家组将进一步考虑欧共体的方法是否与公平比较要求相一致。

在评估欧共体的方法时，专家组用“交易对交易比较法”作为欧共体“平均对交易比较法”的基准，专家组得出的结论是，如果一成员方以“交易对交易”为基础决定倾销的存在及其程度，欧共体方法本身并不会因此产生更高的倾销幅度，不过，在专家组看来，国内价格和出口价格虽然在任何特定的时间都是确定

---

① EC—Anti-dumping Duties on Audio Tapes in Cassettes Originating in Japan, GATT Document (unadopted), ADP/136/Corr. 1, 8 June 1995, at para. 125-126.

② Ibid., at para. 118-119.

③ Ibid., at para. 128.

④ Ibid., at para. 350-352.

的，但它们都会随着时间的推移而变化，欧共体的方法会导致倾销幅度的夸大；另外一种情形是，在一些案件中部分出口价格高于而另一些案件中部分出口价格低于可比较的国内价格时，欧共体运用“交易对交易比较法”在拟被征收的税收数量方面可能产生偏见；还有一种情形是，当国内市场价格保持不变或单一结构价格在特定时期已经建立时，欧共体“交易对交易比较法”则具有中立的效果。① 作为结论，专家组并未得出欧共体方法论被运用到这个案件时是不公正的。

在“欧共体与巴西棉纱反倾销案”中，关于“归零”问题的争议还涉及“合理宽容”问题（due allowance），对于欧共体所运用的“归零”做法，巴西认为，在变动的金融环境下，“归零”法扭曲了根据 TRC 第 2.6 条规定本应具有“合理宽容”的立法本义，在比较正常价值与出口价格时金融的不稳定（financial volatility）与“归零”实践结合在一起产生了扭曲，欧共体没有能够为了公平比较效果而给予应有的宽容，从而违反了 TRC 第 2.6 条。② 在决定该案中欧共体“归零”实践是否符合 TRC 第 2.6 条时，专家组认为，TRC 第 2.6 条中“为了公平比较效果”的有条件的陈述清楚地表明，如果 TRC 第 2.6 条的具体条件得以满足，则任何依此而发生的比较都将是公平的，而且，专家组进一步审查了由“归零”所致的扭曲是否已经影响调查当局根据 TRC 第 2.6 条需保持合理宽容考虑情形下的价格可比较性，专家组的最后结论支持了欧共体的做法，拒绝了巴西的主张。③

以上 GATT 时期有关反倾销“归零”案件的结果表明，GATT 时期反倾销“归零”法律适用的局限在于，GATT 专家组通过争端解决实践事实上确立了反倾销中的“归零”法并不违反 GATT 规则，相当程度上，TRC 第 2.6 条制度设计本身的缺陷以及专家组将举证责任的负担分配于申诉方的做法使得申诉方挑战“归零”实践合法性的行动最终都以失败告终，在整个乌拉圭回合中这一状况都没有得到改变。所以，反倾销“归零”从 TRC 第 2 条中找到了生存空间，实践中必然导致反倾销“归零”这种事实上的不公平做法在“并不违反国际规则”的旗帜下能够得以肆虐和横行。

三、WTO 时期反倾销“归零”法律规制的变动

WTO 成立以后，ADA 的缔结使得 GATT 时期“归零”实践并不违反国际规则

---

① EC—Anti-dumping Duties on Audio Tapes in Cassettes Originating in Japan, GATT Document (unadopted), ADP/136/Corr. 1, 8 June 1995, at para. 354.

② GATT Document (adopted on 30 October 1995) ADP/137, 4 July 1995, at para. 485-486.

③ Ibid., at para. 501.

的状况发生了变化，这主要得益于 ADA 第 2.4.2 条对反倾销正常价值和出口价格的比较方法作出了明确规定，即“在遵守公平比较规定的前提下，调查阶段倾销幅度的存在通常应在对加权平均正常价值与全部可比出口交易的加权平均价格进行比较的基础上确定，或在逐笔交易的基础上对正常价值与出口价格进行比较而确定。如主管机关认为一种出口价格在不同购买者、地区或时间之间差异很大，并且就为何不能通过使用加权平均对加权平均或交易对交易进行比较而适当考虑此类差异作出说明，则在加权平均基础上确定的正常价值可以与单笔出口交易的价格进行比较。虽然 WTO 成员方对 ADA 第 2.4.2 条是否能够直接否定“归零”的理解上仍然存在分歧，但 WTO 专家组和上诉机构在相关争端的解决中不断围剿“归零”法的适用范围，通过一系列案件逐步明确了反倾销“归零”法的非允许性，从而在司法层面上否定了反倾销“归零”实践。

WTO 时期涉及“归零”法的首起争端——“床单案”中，印度根据称 ADA 质疑欧共体的“归零”实践，认为欧盟“归零”法违反了 ADA 第 2.4.2 条，因为欧共体调查机关在反倾销过程中将被调查产品按产品型号分为几组，分别计算每种型号的加权平均出口价格和加权平均正常价值，在各型号比较的基础上，加权计算被调查产品整体的倾销幅度，此种方法称为“多重比较”（multiple comparison），在计算被调查产品的整体倾销幅度时，欧盟将某一型号的加权平均出口价格高于加权平均正常价值时得到的“负倾销幅度”视为零。① 可见，“床单案”包含了不同于 GATT 时期“录音带案”中的“归零”模式，在“录音带案”中仅仅是平均正常价值与单笔出口的交易价格进行比较，而在“床单案”中正常价值和出口价格是在每一个产品类型的层面上进行比较；另外，尽管在“录音带案”中争论的焦点在于根据 TRC 的规定“平均对交易比较方法”是否被允许，而同样的问题在“床单案”中并未出现。

在案件裁决的过程中，“床单案”专家组考虑了根据对 ADA 第 2.4.2 条的诠释来确定“倾销幅度存在”可允许的基础，专家组指出，ADA 第 2 条的目的在于决定一产品是否被认为存在倾销，而且，倾销幅度的确定只能根据产品而非单笔交易或产品类型，也即，“倾销幅度”应是被调查产品作为一个整体的倾销幅度，而不是该产品的一个型号或某次交易的倾销幅度，所以，专家组拒绝了欧共体关于发现倾销存在时倾销幅度的计算过程应该集中于产品类型的主张，接受了印度提出的加权平均出口价格应该从所有可比较的出口交易的计算中获得。② 而且，专家组认为，当产品的加权平均出口价格事实上要高于加权平均正常价值时，“归零”做法

① WTO Document, WT/DS141/R, 30 October 2000. at para. 6.102-104.

② Ibid., at para. 6.105.

有效地将加权平均正常价值等同于那些倾销幅度为负值产品的加权平均出口价格，这意味着人为地操纵了统计加权平均计算时的单笔出口价格，与GATT时期“录音带案”形成鲜明对比的是，“床单案”专家组的裁决结论是，将“负倾销幅度”归结为零的做法不符合正常价值与出口价格正确比较的要求，而当年日本在“录音带”案件中的同样主张却并未得到专家组的支持。① 另外，关于“归零”法中的“多重比较”的问题，专家组认为，ADA第2.4.2条适用于确定被调查产品倾销幅度的全部过程，不存在一个不受约束的“多重比较”的后续过程，因而专家组实质上否定了“多重比较”的合法性。

在“不锈钢案”中，同样涉及平均方法问题，韩国对美国的加权平均方法提出质疑，韩国认为，美国反倾销机构采取了区分不同时期、不同类型钢产品的倾销幅度的计算，在统一衡定倾销幅度时，将平均出口价格高于平均正常价值具有负倾销幅度的部分归结为零，而ADA第2.4.2条中“加权平均”的含义仅仅意味着这个“平均”能够被运用于价格比较，美国采用“多重比较”的方法，显然违反ADA第2.4.2条的规定。② 另外，韩国还主张，有关“所有可比较的出口交易”证明了用“单一平均方法”（a single average）的要求，因为“单一平均方法”能够包括所有出口交易，但是，不同于“床单案”中印度主张的是，韩国没有具体质疑将在计算全部倾销幅度时将负倾销幅度归结为零的做法违反ADA第2.4.2条。美国认为，为了计算倾销幅度，在比较平均正常价值和平均出口价格时，包括这些平均内容的交易必须具有可比较性，而对不同类型钢产品的反倾销调查过程中，货币贬值前后的销售价格明显不具有可比较性，具体地说，由于国内市场销售过程中贬值前后的货币价值明显不同，因而货币贬值前后的销售价格不具有可比较性。③ 因而，美国认为其区分不同调查时期进行调查并计算各自倾销幅度的决定是正当的，与ADA第2.4条关于比较应该“尽可能针对在相同时间进行的销售”的规定相一致。

专家组在评价ADA第2.4.2条以及解释加权平均正常价值时认为，“关于可比较的交易必须存在于单笔平均正常价值与出口价格之间的比较”，如果一些出口交易与以正常价值为基础的交易不可比，则该条款允许多重加权平均正常价值与出口价格进行比较，而且，专家组进一步认定，美国表明了正常价值和出口价格之间的

---

① WTO Document, WT/DS141/R, 30 October 2000. at para. 6. 115.

② WTO Document, WT/DS179/R, 22 December 2000. Two separate investigations were under dispute: the investigations on imports of stainless steel plate in coils ("Plate") and on imports of stainless steel sheet and strip in coils ("Sheet") at para. 6. 105.

③ Ibid., at para. 108.

可比较性已经受到了影响。① 在考虑可比较性时，专家组注意到 ADA 第 2.4 要求出口价格和正常价值之间的比较应该“尽可能针对在相同时间进行的销售”的规定，因而，专家组同意美国关于销售时间的选择可能会影响出口交易和国内市场交易的可比较性的主张。② 但是，专家组认为，销售时间的选择影响可比较性仅仅在不同调查期间正常价值和出口价格的变化与国内市场及可比较的出口市场销售调查期间内相关数量权重的差异结合在一起的特殊案件中才会发生。③ 例如，如果在数量上高价格的国内市场销售大于低价格的国内市场销售，则更多的权重将会被给予高价格的国内市场交易，其结果是提高了加权平均正常价值。这样，在反倾销调查期间任何特定时间内不存在倾销幅度时，上述提高加权平均正常价值的做法将会制造出倾销幅度。所以，“不锈钢案”专家组不仅认为美国区分不同调查期间的做法违反了 ADA 第 2.4.2 条，而且认为美国调查当局没有证明出口价格和正常价值的可比较性受到了影响。

另外，专家组在作出裁决时也拒绝了美国关于 ADA 第 2.4 条“相同时间”的要求暗示了优先选择更短而非更长的比较期的主张。因为，美国主张的实质意味着最应当优先选择的比较方法将会是“交易对交易比较法”，而 ADA 不同于 TRC 是因为“加权平均对加权平均比较法”与“交易对交易比较法”都是被明确允许的，所以，并没有理由主张“交易对交易比较法”是一个应当被优先采用的方法或应当作为其他比较方法的基准；在 ADA 第 2.4 条中公平比较的条款是否为 ADA 第 2.4 条的其他子条款提供了一个独立的条件的问题上，专家组没有作出任何裁决，但是，专家组认为，ADA 第 2.4.2 条本身是受制于 ADA 第 2.4 条公平比较条款的。④

不难看出，由于 ADA 明确允许“平均对平均比较法”，这就为专家组在争端解决时作出否决“归零”的裁决提供了有力的依据，尽管“交易对交易比较法”也是合法的，但与 GATT 专家组形成鲜明对照的是，WTO 专家组似乎不再将其作为基准方法。这很大程度上可能是由于“平均对平均比较法”能够被赋之于统计学上的解释。例如，在“归零”法与多重加权平均方法的统计计算问题上，“不锈钢案”的专家组指出，除非反倾销调查最初开始于调查的“多重期间”（multiple

① WTO Document, WT/DS179/R, 22 December 2000. Two separate investigations were under dispute: the investigations on imports of stainless steel plate in coils (“Plate”) and on imports of stainless steel sheet and strip in coils (“Sheet”) at para. 6.112-115.

② Ibid., at para. 6.120.

③ Ibid., at para. 6.123.

④ Ibid., at para. 6.112-115.

periods)，否则，即便调查的多重期间分类是被允许的，仍然还存在多重倾销幅度的重组问题，也即，在未采用“归零”法时，依据每一个时期销售数量权重的数字平均重组将会导致最终的倾销幅度与没有采用区分不同时期倾销幅度的统计计算结果大体等同，然而，如果采用了“归零”法，则两者的结果肯定会存在明显差异，简言之，“归零”法与多重加权平均方法的结合只不过使得倾销幅度的人为夸大显得较为隐蔽，但其实质并未改变。所以，WTO 专家组在解释 ADA 第 2.4.2 条关于要求反倾销调查当局运用全部可比较交易的出口价格的义务时承认了平均方法统计学上的本质要求。例如，“床单案”专家组认为，欧共体的比较方法之所以违反 ADA 第 2.4.2 条，主要是由于在计算平均出口价格时没有考虑那些具有负倾销幅度的交易，也即，计算倾销幅度参数时的“归零”法直接导致了统计上的偏见。

与“床单案”和“不锈钢案”如出一辙的是，在“加拿大与美国软木反倾销案”（以下简称“软木案”）中,① 美国也是将被调查产品按照产品类型分为几组，分别确定加权平均出口价格和加权平均正常价值，并在通过多重比较计算被调查产品的倾销幅度时，将加权平均出口价格高于加权平均正常价值的情况视为零。WTO 专家小组和上诉机构的报告最终认定美国的做法违反了 ADA 第 2.4.2 条。值得一提的是，由于双方不能就执行争端解决机构裁决的合理期限达成一致，2004 年 10 月 18 日，加拿大要求按照争端解决机构第 21.3（c）条进行仲裁，在仲裁期间，双方达成协议，美国应在 2005 年 4 月 15 日前执行争端解决机构的有关裁决。②

以上案件结果表明，虽然 DSB 对反倾销调查中使用“简单归零”和“型号归零”从“司法层面”上作出了否定，但是，以美国为代表的相关成员方并未因此而停止在反倾销行动中使用“归零”法。WTO 框架内挑战“归零”措施合法性的行动随即向更深层次和更广范围延伸，这主要表现在：一方面，申诉方在继续质疑反倾销调查中使用“归零”法合法性的同时，开始质疑新出口商复审、情势变更复审和日落复审等行政复审阶段使用“归零”措施的合法性；另一方面，对作为“归零”依据的反倾销调查发起国的相关法规与国际规则的一致性提出了全面挑战。2003 年 6 月，欧盟在“床单案”中败诉后，也加入到反“归零”法的阵营之中，在“欧美反倾销归零争端案”（以下简称“欧美归零案”）中,③ 欧盟不仅诉

① WT/DS264/R，WT/DS264/AB/R.

② Dan Ikenson，policy analyst，Center for Trade Policy Studies，Cato Institute，Zeroing In：Antidumping's Flawed Methodology under Fire [N]，available at http：// www.freetrade.org/pubs/FTBs/FTB-011.html，visited on April 12，2008.

③ WT/DS294/R，WT/DS294/AB/R.

称美国对欧盟15起反倾销调查、16起行政复审中使用“归零”法违反WTO规则，更将矛头指向美国的反倾销实体法——《1930年关税法》以及行政行动声明(SAA)，美国商务部的实施条例以及美国商务部进口反倾销调查手册（IAAD Manual）和“标准计算机程序”（包括反倾销幅度程序和标准“归零”程序）。

“欧美归零案”中争议的焦点是建立在追溯征税制度上的美国行政复审中使用“归零”法在多大程度上受ADA的约束。在该案中，欧盟指责美国在反倾销调查中使用“型号归零”和在行政复审中使用“简单归零”的两种“归零”做法，导致美国计算的倾销幅度和征收的反倾销税超出了被调查企业实际倾销的幅度。反倾销调查中使用“型号归零”，这是“床单案”和“软木案”中已经有结论的问题，而在行政复审中使用“简单归零”是DSB裁决过的案件中从未涉及过的问题。2005年10月31日，DSB散发了专家组报告，作出了被认为是有利于美国的认定：美国的“归零”做法仅在原审阶段违背了WTO原则，而在复审阶段则是被允许的，美国的关税法不违背WTO原则。可见，在“欧美归零案”中，专家组对“归零”法作出的是一个十分“暧昧”的裁决。

同样的问题在最近的“钢制品案”中依然存在，虽然日本对美国商务部在15起案件中适用的“归零”做法提出质疑，但WTO专家组仅仅认定美国商务部在初始反倾销调查中适用“型号归零”与WTO规则不符，不仅驳回了日本要求证明ADA禁止在初始反倾销调查和随后的周期性复审、新出口商复审过程中适用所谓的“简单归零”的诉请，而且还驳回了日本要求证明美国商务部在对来自日本的不锈碳钢日落复审中适用“归零”方法计算倾销幅度违反WTO规则的诉请，此外，专家组还认定，日本没有证明以下问题：在对现有的倾销令进行情势变更复审和日落复审程序中，ADA禁止适用“归零”程序。

值得庆幸的是，WTO上诉机构在“钢制品案”中推翻了先前专家组大部分支持美国商务部适用“归零”方法的裁决，确定美国在初步调查、周期性复审、新出口商复审程序中继续适用“归零”方法与ADA第2.4条、第2.4.2条、第9.3条、第9.5条和第11.3条等多个条款的要求不符，首次在具体案件中以“司法裁决”的形式全面否定了反倾销中“归零”法的适用。具体地说，上诉机构支持了专家组报告第7.58段关于美国反倾销“归零程序”构成可以被质疑的措施的论断，驳回了美国关于专家组是以违反DSU第11条的方式作出依据交易对交易以及加权平均正常价值与单笔出口交易价格比较最初调查相关的“归零程序”，构成WTO争端解决中可以被质疑措施的主张；推翻了专家组报告第7.143、7.161、和7.259（a）段的论断，即专家组报告中关于美国没有违反ADA第2.1、2.4、2.42条以及GATT1994第VI：1、VI：2条的论断，相反，上诉机构认为，美国在最初的调查中依据“交易对交易比较法”为基础计算倾销幅度时运用“归零程序”违反了 ADA 第 2.4、2.42 条；推翻了专家组报告第 7.216、7.219、7.222 和 7.259（b）段的论断，即专家组报告中关于美国没有违反 ADA 第 2.1、2.4 和 9.1 ~9.3 条以及 GATT1994 第 VI：1、VI：2 条的论断，相反，上诉机构认为，美国在周期性复审中继续适用"归零程序"违反了 ADA 第 2.4、9.3 条以及 GATT1994 第 VI：2 条；推翻了专家组报告第 7.216、7.219、7.222 和 7.259（b）段的论断，即专家组报告中关于美国没有违反 ADA 第 2.1、2.4 和 9.5 条以及 GATT1994 第 VI：1、VI：2 条的论断，相反，上诉机构认为，美国在"新发货人复审"（new shipper reviews）中继续适用"归零程序"违反了 ADA 第 2.4、9.5 条；推翻了专家组报告第 7.227 和 7.259（c）段的论断，即专家组报告中关于美国没有违反 ADA 第 2.1、2.4 和 9.1 ~9.3 条以及 GATT1994 第 VI：1、VI：2 条的论断，相反，上诉机构认为，美国在此次上诉中存在问题的 11 个周期性复审时继续适用"归零"程序违反了 ADA 第 2.4、9.3 条以及 GATT1994 第 VI：2 条；推翻了专家组报告第 7.257 和 7.259（e）段的论断，即专家组报告中关于美国在日落复审时适用先前"归零程序"计算的倾销幅度的做法没有违反 ADA 第 2 和第 11 条的论断，相反，上诉机构认为，美国违反了 ADA 第 11.3 条。①

上述 WTO 时期有关反倾销"归零"案件的结果表明，WTO 争端解决机构对待反倾销"归零"问题的态度明显不同于 GATT 专家组，GATT 专家组通过争端解决实践明确了反倾销"归零"并不违反 GATT 规则，而 WTO 专家组和上诉机构从司法层面上原则性地明确了反倾销"归零"法与 WTO 规则不相符合。尽管在个案中 WTO 专家组和上诉机构对反倾销"归零"法进行否定的范围和程度上存在差异，但在争端解决的实践中总体上禁止采用反倾销"归零"法的趋势已经形成，这也为多哈回合谈判中涉及对 ADA 进行修改完善时就反倾销"归零"问题指明了基本方向。

四、反倾销"归零"法律规制变动的原因及前景

客观而言，由于"归零"法人为提高了涉案产品的倾销幅度，实践中屡遭 WTO 成员方诟病，虽然国际贸易争端解决机构对反倾销"归零"问题的态度已经发生了从允许到不允许的转变，但这并没有能够制止国际反倾销实践中"归零"法的继续使用，美国在 WTO 时期首起否定"归零"法的"床单案"发生后的数十起反倾销案件中继续使用"归零"程序就是一个明显的例证，尽管最近的"钢制

① Pierre DIDIER, The WTO Anti-Dumping Code and EC Practice: Issues for Review in Trade Negotiations, Journal of World Trade 35 (1), 2001, p. 46.

品案”中 DSB 彻底否定了美国在反倾销所有环节的各种“归零”方法，但这未必就能够保证 WTO 其他成员不在反倾销程序中继续使用“归零”法。从 GATT 到 WTO，国际贸易争端解决机构对反倾销“归零”问题的态度为什么会发生从允许到不允许的转变？反倾销“归零”这种与现行国际规则相左的滥用贸易救济权的做法为什么难以得到有效遏制？个中原因值得深思。

（一）反倾销“归零”法律规制变动的原因

从依据上看，国际贸易争端解决机构对反倾销“归零”问题的态度之所以会发生从允许到不允许的转变，相当程度上是由于 ADA 第 2.4 条对 TRC 第 2.6 条突破性的变革。从“床单案”的情况看，WTO 专家组之所以能够推翻 GATT 专家组关于价格比较平均方法的裁决，就是由于 TRC 关于平均方法的条款得以被 ADA 第 2.4 条加以修正。一方面，由于“交易对交易比较法”有效地将那些出口价格高于正常价值不存在倾销的交易的负倾销幅度归结为零，GATT 专家组在以“交易对交易比较法”作为基准方法时，并未发现“归零”方法违反 TRC，然而，与 TRC 形成鲜明对照的是，ADA 第 2.4.2 条允许“加权平均对加权平均比较法”（weighted average-to-weighted average method）和“交易对交易比较法”。作为明确允许“加权平均对加权平均比较法”的结果，专家组不再能够将“交易对交易比较法”作为基准方法并发现“归零”法的可允许性。另一方面，专家组根据 ADA 第 2.4 条以更为严格的公平比较要求详察了欧共体的方法，认为 ADA 第 2.4 条已经不同于 TRC 的相关规定，毫不含糊地强调了对出口价格和正常价值应进行公平比较。即比较应在相同贸易水平上进行，通常在出厂前的水平上进行，且应尽可能针对在相同时间进行的销售，并且要根据每一案件的具体情况，适当考虑影响价格可比性的差异，包括在销售条件、税收、贸易水平、数量、物理特征方面的差异以及其他能够证明影响价格可比性的差异。而且在 ADA 第 2.3 条所指的情况下，还应对进口和转售之间产生的费用（包括捐税）及所产生的利润进行减免。如在这些情况下价格的可比性已经受到影响，则主管机关应在推定的出口价格相同的贸易水平上确定正常价值，或应进行适当减免。① 所以，“床单案”专家组在解释 ADA 第 2.4.2 条时就不会存在 GATT 专家组受 TRC 规则限制的问题，能够理直气壮地要求用全部出口交易来计算加权平均出口价格，事实上，“归零”法的错误之处就是在于没有运用全部交易来计算加权平均出口价格。

---

① The Agreement on Implementation of Article VI of the General Agreement on Tariffs and Trade 1994(“WTO Anti-dumping Agreement”), Final Act Embodying the Results of the Uruguay Round of Multilateral Trade Negotiations.

就争端解决的程序规则而言，在相关国际规则含义不明的情况下，国际贸易争端解决机构关于举证责任负担分配规则的变化，客观上也是能够影响对反倾销“归零”问题定性的关键因素之一。GATT 时期的举证责任负担分配规则基本上是纯粹的“谁主张、谁举证”。例如，GATT 时期的“录音带案”中，专家组始终认为举证责任在申诉方，虽然专家组同意在特定情形下欧共体方法可能会产生比“交易对交易比较法”更高的倾销幅度，但是，与“鲑鱼案”中的论据相似，专家组指出日本并没有提交证据证明在调查中反映实际情况的欧共体方法的不公平性。专家组认为，作为申诉方的日本有责任通过案件的特定事实情况举证证明“平均对交易比较法”比“交易对交易比较法”更容易导致倾销幅度的夸大，日本虽然举例证明了“交易对交易方法”将不会允许但欧共体方法却允许的“税收征集”(collection of duty)，但日本并没有根据反映案件的事实情况证明欧共体做法的不公平性。① 日本取而代之的是提交了以平均正常价值与平均出口价格为基础的最大出口商倾销幅度的计算证据，而 TRC 第 2 条并不需要运用一个“平均对平均的比较方法”，所以，专家组认为，即便认定 TRC 第 2.1 条和第 2.6 条存在公平比较的一般义务，目前的证据也不足以证明欧共体方法违背了公平比较的要求。所以，该案与“鲑鱼案”如出一辄，专家组将举证责任的负担分配于申诉方。② 也即，只要申诉方不能举证证明支持自己的主张，则就要承担败诉的后果。

WTO 成立后，“谁主张、谁举证”规则发生了有利于申诉方的变化，即申诉方在完成“初步举证”后，举证责任会发生不利于被申诉方的“转移和倒置”，事实上这也是反倾销“归零”申诉在 GATT 时期不能胜诉而在 WTO 时期能够胜诉的一个重要原因。例如，“床单案”中，专家组强调，反倾销主管机关应向所涉各方指明为保证进行公平比较所必需的信息，并不得对这些当事方强加不合理的举证责任。在“欧美归零案”和“钢制品案”中，虽然专家组认为申诉方未能充分举证证明美国在行政复审中适用“归零”法违反 WTO 协议，但最后上诉机构发的裁决最终认为申诉方就此问题已经完成了“初步举证”，美国由于不能证明自己的行为与 WTO 规则一致，因而，上诉机构得出了美国反倾销所有阶段适用“归零”法违反了 ADA 多个条款的结论，美国有义务停止在反倾销中使用“归零”法和修改相

---

① EC—Anti-dumping Duties on Audio Tapes in Cassettes Originating in Japan, GATT Document (unadopted), ADP/136/Corr. 1, 8 June 1995, at para. 355.

② Horlick and Clarke argue that the burden of proof laid on the complainant cannot be met as the defendant had all the facts. See Gary N. Horlick and Peggy A. Clarke, Standard for Panels Reviewing Anti-dumping Determinations under the GATT and WTO, in Ernst-Ulrich Petersmann (ed.), International Trade Law and the GATT/WTO Dispute Settlement System (Kluwer Law International, London, 1997), at pp. 321-322.

美国内法。

（二）反倾销“归零”法律规制的前景

虽然WTO专家组和上诉机构在个案处理时逐步明确了反倾销“归零”法的非允许性，但WTO体制下清除反倾销“归零”适用的形势却不容乐观，这从欧盟和美国对待DSB否定反倾销“归零”的态度可以窥见一斑。欧盟在“床单案”败诉后，一方面转而于2003年6月向WTO起诉美国，称其在对欧盟15起反倾销调查、16起行政复审中使用了“归零”做法，另一方面并不甘心彻底放弃“归零”做法，在2006年10月24日裁决的Ritek Corp & Prodisc Technology Inc诉欧盟委员会案中，欧盟的态度昭然若揭，认为“在不对称程序（asymmetrical procedure）的前提下，根据‘床单案’专家组和上诉机构报告所解释的ADA第2.4.2条以及欧盟反倾销条例第2.11条都没有禁止‘归零’机制的使用……而且，‘归零法’的运用不能够被证明导致了单笔出口交易价格的扭曲，委员会考虑了将每一笔出口交易的实际价值与正常价值相比较……因此，委员会运用‘归零法’已经被证明是正当的”。① 美国在DSB就“床单案”和“不锈钢案”否定“归零”法的背景下，在实践中也并未放慢使用“归零”法的步伐，即便在“钢制品案”上诉机构全面否定“归零”法的情形下，美国商务部也只是象征性地于2006年12月27日发布了一份联邦注册公告，宣布修改反倾销调查中的做法，该“归零”方法的修改影响了美国商务部在调查中适用所谓的平均比较法计算加权平均倾销幅度的方法，但是，该修改并不影响行政复审或其他复审程序。

更为主要的是，虽然WTO专家组和上诉机构总体上对反倾销“归零”法持否定态度，但在涉及个案处理时并没有完全彻底地禁止反倾销“归零”法，这就为美国所主张的WTO规则并没有明确禁止反倾销“归零”法的辩解留下了空间，特别是WTO专家组2007年12月20日就“美国对墨西哥不锈钢产品的最终反倾销措施案”（DS344）发布的家小组报告中部分支持了美国有关“归零法”的适用，即WTO专家组认为美国在行政复审中适用“简单归零”法并不违规，② 该报告事实上也为WTO从立法层面上禁止反倾销“归零”法蒙上了一层阴影，因为该报告作出之际，正值世贸组织反倾销以及补贴与反补贴规则谈判草案发布之际，该认定无疑为美国有关“归零法”的辩解提供了案例支撑。

---

① Case Comment: “CFI Upholds Use of Asymmetrical Method and Zeroing”, EU Focus 2006, 198, 3-4. West Law from Sweet & Maxwell Limited and Contributors.

② Conclusions and Recommendations of DS344, available at http://www.wto.org/english/tratop_e/dispu_e/344r_conc_e.pdf, visited on April 2, 2008.

之所以会出现 DSB 对反倾销“归零”法“剿而不灭”的现状，从原因上看，主要是由于 WTO 争端解决机构的报告仅对个案有效，并不具有否定其他 WTO 成员方国内立法及其实践中采用“归零”法的直接效力，这就决定了产品出口国要挑战进口国反倾销“归零”措施的合法性就必须通过 WTO 争端解决程序，然而，从实际情况看，基于经济上、政治上和综合实力上的原因，并不是所有成员方都有能力或都愿意为此进行一场旷日持久且实际收效可能并不明显的“国际诉讼”。因为，尽管 WTO《关于争端解决规则和程序的谅解》（以下简称 DSU）对于争端解决程序中的各个环节均规定了严格时限，但一个案件从向 DSB 提出申诉开始到裁决下达，整个过程合理消耗的时间仍然可以长达 27 个月，此外，由于 WTO 争端解决机制缺乏对专家小组和上诉机构拖延执法的约束机制，因此，如果上述时间限制未被严格遵守，诉讼期限可能就会被拖得更长，这样，即便最后的裁决是公正并得到执行的，但商机已过，对受害国而言损失已不可弥补，而对加害国而言却已经赚足了收益，制裁无法起到应有的效果；另外，WTO 争端解决执行机制中的交叉报复制度也有着严重的缺陷：（1）交叉报复是以国家的经济实力为后盾的，由于发展中国家的经济水平和对外开放程度都与发达国家有很大的差距，其报复很难形成对发达国家的有力回击；（2）交叉报复同时损害了争端双方的利益，交叉报复是使两国关系走向非正常的最大隐患，它往往会导致双方贸易往来的减少，从而使争端双方都在经济上遭受巨大损失；（3）允许实行交叉报复就等于是允许成员对贸易实施限制，这将增强一国国内维持贸易限制的集团势力，而削弱支持贸易开放的相对力量。①

以上分析表明，WTO 制裁的有效性不足以及执行期限过长等 WTO 争端解决执行机制存在的问题，使得申诉方即便在胜诉的情况下，得到的也只是迟来的正义，并且这个正义的结果在多大程度上能够得以兑现实质上取决于国家的综合实力，这就是为什么在国际贸易利益博弈过程中基于国内利益至上的追求下，一些成员方在诸如反倾销“归零”问题等方面敢于膨胀乃至异化贸易救济权的直接原因。所以，反倾销“归零”问题的最终解决必须依赖于 ADA 相关条款的修改以及 WTO 争端解决机制约束力的加强。

回顾多哈回合，经过六年谈判，2007 年 11 月 30 日 WTO 规则谈判小组散发了主席案文，其中涉及反倾销“归零”的条款主要包括主席案文第 2.4.2 条、第 2.4.3 条和第 9.3.1 条。与 ADA 相关条款相比，主席案文第 2.4.2 条与 ADA 第 2.4.2 条几乎一致，除个别文字表述变动外，内容并无实质性变化；而主席案文第

① 毛燕琼：《“明珠”上的尘埃——WTO 争端解决机制的若干缺陷》，载《WTO 经济导刊》2006 年第 7 期，第 61 页。

2.4.3 条系新增加的内容，其具体表述为："为了确定倾销幅度的存在及程度，反倾销当局统计多重比较结果时，必须遵守下列条款：(i) 在依据第 5 条发起的调查阶段，反倾销当局统计加权平均正常价值与全部可比较的出口交易 (all comparable export transactions) 的加权平均价格进行多重比较的结果时，必须考虑在任何比较方法情形下 (for any of the comparisons) 的出口价格超过正常价值的数量程度；(ii) 在依据第 5 条发起的调查阶段，反倾销当局统计以交易对交易为基础的正常价值和出口价格进行多重比较的结果时，或者以单笔出口交易对加权平均正常价值进行多重比较的结果时，可以忽略 (may disregard) 在任何比较方法情形下的出口价格超过正常价值的数量程度；(iii) 在依据第 9 条或第 11 条进行复审的阶段，反倾销当局统计多重比较的结果时，可以忽略在任何比较方法情形下的出口价格超过正常价值的数量程度。" 主席案文第 9.3.1 条也完全修改了 ADA 第 9.3.1 条的规定，明确了"支付反倾销税的最终责任、或者一项超过倾销幅度的税是否需要被支付的决定，可以依照下列交易为基础加以确定：(i) 单笔进口交易，(ii) 一个进口商从一个出口商或生产商那里进口的全部交易，(iii) 或者从一个出口商或生产商那里进口的全部交易。在决定任何税收责任的存在或数量程度、或任何退税的权利，反倾销当局可以忽略任何比较方法情形下出口价格超过正常价值的数量程度"。①

虽然 ADA 第 2.4.2 条曾经被 WTO 专家组和上诉机构作为禁止反倾销"归零"的法律依据，但主席案文上述条款的内容表明：主席案文第 2.4.3 条 (i) 款虽然禁止了加权平均正常价值对全部可比较的出口交易的加权平均出口价格进行比较时以"归零"法计算倾销幅度，但将该条第 (ii) 款和第 (iii) 款、第 2.4.2 条及第 9.3.1 条结合在一起进行系统理解时，不难发现，由于主席案文第 2.4.3 条第 (ii) 和第 (iii) 款以及第 9.3.1 条明确允许在除第 2.4.3 条 (i) 款以外的其他情形下以"归零"方法计算倾销幅度，这就使得与 ADA 第 2.4.2 条内容一致的主席案文第 2.4.2 条也变成了反倾销"归零"具有合法性的依据。所以，如果主席案文中的这些条款得以通过，以"归零"法将"负倾销幅度"归结为零的做法就成了具有国际规则明文规定的合法行为。很显然，主席案文没有考虑 WTO 上诉机构关于在计算倾销幅度的各个阶段都禁止"归零"法的现实，在主席案文中允许继续使用备受争议的计算倾销幅度时的"归零"法，实践中遭到了除美国以外几乎所有国家的反对和声讨。虽然从推动多哈谈判从休眠状态中复醒并继续前行的愿望出

---

① CHAIRPERSON'S TEXTS 2007: Draft Consolidated Chair Texts of the AD and SCM Agreements, available at http: // www. wto. org/english/tratop_ e/rulesneg_ e/rules_ chair_ text_ nov07 _ e. htm, visited on April 9, 2008.

发，主席敦促 WTO 成员要改变对文本中若干问题非此即彼的态度，应当从诸如对待“归零”问题的强硬立场中解脱出来并发现解决问题的中间立场，然而，从实践角度看，“归零”是一个非常复杂且备受争议的技术问题，在这个问题上，大多数 WTO 成员缺少谈判诚意，这从对主席案文中有关反倾销“归零”问题诸边磋商仅一个半小时就草草收场也可以窥见一斑。不过，关于是否要修改 ADA 以赋予反倾销“归零”合法地位的斗争并没有因此而结束，美国在其反倾销过程中所使用的“归零”做法均被 WTO 裁决否定的背景下，力图将“法庭”上输掉的利益从谈判桌上赢回来，而绝大多数国家强硬抵制的立场也没有丝毫松动。在这样的背景下，WTO 争端解决机构对这个问题的态度是：进行“开门办公”借以“吸纳民智”，根据争端方的请求，WTO 专家组同意于 2008 年 4 月 9 日就“欧盟诉美国反倾销归零案”（DS294）中涉及的倾销幅度计算的法律、规则和方法是否符合 WTO 规则，在日内瓦 WTO 总部以闭路电视的方式面向公众公开举行会议，① 第二次实质性会议于 2008 年 4 月 22 日以同样的方式讨论“美国归零做法的继续存在和适用案”（DS350）中涉及美国的用反倾销归零法的合法性问题。② 笔者认为，WTO 专家组以闭路电视的方式面向公众公开举行会议的目的绝不仅仅在于为了增加案件裁决的透明度，也在于借以表明专家组对反倾销“归零”问题的重视以及通过进一步广开言路，让反倾销“归零”法的前景在更为广阔的层面上接受公众的监督和考量。可以预见，WTO 框架内就是否要从立法层面赋予反倾销“归零”以合法地位的斗争才刚刚开始，其未来之路将最终取决于 WTO 成员方之间的利益博弈和政治较量。

五、中国应对反倾销“归零”问题的立场及启迪

长期以来，中国一直是深受反倾销“贸易救济”之害最为严重的国家之一。如果说反倾销中的“非市场经济问题”还带有一丝“政治大棒”的色彩，那么，反倾销中的“归零”法则纯粹是一个借纠正“不公平贸易做法”之名而行“不公平行为”之实的“技术手段”。随着中国对国外反倾销应诉率的提高，中国必然也会进入到质疑反倾销“归零”合法性与合理性的阵营当中，虽然中国尚未在 WTO 争端解决机构中以独立的申诉方质疑反倾销“归零”法，但在 WTO 争端解决的过

① WTO hearings on Zeroing dispute (DS 294 (21.5)) opened to the public, available at http://www.wto.org/english/news_e/news08_e/dispu294_march08_e.htm, visited on April 16, 2008.

② WTO hearings on Zeroing dispute (DS350) opened to public viewing, available at http://www.wto.org/english/news_e/news08_e/dispu350_march08_e.htm, visited on April 16, 2008.

程中，中国作为“第三方”表明了自己反对反倾销“归零法”的立场。以“钢制品案”为例，中国作为“第三方”向WTO争端解决机构表明了下列主张：①

第一，WTO专家组关于“归零法”被用于“交易对交易比较法”为基础的反倾销初步调查时并非与ADA第2.1条、第2.4条、第2.4.2条以及GATT1994第VI：1、VI：2条不相一致的观点是错误的。中国在提交的第三方报告的第23段明确指出，“交易对交易比较法”与“加权平均对加权平均比较法”，以及在受调查产品超过一笔出口交易时的“多重比较法”具有相同的功能。中国在援引“软木案”上诉机构报告相关内容的基础上，强调ADA第2.1条和第2.4.2条以及GATT1994第VI：1、VI：2条运用的前提条件是必须将受调查产品作为一个整体来确定“倾销”和“倾销幅度”。在中方看来，这意味着反倾销调查当局应当通过合计中间的比较结果去确定一个产品的倾销幅度，倾销幅度对于“交易对交易比较法”与“加权平均对加权平均比较法”应当具有相同意义，很显然，允许“交易对交易比较法”基础上的反倾销“归零”而禁止“加权平均对加权平均比较法”情形下的“归零”是不符合逻辑的。而且，中国坚持认为，反倾销初步调查时，“交易对交易比较法”基础上的“归零”违反了ADA第2.4条关于“公平比较”的要求，因为“归零”法实质上不仅扭曲了倾销幅度的大小，而且也可能导致对倾销的存在与否作出错误的判断。

第二，ADA第2.1条关于构成倾销和计算倾销幅度的要求必须建立在将受调查产品作为一个整体的基础之上。参照“欧美归零案”上诉机构报告中的相关内容，中国在提交的第三方报告中认为，ADA第9.3条和GATT1994第VI：2条要求将受调查产品作为一个整体来计算倾销幅度，即使在周期性复审计算反倾销税的最高额度时也应该如此。中方坚持认为，通过一个系统的忽略负倾销幅度的方法，“归零”程序事实上导致了反倾销税的计算超出了外国生产商或出口商实际的倾销程度，这显然违反了ADA第2.1条、第9.1条、第9.2条、第9.3条以及GATT1994第VI：1、VI：2条。

第三，美国商务部在对新出口商复审（new shipper review）中运用“归零”法违反了ADA第2.1条、第9.5条、以及GATT1994第VI：1、VI：2条。因为，ADA第9.5条中的“单笔倾销幅度”（individual margins of dumping）的术语意味着必须将受调查的产品作为一个整体来计算倾销幅度。

从“钢制品案”上诉机构报告的结论看，我国作为“第三方”提出的上述主张事实上得到了WTO上诉机构的肯定，这表明我国已经基本具备了运用WTO争端解决机制质疑反倾销“归零”问题的经验和能力。尽管如此，我们仍然必须对

① WT/DS322/AB/R. 9January 2007, at para 44-46, pp. 21-22.

DSB围剿反倾销“归零”法“剿而不灭”的现状和前景有一个清醒的认识，必须对反倾销“归零”实践及其争端解决的历程进行深刻的反思和理性的分析。

第一，由于只有通过谈判修改ADA和DSU，对“归零”问题作出立法上的明确否定，改革WTO争端解决执行机制、切实加强其约束力才是真正解决反倾销“归零”问题的根本途径。为此，我国就必须进一步深化改革、扩大开放，加快依法治国的进程，不断增强经济实力、提高我国的国际地位和在国际谈判过中的影响力和协调力，积极参与ADA和DSU的修改谈判，力争对我国有利的制度设计。因为，从某种意义上讲，“世界贸易组织是一个很不公平的地方，没有经济实力，很难参与真正的谈判”。① 实践已经证明，“经济贸易实力是世贸组织成员参与决策、影响决策、获得权益和谈判力的基础”。②

第二，在多哈回合谈判陷入僵局后前景不明的背景下，虽然2007年11月30日WTO规则谈判小组散发的主席案文中涉及了对反倾销“归零”问题的修改，但由于该条款有悖公正、背离实际，遭到了除美国以外的几乎所有国家的反对，ADA和DSU相关条款的修改仍然遥遥无期。目前，对WTO其他成员方反倾销过程中继续采用对我国不利的“归零”措施要实施有效打击，仍然必须借助于WTO争端解决机制来进行各个击破式的清理整顿，为此，我国必须高度重视相关专业人才的培养，切实加强队伍建设，努力提高参与争端解决的水平和技能，唯有如此，才能保证我国在国际贸易争端解决中赢得先机、取得实效。

第三，从技术层面上看，我们必须对平均正常价值与单笔出口交易价格比较方法、平均对交易比较法、平均对平均比较法、交易对交易比较法等各种不同的反倾销归零的具体计算方法进行深入细致的研究，分析其在WTO相关规则下的合法性与合理性，探询反倾销归零的具体计算方法与倾销幅度计算的关系，切实做到能够从技术层面上揭示各种不同的反倾销归零的具体计算方法所存在的不公平性和不合理性，防止和杜绝WTO相关利益方在谈判中企图通过区别不同的反倾销归零的具体计算方法以使得即便部分反倾销归零法被否决也能够使其他反倾销归零法变相取得合法性情形的发生。

第四，我们应当对已经发生的反倾销归零案件进行梳理，重点分析进口国反倾销调查当局在初步调查、周期性复审、新出口商复审程序等不同阶段使用反倾销归零手法上的差异以及所呈现出的不同特点，详细分析WTO争端解决机构在不同的案件中对反倾销不同阶段归零的不同态度及其成因，总结和归纳反倾销不同阶段归

① 龙永图：《谈判是这样完成的》，载《中国青年报》，2001年11月14日。

② 薛荣久：《中国加入世贸组织纵横论》，对外经济贸易大学出版社2001年版，第366页。

零的不公平性和违法性,① 从而为抵制和批驳通过区别反倾销不同阶段以局部赋予归零合法性空间的观点提供素材和依据。

第五，我们应当在反思反倾销贸易救济工具性质的基础上对全球反倾销形势有一个清醒的认识，着力在 WTO 规则谈判中营造孤立“反倾销归零”的氛围和大势。反倾销尽管是 WTO 规则允许的纠正不公平贸易做法的救济措施，但反倾销客观上是“双刃剑”的事实却无法回避，随着经济全球化进程的加快及其发展程度的深入，反倾销贸易救济工具不仅事实上损及消费者、进口商和零售商的利益，引发了贸易救济领域“公共利益保护危机”，而且反倾销归零措施的采用事实上加大了采取反倾销措施的可能性、放大了反倾销贸易救济工具的负面影响，其实质属于对贸易救济权的滥用，事实上也使得许多已将生产基地转移至进口国之外的本土名牌企业深受其害，再加之以当前在反倾销中采用归零做法毕竟是极少数国家的现状，这客观上为我们在 WTO 规则谈判中营造孤立“反倾销归零”的氛围和大势提供了基本前提，我们坚信，只要 WTO 多数成员坚持不懈，反倾销归零在未来反倾销协议修改时的生存空间必然会越发狭小乃至会完全丧失，反倾销贸易救济工具的本来面目和应有功能就能够得到合理彰显。

On Zeroing in International Antidumping

ZHU Guangdong

Abstract There is a lack of rules regulating zeroing in international antidumping agreement. However, zeroing was prohibited by the DSB of WTO, while it was permitted by the GATT panel. Because the report of the DSB can only bind particular cases and there are some problems of the WTO dispute settlement enforcement system, at present, it is practically impossible to prohibit other WTO members to use zeroing in antidumping

---

① 日本在“钢制品案”磋商申诉书中列举了 15 个案件中采用归零法前后倾销幅度的巨大差异，例如，案件号为“USDOC case number A-588-054, 66 Fed. Reg. 15078, 15 March 2001”中采用归零法前后的倾销幅度分别为 -1.27% 和 14.86%；案件号为“USDOC case number A-588-604, 65 Fed. Reg. 11767, 6 March 2000”中采用归零法前后的倾销幅度分别为 -6.01% 和 17.58%。Available at http: // www. wto. org/english/tratop _ e/dispu _ e/cases _ e/ds322 _ e. htm, visited on July 26, 2008.

case. As a result, the termination of the practice of zeroing should rely on the modification of ADA and the innovation of the WTO dispute settlement enforcement system. The situation of zeroing indicates the abuse and distortion of the trade defense power. As one of the countries seriously injured by antidumping, China should attach importance to these problems.

Key words antidumping; zeroing; dispute settlement

美国跨界破产立法三十年及其对中国的启示*

□ 张 玲**

内容摘要 20世纪后期，国际上掀起跨界破产法改革浪潮，美国作为这场改革的漩涡中心，其立法活动与成果反映出跨界破产立法改革的脉动与发展走向，并对其他国家的立法与实践产生了重要影响。美国跨界破产立法的发展有两条主要线索：一是从1978年美国破产法第304条到2005年新破产法第15章的官方立法改革；二是美国法学会进行的跨界破产计划这种非官方立法活动。两者相互交织与影响，共同推动美国跨界破产法的发展与完善。2006年8月27日通过的《中华人民共和国企业破产法》第5条首次在破产法中涉及跨界破产问题，这是在现有市场经济发展阶段产生的尚未成熟的立法，还有很大的发展空间。在完善我国跨界破产立法过程中，应当重视美国的经验。

关键词 跨界破产法 立法改革 美国

目 次

---

* 该文为中华人民共和国教育部优秀青年教师资助计划项目《跨界破产与重整法律问题的比较研究》的阶段性成果。

** 中国政法大学国际法学院讲师，法学博士。

三、美国跨界破产立法的发展对中国的启示

（一）美国跨界破产立法发展的经验

（二）中国跨界破产立法现状与问题

（三）关于完善我国跨界破产立法的几点建议

经济全球化的触角几乎延伸到世界各国经济生活之中，不管企业规模如何，它的经营活动、资产分布、债权人、雇员都很有可能分散于不同国家或地区。同时，企业的破产也被分割于各个国家的管辖权之下。于是，债务人费尽心机为向境外转移、隐匿资产寻找温床；债权人疲于奔波于不同国家的破产程序之间却不能保证获得平等分配；破产成本增加，债务人破产财产价值缩水，整体分配比率降低；企业跨国重整面临重重阻力……全球化的市场需要与之相匹配的全球化的破产法，跨界财产需要由统一的程序集中分配与管理。在这种呼声下，20 世纪后期以来，国际上掀起跨界破产法改革的浪潮。

作为深入地渗透于经济全球化的市场经济发达国家，美国成为这场改革浪潮的漩涡中心。1978 年美国破产法第 304 条首次以国内立法的形式比较完善地确定了为境外破产程序提供承认与协助的"辅助程序"，在国际上产生重大影响，被誉为跨界破产法历史上的"美国模式"。1994 年，作为非官方民间机构，美国法学会制定了其首个国际私法立法项目——跨界破产计划，并于 2000 年出台了两个重大成果：《北美自由贸易区跨界破产合作原则》与《适用于跨国界案件法院间沟通的指引》，为美国新一轮跨界破产立法改革奠定了基础。2005 年美国新破产法通过，将《联合国跨界破产示范法》（以下简称《示范法》）并入其第 15 章，是迄今为止最完整地适用《示范法》的国家。在其影响下，英国、新西兰、韩国、澳大利亚等国也陆续采纳示范法，①有力地推动了跨界破产国际合作的进程。可以说，美国跨界破产立法的发展反映出国际上跨界破产立法改革的脉动与发展走向，对其他国家的立法与实践产生了重要影响。

如果以 1978 年美国破产法第 304 条为起点，美国跨界破产法改革至今已走过三十年风雨之路，其法律制度的创新与完善经历了漫长、曲折的历程，这个过程还

① 根据联合国国际贸易法委员会的统计，迄今为止，已有 15 个国家或地区通过了以《联合国跨国界破产示范法》为基础的立法，即：厄立特里亚（1998 年）、南非（2000 年）、日本（2000 年）、墨西哥（2000 年）、黑山共和国（2002 年）、波兰（2003 年）、罗马尼亚（2003 年）、塞尔维亚共和国（2004 年）、大不列颠及北爱尔兰联合王国的海外领地英属维尔京群岛（2005 年）、美利坚合众国（2005 年）、哥伦比亚（2006 年）、大不列颠及北爱尔兰联合王国（2006 年）、新西兰（2006 年）、韩国（2006 年）、澳大利亚（2008 年）。资料来源于 http：//www. uncitral. org。

在继续。作为跨界破产立法刚起步的国家，中国不需急于复制，但却很有必要了解他国的探索之路、吸取其中经验与教训，这应是完善我国相关立法必须历经的重要过程。

一、从第304条到第15章：美国跨界破产官方立法改革的进程

（一）1978年美国破产法第304条：跨界破产法历史上的“美国模式”

美国法院在跨界破产案件中适用普及主义的判例可以追溯到19世纪，但完全以国际礼让原则作为是否对境外破产程序给予承认与协助的标准具有很大地不确定性，案件审理过度依赖法院自由裁量权而缺乏固定化的法律制度保障。在Stefan Riesenfeld教授大力倡导下，1978年《美国统一联邦破产法》（简称“1978年美国破产法”）第304条首次将美国司法实践中的礼让原则与合作精神法典化，为外国代表在美国寻求承认与协助提供了比较完善与稳定的法律救济途径。①

根据第304条的规定，如果债务人在美国有财产，外国破产程序任命的破产管理人有权在美国启动辅助程序（ancillary proceeding），请求法院协助其管理债务人位于美国境内的财产。②该程序不是独立的破产分配或重整程序，它只肩负协助功能。根据外国代表的申请，法院会发出禁令，禁止任何人针对债务人财产的诉讼与执行；将位于美国的财产移交给境外程序进行统一分配；或者根据具体情况提供其他救济。③这些救济措施是实质性的，意味着美国债权人的利益将在外国破产程序中获得实现，因此立法必须考虑外国程序是否会侵害本国债权人的合理利益。为此，第304条为法院向外国程序提供救济规定了六个方面需要考虑的因素：(1)公平对待对破产财产享有债权或其他权益的人；（2）保护美国债权人在外国破产程序中主张债权时免遭歧视或不便；（3）阻止对破产财产进行优惠或欺诈性处置；（4）外国破产程序对破产财产的分配在本质上与美国破产法一致；（5）礼让；（6）在合理情况下外国程序给个人提供重新开始的机会。④其中，第2、4项特别强调对本土债权人利益的保护，在倡导普及主义的同时，保留了很大成分的属地主义元素。这种立法模式在当时具有开创性意义，对其他国家的立法产生示范作用，在跨

① Jay Lawrence Westbrook, Charpter15 At Last, American Bankruptcy L. J, Vol. 78, No. 2, 2005, p. 718.

② 11 U. S. C. Section 304 (a) (1978).

③ 11 U. S. C. Section 304 (b) (1978).

④ 11 U. S. C. Section 304 (c) (1978).

界破产法历史上被称为“美国模式”。

应当说，第304条实施以来，众多国家的破产管理人在美国获得了辅助程序的协助，①总地来看，倾向于普及主义的判例占据大多数，极大推动了跨界破产国际合作的进程。但在另一方面，第304条的实施也暴露出一些问题，集中于对该条（c）项的理解与适用上。由于立法对所列举的六个因素的地位关系未作解释，在司法实践中产生了分歧：如果在一个案例中同时出现几个因素描述的情况，“礼让原则”是否应当被优先考虑？在Culmer破产案中，法院认为礼让原则应当位于各因素的首位，只要不会产生有害的、非道德的、令人厌恶的结果，它就应当是首要考虑的因素。而在Papeleras Reunidas破产案中，法院却持有另一种态度：在决定是否对外国程序提供协助措施时，应当平等考虑六个因素，礼让仅为需要考虑的因素之一，没有优先地位。②显然，将判断的自由裁量权交给法院，最终很可能导致判决结果的不一致。不同法官在普及主义与属地主义立场倾向上的差异将通过其手中的自由裁量权左右案件审理的结果，这种不确定性模糊了利益相关方对破产法律后果的能见度。这是第304条遭遇美国学界与实务界质疑与批评的主要原因。③此外，如果外国程序在美国未能获得第304条的协助，根据美国破产法，外国代表或者债权人有权在美国启动独立的破产或重整程序。对于平行存在的不同国家的破产程序如果缺乏协调与合作，显然又回归到属地主义状态。对该问题如何解决，当时的立法还没有将其纳入考虑范围之内。

第304条在适用过程中暴露出的消极方面是推动美国跨界破产立法改革的基本动因。在寻求更为合理的解决机制的过程中，20世纪末期关于破产域外效力理论的新一轮争论对美国跨界破产立法的发展产生了重要影响。

（二）破产域外效力理论的新发展对美国跨界破产立法改革的影响

对破产域外效力命题的解答奠定了一部跨界破产法的基调。对此，普及主义与

---

① 据统计，美国法院根据第304条向诸多国家和地区的破产程序提供过协助，包括：澳大利亚、巴哈马、百慕大、加拿大、开曼、芬兰、德国、英国、中国香港、以色列、日本、中国台湾、瑞典、俄罗斯等。Chris Farley, An Overview, Survey, And Critique of Administrating Cross-Border Insolvencies, Houston Journal of International Law, Vol. 27, No. 3, 2004, pp. 190-191.

② Elizabeth J. Gerber, Not All Politics Is Local: The New Chapter 15 To Govern Cross-Border Insolvencies, Fordham Law Review, Vol. 71, April, 2003, pp. 2056-2057.

③ See Paul L. Lee, Ancillary Proceedings Under Section 304 and Proposed Chapter 15 of the Bankruptcy Code, Am. Bankr. L. J. Vol. 76, 2002, p. 123.

属地主义的对峙由来已久。①虽然，人们普遍承认属地主义在经济全球化之下无法有效地管理跨界破产与重整案件，②从而对普及主义充满憧憬，但迄今为止，没有哪个国家或国际组织的立法采用纯粹普及主义。这是因为，在各国破产法实体内容差异无法调和的现实情境下，完全放弃对本土利益的保护，无条件地承认与协助外国破产程序是任何国家不能接受的。

跨界破产法的改革与发展就是在普及主义与属地主义之间寻求最适宜平衡点的过程。

1978 年美国破产法第 304 条的实施为破产域外效力理论的发展提供了现实基础。一方面，允许法院在兼顾当地债权人利益的条件下推进普及主义的立法定位获得普遍认可，另一方面，也有人对第 304 条的实施结果表示质疑：在各国破产法差异长久并存的现实下，过度保护当地利益是否会导致对属地主义的回归？这在本质上还是涉及对普及主义与属地主义的争论。2000 年《密西根法律评论》同期刊载了四篇论文，将破产域外效力问题的讨论推向高潮。③尽管四位教授都承认普及主义是最终的目标选择，但对于在向普及主义过渡的阶段，什么是更合理、更实际的

---

① 普及主义主张应由一个法院适用一部法律在全球范围内解决跨界破产的所有问题，债务人所有财产应汇集到这个中心程序，所有债权人在此集中申报债权，根据当地破产法分配或重组债务人财产，其他法院应当承认与协助执行中心程序的判决。属地主义则坚持每个国家应当适用自己的破产法解决位于本土境内的财产，一国的破产程序不具有域外效力。See Sara Isham, Note, UNCITRAL's Model Law on Cross-Border Insolvency: A Workable Protection for Transnational Investment at Last, Brook. J. Int'l L. Vol. 26, 2001, pp. 1180, 1186.

② 对属地主义的批评主要集中于以下几个方面：(1) 如果财产所在地都启动当地破产程序，多重程序必然增加不必要的重复成本；(2) 债务人的财产被分割处理，很难实现破产财产价值的最大化；(3) 债权人并不知道债务人破产后其财产可能分布于哪些国家，从而对破产的法律风险缺乏可预见性；(4) 债权人参与不同程序，获得分配的结果可能是不平等的；(5) 债权人与债务人都有机会为个人私利而牺牲债权人整体利益的行为；(6) 跨界重整难以实现。See Honorable Samuel L. Bufford, Global Venue Controls Are Coming: A Reply to Professor LoPucki, The American Bankruptcy L. J., Vol. 79, No. 4, 2005, pp. 55, 62.

③ See Jay Lawrence Westbrook, A Global Solution to Multinational Default; Andrew T. Guzman, International Bankruptcy: In Defense of Universalism; Robert K. Rasmussen, Resolving Transnational Insolvencies Through Private Ordering; Lynn LoPucki, The Case for Cooperative Territoriality in International Bankruptcy, Mich. L. Rev, Vol. 98, June, 2000.

路径持有不同观点。①其中，争论的焦点集中于“修正普及主义”与“合作属地主义”理论的对立上。

美国著名破产法专家沃斯特布鲁克教授是普及主义的支持者，他主张破产法如果失去与市场的协调性，就丧失其价值与功能。在经济全球化不断推进的时代，集中统一清偿程序仍旧是破产法的基础。引导跨界破产立法的理论基础应当是以普及主义为中心目标，同时允许法官评价外国程序的公正性、合理保护当地债权人利益的“修正的普及主义”（modified universalism）。②鲁普克伊教授则持相左观点。他认为，只要各国破产法实质差异依旧存在，普及主义没有实际意义。修正的普及主义很可能导致当事人挑选法院的现象，而法院也会在保护当地利益的驱动下启动诸多平行破产程序，跨界破产的法院选择与法律选择都缺乏可预见性。因此，在现有状态下，最实用的方法是以属地主义为基础，通过促进各国破产程序之间的合作克服属地主义的弊端。这就是他提出的“合作属地主义”（cooperative territorialism）的理论。③

合作属地主义理论对普及主义基础的否定没有获得美国法学界的普遍支持，但它对普及主义的批评却引起人们的重视。如果修正的普及主义不能提供确定的管辖权与法律选择规则，债权人的合理预期就会被破坏，他们不知道，一旦债务人破产，将依据哪个国家的法律分配其利益，这样，在交易时，他们总是忐忑不安、无所适从。④由此推动了立法改革对如何增强利益相关方对破产的确定性与可预见性问题的关注。同时，鲁普克伊教授强调的不同程序之间必须有效合作的理念以及提出的合作方式实际上也获得了美国新破产法的接受与认可。

由此可见，这场关于破产域外效力理论的论战，其真正意义并非对传统立法与实践的彻底否定与推翻，而是对“修正普及主义”的优化。美国跨界破产法正是在对原有制度的质疑甚至反对声中得到进一步发展。

---

① 沃斯特布鲁克与古兹曼教授都是修正普及主义的支持者，两者观点近似。莱兹缪森教授并不反对普及主义，但他主张应当由当事人而不是国家的立法决定跨界破产应适用的法律。布鲁克伊教授则认为，在现阶段属地主义仍旧是跨界破产法的基础，强调通过平行程序的有效合作解决纠纷是最实用的路径。See Jay Lawrence Westbrook, A Global Solution To Multinational Default, Michigan Law Review, Vol. 98, June, 2000.

② Jay Lawrence Westbrook, A Global Solution To Multinational Default, Michigan Law Review, Vol. 98, June, 2000, pp. 2283-2284, 2301.

③ See Lynn M. LoPucki: Cooperation in International Bankruptcy: a Post-Universalist Approach, Cornell Law Review, Vol. 84, March, 1999. p. 742.

④ Honorable Samuel L. Bufford, Global Venue Controls Are Coming: A Reply to Professor LoPucki, The American Bankruptcy L. J., Vol. 79, No. 4, 2005, pp. 112, 113.

（三）2005年美国新破产法第15章：对第304条的改革与保留

2005年10月17日，美国新破产法正式生效，其中一个重要的改革就是采纳《联合国跨界破产示范法》作为第15章（Ancillary and Other Cross-Border Cases）取代原有的第304条，重构美国跨界破产法的法律框架。改革后的新法采用以主要破产程序为主，辅之非主要破产程序与属地破产程序的模式，在内容设置上增加了管辖权、外国代表的介入、平行破产的协调与合作三方面规定，对外国破产程序的承认与协助制度进行调整，在保留"辅助程序"合理内核基础上，力图克服原有立法缺陷。总的来看，新破产法第15章对原第304条既有改革，又有保留。

1. 第15章对第304条的改革

采纳《示范法》的第15章在内容上对原第304条有三方面重要改革：

在承认外国破产程序的条件方面，减少自由裁量权的行使权限，通过"自动中止"的救济措施快速冻结破产财产，阻止任何形式的不平等受偿。根据第1517条的规定，只要外国代表能够证明符合条件的外国程序的存在及其身份的真实性，并提交有关外国程序的说明，在保证没有明显违反本国公共秩序的情况下，外国破产程序应当在最快的时间内获得承认。①所谓符合条件的外国程序只是对管辖权的要求，即该外国程序应当为债务人主要利益中心启动的主要破产程序或债务人营业地法院启动的非主要破产程序。这样，对外国破产程序承认的条件与程序都被简化。如果外国程序是主程序，法院将自动发出禁令，禁止任何针对债务人及其财产的诉讼与执行。②也就是说，外国代表获得"自动中止"（automatic stay）的救济不需要满足原第304（c）条的条件。而在以往，是否允许中止是法院行使自由裁量权的产物。③除此之外，第15章对公共政策原则的运用，特别加上"明显"违反的限定，反对法院动辄以该原则拒绝承认外国破产程序。④这样，旧法的不确定性与

---

① 11U. S. C. Section 1517（a）；1515（2005）.

② 11U. S. C. Section 1520（a）；1515（2005）.

③ See Paul L. Lee, Ancillary Proceedings Under Section 304 and Proposed Chapter 15 of the Bankruptcy Code, Am. Bankr. L. J. Vol. 76, 2002, pp. 115, 118.

④ 美国法院在适用公共政策原则拒绝承认与协助外国破产程序方面非常谨慎。在Ephedra破产案中，某美国债权人请求美国法院拒绝承认加拿大破产程序，理由是它没有采用陪审团制度，剥夺了原告通过正常程序参与诉讼的权利。美国法院认为，不采用美国的陪审团制度并不意味违反美国公共政策，实际上，加拿大的破产程序是公正的，因此驳回债权人的申请。In re Ephedra Products Liability Litigation, 349 B. R. 333, 349（Bankr. S. D. N. Y. 2006）. See Hon. Allan L. Gropper, Current Developments in International Insolvency Law: A United States Perspective, Commercial Law and Practice Course Handbook Series, April, 2007. pp. 354-355.

不可预见性得到很大程度的遏制。

在管辖权制度上，第15章完全采纳《示范法》内容，规定了主要破产程序管辖权、非主要破产程序管辖权与属地破产程序管辖权，它们分别对应的管辖权根据是债务人主要利益中心、债务人营业所与债务人财产所在地。这三种管辖权的效力是有差别的：主要破产程序与非主要破产程序具有普及效力，应得到当地法院承认，但在获得救济方面有所区别，非主要破产程序不能够如主程序那样获得自动救济；属地程序的效力更为局限，它仅限于对位于本土财产的清算与分配。这种管辖权制度设计与跨界破产模式改革是相互对应的。此外，特别需要指出，在确定外国程序是否为主要破产程序时，第15章引入新的管辖权标准——债务人主要利益中心（the center of main interests of the debtor，以下简称“comi”），对传统破产管辖权制度进行改革。根据第1516（c）条的规定，如无相反证据，债务人的注册办事处或其个人的惯常居所被推定为债务人的主要利益中心地。这个概念来自《示范法》，其目的是为了防止债务人通过虚设住所的手段掩盖其真实经营管理活动所在地。第15章生效后第一个案例就涉及对comi的判断。在Sphinx破产案中，美国法院根据主要利益中心的概念拒绝承认开曼程序为主要破产程序。①尽管，“comi”概念的引入增强了法院判决的确定性，但应当承认，由于立法没有对何谓“相反证据”进行解释，在实践中必然会产生新的不确定性。这在欧盟的司法实践中已有所反映。②如何增强新规则的可预见性将成为第15章实施后需要解决的新难题。

第15章还有一个重大突破在于允许法院和破产管理人与外国法院或外国代表进行直接的联系与交流，在最大限度内实现法院之间的合作。③由于第15章并不排

① 债务人Sphinx是一家在开曼注册的公司。债务人在开曼申请启动清算程序后，请求美国法院根据第15章承认其主程序的地位。美国法院指出，债务人虽然在开曼注册登记，但几乎所有财产与业务均位于美国，债务人主要利益中心不在开曼，据此拒绝承认其主程序的地位。In re Sphinx, Ltd., 351 B.R. 103 (Bankr. S.D.N.Y. 2006) See Hon. Allan L. Gropper, Current Developments In International Insolvency Law: A United States Perspective, Commercial Law and Practice Course Handbook Series, April, 2007. pp. 353-354.

② 2002年生效的《欧盟破产程序规则》与《示范法》都采用了主要利益中心的概念。从欧盟规则实施以来关于“comi”的判例来看，已经出现不同国家的法院都认为债务人主要利益中心位于本国而在当地启动主要破产程序的情况。比较典型的是Parmalat集团破产案中的Eurofood破产案。Eurofood是集团公司在爱尔兰注册成立的子公司，但其业务管理受到位于意大利的集团母公司的控制。由于Eurofood的债权人与债务人分别在爱尔兰与意大利申请启动破产程序，引起两国法院关于债务人主要利益中心的争议，最终该案被提交到欧洲法院作出最后裁决。

③ 11U.S.C. Section 1525-1527 (2005).

斥平行破产，①强调法院间的合作对于协调不同破产程序之间的冲突，及时、准确了解破产分配情况，防止超额受偿，最大限度内实现债务人财产价值的最大化都具有积极意义。因此，即使这种直接交流的方式还不为一些大陆法系国家熟悉和接受，美国还是在新立法中确认了合作的价值，首先伸出橄榄枝。②

2. 第 15 章对第 304 条的保留

尽管第 15 章对旧法进行诸多方面改革，但并非对第 304 条的彻底否定与抛弃，而是保留其合理成分，主要体现在两方面：第一，坚持普及主义的立法导向没有改变，对外国破产程序的承认与协助仍然保留了辅助程序的合理因素。只是与原有制度相比，在某些方面对法官自由裁量权作出限制，增强了确定性与可预见性。第二，对当地债权人利益保护的重视没有改变。普及主义的实现需要以各国破产法协调为基础，这将是一个漫长的过程。因此，美国跨界破产法依然要保留属地主义成分，保护当地债权人的合理利益在外国程序中不受损害。我们注意到，第 15 章尽管在承认外国程序方面没有附加诸多限制条件，但在是否可以向外国程序提供“转移财产”这一最为关键的救济措施时，仍旧允许法院在确信本国债权人的利益得到充分保护后作出最终决定。③对于外国程序提供承认前的临时救济或者承认后的救济措施也要保证债权人、债务人和其他利害关系人的利益受到充分保护。④此外，法院在决定是否可以提供额外的救济措施时，还需要考虑原第 304（c）条列举的六方面因素。⑤这表明，第 15 章并没有完全剥夺法院通过自由裁量权保护当地利益的权力，美国跨界破产立法改革是在既定方向上进行的修正与完善。

二、美国法学会跨界破产计划：民间立法活动对官方立法改革的推动与补充

2005 年美国破产法第 15 章的出台将更多的注意力吸引到官方立法方面，实际上，在美国跨界破产法发展的历程中，还有一股力量不容忽视，即美国法学会进行的民间立法活动，其立法成果对官方立法改革起到重要的推动与补充作用。

---

① 根据第 1528 条的规定，在承认某项外国主要程序后，如果债务人在美国拥有资产，可以启动当地破产程序，虽然该程序的效力仅限于位于美国境内的财产，但它将适用美国破产法管理破产财产，是独立的破产程序。

② See Jay Lawrence Westbrook, Charpter15 At Last, American Bankruptcy Law Journal, Vol. 78, No. 2, 2005, pp. 724-725.

③ 11U. S. C. Section 1521 (b) (2005).

④ 11U. S. C. Section 1522 (a) (2005).

⑤ 11U. S. C. Section 1507 (2005).

（一）美国法学会的跨界破产计划及其成果

20世纪90年代，美国跨界破产案件数量与规模激增。由于缺乏相关条约约束，跨界破产的国际协调没有形成有效机制，而国内官方立法改革进展缓慢也导致很多疑难问题无法解决，尤其在经济联系紧密的北美自由贸易区三国之间仍未建立起有效解决跨界破产问题的法律框架。在此背景下，美国法学会（American Law Institute，简称ALI）于1994年启动了它的第一个国际私法项目——北美自由贸易区跨界破产计划（Transnational Insolvency Project），其最初目的就在于促进三国法院在跨界破产案件中的合作。该计划于2000年5月产生了两个重要立法成果：《北美自由贸易区跨界破产合作原则》（以下简称"《合作原则》"）与《适用于跨国界案件法院间交流的指引》。

2000年《合作原则》的制定分为两个阶段：第一阶段是在各国破产法专家的参与下对北美三国（美国、加拿大、墨西哥）的现行破产法及司法实践的相互了解；第二阶段在此基础上制定三国均能接受的程序原则，促进跨界破产的协调与合作。①《合作原则》主要包括一般原则、程序原则及法律建议三部分内容。一般原则在整体上提供核心的指导方向，具体包括合作的目标与方法、自动承认原则、全面延期清偿原则、信息自由流动与分享原则、统一分配原则、国民待遇原则以及破产财产分配的混同原则七方面主导性内容。程序原则更侧重于每个阶段细节性问题与特殊问题的规定。②例如，在信息交流与获取问题上，程序原则将一般原则细化为外国代表披露关于外国程序相关信息、便利外国代表在本国搜集信息以及法院及破产管理人之间直接进行信息交流三个分原则；对于平行破产的处理、跨界重整、跨国公司集团破产等特殊问题也规定了促进法院间协调与合作的程序原则。《合作原则》第三部分提出七个有利于合作的立法建议，其中特别建议各国采纳联合国国际贸易法委员会的《示范法》和美国法学会的《合作原则》，并强调及时充分通知债权人以及在破产优先权分配立法方面进行协调统一的重要性。

《合作原则》在其附件中有一个副产品——《适用于跨国界案件法院间交流的

① See Ian F. Fletcher, Insolvency in Private International Law, National and International Approaches, Oxford University Press Inc., 2005, pp. 301-303.

② 程序原则部分共27条，具体包括承认与中止（原则1~6）、外国代表的直接介入（原则7）、信息交流（原则8~10）、程序的管理与执行（原则11~21）、申报债权的信息沟通（原则22、23）、公司集团的处理（原则23、24）、分配、优先权、重整计划（原则25~27）几方面内容。

指引》(以下简称“《指引》”)。①在美国跨界破产实践操作中,人们逐渐意识到法院间沟通对于案件成功解决的重要性,尽管立法没有明确规定,法官在不少案例中创造性地利用各种手段进行沟通与交流,极大提高了跨界破产程序的效率。来源于实践的创新引起美国法学会的关注,他们将其中积累的经验编纂成《指引》,建议法院在未来的案件中采用。《指引》共 17 条,主要适用于法院之间以及法院与另一法域的破产行政官员或经授权的代表之间的沟通与协调。它建议在文书送达、信息获取、外国代表及有关当事人参与诉讼等方面创建简化、便捷的绿色通道。《指引》一个突出的特点是扩大法院间沟通的方式,除了通信等传统方式外,还可以通过电话、电视会议等现代电子方式进行交流;法院之间可以共同举行听证会。交流方式的多样化与现代化对提高跨界破产程序的效率产生明显作用。此外,经法院同意,还可以将沟通的内容记录为正式的书面形式,作为诉讼记录备案。律师有权查阅备案记录,当事人可以更快获取最新信息。②诸如此类的规定使《指引》在北美自由贸易区内受到欢迎,2004 年,加拿大安大略省高等法院在一个适用《指引》的判决中指出:“《指引》为不同破产程序间的合作提供了很大便利,法院之间的直接交流有助于跨界破产程序的协调,为破产程序高效运行提供了保障。”③

(二)民间机构立法对官方立法改革的推动与补充

官方立法的强制性与稳定性决定其生效步伐的谨慎与缓慢。虽然美国是《示范法》最主要的起草者与参与者,但直到《示范法》通过 8 年之后才将其纳入国内立法。其中一个重要原因是对于《示范法》中超越美国传统法律制度的内容是否可以接受还存在争议,需要经过实践的检验。从这一角度讲,美国法学会进行的非官方立法对第 15 章的出台产生了重要的推动作用。

美国法学会通过的《合作原则》与《示范法》有很多类似之处。在简化对外国破产程序的承认程序和条件、提供及时救济措施、赋予外国代表直接介入权、给予债权人及时充分的通知以及促进法院间的合作与交流等方面的规定几乎一致。《合作原则》通过之后,在北美自由贸易区内的适用为美国采纳《示范法》奠定了

---

① 《指引》最初主要用于解决跨界破产案件法院间的交流,但其适用范围并不限于此,也可以适用于其他跨国界案件。

② 《指引》的具体内容参见 Guidelines Applicable to Court-to-Court Communication in Cross-Border Instances, available at http: //www. iiiglobal. org/international/guidelines. html. , visited May, 2000.

③ Jennifer Stam, A Divine Comity: A Canadian Perspective on the Balance between International Cooperation and Preservation of National Autonomy, available at http: //www. iiiglobal. org, visited March, 2006.

很好的基础。其中一个比较典型的例子是跨界破产协议（protocols in cross-border insolvency，简称"协议"）。由于美国在跨界破产领域没有参加任何国际公约，对于在不同国家同时启动的破产程序如何处理缺乏法律指引。1991年法院在麦克斯韦尔集团破产案中创造性地使用经过法院批准的当事人之间的协议解决跨界破产案件中的法律冲突与各种程序问题。这种实践很快获得推广，在《合作原则》通过以后，又有大量影响的跨界破产案件采用"协议"方式解决，为第15章采纳《示范法》第27（d）条积累了经验，①推动了美国新破产法采纳《示范法》的进程。同时，在协议中发展出来的法院间直接沟通的有效做法经过美国法学会的整理，发展成促进法院间相互沟通的《指引》，对第15章的具体实施起到重要的补充作用。②

此外，《合作原则》在其他方面也对《示范法》有所发展。针对跨界重整案件的特殊性，《合作原则》主张不要过度膨胀平行破产，应该适当放弃一个或多个完全的破产程序。如果债权人已参与并接受了某国的重整计划，就不应在其他程序中再提起与重整计划不一致的求偿诉讼。对于复杂的跨国公司破产问题，它提出跨国公司集团破产可以在母公司所在地统一提起，跨国公司可以作为一个整体进行重整或破产分配。③在破产财产出售方面，《合作原则》提出联合销售实现破产财产价值最大化的合作方式。这些在第15章中都没有涉及，是民间立法对官方立法的重要补充。

（三）2006年最新立法动议：ALI-III联合制定跨界破产全球原则的计划

跨界破产法律问题不是哪个国家可以独立解决的，它有赖于在全球范围内形成一致的规则，以及在此基础上各国的有效合作。由于2000年通过的《合作原则》与《指引》并不限于在北美自由贸易区内适用，而是鼓励三国与自由贸易区以外国家的合作，这为美国法学会跨界破产计划的未来发展奠定了基础。

2006年6月14日，美国法学会（ALI）与国际破产学会（III）联合在哥伦比亚大学举行了一次国际研讨会，来自10余个国家的法官、律师、学者参会。会议第一次提出制定《跨界破产全球原则》（简称"《全球原则》"）的计划。该计划有

---

① 《示范法》第27条是关于法院间合作方式的规定，其中（d）款允许通过法院批准或实施有关协调诸项程序的协议的方式进行合作。

② 第15章采纳《示范法》关于法院之间以及法院与外国代表之间直接合作的规定，但并没有对如何进行直接交流与合作进行细化。

③ Jay Lawrence Westbrook, Multinational Enterprises in General Default: Chapter 15, The ALI Principles, and The EU Insolvency Regulation, American Bankruptcy Law Journal, Winter, 2002. p. 37.

三方面目标：一是在全球范围内推广《合作原则》与《指引》，二是对跨界破产领域尚未解决的难点问题提供可行的解决方案，三是在前两者基础上制定出为各国接受的跨界破产合作原则。在哥伦比亚大学会议上，工作组向与会代表提交了《全球原则》的立法目标以及美国法学会既有的两个研究成果。会议讨论并肯定了“软法”在跨界破产实践中的作用；对《合作原则》中所涉问题在具体操作中的可行性进行论证，特别研究了如何在处于不同时区、使用不同语言的法院之间实现直接交流的问题；此外，会议还对跨国公司集团破产问题的处理展开讨论。①在2007年，该计划又对跨界破产的法律适用规则以及抵消权两个难点问题展开讨论，并提交初步草案。整个计划预计在2009年底提交《全球原则》的正式草案。

应当承认，在跨界破产这种利益冲突集中而激烈的领域，形成具有普遍约束力的国际条约具有相当难度。尽管缺乏法律约束，民间机构的立法活动将对美国以至国际跨界破产法的发展产生积极影响。

三、美国跨界破产立法的发展对中国的启示

（一）美国跨界破产立法发展的经验

上文对美国跨界破产法三十年的发展按照两条线索进行考察：一是从1978年破产法第304条向2005年新破产法第15章转变的官方立法改革；二是美国法学会进行的跨界破产计划这种非官方立法路径。这两条线索并存交织、相互影响、共同推动美国跨界破产法的完善与发展。

跨界破产方面的官方立法改革是美国破产法改革最重要的成果之一，2005年新破产法第15章的出台，为美国法院审理跨界破产案件提供了更具有效率、确定性与可预见性的法律机制，这场改革进程中积累的经验对其他国家的立法将产生重要影响。首先，美国跨界破产法是在原有方向下进行的立法价值目标新的平衡。一方面，它在进一步推动普及主义的同时，保留了属地主义因素，在跨界破产的整体效率与当地利益保护之间寻求新的平衡；另一方面，它又在保留法官自由裁量权的同时，限制了这种权力，实现法律确定性与灵活性之间新的平衡。这是美国跨界破产官方立法最重要的进步。其次，美国跨界破产法改革在具体制度建设上进行创新。主要表现在管辖权制度上引入主要利益中心的概念、在协助措施方面引入自动

① 该问题的讨论引起联合国国际贸易法委员会的重视，2006年7月成立专门工作组讨论集团破产问题，在2008年大会上已经提交初步草案。

中止制度、在债权人分配制度上引入财产混同原则、在平行破产问题的处理上强调法院间合作的重要性等。这些创新性的改革措施使美国跨界破产法更加完整，并具有实际操作性，进一步实现跨界破产法的效率与公平目标。再次，国内立法过程与国际立法活动实现良性互动。新破产法第15章比较完整地采纳了《示范法》，其中一个重要原因在于美国就是《示范法》主要的发起者与参与者，因此，积极参与国际立法活动也为本国立法改革与顺利实施奠定了基础。另一方面，《示范法》通过之后，美国并没有急于采纳，而是借助民间机构立法实施的实践检验完成法律改革的成功转型。这些经验值得我们关注、学习。

民间机构展开立法活动是美国跨界破产法发展过程中一个重要特点。各国破产法的差异给国家之间相互承认破产法效力设置障碍，因此，各国政府在跨界破产领域达成一致非常困难，即使在北美自由贸易区三国之间也不存在具有约束力的跨界破产条约。在这种情况下，美国法学会这种非官方机构通过的《北美自由贸易区跨界破产合作原则》打破了僵局。美国法学会由富有经验并享有盛名的法官、律师及学者组成，不受政府的影响和约束，这种人员组成结构决定其立法成果很好地与实践契合，并很少受其他因素干扰。此外，非官方立法在效力上不具有强制性，只建议法院采纳，并允许修改，相对于国际条约和官方正式国内立法而言，更容易产生现实效力。实践证明，前行一步的美国法学会的立法活动对官方立法改革起到积极推动和补充作用。以非政府组织的“软法”推进并补充“硬法”的渐进性发展思路在跨界破产法领域具有重要参考价值。

此外，在美国跨界破产法发展过程中，有一种实践非常重要，应当引起我们足够重视，即被官方立法与非官方立法共同认可的“跨界破产协议”。协议特别用于解决平行破产问题，它由当事人拟定，经过法院批准产生现实效力。协议是针对个案的，尽管形成了一些固定的模式和原则，但它们仅是“活的文件”，当事人完全有权利根据不同情况进行修改与补充。因此，从本质上讲，跨界破产协议是在缺乏明确法律规制的情况下，通过当事人意思自治与国际司法合作的结合解决跨界破产难题的新思路。立法无法或无力触及的角落，正是私主体意思自治萌生的空间。美国在这方面的经验我们还不熟悉，有必要深入研究。

（二）中国跨界破产立法现状与问题

改革开放以来，我国在国际投资与贸易方面发展增快，在对外经济发达的广东地区，较早出现了一些跨界破产案件。为应对实践中出现的新问题，广东省人大常委会于1986年9月28日颁布了《广东省经济特区涉外公司条例》与《深圳经济特区涉外公司破产条例》，涉及外国破产程序在我国的效力以及对我国境内财产的处分问题。①但这两个条例在 1993 年均被废止，随着它们的失效，我国跨界破产实践在相当长一段时期内处于无法可依的状态。

立法空白的直接后果是司法实践的不统一，法官与当事人都处于无所适从的状态。这种状态随着 2006 年《中华人民共和国企业破产法》的通过获得良性扭转。该法第 5 条第 1 款规定："依照本法开始的破产程序对债务人在中华人民共和国领域外的财产发生效力。"从而明确我国破产程序的域外效力。第 2 款是关于境外破产程序在我国的效力问题："对外国法院作出的发生法律效力的破产案件的判决、裁定，涉及债务人在中华人民共和国领域内的财产，申请或者请求人民法院承认和执行的，人民法院依照我国缔结或者参加的国际条约，或者按照互惠原则进行审查，认为不违反中华人民共和国法律的基本原则、不损害国家主权、安全和社会公共利益，不损害中华人民共和国领域内债权人的合法权益的，裁定承认和执行。"从而确定了有条件承认境外破产程序的有限普及主义的立场。这是我国首次以全国人大立法的形式从两个方面规定了破产域外效力问题，在我国跨界破产立法史上是一次历史性的突破。

可以预见，新破产法第 5 条实施后，对创造良好的国际投资环境和市场经济法制环境将产生积极的影响。但我们也必须看到我国现有的跨界破产法还仅是纲领性的条款，尚不足以应对实践中已经出现及可能出现的问题。对于外国破产管理人可以享有何种权利、承认外国破产程序时是否需要考虑管辖权因素、承认外国破产程序后可以提供何种救济措施、如果有若干外国破产程序同时要求我国法院承认如何处理、如何保证外国债权人能够获得及时充分的通知、防止任何债权人超额清偿、如果我国程序与外国程序并存是否允许法院间进行交流与合作等若干问题，在新破产法中都没有给予回应，这表明中国跨界破产法还缺乏一套清晰完整、可操作性强的程序规则，与国际上先进立法尚存在较大差距。

之所以出现这种状况主要有以下几方面原因：第一，跨界破产法的完善是根据实践的发展逐步完善的过程。中国市场经济正处于逐步成熟的阶段，我们在跨界破产实践中积累的经验还比较有限，这是由历史客观因素决定的。第二，我国目前缺乏富有处理跨界破产案件经验的法官及专业人士。在司法体制上，中国没有专门的破产法院，在法院系统也很少设置专门审理破产案件的法庭；在这方面富有较高专业水平与从业经验的法官、律师与会计师人数有限，因此，难以形成像美国法学会跨界破产研究项目的人员组成结构，从而限制了非官方机构在这方面的立法。第三，在学术研究上，法学界长期以来对跨界破产领域的研究不够重视。

① 参见石静遐著：《跨国破产的法律问题研究》，武汉大学出版社 1999 年版，第 68 ~ 69 页。

总地来看，破产法与国际私法的研究始终没有把跨界破产问题放在重要地位，对该领域最新发展的了解与研究不够充分，对我国现有实践中的判例分析还比较有限，在相当程度上限制了立法水平。

（三）关于完善我国跨界破产立法的几点建议

结合美国的经验与中国实际情况，本文认为，中国跨界破产法的完善应在以下几个方面同时进行。

首先，应当对我国跨界破产法的立法价值目标有一个正确的定位。公平与效率是破产法的基本目标，跨界破产立法特别要考虑到在债务人、债权人与破产财产分布于不同国家的情况下，如何防止破产财产的减损、保证所有债权人能够获得平等清偿并提高分配或重整的效率。与国内破产法不同，跨界破产涉及的因素受制于不同主权国家，这给集中、统一分配形成重大障碍，因此，如何在维护跨界破产程序的整体性与保护当地利益之间进行合理协调就成为跨界破产法需要面对的特殊任务。从现在国际上的发展走势看，普及主义与属地主义的结合仍旧是跨界破产法长期存在的特点，我国应当在坚持现有立场前提下，提出符合中国实际的结合方案。对于跨界破产法而言，还有一个立法价值非常重要，就是保证法律的确定性与可预见性。如果立法规则弹性过大，债权人对债务人破产后果无法作出预测，对交易的稳定与繁荣将带来致命打击。这些是我们在未来立法中应当注意的。

其次，在立法内容上需要制定一套完整、细致、务实的跨界破产程序规则保障上述目标的实现，在这方面我国现行立法还存在很大发展空间。下一步立法需要在跨界破产管辖权、法律适用、对外国程序的承认条件与救济措施、外国破产管理人与外国债权人的待遇与权利、平行破产的处理等方面制定出切实可行的制度。①此外，应该客观地认识到，各国跨界破产立法的统一将是非常漫长的过程，单独依赖一国立法在某些情况下无力解决复杂的跨界破产问题。正因如此，美国跨界破产法以务实的态度接纳当事人意思自治的参与，并允许法院批准当事人的协议，以此作为跨界破产案件审理的基础。这种实践我们虽然还不熟悉，但值得借鉴与尝试，我国可以在积累一定经验基础上在立法上肯定其地位。

再次，跨界破产法的完善应重视民间力量与民间智慧，充分发挥专业机构与专业人士的作用。民间力量参与市场经济立法是我国法律制度不断完善的重要表现，越来越多的民间学术机构或行业协会拟定的法律草案受到立法的重视与采纳。例如，正在进行编纂的民法典涉外编草案就大量地采用中国国际私法学会 2000 年通

① 参见张玲：《跨境破产的国际合作——国际私法的视角》，法律出版社 2007 年版，第 190～211 页。

过的《中华人民共和国国际私法示范法》。跨界破产立法是专业性非常强的一项立法工作，它要求立法参与者谙熟国际破产法规则，兼备法律、会计专业知识，具有丰富的审理破产案件的经验。跨界破产立法又是一个敏感问题，它涉及对本土私利益与公利益的保护以及不同国家法院之间的合作与协调，因此，在这一领域进行官方立法或缔结国际条约通常比较谨慎。这从另一角度说明非政府的专业机构或者学术团体在跨界破产立法中应当发挥重要作用。由此可见，重视培养跨界破产法专业人才、通过民间机构汇集、整理实践中的经验，进行相关立法活动，对推动我国跨界破产法的发展将产生积极作用。

最后，应注意加强对跨界破产问题的学术研究。我国法学界对跨界破产问题的研究起步较晚，进入20世纪90年代，国内才陆续出版专门涉及该领域的专著。①这一阶段的研究成果对跨界破产法律问题进行全面系统地介绍与论述，奠定了我国在跨界破产法领域研究的基础。随着对外贸易与投资发展的不断深入，我国司法实践面临的跨界破产案件越来越多，学术界逐渐重视这方面研究，但从研究成果来看，暴露出两方面突出问题：一是对跨界破产法领域的新发展关注不够，很多研究还停留在20世纪末期的研究阶段；二是对中国实际的关注不够，很少有成果切实深入研究司法实践，了解、发现并总结中国已经面临或可能面临的实际问题，纸上谈兵者居多。跨界破产是一个新兴但发展速度非常快的法学领域。尤其20世纪末期以来，国际组织与各国开始加强这方面的立法活动，产生了很多新的立法成果，这些成果在实施过程中既积累了经验，又暴露了问题。对此，国外的学术研究比我们走得早，走得快。我国法学研究亟需加快步伐，及时追踪国际上最新动态，同时也必须重视对本土特征与司法实践的研究，慎防“拼盘”与“闭门造车”现象。②

美国跨界破产法从第304条到第15章，走了近三十年的路程。中国的跨界破产法要从新破产法第5条走向完善也不可能一蹴而就。但我们相信，在市场经济不断完善、经济全球化不断深入的大环境下，我们的立法工作如果能够“打开窗子”——了解国际上最新立法成果与先进立法经验，积极参与国际立法活动、“走出屋子”——对中国实际情况及司法实践进行实地调研，中国跨界破产法的发展会有乐观的前景。

---

① 这一时期有代表性的研究成果一是程清波的《国际破产法研究》，二是石静遐的《跨国破产的法律问题研究》。

② 参见李永军：《重申破产法的私法精神》，载《政法论坛》2002年第3期，第32页。

Thirty Years on: The US Legislation on Cross-Border Insolvency

ZHANG Ling

Abstract In the late 20th century, there was a tide of reform on cross-border insolvency legislation. The legislative activities and achievements of the United States, the center of the reform, reflected the trend of the reform and exerted an important influence on the legislation and practice of other countries in this field. There are two clues of the development of American cross-border insolvency legislation. One is the insolvency legislative reform from Section 304 of the Bankruptcy Code 1978 to the new Chapter 15 of Bankruptcy Code 2005, the governmental activity taken by the legislative branch. The other is the "Transnational Insolvency Project", the non-governmental activity taken by the American Law Institute. The above two intertwined and interactive activities jointly contribute to the development and improvement of the American cross-border insolvency law. Article 5 of Chinese Insolvency Law which was approved on August 27, 2006 for the first time covers the issue of cross-border insolvency in insolvency law. Since the 2006 Chinese insolvency law came into effect during the current phase of the market economy development, it is immature in nature and there is still much room for improvement. In the process of the improvement of the Chinese cross-border insolvency law, great attention should be paid to the American experience.

Key words cross-border insolvency law; legislative reform; United States of America

WTO 发展中成员在 TRIPS-plus 协定下的知识产权保护义务研究

□ 张建邦*

内容摘要 TRIPS-plus 协定的基本特征是包含了 TRIPS-plus 标准。基于美欧主导国际权力和财富分配的利益格局与知识产权全球强制体系，此类协定对发展中国家缔约方制造着不平等的国际义务。我国作为世界上具有重要影响的发展中大国，对谈判和签署 TRIPS-plus 协定具有足够的抵御能力，此类协定对我国的消极影响不甚明显，但应当与广大发展中国家一道抵制 TRIPS-plus 协定所引发的全球知识产权保护“棘轮效应”。

关键词 WTO/TRIPS 协定 TRIPS-plus 协定 TRIPS-plus 标准 发展中国家新双边体制

目 次

* 厦门大学 2008 级国际法专业博士研究生。

在后 TRIPS 时代，知识产权国际保护的一个重要特征和趋势是 TRIPS-plus 协定的发展，其显著标志是发达国家（尤为美国和欧盟）与发展中国家通过双边体制签署了数量可观的双边性或区域性协定，此类协定构成知识产权国际保护新双边体制的法律基础。此类协定的广泛缔结影响着 TRIPS 协议的实施、知识产权多边体制的稳定性乃至新的知识产权国际最低保护标准的确立，进而对新国际经济秩序也会产生一定的影响。

一、TRIPS-plus 协定之缘起与根据

"TRIPS-plus" 是指 TRIPS 协议缔结和生效之后，一些双边安排、区域贸易安排或多边法律体制提供了比 TRIPS 协议标准更高、范围更广、效力更强的任何知识产权保护承诺。在后 TRIPS 时代，美国和欧盟主导缔结的自由贸易协定、知识产权协定和投资协定都是 TRIPS-plus 性质的协定，此类协定包含的 TRIPS-plus 标准或产生的 TRIPS-plus 效果，使发展中国家承担着高于或超出 TRIPS 协议最低保护标准的条约义务。"TRIPS-plus" 协定不是一个具体协定的名称，也不是类似于 WTO 协定那样的一揽子协议，更不是 TRIPS 协议的附加议定书或补充协定，而是对包含 TRIPS-plus 知识产权标准或者能够产生 TRIPS-plus 效果的各类条约（包括自由贸易协定①、投资条约和知识产权协定等）的统称②。此类协定的产生和发展并非空穴来风，我们可以从欧美的知识产权保护战略和 WIPO 与 WTO 法律框架下的相关规定得到佐证。

（一）TRIPS-plus 协定产生和发展的缘起

TRIPS-plus 协定乃由发达国家和技术出口国（或其集团）所引领，其中尤以美国和欧盟为甚。就其影响之激烈程度而言，此类协定实质上是美国和欧盟单方面推行其知识产权标准的一种新形式。在这一点上，相对于欧盟劝导式的 TRIPS-plus 协定而言，美式协定的强制性特征尤为突出。WTO 成立之后，美国基于保持国际优势竞争地位和维护国家核心利益之战略考虑，其知识产权霸权主义并未停息。与此相伴，美国的知识产权国际保护战略是强化而不是维持 TRIPS 协议的现有义务。

---

① "自由贸易协定"（FTAs）是美国与其贸易伙伴签署的贸易关系协定的称谓，欧盟与其贸易伙伴签署的此类协定通常被称为"联系协定"（Association Agreements）或者"伙伴关系协定"（EPAs）。本文为论述之便，统一冠之以 FTAs。

② 关于 TRIPS-plus 协定的详细论述，请参见拙文《"TRIPS—递增"协定：类型化与特征分析》，载《世界贸易组织动态与研究》2008 年第 5、6 期。

而强化知识产权保护的途径无非有三：一为单边主义，二为双边体制，三为多边体制。然而，单边主义受到 WTO 多边纪律的约束。在 WTO 争端解决机制下，“欧—美‘301 条款’争端案”①、“欧—美‘211 条款’争端案”②、“欧—美‘337 条款’争端案”③、“欧—美‘306 条款’争端案”④ 等重大争端彰显美国的知识产权霸权立法受到 WTO 成员的抵制和非难，且根据 WTO 规则，单边主义行动只有在用尽 WTO 争端解决机制之后方有用武之地。同时多边体制虽素来广为推崇，但是，在 WIPO 体制内，发展中国家占绝大多数，其利益诉求对美欧的知识产权保护主张形成强大的制衡力量；且按照 WIPO 的缔约程序规则，缔结一个新条约通常要经历至少 10 年以上的繁杂缔约程序；WIPO 本身也缺乏一个有约束力的变革机制。在 WTO 自给自足法律体制下，WTO 成员通过不同议题的交换和挂钩构筑了一个精密的权利义务平衡体系，美国意欲在该体制内继续提高知识产权保护标准，无疑会打破现有的利益平衡，它必须通过在发展中成员占优势地位的其他领域作出新的让步，重建新的平衡才有可能实现。这一过程必须通过条约修改来完成。而根据 WTO 的条约修正程序⑤，TRIPS 协议一般条款的严格修正程序使得在 WTO 体制内继续提高知识产权保护标准的努力并非易事。此外，WTO 体制内集团化趋势的发展、多哈回合以来发展中成员的公平诉求以及在 TRIPS 协议“内在议程”谈判中对知识产权的弱化处理⑥均会使美国提高知识产权保护标准的努力在 WTO 体制内受挫，至少在较短时期内如此。由此观之，单边主义受到包括欧盟等发达国家（集团）在内的世界许多国家的挑战，而多边体制在美国看来并不能实现其所有目标，且在 WTO 成立之后的较短时期内难以取得实质性突破，因此二者均不是最为理想的选择。相形之下，双边体制最为有利，也最易成功。

WTO 成立之后，美国既不放弃在 WTO 体制内争夺规则制定主导权的努力，又执意推行以其本身为主导治理角色的新双边体制，表现出发展“单边主义和双边

① United States—Sections 301-310 of the Trade Act 1974, WT/DS 152, 25 Nov. 1998.

② United States—Section 211 Omnibus Appropriations Act of 1998, WT/DS 176, 8 Jul. 1999.

③ United States—Section 337 of the Tariff Act of 1930 and Amendments thereto, WT/DS 186, 12 Jan. 2000.

④ United States—Section 306 of the Trade Act 1974 and Amendments thereto, WT/DS 200, 5 Jun. 2000.

⑤ 参见《建立 WTO 协定》第 10 条第 1 款和第 3 款。

⑥ 弱化处理的典型制度安排是围绕知识产权和公共健康之关系而通过的 TRIPS 协议修正案所确立的公共健康药品专利权强制许可制度。

主义迹象的更小体制”的惯常嗜好。① 实际上，美国一直在多边体制之外寻求构建一些替代性的更小体制，以便能在其中实现在多边体制中不易实现的贸易目标和知识产权保护要求。WTO 的建立并未完全阻止美国寻求替代性的更小体制的努力。这些更小体制的构建在很大程度上背离了多边主义的妥协精神和协商程式，在 WTO 规则与美国优先权不相吻合的方面，美国既可以无视 WTO 裁决的执行，也可以寻求单独地或者集体地与其他国家缔结能反映其迫切需求的协定作为替代方法。② 美国认为，TRIPS 协议不能达到全面、充分、有效地保护其国家利益和知识产权持有人利益的目标，作为“更小体制”的新双边体制的复兴对 TRIPS 协议保护标准的超越就是这种利益需求的反映。在历史上，知识产权双边体制有三次大发展时期：第一次是 19 世纪巴黎公约和伯尔尼公约缔结之前，以《友好通商航海条约》（FCN）为典型形式的双边协定对知识产权提供互惠保护；第二次是 20 世纪 70 年代末至 80 年代中期 TRIPS 协议缔结之前，知识产权的充分有效保护成为美国贸易协定和双边投资条约（BITs）计划的一部分，且以 301 条款的单边主义威慑作为推行其知识产权保护目标的后盾，通常被称为“旧双边主义”（old bilateralism）；第三次是 20 世纪 90 年代 TRIPS 协议签署和生效之后，通过 WTO 多边体制之外各种形式的双边安排和区域性安排寻求比 TRIPS 协议更高的知识产权保护水平，统称为新双边体制（new bilateralism）。与前两次不同的是，新双边体制是在一个有效的知识产权多边体制存在的情形下发生的，因为 WTO 体制在知识产权保护、执法和争端解决方面的强度和力度是以往 WIPO 体制下任何知识产权多边条约无可比拟的。在此情形下，美国绕开 WTO 体制，而通过双边体制与其贸易伙伴“密室磋商”知识产权新规则，昭示美国不愿在 WTO 体制内通过“议题挂钩”进行知识产权利益与其他贸易利益的交换，而更愿意寻求单方面保护其知识产权独特利益的政策目标。1999 年之后，WTO 多边贸易体制在所谓“新议题”的谈判中陷入僵局，加速了新双边体制的进程，各种双边协定的激增代表着发达国家（尤其是美欧）在 WTO 体制内削弱发展中国家反对“新议题”的新贸易战略的一部分。③

---

① 参见恩盖尔·伍兹：《全球治理与制度角色》，载戴维·赫尔德、安东尼·麦克格鲁编：《治理全球化：权力、权威与全球治理》，曹荣湘等译，社会科学文献出版社 2004 年版，第 23 页。

② 同上，第 25 页。

③ Hamed El-Said & Mohammed El-Said, TRIPS, Bilateralism, Multilateralism & Implications for Developing Countries: Jordan's Drug Sector, Manchester J. of Int'l Econ. L., Vol. 2, No. 1, 2005, p. 74.

（二）TRIPS-plus 协定和 TRIPS-plus 标准的国际法根据

毋庸置疑，从发展中国家的利益衡量，TRIPS-plus 协定在一定程度上背离了 WTO 的利益平衡体系；相对于 TRIPS 协议项下的保护标准而言，TRIPS-plus 标准也“严重超标”。然而，TRIPS-plus 协定和 TRIPS-plus 标准均有其存在的国际法根据，WIPO 公约体系和 WTO 法律框架中的相关规定足以为证。

1. TRIPS-plus 协定的国际法根据

在 WIPO 体制下，巴黎公约 1967 年斯德哥尔摩文本第 19 条、伯尔尼公约 1971 年巴黎文本第 20 条和 1961 年罗马公约第 22 条均规定各该公约的缔约国之间有缔结专门协定的权利，其条件是此类专门协定必须比巴黎公约、伯尔尼公约或罗马公约赋予知识产权权利人更广泛的权利，或者包含相关公约未包含的但又不违背公约的内容，二者择其一。“这种协定是否符合这些条件，由缔结这种协定的成员国自己作出判断。”① 由于 TRIPS 协议将巴黎公约、伯尔尼公约和罗马公约的一些实体条款并入协议文本之中，这些被并入的保护标准也构成 TRIPS 协议项下的保护标准，又由于三个 WIPO 公约要求其成员国之间缔结的专门协定只能包含该框架公约未包含的内容或者提供更广泛的保护，由此不难得出结论，只要三个 WIPO 公约各该成员之间签订的双边协定包含了高于或超出被 TRIPS 协议并入的三个公约实体条款的标准，此类专门协定就具有 TRIPS-plus 的性质。

在 WTO 体制下，GATT 第 24 条和 GATS 第 5 条规定 WTO 成员之间或者成员与非成员之间可以缔结自由贸易协定（FTA）或建立经济一体化安排（EIA）。总体上，由于此类区域贸易安排在发展成员之间贸易自由化和更紧密的经济一体化方面与 GATT/WTO 的目标相一致，因此，WTO 容忍自由贸易安排的合法存在而构成最惠国待遇原则的例外，TRIPS 理事会也不监督此类安排的内容。此外，1979 年东京回合的“授权条款”未直接规定区域贸易安排的形式，因此，发展中国家之间、发展中国家和发达国家之间可以建立任何形式的区域贸易安排。② 尽管 TRIPS 协议中没有类似 GATT 第 24 条和 GATS 第 5 条那样的专门条款，但是，TRIPS 协议承认和尊重巴黎公约第 19 条和伯尔尼公约第 20 条的适用效力。③ 如前所述，巴黎公约

---

① 刘波林译：《保护文学和艺术作品伯尔尼公约（1971 年巴黎文本）指南》，中国人民大学出版社 2002 年版，第 80 页；刘波林译：《罗马公约和录音制品公约指南》，中国人民大学出版社 2002 年版，第 58 页。

② 参见李国安主编：《WTO 服务贸易多边规则》，北京大学出版社 2006 年版，第 101 页；曾令良主编：《21 世纪初的国际法与中国》，武汉大学出版社 2005 年版，第 396 页。

③ TRIPS 协议第 2 条、第 9.1.1 条。

第 19 条和伯尔尼公约第 20 条规定这两个公约的缔约国有相互缔结专门协定的权利。此类专门协定主要有两类：一类是巴黎公约的子公约（绝大多数专门协定属于此类子公约）和伯尔尼公约的子公约（如 WCT）；另一类是巴黎公约或者伯尔尼公约各该缔约国之间相互签订的有关保护知识产权的双边或多边协定。缘此，TRIPS 协议、巴黎公约和伯尔尼公约的各该成员之间或者同为 TRIPS 协议、巴黎公约和伯尔尼公约的成员之间签订的专门协定（主要是后一类协定）若包含 TRIPS-plus 标准，就构成 TRIPS-plus 协定。惟应注意，这两类专门协定在 WTO 框架下的法律地位和待遇有所不同。

2. TRIPS-plus 标准的国际法根据

TRIPS-plus 标准根据三个 WIPO 公约和 TRIPS 协议规定的其成员可以“提供更广泛保护”的缔约权利和国内立法自由①而获得了其存在的正当性。知识产权国际协调的基本方式是确立最低保护标准。所谓最低保护标准通常是就知识产权保护（获得、范围和使用）和执法等事项所规定的缔约方应予履行的最低限度的条约义务，但不妨碍缔约方本国法律提供更广泛的保护。

伯尔尼公约对著作权的最低保护标准采用常规规则和反致规则②相结合的规范模式，常规规则体现在某些具体的条文之中，反致规则体现在一个专条（第 19 条）之中。1971 年文本第 19 条规定：“本公约的规定不排除作者请求给予本联盟成员国的立法可能给予的任何更广泛的保护。”本条规定旨在阐明公约规定的权利只是最基本的权利，公约中没有任何规定阻止本联盟成员国国民及其权利继承人根据成员国的国内法或者成员国之间的国际安排，可以主张更高的著作权待遇。③ 这一规范模式成为嗣后知识产权公约规定最低保护标准的样板。1961 年罗马公约采取相同的规范模式。巴黎公约没有设专条规定最低保护标准问题，但根据该公约的起草和修订史，公约留给成员国本国法相当多的立法自由，即在不损害本公约所授予的权利的前提下，可以对工业产权授予比本公约的规定更为广泛的保护。④ 可见，巴黎公约的最低保护标准体现在某些具体的条文之中。TRIPS 协议继承了伯尔尼公约的规范模式。该协议第 1.1 条规定：“成员可在其域内法中，规定宽于本协议要求的保护，只要其不违反本协议，但成员亦无义务非作这类规定不可。”这是

① 巴黎公约第 19 条；伯尔尼公约第 19 条、第 20 条；罗马公约第 21 条、第 22 条；TRIPS 协议第 1.1 条。

② 参见刘波林译：《保护文学和艺术作品伯尔尼公约（1971 年巴黎文本）指南》，中国人民大学出版社 2002 年版，第 6 页。

③ 同上，第 80 页。

④ ［奥地利］博登浩森：《保护工业产权巴黎公约指南》，汤宗舜、段瑞林译，中国人民大学出版社 2003 年版，第 7 页。

最低保护标准的经典表述。TRIPS 协议的唯一限制是国内法提供的“更广泛保护”必须遵守国民待遇和最惠国待遇原则。据此，最低保护标准的基本特征是：（1）下限保护的限定性和强制性；（2）上限保护的非限定性和非强制性；（3）上限保护和下限保护的非抵触性。

最低保护标准历经知识产权国际保护的反复实践业已被确立为应予遵循的基本保护原则之一。TRIPS 针对七类知识产权继承并发展的普遍最低标准是后 TRIPS 时代一切旨在创设标准更高、范围更广的知识产权谈判的策略基础，其潜在的制度效果是：WTO 成员之间谈判缔结的或牵涉 WTO 成员的任何嗣后有关知识产权的保护协定可以只创设更高的保护标准，但不得减损现存的最低标准。这里所说的“更高的保护标准”就是通常所谓的“TRIPS-plus”。① 这为发达国家通过双边条约或区域性安排持续提高保护标准、形成全球知识产权保护体系的棘轮机制奠定了理论基础。

二、TRIPS-plus 协定下 TRIPS-plus 标准的国际法解读

TRIPS-plus 协定的根本特征是包含了 TRIPS-plus 标准，其本质是 WTO 发展中成员在 TRIPS-plus 协定下承担的新国际义务。TRIPS-plus 义务就是在 TRIPS 协议最低保护标准的基础上，在双边体制中确立新的更高的知识产权最低保护标准，即要进一步提高知识产权的保护标准，而不是维持 TRIPS 协议有关知识产权保护和执法的现有水平。广义上的 TRIPS-plus 义务实际包括两个方面的内容，即狭义的 TRIPS-plus 标准和 extra-TRIPS 标准，前者是在 TRIPS 协议最低标准之上②所确立的

---

① S. F Musungu & G. Dutfield, Multilateral Agreements and a TRIPS-plus World: The World Intellectual Property Organization (WIPO), QUNO / QIAP TRIPS Issues Papers 3, 2003, p. 3, available at http: // www. iprs- online. org/ictsd/docs/WIPO_ Musungu _ Dutfield. pdf, visited on May 23, 2007.

② TRIPS 协议尊重 WTO 成员的立法主权，允许而不是强制要求其成员在最低保护标准之上实施更广泛的保护；同时，该协议为成员提供了可灵活运用的变通性规定，如赋予 WTO 成员就某些客体以保护方式和保护标准的选择权（如植物新品种），通过过渡期、技术转移和技术援助条款为发展中成员提供特殊和差别待遇等。《TRIPS 协议与公共健康多哈宣言》及其相关后续决议以及 2005 年总理事会《修正 TRIPS 协议的议定书》授予 WTO 成员为公共健康目的而采取灵活行动的权利和有效的强制许可制度，为缓解公共健康危机的目的将发展中成员对药品专利和测试数据的保护义务之过渡期延长至 2016 年 1 月 1 日。TRIPS-plus 标准就是强制要求发展中国家实施更广泛的保护，剥夺 WTO 成员对保护方式的任择权，要求发展中成员在过渡期之前提前履行 TRIPS 协议的义务，或者在公共健康问题上施加的义务未遵守多哈宣言的授权和 2005 年总理事会《修改 TRIPS 协议的议定书》的规定。

更高标准，后者是在 TRIPS 协议最低标准之外①所确立的附加标准。总之，这两者均超出了 TRIPS 协议的义务范围。具言之，TRIPS-plus 义务是指提供了高于或者超出 TRIPS 协议保护水平的任何要求和承诺，这一概念既包括旨在提高权利持有人保护水平的、超过 TRIPS 协议最低保护标准的那些要求和条件，也涵盖旨在降低权利限制和例外的范围或者削弱 TRIPS 协议变通性规定的一切措施。② 可见，TRIPS-plus 协定是从积极提高 TRIPS 标准和限制削弱 TRIPS 灵活性两个方面对 TRIPS-plus 义务加以规定。

积极提高 TRIPS 标准就是在 TRIPS 协议最低保护标准的基础之上确立的更高的最低标准，是发展中国家在 WTO 体制之外所负担的比 TRIPS 协议义务更重的知识产权国际保护义务。根据美国与其发展中国家贸易伙伴缔结的某些 FTAs、BITs 和 BIPs 以及相关的研究文献③，晚近缔结的贸易协定和知识产权协定确立的 TRIPS-plus 义务主要包括下列诸项：

1. 延长知识产权保护期。譬如，延长因专利的审查授权或因法定批准程序（如药品的销售批准程序）而延误的专利保护期限；将外观设计的保护期延长到至少 15 年；将版权保护期延长至作者终身加死后 70 年；商标首期注册的保护期不少于 10 年；等等。

2. 提高实体性保护要求或者附加额外的保护标准。譬如，在版权保护方面，

---

① TRIPS 协议只要求 WTO 成员履行被并入的巴黎公约、伯尔尼公约、罗马公约和华盛顿公约的实体条款的义务（未要求遵守罗马公约的全部实体条款）。同时，TRIPS 协议是发达国家和发展中国家妥协折中的产物，它并非包罗万象的集大成式的知识产权法典。超 TRIPS 标准就是在这四个 WIPO 国际条约之外，强制要求发展中国家履行其他知识产权国际公约的条约义务，或者施加 TRIPS 协议涵盖范围之外的保护义务并以发达国家国内（域内）法的规定作为其保护标准。

② S. F Musungu & G. Dutfield, Multilateral Agreements and a TRIPS-plus World: The World Intellectual Property Organization (WIPO), QUNO / QIAP TRIPS Issues Papers 3, 2003, p. 3, available at http://www.iprs-online.org/ictsd/docs/WIPO_Musungu_Dutfield.pdf, visited on May 23, 2007.

③ Assafa Endeshaw, Free Trade Agreements As Surrogates For TRIPS-Plus, EIPR, Vol. 28, No. 7, 2006, p. 378.; Carlos M. Correa, Bilateralism in Intellectual Property: Defeating The WTO System for Access to Medicines, Case W. Res. J. Int'l L., Vol. 36, 2004, p. 79.; Frederick M. Abbott, Intellectual Property Provisions of Bilateral and Regional Trade Agreements in Light of U.S. Federal Law, UNCTAD - ICTSD IPRs and Sustainable Development Issue Paper No. 12, 2006, available at http://www.iprsonline.org, visited on April 18, 2007.; C. Fink & P. Reichenmiller, Tightening TRIPS: The Intellectual Property Provisions of Recent US Free Trade Agreements, World Bank Trade Note 20, 2005, available at http://www.world bank.org/trade, visited on June 6, 2007.

将“三步检测法”扩展适用于表演和录音制品；增加禁止规避技术保护措施的行为和装置；增加权利管理信息的保护和救济；版权侵权中被告方承担作品处于公有领域的举证责任；网络服务提供商在阻止侵权情况下承担有限责任；赋予作者、表演者和录音制品制作者专属进口权等。在专利权保护方面，对已知产品的新用途提供专利保护；药品管理机构负有制止专利药品仿制药批准注册的新义务；对动物、植物和生物技术发明提供专利保护；将强制许可限于紧急状态、反垄断救济和公共非商业使用等特定情形；对药品和化工产品的测试数据提供一定期限的专属权保护；将专利权撤销的理由限于欺诈和虚假陈述的情形等。在商标权保护方面，不要求注册商标是视觉可感知的，将商标构成要素扩大到音响、气味、数字化代码、色彩等；“驰名”商标的认定只要求相关部门的公众周知，而不要求全体公众周知。在地理标志保护方面，将地理标志作为商标予以保护；对同名地理标志提供保护（如欧共体—智利联系协定附件五第 5.4 条）。在植物新品种保护方面，要求一种有效的特殊保护制度，主要是 UPOV 公约的保护，等等。此外，增加知识产权保护的新客体和涵盖新的领域，譬如，保护客体中包括了 TRIPS 协议完全未涉及的因特网域名等。

3. 施以更高的执法义务或强加额外的机构义务。譬如，制裁盗版和假冒活动的罚金数额不考虑侵权人的经济收益和权利持有人的实际损害；施加履行透明度义务的额外要求，以书面形式公布终审司法判决或终局行政裁决并陈述事实认定和法律推理，公布改进执法机制的信息；强加“美国海关和边境保护局”的依职权边境制度；机构限制或资源限制不能影响知识产权执法；等等。

4. 欧盟主导的联系协定和经济伙伴关系协定中规定知识产权保护应符合“最高国际标准”（highest international standards）。“最高国际标准”究所何指，协定中语焉不详，显然是一个弹性条款。然而，根据 WTO 区域贸易协定委员会与欧共体就欧共体—智利联系协定的问答内容，“最高国际标准”实际上就是“TRIPS-plus”，是一个以 TRIPS 协议为基点的渐进提高的标准。①

---

① 在 WTO 区域贸易协定委员会与欧共体就欧共体—智利联系协定的问答中，当问及该协定第 55 条援引“充分有效的知识产权保护以与最高国际标准相一致”作为其目标，而该协定似乎未并入“最高国际标准”（即 TRIPS-plus），缔约方在协定没有必备条款的情况下如何达到这一目标的问题时，欧共体认为，协定中未详尽无遗地确定哪一个标准为“最高国际标准”而留有选择余地，是考虑到缔约双方在采用可适用的知识产权保护和执法水平时应有一定程度的灵活性，以便根据 TRIPS 协议第 1.1 条的规定，按其意愿（if they wish）循序渐进地调整到更高的标准；另外，它也为权利持有人再次提供保证，缔约方会持续地、长期地承诺不断改善其国内知识产权制度。See WTO Committee on RTAs doc., Association Agreement between the European Communities and Chile: Questions and Replies, WT/REG164/5, 20 Jun. 2006, p. 9.

5. 将加入、批准、实施某些特定的知识产权国际条约并使之在法定期间内生效或遵守一些软法规范作为协定项下的义务，如要求加入或实施布达佩斯条约、WIPO 因特网条约、UPOV 公约、批准 1974 年卫星公约，遵守 WIPO《关于保护驰名商标条款的联合建议》等。

6. 让发展中国家放弃根据 TRIPS 协议的过渡期条款而享有的某些期限利益。WTO/TRIPS 协议根据发展中成员的发展水平，从《建立 WTO 协定》生效之日（即 1995 年 1 月 1 日）起算，给予发展中成员 5 年过渡期（医药和化工等产品专利为 10 年），给予最不发达成员 10 年过渡期（其公共健康药品专利保护过渡期延长到 2016 年 1 月 1 日）。而一些 FTAs 则罔顾发展中国家缔约方的发展实际，规定了更短的过渡期，如规定从特定 FTAs 缔约方加入 WTO 或者该 FTAs 生效之日起的某一特定期间，或者从该 FTAs 生效之间起，缔约方应当履行药品和化工产品专利保护的义务。

7. 在争端解决机制方面，允许在 WTO 争端解决机制和双边协定项下替代性争端解决机制之间作出选择，以 FTAs 缔约方相互商定的程序或双边体制下有约束力的仲裁机制剥夺发展中缔约方诉诸更公平的多边争端解决机制的合理预期，或者扩大争端解决机制的适用范围，如将非违反之诉引入知识产权案件（美国—智利 FTA 附件 22.2），增加了网络域名争端解决办法（美国—澳大利亚 FTA）等。

限制削弱 TRIPS 灵活性就是压缩 TRIPS 协议留给 WTO 成员尤其是发展中成员的国内立法自由和政策空间，这是通过限制发展中成员制定和实施契合其国内优先发展目标的知识产权制度和措施的途径达到强化知识产权保护的目的。TRIPS 协议的灵活制度空间主要由四项内容构成：一是例外和限制条款；二是内在议程问题，主要有第 23（4）条和第 24 条地理标志的多边注册制度及扩大保护、第 27（3）条的审议、第 64（2）、（3）条非违反之诉和情势之诉等；三是发展中国家有限的特殊和差别待遇，即过渡期安排、技术转移和技术援助条款；四是允许国内立法自由的某些变通规定，如第 1.1 条成员以域内法实施 TRIPS 协议的恰当方式、第 31 条强制许可、第 6 条权利穷竭、第 8.2 条制止权利滥用的措施等。这些具有很大的回旋余地的政策空间被 TRIPS-plus 协定不同程度地压缩、规避或绕开。从发展中国家的角度而论，举其荦荦大者，此类减损 TRIPS 灵活性的规定主要集中在：（1）限制或禁止知识产权“国际穷竭原则”和知识产权产品的平行进口；（2）未包含体现公共利益和公共秩序应予优先保护的条款，罔顾权利义务之平衡（如未规定版权的合理使用制度）；（3）限制了将强制许可作为一种政策工具（尤其在公共健康领域）的能力；（4）排除和取消了在 TRIPS 第 27.3 条项下的立法自由，削弱生物多样性和传统资源的保护；（5）规避了 TRIPS 有关过渡期、技术转移和技术援助的规定；等等。

上述从正反两个方面规定的 TRIPS-plus 义务是就 FTAs 和知识产权协定而言的，因为此类协定可以直接规定知识产权保护的实体标准和执法措施。但是，在投资协定中，“TRIPS-plus”问题更复杂一些，因为投资协定只调整国家之间有关国际直接投资的权利和义务关系，并不涉及知识产权的保护标准和执法措施。因此，其有关 TRIPS-plus 问题与保护投资者和投资的规则存在效果上的关联，它只能通过保护投资和投资者的规范间接产生 TRIPS-plus 的效果。投资协定中的国民待遇原则、最惠国待遇原则、公平和公正待遇原则、透明度义务、防止间接征收、禁止履行要求、投资者—国家争端解决机制等原则和规则都会影响知识产权的保护和 TRIPS-plus 效果的产生。以投资保护中的公平和公正待遇原则为例，该原则可以采取通常含义解释方法和最低国际标准解释方法，最低国际标准解释方法可能影响知识产权保护。譬如，某项投资采取知识产权形式，若某 BIT 或 FTA 包含了“最低国际标准”的条款，则 TRIPS 协议或 WIPO 所辖公约在解释“最低国际标准”的含义时可能是有意义的，这意味着将一个知识产权国际标准转换成为一个 BIT 承诺。①

TRIPS-plus 标准的实质是规避了发展中国家在 TRIPS 协议项下有限的特殊和差别待遇，赋予发达国家知识产权持有人更加广泛、更加持久、更加绝对的专有权利，压缩了发展中国家根据 TRIPS 协议的变通性规定制定国家优先发展目标和措施的政策空间，强化了对发达国家贸易和投资活动中的知识产权保护。此类标准的设定，绕开了发展中国家在 WTO 体制内抵制美欧等发达国家（集团）知识产权保护主张的努力，使知识产权的利益分配和与知识产权相关的贸易利益和投资利益的再分配向把持 TRIPS-plus 标准的发达国家明显倾斜，正如有的学者认为，TRIPS-plus 协定中知识产权保护不断扩展的国际趋势类似于 18、19 世纪英国的圈地运动②。不言而喻，TRIPS-plus 标准的直接效果是提高了 TRIPS-plus 协定缔约方的知识产权保护水平；若与美欧缔结此类协定的发展中国家数量众多，就等于普遍性地提高了知识产权保护的国际水平，达到美欧在 WTO 体制内企图实现而未实现的目标。事实上，此类标准的效力远不局限于此。由于在 TRIPS-plus 协定的缔约实践中，知识产权、贸易和投资议题互相联结，效果相互关联，因此，在一个区域贸易

---

① David Vivas-Eugui, Regional and bilateral agreements and a TRIPS-plus world: the Free Trade Area of the Americas (FTAA), QUNO/ QIAP/ ICTSD TRIPS Issues Papers 1, 2003, p. 8, available at http: //www. geneva. quno. info/pdf/FTAA%20 (A4). pdf, visited on April 12, 2008.

② Rafael Pastor, The Impact of Free Trade Agreements on Intellectual Property Standards in a Post-TRIPS World, p. 15, available at http: // www. bilaterals. org/IMG/doc/FTAs _ and _ IPS. doc, visited on June 12, 2008.

联盟中，若该联盟的一个成员与美国或欧盟缔结了双边协定，该联盟的其他成员国为了增强吸引外资的竞争力，只能仿而效之，更进一步提高自由化水平和开放程度，这样，知识产权保护最终将会衍生 TRIPS-plus-plus 的效果。① 此外，随着欧盟与广大发展中国家（集团）缔结的 TRIPS-plus 协定数量的急剧增加，欧盟所倡导的“最高国际标准”价值观念可能会发展为知识产权保护的新的国际标准，抑或发展出习惯国际法。

TRIPS-plus 协定既通过对 WIPO 公约的并入和援引、对 WTO 框架下成员承担的现有义务（包括知识产权义务）的尊重和协调达到不减损现有国际义务的目的（此即“不减损原则”），又通过 TRIPS-plus 义务的设定达到美国法和欧盟域内法知识产权规范全球化的目的。从本质上看，TRIPS-plus 义务是美国国内法和欧盟域内法的条约化，从而给协定的缔约对方（包括发展中国家和一些发达国家）施加了不合理的条约义务而限制了其行动自由，损害了其主权权力。此类不合理义务的履行，强化了美欧主导的知识产权全球强制体系的约束性。如果说 TRIPS 协议是美国 301 条款的国际化，那么 TRIPS-plus 协定是美国国内法和欧盟域内法国际化的延续和扩展，也是 TRIPS-plus 义务从双边化走向多边化的重要步骤。这意味着当下某个发展中国家根据某一双边 TRIPS-plus 协定承受的双边义务可能转化为未来大多数发展中国家承担的普遍性的多边义务。虽然知识产权保护与贸易和投资自由化之间的互动关系难以精确实证，但是，TRIPS-plus 义务的设定明显基于一种假定：充分有效的知识产权保护会促进贸易增长和投资流动，进而助益于达致发达国家孜孜以求的自由化目标。这种知识产权保护与贸易和投资之间正相关的基本假定可能是促成在贸易和投资法律框架中通过贸易、投资与知识产权“议题挂钩”的方式创设 TRIPS-plus 义务的元动力，也是与 TRIPS 协议所设定知识产权保护义务的预设前提和预期目标一脉相承的。

三、TRIPS-plus 义务的不平等性与 WTO 发展中成员的应有立场和对策

若 TRIPS-plus 协定的缔约方同时是 WTO 成员，则该国在知识产权保护方面承受着双重负荷：既有实施 TRIPS 协议的义务，又有实施 TRIPS-plus 协定的义务。不容否认，TRIPS-plus 协定设定的知识产权保护标准比 TRIPS 协议规定的保护义务更

---

① Mohammed K. EL Said, The European TRIPS-plus Model and The Arab World: From Co-operation to Association—A New Era in the Global IPRs Regime, Liverpool L. Rev., Vol. 28, 2007, p. 167.

高。从 TRIPS-plus 贸易协定的规定来看，这些更高的保护标准来源有三：一是 WIPO 所辖的知识产权国际公约或其制定的软法规范，二是发达国家主导的区域性协定（如 NAFTA），三是发达国家（集团）的国内法（域内法）。这三个来源的标准所产生的国际义务对发展中国家均有失公允。

首先，一些 TRIPS-plus 性质的 FTAs 中并入了除 TRIPS 协议并入的四个 WIPO 公约①之外的 WIPO 所辖的知识产权国际公约或软法规范。从 FTAs 的缔约实践来看，这些被并入的 WIPO 公约或软法规范是其发展中缔约方尚未加入或未加实施的，因此，此类并入无疑是为了强制特定 FTA 的发展中缔约方实施 WIPO 所辖公约或软法规范或者加速加入这些国际公约的步伐。在此意义上，并入这些国际公约和软法规范事实上是为发展中国家单方面设定的义务，具有以贸易利益减让为诱饵"捆绑销售"这些国际公约和软法规范的性质。更为甚者，如果通过双边协定网络使所有 WTO 成员均批准了某个或某些 WIPO 公约，则根据 TRIPS 协议第 71.2 条，对 TRIPS 协议作出仅仅以提高知识产权保护水平为目的的修订，将使该 WIPO 公约的规定融合到 TRIPS 协议之中，并借助 WTO 争端解决机制强化其约束力，② 这显然不是发展中国家自觉自愿的政治选择。

其次，发达国家主导的区域性协定尤为 NAFTA 对 TRIPS-plus 性质的 FTAs 的知识产权保护标准具有重要影响。由于 NAFTA 是南—北贸易协定的模型，且 NAFTA 中的知识产权规则比 TRIPS 协议更为严格，因此，美式"TRIPS-plus" FTAs 的知识产权规则与 NAFTA 相关条款相类似或比其更严格。UNCTAD 在评价 NAFTA 知识产权条款对墨西哥的影响时指出："NAFTA（知识产权）条款对墨西哥的强制约束性要远胜于其对美国和加拿大的强制约束。这些条款限制了墨西哥获取技术、知识和药物，并随之缩减了通过模仿进行学习和促进技术进步的可能性。此外，墨西哥施加的财政纪律已经限制了用于研究开发和革新活动的公共投资的资源。"③ 若从发展中国家的视角来看，这一评价结论可以同样适用于评价 TRIPS-plus 协定对发展中国家的影响。

再次，TRIPS-plus 标准使美国和欧盟的国内法（域内法）规定通过 TRIPS-plus 协定上升为发展中国家应予承担的国际义务。有学者对晚近 FTAs 的研究发现，美

① TRIPS 协议并入的四个 WIPO 公约是巴黎公约 1967 年斯德哥尔摩文本、伯尔尼公约 1971 年巴黎文本、1961 年罗马公约和 1989 年华盛顿公约。

② See Peter Drahos, Developing Countries and International Intellectual Property Standard-setting, p. 18, available at http: //www.iprcommission.org/papers/pdfs/study_papers/sp8_drahos_study.pdf, visited on Sep. 18, 2007.

③ UNCTAD, Trade and Development Report 2007: Regional Cooperation for Development, UNCTAD/ TDR /2007, p. 69.

式 FTAs 中的 TRIPS-plus 条款与美国的国内法完全相同，这可以从美国法的规定中看出，即国会授权总统有权缔结贸易协定，此类协定将确保美国缔结的任何规制知识产权的多边或双边贸易协定的条款应反映与美国法的标准相类似的保护标准作为其谈判目标之一。① 与此相类似，欧盟贸易协定中知识产权保护水平采取两种不同的方式加以规定：一种方式是一些贸易协定的缔约方承诺确保充分有效的知识产权保护以与最高的或通行的国际标准相一致；另一种方式是规定与欧盟现有的保护水平（包括有效的执法手段）相类似的保护水平或者作出使现行的或未来的知识产权立法接近欧盟标准的强承诺。② 美国和欧盟在贸易协定中要求发展中国家缔约方作出与美国和欧盟国内法（域内法）标准相似的知识产权保护承诺的意义在于，使一项国内法（域内法）保护标准通过双边性或区域性协定转化为一项条约义务，从而对发展中国家产生应予履行更高知识产权保护标准的约束力。

可见，三个来源的 TRIPS-plus 标准致使美欧和发展中国家承担的国际义务不平等。这种不平等性根源于美欧和发展中国家缔结 TRIPS-plus 协定的出发点和根本目的不同：美欧是为了绕开 WTO 体制而继续提高知识产权国际保护标准，并意图借此促进自由贸易和外国直接投资增长；而发展中国家则是以承受更重的知识产权保护义务为代价来换取发达国家更大的市场准入机会和贸易减让利益，并缓解或避免美欧贸易制裁的压力。

此外，TRIPS-plus 贸易协定还通过“议题挂钩”方式给发展中国家强加新的额外的条约义务。其典型一例是药品专利状态（patent status）与药品销售许可（market approval）相挂钩使发展中国家承担的 TRIPS-plus 义务，即创设了在原创药品专利保护期内制止仿制药销售许可的权利和药品测试数据专属权、延长因药品的销售批准程序而延误的专利保护期、限制了强制许可制度的公共利益保障功能，其在法律效果上不仅延误了发展中国家普通民众以可支付得起的价格获取仿制药的时间，而且损害了协定缔约方灵活利用 TRIPS 协议和《修正 TRIPS 协议的议定书》所确认的将强制许可作为一种有效的政策工具的能力，尤其是削弱了最不发达国家应对公共健康危机的能力。而这些额外义务根源于美国和欧盟的国内（域内）法上的保护标准，根本上是为了维护发达国家跨国公司（原创药品制造商）的优势

① Bryan C. Mercurio, TRIPS-Plus Provisions in FTAs: Recent Trends, in Lorand Bartels & Federico Ortino (eds.), Regional Trade Agreements and the WTO Legal System, Oxford University Press, 2006, p. 220.

② Maximiliano Santa Cruz S., Intellectual Property Provisions in European Union Trade Agreements: Implication- s for Developing Countries, ICTSD IPRs and Sustainable Development Issue Paper No. 20, 2007, pp. 10-11.

垄断地位和知识产权持有人的利益。

“TRIPS-plus” FTAs 还通过两项原则加剧了这种不平等性：

其一为互惠原则。互惠安排是 GATT/WTO 和许多区域性或双边性贸易协定的基本贸易平衡安排，且互惠的范围从最初的关税减让波及非关税措施、服务贸易和知识产权等领域。鉴于发展中国家特殊利益的考虑，互惠原则允许合法的例外，最为重要者，一为非互惠的普遍优惠待遇，二为特殊和差别待遇（S&D 条款）。然而，晚近缔结的 FTAs 的一个重要特征和趋势是从以往的非互惠协定转换为互惠协定，其根据在于此类协定应遵守 GATT 第 24 条第 8 款 b 项。① 但是，由于涉及互惠承诺，发达国家和发展中国家之间缔结的 FTAs 消除了其他协定授予发展中国家的特殊和差别待遇；况且，无例外的互惠原则会置经济实力悬殊的发展中国家于不利地位，因此，多哈回合谈判提议修改或澄清 GATT 第 24 条以便明确允许北—南 FTAs 中非互惠安排的存在。② 如果说从 GATT“承担义务的非互惠模式”转变为 WTO“履行义务的非互惠模式”严重损害了发展中国家的实体性权利，③ 那么 TRIPS-plus 贸易协定中的完全互惠原则进一步加剧了发达国家和发展中国家在知识产权贸易关系中的不平等地位。

其二为最惠国待遇（MFN）原则。根据 TRIPS 协议第 4 条 d 项规定，在 WTO 成立之后，WTO 成员之间或 WTO 成员与非成员之间缔结的知识产权保护国际协定中产生的任何利益、优惠、特权或豁免，均应根据 MFN 原则提供给其他 WTO 成员的国民。在这一点上，TRIPS 协议第 4 条 d 项不同于 GATT 第 24 条，前者未规定 MFN 原则的例外。这一规定对 WTO 成员之间或 WTO 成员与非成员之间缔结的 TRIPS-plus 协定意义重大。它意味着在一项 TRIPS-plus 协定中，若某一 WTO 成员给另一缔约方的国民提供了比 TRIPS 协议更高的知识产权保护标准，则由此产生的任何利益、优惠、特权或豁免应自动地、无条件地适用于所有其他未签署该特定 TRIPS-plus 协定的 WTO 成员的国民。这对发展中国家有失公平。譬如，在美国—智利 FTA 谈判中，智利担心 MFN 原则的效果使 TRIPS-plus 条款自动扩展到所有其他 WTO 成员，但这对美国而言则不是一个问题，因为系争问题的谈判是建立于其国内保护水平基础之上的。④

① See UNCTAD, Trade and Development Report 2007: Regional Cooperation for Development, UNCTAD/ TDR /2007, pp. 57-58.

② Ibid.

③ 参见曾华群：《论“特殊与差别待遇”条款的发展及其法理基础》，载《厦门大学学报（哲学社会科学版）》2003 年第 6 期，第 7 页。

④ Pedro Roffe, Bilateral Agreements and A TRIPS-plus World: The Chile-USA Free Trade Agreement, QIAP/ QUNO TRIPS Issues Papers 4, Oct. 2004, p. 18.

TRIPS-plus 协定和 TRIPS-plus 义务的不平等性是在现存的国际经济秩序和技术秩序下由发达国家主导权力和财富分配的格局使然。改变不平等、不公正的国际经济秩序和技术秩序决非一朝一夕之事。缘此，发展中国家应当坚持在 WTO 多边体制中通过多边谈判确立有利于维护自身利益的多边纪律。针对 FTAs（最为重要的一类 TRIPS-plus 协定）的晚近发展趋势，当前，发展中国家应围绕 GATT 第 24 条的修改或澄清，致力于在 WTO 法律框架下允许 FTAs 的非互惠安排。这将为发展中国家在谈判 FTAs 中寻求正当权益提供法律依据。与此同时，发展中国家应坚持在多边体制内谈判知识产权标准问题，因为 WIPO 体制内发展中国家数量上的优势、WTO 体制内协商一致的决策方式以及多边体制内利益格局的多元化使发达国家推行其国内知识产权保护标准的努力不易得逞。但是，我们也应当看到，包含不平等标准的 TRIPS-plus 协定虽然有悖于发展中国家的发展水平，但是，与多边协定相比，它能更容易地带来某些实际利益。这是发展中国家愿意签署此类协定的动因之一。缘此，如果在双边体制内谈判知识产权标准不可避免，则发展中国家应坚持订入一些有益于发展中国家利益的亲发展、亲竞争条款，此类条款至少应包含的因素有：公共利益优先保护条款、公共健康优先于知识产权保护的条款、特殊和差别待遇条款（包括技术转移条款）、契合发展中国家优先发展目标的条款、“最佳努力”条款、禁止权利滥用条款、生物多样性和传统知识的保护条款等；或者利用双边体制“议题挂钩”的牵制，在接受发达国家知识产权保护承诺的同时，应尽最大可能让发达国家在其他议题上作出让步，以切实获得互惠利益。此外，发展中国家可以利用美欧国内（域内）法的规定，提高自己的防御性利益和讨价还价的能力，譬如，根据 2002 年《双边贸易促进授权法》（Bipartisan Trade Promotion Authority Act），美国有义务尊重《TRIPS 协议与公共健康多哈宣言》。① 然而，此类修修补补，仍然难以逃脱发达国家总体受益的定局，故有学者提出另一种选择，即发展中国家之间应谈判缔结更多的 FTAs 并承认强有力的亲发展权利，创造一个新的谈判模板。②

我们还应当看到，TRIPS-plus 协定是发达国家“体制转向”策略（即从 WTO 体制转向双边体制）的必然结果，对发展中国家利害攸关的绝大多数 TRIPS-plus

① C. Fink & P. Reichenmiller, Tightening TRIPS: The Intellectual Property Provisions of Recent US Free Trade Agreements, World Bank Trade Note 20, Feb. 7, 2005, pp. 9-10, available at http: // www. worldbank. org/ trade, visited on June 6, 2007.

② Bryan C. Mercurio, TRIPS-Plus Provisions in FTAs: Recent Trends, in Lorand Bartels & Federico Ortino (eds.), Regional Trade Agreements and the WTO Legal System, Oxford University Press, 2006, p. 237.

协定是在发展中国家居于弱势地位的双边体制内产生的。据之，总结发展中国家在其他国际舞台上斗争的成功经验，惟有通过南南联合自强，建立联盟，进行集体抵制，才是破解发达国家“体制转向”策略的根本出路。正如陈安教授在回顾发展中国家争取新国际经济秩序的曲折斗争历程之后，总结道：“舍韧性的南南联合自强，别无他途可循!”①

四、TRIPS-plus 协定对我国的影响

要认识 TRIPS-plus 协定对我国产生或者可能产生的实际的或者潜在的影响，我们应当从两个方面去观察：其一，从我国在 WTO 法律体制下的法律地位和在 TRIPS 协议与我国入世承诺框架下的义务范围入手，来观察我国签署 TRIPS-plus 协定的实际状况以及 TRIPS-plus 义务的轻重程度；其二，从我国在国际舞台上的整体国际地位、我国知识产权保护水平的现状和欧美对我国的知识产权战略入手，来观察我国面临 TRIPS-plus 标准的潜在压力。

（一）我国签署的 TRIPS-plus 协定和承受的 TRIPS-plus 义务之实证分析

在中外 FTAs 方面，已通知 WTO 的我国参加和缔结的 FTAs 有：根据授权条款加入《亚太贸易协定（APTA）》（2002 年 1 月 1 日生效）、根据授权条款缔结的 ASEAN—中国 RTAs（2003 年 7 月 1 日生效）、中国大陆与中国香港、中国大陆与中国澳门根据 GATT 第 24 条缔结的 FTA（2004 年 1 月 1 日生效）、与智利根据 GATT 第 24 条缔结的 FTA（2006 年 10 月 1 日生效）、与巴基斯坦根据 GATT 第 24 条缔结的 FTA（2007 年 7 月 1 日生效）。此外，2008 年 4 月 7 日签订的中国—新西兰 FTA 尚未通知 WTO。据此发现，在缔约依据方面，我国所参加和缔结的 FTAs 均以 1979 年东京回合的“授权条款”或 GATT 第 24 条为据；在缔约对象方面，除中国香港、中国澳门和新西兰属于 WTO 发达成员之外，其他 FTAs 的缔约方均为发展中国家。由于我国是以发展中国家的身份加入 WTO，因此，参加和缔结的 FTAs 在遵守 WTO/TRIPS 协议多边规则和义务的基础上，充分考虑了缔约各方在实现国家政策目标上应有的灵活性，知识产权并未纳入优先合作的领域（有些协定如 APTA 则未涉及知识产权问题），且知识产权规定基本上限于原则性的合作框架，事关缔约方知识产权保护义务和制度建设的实体性保护规则和程序性规则较少，况且，知识产权领域的合作均未超出 TRIPS 协议的义务范围。尤为重要的是，目前，

① 陈安：《南南联合自强五十年的国际经济立法反思——从万隆、多哈、坎昆到香港》，载《中国法学》2006 年第 2 期，第 103 页。

美国和欧盟①均尚未与我国签订双边 FTA，因此，美欧通过双边贸易协定推行的 TRIPS-plus 保护标准并未实质性地影响到我国的知识产权保护和执法水平。据之，可以断言，我国参加和缔结的 FTAs 不存在 TRIPS-plus 问题，或者充其量仅仅在个别协定中存在微量 TRIPS-plus 问题②。

在中外 BITs 方面，中国在大多数 BITs 中慎重把持“逐案审批同意权”、“当地救济优先权”、“东道国法律适用权”和“重大安全例外权”等四大“安全阀”，对于将外国投资者与东道国政府之间的争端提交国际仲裁的范围和程序有较严格的限制，规定了征收的要件等，总体上有利于对中国外资的保护。③ 热衷于推行投资自由化的美国和欧盟，目前尚未与我国签订投资框架协定和双边投资条约。因此，欧式和美式投资协定中能够产生 TRIPS-plus 效果的原则、规则和制度不会对我国产生实质性影响。

在中外知识产权协定方面，我国签署的主要协定有：1995 年 3 月《中美贸易协议》④ 和 1996 年 6 月中美知识产权谅解备忘录，1996 年和 1998 年分别与俄罗斯和法国签订的知识产权合作协定，与意大利等国签订的科学技术合作协定等。其中，最具 TRIPS-plus 性质的协定应首推 1995 年的《中美贸易协议》（其核心是 1995 年《行动计划》)。值得注意的是，1995 年《行动计划》及实施该《行动计划》的 1996 年谅解备忘录主要集中于知识产权执法方面。根据我国承担的 TRIPS 协议的义务范围，1995 年《中美贸易协议》的 TRIPS-plus 规定主要表现在：1. 通过已建立的知识产权法庭审理知识产权侵权案件；建立地方知识产权办公会议；执法小组作为知识产权的实施机构，在执行行动计划时，应由各级人民政府提供必要的人员、工作经费和条件等保障；海关建立保护著作权和商标权的中央备案系统。TRIPS 协议则规定成员的知识产权执法义务并不产生特殊待遇，也不产生其与一般

① 2007 年 1 月，欧盟与中国之间新的伙伴关系和合作协定的谈判正式启动，并于 2007 年 6 月联合委员会会议上议定了贸易和投资议题的谈判范围。

② 譬如，中国—新西兰 FTA 第 165 条规定各缔约方可根据其国际义务保护遗传资源、传统知识和民间传说。这一规定可以认为具有 TRIPS-plus 性质，因为尽管 TRIPS 协议第 27.3（b）可以被解读为允许成员对生物资源提供专利保护，但是也仅仅限于专利保护；此外，根据多哈授权，总理事会指示 TRIPS 理事会审议 TRIPS 协议与生物多样性的关系以及传统知识和民间传说的保护（参见多哈部长宣言第 19 段），但这不对成员产生条约法上的约束力。

③ 参见陈安主编：《国际投资法的新发展与中国双边投资条约的新实践》，复旦大学出版社 2007 年版，第 359～394、427～454 页。

④ 这份协议实质上是有关知识产权保护和执法的协议，由中美两国政府关于知识产权问题的换文和其附件《有效保护及实施知识产权的行动计划》构成。

法的执行之间涉及财力物力分配的义务①。2. 执法小组的救济措施包含了罚款、吊销营业执照、撤销许可证、关闭侵权企业（单位）等，而 TRIPS 协议只将行政程序限于进行任何民事救济的场合②。3. 执法小组可依职权采取有力的行动，处理各类侵犯知识产权的行为，也有权审查账簿和记录以收集证据，而 TRIPS 协议只规定了依当事人请求的情形③。4. 扩大了即发侵权的范围，不仅包括存在急迫侵权的情况，而且包括"有理由相信或怀疑存在侵犯知识产权"的情形，而 TRIPS 协议只规定了急迫的（imminent）侵权活动的情形④。5. 行政执法机构有权调查侵权产品的非法来源并追究相应来源责任人的责任，而 TRIPS 协议只规定了司法和行政当局有权依权利持有人的请求责令侵权人向权利持有人提供有关卷入侵权的第三方的信息⑤。6. 附加的知识产权执法行政行动，包括对计算机软件生产或销售，或者从事商标印制或出版的个人和企业建立知识产权保护和实施体系；对音像产品颁发许可和进行营业执照年检的行政部门只登记遵守法律的单位；音像产品、电影、计算机软件和书籍的生产、销售单位以及商标印制出版单位应获得知识产权培训证书等。TRIPS 协议规定的行政执法程序则旨在制止任何侵犯知识产权的行为，并承认行政执法程序确认案件是非的合法性⑥。7. 将海关的边境措施执法义务适用于禁止所有侵犯受中国法律和法规保护的知识产权的货物进出口，而 TRIPS 协议中成员采取边境措施的义务只限于假冒商标的商品或盗版商品的进口⑦；海关将基于侵权嫌疑而依照职权查处与著作权和商标权有关的各类进出口货物，而 TRIPS 协议中海关的依职权行为则是选择性的⑧。8. 建立版权认证制度（包括激光唱盘、激光只读存储器和激光视盘的特别识别码制度和境外音像制品和计算机软件的权利认证制度），而 TRIPS 协议不涉及权利认证问题。9. 将基于商标的国际声誉而在中

① TRIPS 协议第 41.5 条。

② TRIPS 协议第 49 条。

③ TRIPS 协议第 43.1 条。

④ TRIPS 协议第 50.3 条。

⑤ TRIPS 协议第 47 条。该条规定的侵权人提供信息义务的对象只限于第三方的身份和销售渠道，不包括其他信息如营业或商业活动的类型、所使用的方法或技术等；销售渠道的信息可以包括人员、储存和销售场所、侵权产品目的地的数据，但不包括有关提供者的上游信息。See UNCTAD-ICTSD, Resource Book on TRIPS and Development, Cambridge University Press, 2005, p. 596.

⑥ TRIPS 协议第 49 条。

⑦ TRIPS 协议第 51 条。

⑧ TRIPS 协议第 58 条。

国产生的知晓程度作为认定驰名商标的相关公众知晓的因素之一，这远比 TRIPS 协议有关在成员地域内因宣传商标而使公众知晓的程度之规定①更加宽泛；对于未在中国注册的驰名商标，应保护其不受侵权，而 TRIPS 保护的驰名商标只限于注册商标②。10.《行动计划》的“知识产权”概念包括反不正当竞争，其执法程序也扩大到“任何不正当竞争行为”，而 TRIPS 协议中只规定了协议许可证中对限制竞争行为的控制③。应当指出，1995 年《中美贸易协议》是根据 1992 年《中美知识产权谅解备忘录》的精神磋商谈判而签订的，但由于 1995 年协议是在 TRIPS 协议之后并且在美国贸易制裁的威胁之下缔结的，其规定的一些执法措施具有 TRIPS-plus 性质。该协定确立的知识产权执法机制对切实完善我国知识产权的立法保护（如制定了《知识产权海关保护条例》）和着力强化知识产权的执法水平，助益甚巨，这为中美双方共同认可。④ 但是，总体而言，该协定下的执法机制仍然在我国知识产权制度建设和经济发展水平可以容忍的限度内，没有过分脱离我国的发展实际。这是因为，其一，该协定确立的执法机制体现了兼具司法机制和行政机制，以行政机制为主的特点。这正好与我国知识产权执法实行司法和行政双轨制并且绝大多数执法行动通过行政当局的行政行动进行的传统和实践相吻合。TRIPS 协议也确认和尊重其成员的知识产权执法程序应依照其国内法可以行之有效。⑤ 这使我们能有效地运用现有的行政资源并加以优化配置，无需花费高昂的执法成本就能供给有力的知识产权执法程序和救济体系。其二，由于 TRIPS 协议第 49 条只要求行政程序遵守与民事程序和救济实质相同的“原则”（而不是第三部分第二节诸条款的“具体规定”），这就为民事程序和救济诸条款的规定适应行政程序的特征提供了巨大的空间。⑥ 这也为我国制定契合我国知识产权执法传统与实践的行政执法程序和救济机制创造了巨大的灵活性。其三，我国在入世谈判中所作的知识产权执

① TRIPS 协议第 16.2 条。

② TRIPS 协议第 16 条。

③ TRIPS 协议第二部分第八节。

④ 《1996 年中美知识产权谅解备忘录》承认，1995 年知识产权协定带来中国知识产权执法领域的根本转变并为执法制度确立了参数，而在三年前，知识产权执法还是一个抽象的概念。尽管中国知识产权执法尚未完全自立，但该协定是一个重要开端。参见 1996 年谅解备忘录结论部分。

⑤ TRIPS 协议第 41.1 条。

⑥ UNCTAD-ICTSD, Resource Book on TRIPS and Development, Cambridge University Press, 2005, p. 600.

法承诺①使当初签订1995年《中美贸易协议》时某些具有TRIPS-plus性质的执法措施不再具有TRIPS-plus的性质。其四，即使一些执法措施具有TRIPS-plus的性质，也不会严重阻碍我国的经济和社会发展，反而能更好地适应我国扩大开放的现实需要。

（二）美欧TRIPS-plus标准对我国知识产权执法制度的潜在压力

众所周知，在国际舞台上，中国是世界上具有重要影响的发展中大国。对于中国这样的发展中国家，美欧欲通过签订TRIPS-plus协定让我国提高知识产权保护水平，既无必要，亦属不易。这是因为，其一，我国从20世纪70年代末至今，已经建立了较为完备的知识产权保护法律体系。尤其在2001年加入WTO前后，我国对知识产权法律法规和司法解释的大规模"修法"不仅使我国的知识产权保护水平已经符合TRIPS协议的要求，而且已具有备受争议的接近发达国家的立法保护水平；② 其二，随着我国的"和平发展"和经济实力的显著增强，我国的谈判实力和贸易报复能力随之增强，在经济主权的限制和反限制斗争中的主动权也随之增大。缘此，TRIPS协议缔结之后，我国没有面临来自美欧的TRIPS-plus义务的巨大压力。从TRIPS协议缔结之后我国签订的FTAs、中外BITs和中外知识产权协定的缔约实践来看，TRIPS-plus协定并未成为美欧要求我国强化知识产权国际保护的主导实践。

然而，如前所述，WTO成立之后，美欧并不满足于以TRIPS协议为代表的知识产权国际保护水平，而是要求其贸易伙伴达到与其国内（域内）法相同或类似的保护标准。作为实现这一目标的手段，WTO争端解决机制和美欧独特的贸易调查机制扮演着十分重要的角色。1994年TRIPS协议缔结以来，美国针对中国的特殊301条款调查有增无减，屡屡将中国列入"重点调查国家"和所谓"对美国知

① 根据《中国加入议定书》第2条，本议定书和《中国加入工作组报告》第342段提及的承诺构成WTO协定不可分割的组成部分。《中国加入议定书》VI（b）明确规定通过适用《工作组报告》中更有效的行政制裁，来提高知识产权的执法努力。在《中国加入工作组报告》中，有关能够消除或减轻1995年知识产权协定中TRIPS-plus性质执法措施的知识产权执法承诺，请参见第287、288、297、299、300、301段。

② 参见国务院新闻办公室白皮书：《中国知识产权保护状况》（1994年）和《中国知识产权保护的新进展》（2005年）；郑成思：《中国知识产权保护现状与定位问题》，载《今日中国论坛》2005年第2~3期；钟佳桂：《中美知识产权保护强度测度与比较》，载《法学杂志》2006年第3期。

识产权没有给予充分保护的重点外国”,① 2007 年 4 月又针对中国的盗版问题正式诉诸 WTO 争端解决机制。美国还对中国企业频繁使用 337 调查、306 调查等机制。这说明，在强化中国对知识产权保护的策略选择上，美国运用其国内法上的贸易调查机制和 WTO 争端解决机制比签订 TRIPS-plus 协定更重要，也突显美国更加关注中国的知识产权执法水平而非立法保护。欧盟也非常关注我国的知识产权执法。2004 年 11 月 10 日，欧盟委员会正式通过《在第三国知识产权执法的战略》，其执法战略包括根据侵权状况认定问题最严重的优先国家、多边、区域性和双边协定中的知识产权机制、争端解决/制裁等。尽管欧盟委员会解释其执法战略仅仅针对现有规则的执法，不会对发展中国家强加额外的 TRIPS-plus 义务，并且会考虑不同需求、发展水平、是否 WTO 成员、假冒商品生产、过境或消费国的知识产权主要问题等而采取灵活的解决方案，但是，任何拟议的解决方案只能是最有效的。更为甚者，欧盟委员会 2003 年发布的知识产权执法问题调查结果将中国列为“问题最严重的国家”（the most problematic countries）之一。② 这无疑会给我国带来很大的执法压力。就我国的实际情况而言，随着知识产权保护法律制度的日益完备，知识产权保护的工作重点逐渐由立法转向执法。③ 因此，如果说我国将来存在着承受美欧 TRIPS-plus 义务的压力，那么，此类义务主要不在实体方面，而主要集中于执法程序和执法救济措施方面。

五、认识与结论

在后 TRIPS 时代，TRIPS-plus 协定的激增使知识产权国际保护出现了“双边胜多边”的格局。“双边胜多边”的结果是美欧通过“体制转向”（regime shift）掌握着知识产权国际保护中规则制定和策略选择方面更大的主导权。这必然使 WTO 发展中成员陷入知识产权保护越来越脱离其发展目标的“怪圈”。我们应当站在发展中国家的立场上，客观公正地认识这一趋势和现象。

---

① 参见张乃根：《试析美国针对我国的 TRIPS 争端解决案》，载《世界贸易组织动态与研究》2007 年第 7 期，第 15 页。

② See European Commission, EU Strategy to Enforce Intellectual Property Rights in Third Countries - Facts and Figures, MEMO/04/255, Brussels, 10 Nov., 2004, available at http://europa.eu/rapid/pressReleasesAction.do? reference = MEMO/04/255&format = HTML&aged = 1&language = EN&guiLanguage = en, visited on April 16, 2008.

③ 参见国务院新闻办公室白皮书：《中国知识产权保护的新进展》（2005 年）第一部分。

(一) 国际法视角的观点

TRIPS-plus 协定的发展充分证明，TRIPS 协议不是知识产权国际保护的终结，而是一个新的起点。美欧正在通过双边体制实现其在 TRIPS 协议谈判中未能满足的要求，从而在双边体制与多边体制的交替转换中进行其利益格局的调整和利益的重新分配。美欧之所以力推通过双边体制向发展中国家输送 TRIPS-plus 标准，表面上的和直接的原因与 WTO 体制内的多边谈判僵局和在与贸易有关的知识产权制度安排上呈现 TRIPS-minus 标准的弱化趋势有关；其根本原因则在于美欧一贯奉行的知识产权全球保护主义和独占主义思想，是旧的不公平的国际经济秩序在当代社会的观念延伸①。

就其性质而言，美欧通过双边体制缔结的 TRIPS-plus 协定事实上是一种附合条约②。尽管根据“善意履行条约义务”和“善意禁止强求没有让步的交易”（good faith forbids exacting a hard bargain）的法理，裁决机构可以对 TRIPS-plus 协定条款作出“不利于提供者”（或者有利于发展中国家）的解释。但是，由于国际社会的结构性缺陷和传统国际法中没有“附合条约”的定型理论，因此，在实践中作出此类解释是困难的。在 TRIPS 协议包含有明确的条约依据③且 WTO 存在权威的条约解释机构和裁决机构的情形下，美欧等发达国家（集团）在 TRIPS 协议之外可以通过诉诸单边或双边压力（如美欧通过缔结包含 TRIPS-plus 标准的双边和区域贸易协定而强化 TRIPS）而绕开对其不利的解释，④ 在 TRIPS-plus 协定利益平衡条款严重缺失且发达国家居于主导地位的情况下作出违背美欧利益的解释更是南柯一梦。

尽管如此，TRIPS-plus 协定只是美欧强化知识产权国际保护的手段之一。市场

---

① 冯晓青：《当代知识产权制度发展的形势和特点》，载《政法论丛》2007 年第 4 期，第 59 页。

② 有学者比照附合契约理论，根据国际造法活动中强权者和弱势者谈判地位和国际义务不对等的现状，提出了“附合条约”（treaty of adhesion）的概念。为了实现分配正义，WTO/DSB 应当对 TRIPS 作出有利于发展中国家的解释。See Donald P. Harris, Carrying A Good Joke Too Far: TRIPS and Treaties of Adhesion, 27 U. Pa. J. Int'l Econ. L. 681 (2006).

③ TRIPS 协议第 7 条（目标）和第 8 条（原则）体现了利益平衡、公共利益优先和防止权利滥用的思想。

④ See Donald P. Harris, Carrying A Good Joke Too Far: TRIPS and Treaties of Adhesion, U. Pa. J. Int'l Econ. L., Vol. 27, 2006, p. 752.《TRIPS 协议和公共健康多哈宣言》对 TRIPS 协议作出了有利于公共健康的解释，2005 年《TRIPS 协议修正案》使亲健康的解释具有法律约束力。但是，美欧通过 TRIPS-plus 协定而绕开了此项对发展中国家有利的解释。

准入、贸易优惠制、经济、技术和发展援助、WTO 争端解决机制乃至具有政治意味的美欧贸易调查机制是与 TRIPS-plus 协定配合使用、相辅相成的重要手段。TRIPS-plus 协定之所以能成为美欧强化知识产权保护的有效工具，根本上乃内在地借助于贸易杠杆的利诱和单边制裁的威胁。这可以合理地解释美欧为什么不在 WTO 多边体制内寻求知识产权保护标准的普遍提高，反而转向"一对一"基础上的双边体制，因为 WTO 体制内的议题挂钩机制、利益平衡功能和平等商议表决制度没有双边体制内那么强大的实实在在的贸易利益的诱惑力和单边制裁的威慑力。

然而，在认识和分析 TRIPS-plus 协定和 TRIPS-plus 标准时，我们应当将 TRIPS 协议第 1.1 条第二句作为一个有效的文本工具。该条第二句表达了两层完整的意思：其一，TRIPS 协议仅仅规定了成员应予履行的"最低标准"，成员不得实施更低限度的保护，这意味着 TRIPS 协议顾及其成员政治意愿、发展水平以及法律制度的差异，对其知识产权保护水平作了必要的协调努力；其二，成员"无义务"实施更广泛的保护，这意味着任何成员不得被强迫采用 TRIPS-plus 标准。二者是"条约必须信守"和"善意履行条约义务"的有机结合，相互关联、不可偏废。任何 WTO 成员在遵守其多边知识产权保护义务的前提下，根据其主权利益和政治意愿，可以相互之间或者与非 WTO 成员之间缔结 TRIPS-plus 协定并接受 TRIPS-plus 标准。然而，同等重要的方面是，任何 WTO 成员没有缔结 TRIPS-plus 协定和接受 TRIPS-plus 标准的国际义务，这又为发展中成员抵制此类协定和此类标准提供了国际法依据。在美欧与发展中国家缔结 TRIPS-plus 协定的缔约实践中，常态的情形是经常存在某个或者某些发展中国家出于对来自美欧的政治、经济压力而被迫接受 TRIPS-plus 标准。譬如，美国动辄援引 301 条款以加速与某些发展中国家双边谈判的进程。根据条约法的原理，导致条约无效的条约法意义上的"强迫"（coercion）不包括政治压力和经济压力。① 因此，即使存在某种政治、经济压力，也不能影响此类协定的效力。缘此，我们可以"盖棺论定"：TRIPS-plus 标准既是被允许的，又是可以被抵制的，这完全取决于发展中国家的政治意愿和实际发展水平；TRIPS-plus 协定在条约法上是有效的，发展中国家所能采取的唯一有效的对策是进行集团化抵制。

（二）国际政治经济学视角的观点

知识产权保护历来是影响南北关系和构建国际经济新秩序的焦点议题。在知识产权国际化进程中，知识产权保护本身已不再是一个单纯的国内问题，而是国际政

① 参见《维也纳条约法公约》第 51 条和第 52 条。另参见李浩培著：《条约法概论》，法律出版社 2003 年版，第 232～234 页。

治关系和经济关系的聚敛。近此年来，发达国家既不断从国家战略高度研究和提升其本国的知识产权战略水平，又力图通过国际条约保证其国家知识产权战略的有效实施。从国际政治经济关系的视角观之，TRIPS-plus 协定的缔结是南北矛盾的一部分，TRIPS-plus 标准本质上是经济主权的限制与反限制斗争的延续。TRIPS-plus 协定以其构建的众多小型经济秩序，部分地替代了 WTO 构建的相对平衡的全球经济秩序，使 WTO 所构建的相对完整的国际经济秩序有被分裂化的危险。

TRIPS-plus 协定表面上焕发着自由主义的思想，即通过美欧宣称的小型经济体的自由化途径达到全球经济的自由化。但是，这种理想地构建更大程度和范围自由化体制的过程是艰难的，这不仅因为小型的双边体制始终会受到大国和强国权力政治的干预，而且因为小型的自由化体制存在着倾覆多边体制稳定性的不均衡因素（如 TRIPS-plus 标准）。在依存实力取向的国际社会，美欧主导国际社会权力和财富分配格局的局面未获根本改观，这必然使 TRIPS-plus 协定的实施造成发展中国家的“依附性发展”，TRIPS-plus 协定对 TRIPS 协议灵活性的限制和减损则加剧了发展中国家对美欧的依附关系。换言之，“没有专利，就没有贸易或援助”。缘此，在构建双边体制和多边体制的过程中，迫切地需要更多地注入公平正义观念。对于中国这样具有重要影响的发展中大国，具有较强的抵御 TRIPS-plus 协定侵蚀的能力，在构建小型体制、多边体制乃至建立国际政治经济新秩序中，可以起到一个平衡器的作用。

The Obligations of IPRs Protection of Developing Countries Under TRIPS-Plus Agreements

ZHANG Jianbang

Abstract TRIPS-plus agreements, characterized by TRIPS-plus standards, embody the new phenomenon and tendency of IPRs international protection in the post-TRIPS era. International power and wealth distribution structures and IPRs peremptory systems globally dominated by US and EU lead to TRIPS-plus agreements creating unequal international obligations of developing countries. China, as a powerfully developing countries, has enough power to resist TRIPS-plus agreements which impose unobtrusively negative impact on china, and should stand against global IPRs ratchet resulting from these agreements.

Key words WTO/TRIPS; TRIPS-plus agreements; TRIPS-plus standards; developing country; the new bilateralism of developing countries

双边投资条约对发展权的负面影响及对策

□ 季 烨*

内容摘要 受新自由主义经济思想的影响，晚近的双边投资条约（BIT）不断向纵深方向拓展。以高度自由化为导向的BIT极为重视对私人财产权的保护，并在相当程度上限制和侵蚀了东道国、特别是广大发展中国家的发展权，对其发展目标和措施产生了负面影响。面对国际投资法制社会化的浪潮，发展中国家有必要合理借鉴美国、加拿大、挪威等发达国家在BIT实践中的最新转轨，实现BIT与发展权在文本和解释角度的连结，从而在技术层面缓解投资自由化过度扩张的压力。

关键词 双边投资条约 发展权 负面影响

目 次

---

* 厦门大学法学院国际法学专业博士研究生。厦门大学国际经济法研究所曾华群教授和陈辉萍教授阅读本文初稿并提出了宝贵意见，作者在此谨表衷心感谢！

引　言

19世纪末20世纪初，资本主义进入垄断阶段，资本输出及其保护问题成为国际投资法制兴起的经济动因。由此，国际投资法制从其诞生之日起，便打上了发达国家的深刻烙印，并成为南北矛盾在投资领域的重要载体。一个多世纪以来，从传统的友好航海通商条约到晚近自由贸易协定中的投资规则，国际投资的双边法制的表现形式一再变换，①在内容方面也大致经历了（着）国有化、自由化和社会化这三波浪潮。②但值得注意的是，除了以国有化为主题的第一波浪潮是由发展中国家为民族独立而主动发起之外，在此后的两波浪潮中，广大发展中国家多为亦步亦趋，处于被动或消极状态。

具体到BIT的实践而言，20世纪80年代末，为吸引外国资本以缓解本国经济发展资金不足的困境，发展中国家纷纷缔结以更加自由的投资流动、更高标准的投资保护和更加高效的投资争端解决为特征的BIT，顺应着发达国家发起的投资自由化的潮流。特别是在达成一项全球性投资协定的前景尚不明朗的情况下，BIT保持高速继续向纵深方向拓展。③然而，高度自由化的BIT在相当程度上并没有实现发展中国家当初对于吸引外资的预期。相反，20世纪90年代以来发展中国家却接二连三地被推上国际投资仲裁被告席，这一事实有力地表明：高度自由化的国际投资条约与发展中国家的主权权力受到威胁之间存在着不容置疑的因果关联。④随着建立国际经济新秩序的呼声日益减弱，发展中国家在20世纪60至70年代争取的一系列发展权也出现了逐步回退的迹象。在BIT这一独特的领域，发达国家转守为攻，以务实的方式抵制、削弱乃至否定联大关于发展权的决议，使广大发展中国家陷于越来越尴尬的境地。

20世纪90年代之后，经济全球化、可持续发展、非政府组织的兴起和全球民

---

① 关于国际投资双边法制的形式变迁史简介，可参见陈安主编：《国际经济法学》，北京大学出版社2007年版，第363～365、369～373页。

② 王彦志：《经济全球化、可持续发展与国际投资法第三波》，载《国际经济法学刊》（第13卷第3期），北京大学出版社2006年版，第180页。

③ 截至2006年底，世界各国缔结的BIT达2573个，发达国家与发展中国家（包括东欧和独联体国家）之间的BIT占53%，这些条约大部分都是在20世纪90年代之后签订的。参见UNCTAD, World Investment Report 2007, UN Publication, pp. 16-17.

④ 陈安主编：《国际投资条约的新发展与中国双边投资条约的新实践》，复旦大学出版社2007年版，第5页。

权运动共同推动了国际社会立法的勃兴,①并在一定程度上回应着“社会正义”的诉求。以此为背景，为发展中国家量身定做的 BIT 也使发达国家自身尝到了“切肤之痛”，美国、加拿大等传统上竭力推动投资自由化的国家在 BIT 实践方面再次转轨，相继推出 BIT 新范本，逐步关注环境保护、劳工、安全和社会发展等问题，而发展中国家似乎仍停滞在是否应实现投资自由化这一问题上激烈辩论。

有鉴于此，本文将在回顾发展权的确立历史和内涵的基础上，以 BIT 中最为普遍的征收及补偿条款、公正与公平待遇标准和投资者——国家型争议解决机制为例，分析其对东道国，特别是对发展中国家的发展权的侵蚀，探讨通过 BIT 与发展权的连结以解决上述困境的可能性，并从宏观层面就当前中国对外缔结 BIT 的实践进行反思。

一、发展权的确立与内涵

（一）作为法律概念的发展权的确立

20 世纪 40 至 50 年代，原有的殖民地、半殖民地相继取得政治独立，但一些国家的重要自然资源及经济命脉仍不同程度地受殖民主义的控制。因此，摆脱殖民控制，谋求本国经济、社会、文化的全面发展，成为这些国家和人民的强烈愿望和正当权利。为摆脱国际经济旧秩序的束缚以寻求自身的发展，20 世纪 60 年代以来，广大发展中国家依据《联合国宪章》所确立的发展目标，积极开展建立公正、合理的新的国际经济秩序的斗争，并提出了“发展权”这一新的法律概念。

1969 年，阿尔及利亚正义与和平委员会发表了一份《不发达国家发展权利》的报告，首次使用了“发展权”的概念。1970 年，塞内加尔最高法院院长、联合国人权委员会委员凯巴·巴耶（Keba M'baye）在斯特拉斯堡人权国际研究所的演说中进一步主张，发展权是一项人权，发达国家有义务协助发展中国家提高其经济福利水平。此后，发展权这一概念引起了国际社会的重视。1979 年，联合国大会第 34/46 号决议指出，发展权是一项人权，平等的发展机会既是各国的特权，也是各国国内个人的特权。1981 年，非洲统一组织的国家或政府首脑在内罗毕召开的会议上通过了《非洲人权和民族权利宪章》，发展权在该份具有法律约束力的宪章中得到承认。1986 年 8 月，国际法协会第 62 届大会一致通过的《有关新的国际经济秩序的国际公法原则的逐渐发展宣言》将发展权作为有关国际经济新秩序的国

① 参见徐崇利:《国际投资自由化与国际社会立法的兴起》，载《法律科学》2002 年第 5 期，第 116～120 页。

际法原则之一，并认为发展权是国际法的一般原则，尤其是人权法的原则，其基础是人民自决权。同年12月，联合国大会以146票赞成、1票反对和8票弃权的压倒性多数通过了《发展权利宣言》，对发展权的含义作出了系统而全面的阐述，并明确指出：发展权是国际法的一般法律原则。①

（二）作为人权的发展权

发展权的提出，实质上是广大发展中国家对国际经济政治旧秩序下发达国家单方面发展的否定。具体而言，发展权是使人权与各国权利和义务相联系的法律努力，旨在创设个人享有公民、政治、经济、社会和文化权利的条件，促使国家通过有关行为责任或效果责任严格遵守其有关人权的承诺。因此，就国家层面而言，发展权应视为国家为促进和保护人权的权利。②国家享有的发展权可体现在国内和国际两个方面：就国内方面而言，国家有权利和义务制定适当的国内发展政策，不断提高全体人民和所有个人的福利；就国际方面而言，国家有权利和义务尊重各国人民的民族自决权以及对自然资源的永久主权，个别地或集体地采取措施制定国际发展政策以促进世界各国、特别是发展中国家的发展。③晚近，发展权逐渐走出了国际文件，其在国际经济关系中的具体实施越来越成为各国关注的焦点，④以至于形成了“国际发展法”这一独特的研究领域。

具体到国际投资领域而言，国际社会对发展内涵认识的转变在某种程度上也加剧了发展权与BIT的紧张关系。广大发展中国家建立国际经济新秩序的斗争在20世纪80年代后声势不断消减，并在此后长期主要奉行以经济增长率、而非社会整体协调发展为基准的发展战略，导致各国普遍存在为追求经济增长而忽视环境、劳工等非经济价值的倾向。但进入90年代后，国际社会对发展内涵的认识发生转变，对经济增长的片面追求逐渐被全面的发展观所取代，⑤发展权也因此被赋予了社会、文化和政治等方面含义，从而导致东道国在外资领域的监管出现了逐步紧缩的趋

① 关于发展权的确立简史，详见［南］米兰·布拉伊奇著：《国际发展法原则》，陶德海等译，中国对外翻译出版公司1989年版，第363～378页。

② 参见曾华群著：《国际经济法导论》，法律出版社2007年版，第273页。

③ See Paul de Waart et al eds., International Law and Development, Martinus Nijhoff Publishers, 1988, pp. 421-422.

④ 关于发展权的实施机制，详见黄志雄：《发展权救济模式论纲——迎接联合国〈发展权利宣言〉20周年》，载《珞珈法学论坛》（第5卷），武汉大学出版社2006年版，第165～167页。

⑤ 参见朱炎生：《发展观的变迁与发展权实施机制的转变》，载《国际经济法学刊》（第13卷第4期），北京大学出版社2007年版，第106～109页。

势，如加大环境保护力度、提高劳工保护水平、减少收入差距等。此时，BIT 中对投资者强大的保护性条款就成为政府合理实现管理职能的障碍，发展权与 BIT 两者之间的紧张便由此引发。

为缓解上述紧张关系，有必要重新回顾作为发展权之纲领性法律文件的《发展权宣言》。该《宣言》规定，“发展是经济、社会、文化和政治的全面进程”，“所有的人单独地和集体地都对发展负有责任，这种责任本身就可确保人的愿望得到自由和充分的实现，他们因而还应增进和保护一个适当的政治、社会和经济秩序以利发展”，“国家有权利和义务制定适当的国家发展政策”，“各国有义务单独地和集体地采取步骤，制定国际发展政策，以期促成充分实现发展权利”。①这些规定表明，作为发展权的义务主体，国家应在独立自主的基础上，加强国际合作，承认、保护和推动发展权的实施。落实在国际投资法领域，即可以理解为：推动投资的自由流动不应当以牺牲东道国政府经济、社会、文化和政治的全面发展为代价；外国投资者、东道国政府和投资者母国政府都应当对发展负有责任，确保投资以有利于东道国国民、有利于东道国政府政治、社会和经济秩序发展的方式进行；东道国有权根据自身的发展状况，决定对外资的开放程度，并对外资进行适度管理，从而确保发展目标的实现。

二、BIT 对东道国发展权的负面影响

20 世纪 80 年代以来，为吸引发展本国经济所迫切需要的资金，东道国越来越多地通过签订 BIT 以营造外国投资者及其母国所期待的投资政策及法律环境。以此为动因，BIT 在文本层面必然要以“保护”和“优惠”措施为主，不但在实体事项上通过国民待遇、最惠国待遇、征收及其补偿等条款保证投资的便利与安全，而且在程序事项上创设了“投资者——国家”这一独特的争端解决机制以避免东道国的不当干预。上述制度设计力图纠正“强大”的东道国政府和“弱势”的外国私人投资者之间的力量失衡，从而促进对东道国的投资。

但晚近的实证研究表明，高度自由化的 BIT 在相当程度上并没有实现发展中国家当初吸引外资的预期。世界银行在其《2003 年全球经济展望》中即指出：“即使是 BIT 中相对强有力的保护措施，看来也没有增加向签署协定的发展中国家的投资

---

① 《发展权利宣言》序言、第 2 条第 2、3 款，以及第 4 条第 1 款。

流动。"①《2005 年世界发展报告》进一步明确："迄今的实证研究尚未发现，缔结 BIT 与其后的投资流入之间存在密切联系。"②近年来的定量分析多倾向于认为，BIT 与投资流入国内部制度存在相互补充而非替代的关系，③亦即 BIT 对外资流入并无决定性作用。单文华教授进行的调查研究也表明，BIT 在外国投资者作出投资决策时作用有限。④

与上述结论形成鲜明对比的是，1987 年至 1996 年的 10 年间，全球国际投资仲裁案件仅共 15 件；但 1997 年至 2005 年的 9 年间，这一数字则迅猛上升至 200 多件。⑤从法律角度看，外资待遇、征收及其补偿标准以及投资争端的解决等构成了 BIT 的若干关键条款，⑥这些条款或是南北矛盾的焦点（如关于征收的合法性及其补偿标准之争），或因涵义抽象模糊而分歧严重（如公正与公平待遇标准），均易成为外国投资者频频启动投资者——国家型争端解决机制起诉东道国的主要条款，并通过仲裁庭的宽泛解释而在实践中引发巨大争议。下文将以 BIT 中的上述三个条款及其实践为例，分析国际投资仲裁实践所引发的对东道国发展权的威胁。

（一）征收及补偿条款

尽管 20 世纪 80 年代以来，发展中国家对外资实施国有化或征收的情况近乎绝迹，但征收问题并未就此退出历史舞台，传统上较为罕见的间接征收日益成为国际投资争端的焦点。无论是在《北美自由贸易区协定》（NAFTA）还是在"解决投资争端国际中心"（ICSID）体制内，投资者都频频对东道国政府基于环境保护、公共健康、经济调整等而采取的措施提出间接征收指控，严重威胁东道国政府维护公共利益、实现发展权的能力。

---

① See World Bank, Global Economic Prospects 2003: Investing to Unlock Global Opportunities, available at http: // siteresources. worldbank. org/INGEP2003/Resources/gep2003summarycantonese. pdf, visited on March 1, 2008.

② See World Bank, World Development Report 2005: A Better Investment Climate for Everyone, World Bank and Oxford University Press, 2004, p. 177.

③ 参见张晓斌：《双边投资条约引资效果的经验分析》，载《国际经济法学刊》（第 13 卷第 1 期），北京大学出版社 2006 年版，第 280 页。该文还简要介绍了国内外通过定量方法分析 BIT 的实际引资效果的主要研究成果。

④ 详见单文华：《欧盟对华投资的法律框架：解构与建构》，蔡从燕译，北京大学出版社 2007 年版，第 226 ~ 230 页。

⑤ See UNCTAD, Latest Developments in Investor-State Dispute Settlement, IIA Monitor, No. 4, 2005, p. 1.

⑥ See Marco Bronckers & Reinhard Quick ed., New Directions in International Economic Law, Kluwer Law International, 2000, pp. 392-393.

在间接征收的认定标准上，主要存在"纯粹效果原则"（sole-effect test）和"目的解释原则"（purpose test）两种争论，但前者似乎更多地符合了20世纪90年代以来国际投资仲裁的实践。伊—美仲裁庭在认定间接征收基本上采取的是"纯粹效果标准"。①在Starrett Housing公司诉伊朗案中，法庭认为，即使国家无意实施征收，东道国采取的措施亦构成征收。②ICSID仲裁庭总体上也采纳了效果标准。③如在Tecmed公司诉墨西哥案中，尽管墨西哥政府声称自己拒绝Tecmed公司延续土地使用权的申请是基于对公众健康权和环境的保护，但仲裁庭仍然认为，与政府的意图相比，政府的措施对投资者资产的影响更为重要。④类似的，在Metalclad公司诉墨西哥案中，墨西哥圣路易斯波托斯州（San Luis Potosi）州长以Metalclad公司的废弃物处理设施会给附近居民的饮用水造成不利影响为由，拒绝该公司开业，随后又通过一项生态法令宣布该公司的设施所在地为生态保护地区。Metalclad公司认为该州的行为实际上征收了其将来的预期利润，违反了NAFTA的规定，遂向ICSID提请仲裁，要求赔偿。仲裁庭认为，无需确定或考虑实施前述生态法令的动机或意图，因为实施该法令本身已经构成一种等价的征收行为。⑤

同时，以"及时、充分、有效"为核心的"赫尔准则"（Hull formula）在20世纪90年代以来的BIT实践中大行其道，⑥极大提高了BIT中的补偿标准，使得东道国实施环境保护、土地使用、公共健康与安全和劳工权利等发展权，并适当规制其境内跨国公司的代价异常昂贵。以NAFTA为例，在Ethyl公司诉加拿大案中，加拿大政府出于公共健康的考虑，禁止进口Ethyl公司生产的汽油添加剂。Ethyl公司声称该法相当于"法律上的接收"，提请ICSID仲裁，并主张高达两亿五千万的

① See Veijo Heiskanen, The Contribution of the Iran-United States Claims Tribunal to the Development of the Doctrine of Indirect Expropriation, International Law Forum, Vol. 5, 2003, p. 181.

② See Starrett Housing Corp. v. Government of the Islamic Republic of Iran, Award No. ITL 32-24-1 (1983), 4 IRAN-U. S. C. T. R. p. 122.

③ See Bjørn Kunoy, Developments in Indirect Expropriation Case Law in ICSID Transnational Arbitration, Journal of World Investment and Trade, Vol. 6, 2005, p. 472.

④ See Técnicas Medioambientales Tecmed, S. A. v. United Mexican States, ICSID Case No. ARB (AF) /00/2. Final Award, May 29 2003, para. 116.

⑤ See Metalclad Corporation v. the United Mexican States, ICSID Case No. ARB (AF) /97/1, Award of August 30, 2000, para. 103.

⑥ See UNCTAD, Bilateral Investment Treaties 1995-2006, Trends in Investment Rulemaking, UNCTAD/ITE/IIT/2006/5, p. 48.

赔偿。面对如此昂贵的指控，加政府不得不撤销禁令，并答应赔偿1300万美元。① Methanex公司诉美国案更是以10亿美元的诉求赔偿，创下NAFTA单案诉求金额的最高记录。②

上述案例说明，根据现有BIT关于征收及其补偿的规定，政府为保护环境或其他公共目的而采取的措施很可能构成对外国投资者财产的征收行为，并为此支付补偿，并进一步导致立法者在通过涉及公共政策发展目标的立法时束手束脚，从而影响东道国实施或促进发展权的意愿或能力。

（二）公正与公平待遇标准

BIT设定的要求高而含义模糊的待遇标准，加之仲裁庭的主观解释，使得待遇标准也成为侵蚀东道国发展权的另一个途径。

以公正与公平待遇标准为例，由于多数BIT缺乏对该标准的具体含义的规定，不同国家与学者对其适用范围存有较大分歧：有的等同于国际法最低待遇，它主要是在其他国际法和国内法的实体规定未能提供保护的情况下，为投资者提供一种基准保护；③而有的则认为该标准是一种包含充分的保护和安全、国际法最低待遇标准以及不歧视原则等义务在内的全面的待遇标准，④在NAFTA早期的实践中，仲裁庭甚至将其与征收、国民待遇、透明度等问题相联系，主张违反有关后者义务的，也就违反了公正与公平待遇的义务，而据此作出的Pope & Talbot公司诉加拿大案、S. D. Myers公司诉加拿大案、Metalclad公司诉墨西哥等三个案件的裁决引发了轩然大波。⑤

姑且不论学界和实践中对公正与公平待遇标准的实体内涵存在分歧乃至对立，晚近国际投资仲裁的实践还表明，仲裁庭为揭示其内涵而采用的“目的解释”方

---

① See Luke Eric Peterson, International Human Rights in Bilateral Investment Treaties and in Investment Treaty Arbitration, available at http://www.iisd.org/pdf/2003/investment_int_human_rights_bits.pdf, visited on January 15, 2008.

② See Joel C. Beauvais, Regulatory Expropriation under NAFTA: Emerging Principles & Lingering Doubts, New York University Environmental Law Journal, Vol. 10, 2001, p. 245.

③ See Courtney C. Kirkman, Fair and Equitable Treatment: Methanex v. United States and the Narrowing Scope of NAFTA Article 1105, Law and Policy in International Business, Vol. 34, 2002, p. 344.

④ See F. A. Mann, British Treaties for the Promotion and Protection of Investments, British Yearbook of International Law, Vol. 52, 1981, p. 241.

⑤ 具体案情参见朱小菁：《NAFTA投资仲裁中的公平与公正待遇标准》，载《国际经济法学刊》（第13卷第3期），北京大学出版社2006年版，第51～58页。

法同样可能对东道国的发展权产生负面影响。例如，在前述 Tecmed 案中，仲裁庭在解释公正与公平待遇时，特别指出了西班牙—墨西哥 BIT 序言的规定，即“为另一缔约方在其境内的投资创造有利的条件”，并据此认为，双方缔约的目的是加强和提高外国投资者在缔约方投资的安全与信任，所以缔约方不能影响外国投资者作出投资时的基本期望。①在 CMS 公司诉阿根廷案中，ICSID 仲裁庭同样援引美国—阿根廷 BIT 序言的规定，作出了不利于阿根廷的解释，即公正与公平待遇要求东道国应该保持稳定的投资法律框架。仲裁庭还援引该序言规定就国家“基本利益”（essential interest）的含义作了不利于阿根廷的解释，即认为保护投资者系阿根廷的基本利益。②在此后的一系列案件中，如 MTD 诉智利案、OEPC 诉厄瓜多尔案等，该解释方法继续得以沿用。

由于 BIT 中关于投资待遇标准的规定过于概括，仲裁庭在解释时通常会引用 BIT 序言的相关表述，片面强调投资者的利益，有意或无意地忽视“促进经济合作”等有利于东道国的字眼，更很少提及东道国本应享有的管理国家社会、经济的权利以及引进外资的最终目的，即促进本国的发展。

（三）争议解决机制

20 世纪 80 年代以来，投资者及其母国以对东道国法院或行政机构能否公平处理投资争议信心不足为由，力推投资争议解决的国际化。相应地，传统国际法上的“用尽当地救济”原则在 BIT 领域被逐步遗忘，③“投资者—国家”型争端解决模式成为 BIT 实践中的主流做法。④一般认为，“投资者—国家”型争端解决模式对投资者更有利。一方面，该模式比传统国际法的“国家—国家”型争端解决机制强

---

① See Técnicas Medioambientales Tecmed, S. A. v. United Mexican States, ICSID Case No. ARB (AF) /00/2. Final Award, May 29 2003, paras. 152-174.

② See CMS Gas Transmission Company v. The Argentine Republic, Case No. ARB/01/8, Award of May 12, 2005, paras. 274, 357.

③ 在 20 世纪 90 年代以前，各国签订的 BIT 一般明确要求外国投资者必须用尽当地救济。但 20 世纪 90 年代以来的 BIT 实践倾向于弱化，甚至否定用尽当地救济规则：多数 BIT 没有规定用尽当地救济规则；一些 BIT 只要求用尽行政救济，而不要求用尽司法救济；一些 BIT 甚至规定，如果外国投资者选择诉诸国际仲裁，东道国不得要求用尽当地救济。而 NAFTA 第 1116 条则干脆彻底放弃，允许“投资者可以不经东道国同意直接诉诸国际仲裁”。See UNCTAD, Bilateral Investment Treaties 1995-2006, Trends in Investment Rulemaking, UNCTAD/ITE/IIT/2006/5, pp. 108-109.

④ See UNCTAD, Bilateral Investment Treaties 1995-2006, Trends in Investment Rulemaking, UNCTAD/ITE/IIT/2006/5, p. 100.

化了对东道国治理能力的限制：国家之间的政治解决方式往往会考虑政治礼让和外交便利，但BIT中的“投资者—国家”型争端解决模式由于涉及私人的主体地位和直接赔偿诉求，更加直接地触及被诉国的制度或政策设计本身。另一方面，该模式设计也使得投资者在仲裁的实体方面受益。由于仲裁员没有直接义务去考虑涉及东道国发展权的公共利益，而是更倾向于从BIT的宗旨，即“促进和保护投资”的角度去解释东道国政策和法令，BIT中含糊之处自然就采取了不利于东道国的解释。①

此外，争端解决程序也对东道国，特别是对发展中国家及转型国家，产生了所谓“寒蝉效应”（chilling effect）。BIT中规定的征收标准的高度模糊和不确定，补偿数额之大，外资待遇标准之高，很容易使得东道国的某项政策或法令被指责为违反BIT，从而被推向ICSID等国际仲裁机构。除去仲裁程序的高成本和高风险之外，东道国还可能背上“投资环境差”的恶名，对其国际形象产生负面影响，从而可能弱化其进一步吸引外资的能力。因此，东道国出于公共利益实施发展权的动力和信心很容易受到BIT中高标准条款的威慑。

值得进一步思考的问题是，既然BIT的实际引资功效大大低于预期，并极大侵蚀了东道国的发展权，为什么BIT的数量还不断攀升？在晚近东道国的管制危机未受到足够重视之前，对该问题可作如下四个方面的分析。首先，仅仅从资本流动角度衡量BIT的经济意义似乎过于狭隘，事实上，随资本而来的先进技术、管理经验乃至观念更新，亦可成为一国签署BIT、实行自由化投资政策的经济动因，而这些非资本因素的价值和意义均不可衡量。其次，尽管发展中国家集团对于高标准的投资条约心怀不满，但面对日趋激烈的国际投资竞争，单个发展中国家不得不强调自身的比较优势，希冀通过双边性的投资条约来吸引外资，②从而带动了BIT的扩张。再次，BIT背后的政治意蕴对于BIT的繁盛亦不可小觑。广大发展中国家对BIT的签订乐此不疲，其部分原因就在于BIT的“宣示意义”。多数发展中国家将签订BIT视为向外国投资者发出一种信号，即其晚近采取的经济改革措施不会出现反复。③一些威权国家甚至将与外国签订BIT视为巩固其政权合法性或正当性的工

① See Rudolf Dolzer & Margrete Stevens, Bilateral Investment Treaties, Martinus Nijhoff Publishers, 1995, p. 17.

② See A. T. Guzman, Why LDCs Sign Treaties that Hurt Them: Explaining the Popularity of Bilateral Investment Treaties, Virginia Journal of International Law, Vol. 38, 1998, pp. 666-680.

③ See Pierre Sauvé, Scaling Back Ambitions on Investment Rule-Making at the WTO, Journal of World Trade and Investment, Vol. 2, No. 3, 2001, p. 529.

具。①最后，发达国家以所谓“范本”为先锋，在双边层面强力推动，并将之与贸易议题“捆绑”纳入自由贸易区协定的谈判。上述范本表面上可“开放协商”(open to negotiation)，实质上则是一种“要么接受，要么放弃”的建议。②由此，发达国家的BIT“范本”进一步衍生为其他国家效仿的对象而呈扩散化态势。③

三、可能的出路：BIT与发展权的连结

BIT中投资者的私人权益与东道国发展权之间的明显失衡，以及BIT对东道国发展权的潜在侵蚀，迫切要求人们对BIT相关条款进行反思。尤其是发展中国家而言，它们面临着吸收外资的现实要求，受制于发达国家而被迫接受高标准的BIT，却无意中失去了本国在环境、卫生、劳工等诸多其他方面的发展权，得不偿失。因此，现行BIT制度亟待改革。鉴于当前国际社会不存在一个综合考虑经济、社会和文化权利的争端解决机制，笔者认为，在现行BIT文本中加入“发展权例外”的条款，从BIT的解释机制和解释方法方面约束国际仲裁庭的自由裁量权，实现BIT与发展权的连结，是可行的改良途径之一。

(一) BIT与发展权的连结方式——条约文本角度

1. 平衡表述BIT的宗旨

如前所述，在BIT许多概念、规则存在不确定性的情况下，序言往往成为仲裁庭进行条约解释的重要依据。因而，BIT序言片面强调投资者的权益对东道国是不

---

① See Kenneth J. Vandevelde, United States Investment Treaties: Policy and Practice, Law and Taxation Publishers, 1992, pp. 26-27.

② 原美国国务院BIT谈判小组成员Alvarez坦言：“对于许多国家来说，缔结BIT几乎不是自愿、没有强制的交易。它们［美国BIT谈判的相对方——引者注］觉得它们必须签署协定，或者觉得不这么做就是愚蠢的……但事实情况是，迄今美国BIT范本普遍被认为是一种‘要么接受，要么放弃’的建议……BIT谈判不是平等主权国家之间的谈判。它更像是一场由美国根据其规矩开设的密集的培训班。” See Andrew T. Guzman, Why LDCs Sign Treaties that Hurt Them: Explaining the Popularity of Bilateral Investment Treaties, Virginia Journal of International Law, Vol. 38, 1998, pp. 666-667.

③ 正因为如此，曾华群教授对晚近呈上升趋势的发展中国家相互之间签订的BIT寄予了一定程度的期望，并认为，作为真正平等并共同负有建立国际经济新秩序之使命的缔约双方，发展中国家可在强调“发展”宗旨、维护东道国经济主权、平衡资本输入国和资本输出国的权益等方面形成和发展新的法律概念、规则、标准和实践，进而影响当前BIT的总体发展趋势。参见曾华群：《变革期双边投资条约实践述评》，载《国际经济法学刊》(第14卷第3期)，北京大学出版社2007年版，第33页。

利的，有必要在序言中对东道国和投资者的利益进行平衡表述。如中—德 2004 年 BIT 规定：“（缔约双方）愿为缔约一方的投资者在缔约另一方境内投资创造有利条件，认识到鼓励、促进和保护投资将有助于激励投资者经营的积极性和增进两国繁荣，愿加强两国间的经济合作。”该序言片面强调东道国为投资者创造投资条件的义务，不提东道国的权利，有失偏颇。相较而言，早在 1993 年就签订的中国—斯洛文尼亚 BIT 序言的表述更为合理，其规定：“为发展两国的经济合作，愿在相互尊重主权和平等互利的基础上，鼓励和保护缔约国一方的投资者在缔约国另一方领土内的投资，并为之创造良好的条件。”该序言既提及为外国投资者创造良好的条件，也提及尊重主权和平等互利，值得借鉴。

2007 年 12 月挪威发布的最新 BIT 范本草案①（下文简称“挪威 2007 年范本草案”）对于 BIT 的宗旨的表述更可谓面面俱到且旗帜鲜明。在庞大的序言部分，该范本一方面承诺给予外资以优惠待遇，同时也强调其他目标的重要性，如公司社会责任、人权承诺、反商业腐败、可持续发展，以及外国投资过程中所有参与者关于透明度、责任性和合法性的基本原则。范本注释（commentary）更详细阐述了 BIT 签订的动机，即引导 BIT 从作为保护投资者利益的单方面协定，向保护发展中国家与发达国家共同的管制需求的全面协定发展，在确保投资者的可预测性和对其保护的同时，使其承担应有的责任。

BIT 对东道国主权权利及其行使的限制是不言而喻的。因此，BIT 在赋予投资和投资者以安全和优惠时，还必须维护东道国政府基于公共福利、环境保护和其他重要利益进行管制的能力。②如下文所述，尽管国际仲裁庭根据目的解释方法得出不利于东道国的做法与条约解释的一般原则不尽相符，但为避免给仲裁庭的类似做法留下空间，尽可能约束仲裁庭的自由裁量权，有必要在序言部分对 BIT 的宗旨予以全面而清晰的表述。

2. 限制征收条款的范围

限制征收条款的范围，设置公共健康、安全及环境保护等发展性例外，也是加拿大、美国等国饱受切肤之痛后的现实选择。

发达国家在 BIT 中引进“间接征收”这一概念的最初目的，主要是限制发展

---

① 该范本的全称为《挪威王国与某国关于促进与保护投资的协定范本》（Model Agreement Between the Kingdom of Norway and …… for the Promotion and Protection of Investments）。根据起草者的意图，该范本应可同时适用于双边投资协定和自由贸易区协定的投资章节，因此，将其简称为 BIT 并不全面，本文仅为行文方便而作此技术性处理。

② See Luke Eric Peterson, Norway Proposes Significant Reforms to Its Investment Treaty Practices, Investment Treaty News, March 27, 2008.

中国家的征收行为。但在NAFTA体制的实际运行中，以美国、加拿大为突出代表的发达国家也逐渐体会到了“间接征收”条款的威慑力，频频被诉诸国际仲裁庭，损害了其国际形象并引发巨大的公众压力。为此，加拿大与美国分别在2004年对其BIT范本做了重大修改。加拿大在其2004年范本附录B.13（1）、美国在其2004年范本附录B中都澄清：东道国为了健康、安全以及环境等公共利益而采取的有关措施，不得视为间接征收，从而大大缩小了间接征收的范围。而美国与智利及新加坡签订的FTA中有关征收的条款删除了NAFTA第1110条中的“tantamount to”（相当于）的措辞，以避免被解释为在直接征收与间接征收之外创设了新的征收类型。2005年美国—乌拉圭BIT附件B第4条规定：“除非极个别情况，缔约一方旨在保护正当的公共福利目标，如公共健康、安全及环境而采取并实施的非歧视性管制行动，不构成间接征收。”该BIT议定书更是明确指出，附件B第4条对“正当的公共福利目标”的列举“不是穷尽的”。此类附件及其内容充分体现了美加对于本国发展权的珍视，值得借鉴。

在国际投资仲裁的实践中，欧洲人权法中的比例原则（proportionality principle）也得到了开创性运用。①在Tecmed公司诉墨西哥案中，仲裁庭认为需要考察“就被认为应予保护的公共利益与根据法律赋予投资的保护而言，此类行动或措施是否是成比例的，并考虑投资者所受的影响的严重性在确认比例性方面具有关键性作用”。②尽管学者对将比例原则引入对间接征收的认定存有怀疑，认为可能导致间接征收认定标准的降低，③但不可否认，在该原则的指引下，欧洲人权法院在Fredin夫妇诉瑞典案、Pine Valley诉爱尔兰案和Pinnacle公司诉英国案等一系列案件的判决中都较好地平衡了投资者私人利益与东道国的公共利益，④亦即比例原则的适用不一定绝对导致国家对外资进行适度管制的措施归于无效。

BIT中征收争议，究其实质，关键并不在于国家为维护公共利益而采取措施的合法性或正当性，而在于在此情况下是否及如何保护私人财产权，谁要为维护公共

---

① See Han Xiuli, The Application of the Principle of Proportionality in Tecmed v. Mexico, Chinese Journal of International Law, Vol. 6 No. 3, 2007, pp. 641-646.

② See Tecnicas Medioambienales TECMED S. A. v. the United Mexican States, Case No. ARB (AF) 00//2, Award of May 29, 2003, para. 122.

③ 蔡从燕：《效果标准与目的标准之争：间接征收认定的新发展》，载《西南政法大学学报》2006年第6期，第90页。

④ 关于欧洲人权法院适用比例原则的判例，可参见李尊然：《欧洲人权法中的管制性征收问题》，载《国际经济法学刊》（第14卷第4期），北京大学出版社2008年版，第93～96页；李尊然：《管制性征收与国际投资法的新发展》，载《武大国际法评论》（第6卷），武汉大学出版社2007年版，第151～152页。

利益买单，是以国家为代表的整体社会，还是受影响财产的所有人？①近现代以来，所有权绝对的法律理念已经过时，各国国内法都普遍主张在尊重私人财产权的同时强调其社会责任，既然“财产的社会功能业已成为文明国家承认的一般法律原则”，②即可视其为国际社会的法律确信和一致实践。联合国大会通过的《关于自然资源永久主权宣言》、《关于建立新的国际经济秩序宣言》及《建立新的国际经济秩序行动纲领》、《各国经济权利和义务宪章》等一系列国际法律文件都确认了在特定情形下，东道国对外国人财产实施征收的合法性。尽管给予外国投资者高于本国国民的特殊保护可能是合理的，③但这并不足以否认国家对外资的征收权；从政治经济学的角度看，东道国出于公共利益对外资实施征收，本身就表明该外资的继续存在将带来“外部性”社会成本；如果投资者获得“完全”（full）补偿，就意味着其投资的存在无需将上述成本内化，④从这个意义上看，投资者不承担社会责任有违公平原则，而“适当补偿”才是与外国投资者在东道国所承担的社会责任相一致的合适标准。

晚近国际社会对跨国公司社会责任的广泛共识，已成为私人财产应当体现发展权的义务、承担国际法层面的社会功能的又一证据。尽管20世纪末以前跨国公司的社会责任还停留在“自愿”的基础上，但这样的“自愿”显然不是跨国资本的本性使然，而更多地缘于以联合国、经济合作与发展组织（OECD）为代表的国际组织的推动。以《OECD跨国公司指南》为例，其对OECD成员国和阿根廷、巴西及智利境内的跨国公司的商业行为提出了指导性规则，内容涉及劳资关系、人权、环境等多方面。尽管该指南无约束力和强制执行力，但作为跨政府网络形成的“软法”，其构成全球治理机制的一部分，具有不可忽视的事实效力，⑤并将强化国

---

① See Francisco Orrego Vicuna, Regulatory Expropriations in International Law: Carlos Calvo, Honorary NAFTA Citizen, New York University Environmental Law Journal, Vol. 11, 2002, pp. 19-23.

② See Ignaz Seidl-Hohenveldern, Collected Essays on International Investments and on International Organizations, Kluwer Law International, 1998, p. 228.

③ 欧洲人权法院在Lithgow案中指出：外国投资者并不参与东道国内的选举，因而更易受到东道国立法的不利影响；征收所要实现的某种公共利益对东道国本国国民和外国投资者的回报也是有差别的，因而让本国国民承受更大的负担具有正当性。See Lithgow v. UK, 102 Eur. Ct. H. R.（ser. A）121（1986）.

④ 详见徐崇利：《外资征收中的补偿额估算》，载《国际经济法学刊》（第13卷第1期），北京大学出版社2006年版，第104页；李尊然：《管制性征收与国际投资法的新发展》，载《武大国际法评论》（第6卷），武汉大学出版社2007年版，第162～164页。

⑤ 参见徐崇利：《跨政府组织网络与国际经济软法》，载《环球法律评论》2006年第6期，第416～418页。

际公法规则。①可资佐证的事实为，挪威2007年BIT范本草案在序言部分即强调了公司社会责任的重要性，并在其第32条专设“公司社会责任”的条款，规定“缔约方同意鼓励投资者的投资活动以与《OECD跨国公司指南》相一致的方式进行，并参加联合国全球协议（Global Compact）”。②

3. 限制公正与公平待遇标准的内涵

有鉴于NAFTA早期仲裁实践中对公正与公平待遇标准的解释不一，而所做出的裁决不利于美国、加拿大和墨西哥三个东道国，FTA对NAFTA第1105条第1款进行了限制解释，明确将公正与公平待遇置于国际习惯法的范畴内。加拿大2004年BIT范本第5条与美国2004年BIT范本第5条亦对该标准作了限制解释，附加了“传统国际法的最低待遇”的要求。这些都为仲裁庭无视东道国的发展权、任意对BIT作出所谓的“目的解释”设置了限制。

尽管上述解释明确公正与公平待遇标准与习惯国际法的关系，但何谓“习惯国际法”仍然众说纷纭，③公正与公平待遇标准所包含的要素也有待明晰。因此，仍有必要在个案的适用中实现与发展权的连结。例如，对于“投资者的合理预期”这一公认要素，无论从法理角度还是从各国立法及BIT实践的角度，东道国都有必要为外国投资者创设稳定、可预见的法律框架，法律的骤然与急剧变化不符合国际社会普遍承认的价值及各主要国家的一般法律原则。④但这样的要求也并非绝对。全球化往往也意味着风险全球化，有时东道国也难以准确预测某种政治、经济或社会事件的爆发、影响范围或严重程度，从而迫使其在特定情势下必须采取断然措施。典型的，如1997年亚洲金融风暴、2001年阿根廷的金融危机发生时，如果认为东道国相关法律的突然变化就一定损害了投资者的正当期待，并不合理。此外，私人投资者的预期只有在不违背基本公共利益的前提下，才可以被认为具有正当性。欧洲人权法院在Fredin夫妇诉瑞典案中就认为，Fredin夫妇应当意识到，对环

---

① See Peter Muchlinski, Multinational Enterprises and the Law, Blackwell Publishers, 1995, p. 578.

② 参见挪威2007年BIT范本草案第32条。其中，联合国“全球协议”（Global Compact）由联合国前秘书长安南在1999年达沃斯世界经济论坛年会上正式提出，并于2000年7月在联合国总部启动。“全球协议”使得各企业与联合国各机构、国际劳工组织、非政府组织以及其他有关各方结成合作伙伴关系，建立一个更加广泛和平等的世界市场。其目的是促成世界级公司认识自己对经济、环境和社会发展所应承担的责任，推进全球化朝积极的方向发展。

③ 参见余劲松：《外资的公平与公正待遇问题研究——由NAFTA的实践产生的几点思考》，载《法商研究》2005年第6期，第44～45页。

④ See Rudolf Dolzer, Indirect Expropriation: New Development? New York University Environmental Law Journal, Vol. 11, 2002, pp. 78-79.

境有害的开矿业正在遭受越来越多的管制，其应当能够更好地预见到瑞典《自然保护法》的出台，而不应预期自己能够无限期地采下去，并依此裁决瑞典的裁决符合比例原则。①

4. 有条件的国民待遇标准

晚近，在发达国家的强力推动下，传统上罕有规定的国民待遇标准也被纳入BIT并呈现扩大化趋势。在一些BIT中，国民待遇是无条件的；②不但适用于条约生效后的投资，还适用于条约生效前的既存投资（existing investment）；③不但适用于外资设立后阶段（post-establishment phase，即经营阶段），而且逐渐扩展至准入阶段（access phase）。

实际上，一味强调国民待遇的平等性甚至优惠性是不切实际的，这也是晚近BIT中国民待遇标准的各种例外情形广泛存在的原因所在。④由于本国人与外国人对东道国的忠诚度不同，其享有的待遇应当有所差别。挪威2007年BIT范本草案在正文部分即用脚注强调，缔约一方为保护公共健康、安全和环境等公共利益而追求合法政策目标所采取的措施，即使对缔约另一方的投资或投资者产生差别效应，只要缔约国被证明是基于合理的政策关联，而非有意偏好于本国投资者，则仍然与国民待遇与最惠国待遇并不矛盾。⑤该范本草案注释进一步强调，国民待遇的目的在于反击武断或不公正的歧视；政府可以以不利于（in a less favorable fashion）外国投资者的方式实现重要的社会考虑因素；如果政府能够证明其实行差别待遇的正当客观理由，则其行为并不构成与国民待遇条款的冲突。⑥为细化上述考虑，范本罕见地在第五节专门对各种例外情形予以详细规定，包括一般例外、审慎监管（prudential regulation）例外、安全例外、文化例外和税收例外。⑦作为范本之组成部分的附件A则采用“部门例外”的方式，通过列举“否定清单”（negative list）以排除国民待遇对渔业、文化等本国要害部门和产业的适用。如此庞大的例外群，足以让人发出疑问：到底是国民待遇本身重要，还是其例外条款更重要？尽管如此，范本起草部门还是对上述例外的完备性和安全性表示担忧。在挪威政府就该草

① 192 Eur. Ct. H. R.（ser. A）（1991），pp. 17-18.

② 如2003年中国与德国BIT第3条第2款。

③ 如美国、加拿大两国2004年BIT范本第1条关于“涵盖投资”（covered investment）的规定。

④ 关于BIT中关于国民待遇之例外的类型，详见陈安主编：《国际经济法学专论》（下编），高等教育出版社2007年版，第768～769页。

⑤ 挪威2007年BIT范本草案第3条。

⑥ 挪威2007年BIT范本草案注释第4.2.1节。

⑦ 挪威2007年BIT范本草案第24～28条。

案向公众征求意见的函件中，代表工商界的评论机构被要求考虑这样的问题：在将来挪威缔结的协定中，是否有必要包含涉及市场准入的条款?①可见，即便如挪威这样的发达国家也对实施国民待遇条件慎之又慎，广大发展中国家，包括正处于转型期的中国，更应当也完全可以理直气壮地拒绝一些发达国家要求更深层次上实施国民待遇的苛刻要求。即便不得已而应允，根据 WTO《服务贸易总协定》所采纳的“肯定清单”（positive list）的方式慎重地决定其实施国民待遇的部门和产业，显然要比“否定清单”方式更符合发展中国家的利益。②

5. 私人有限参与国际争端解决机制

“投资者—国家”型争端解决模式的创设，一度被认为能确保在法律层面解决纠纷，该机制排除了未决仲裁程序之外的外交保护，既是 ICSID 公约下的义务，也表征着全球治理中以规则为导向的裁判机制。③但问题是，实践中所引发的私人滥用诉权、仲裁庭自由裁量权膨胀且无视东道国公共利益等问题，使即便是当初对该机制推崇有加的发达国家也不胜其扰。④

自本世纪初开始，发展中国家，尤其是阿根廷、墨西哥等曾经主张而后又放弃“卡尔沃主义”（Calvo Doctrine）的国家，被诉诸国际仲裁庭的案件数量激增，⑤从而引发了其对于国际投资仲裁的反思，并纷纷开始转而要求恢复国内法院的最初管辖权和事后审查权，甚至质疑将投资争端全盘直接诉诸国际仲裁庭这一制度安排的合宪性。该现象被学者形象地喻为“卡尔沃主义的再生”。⑥

即便是竭力标榜和推动投资自由化的美国，也在其 2004 年 BIT 范本中采取措

---

① 参见挪威贸易与工业部就 2007 年 BIT 范本草案向公众征求意见的函，资料来源于：http：//www.regjeringen.no/nb/dep/nhd/dok/Horinger/Horingsdokumenter/2008/horing—modell-for-investeringsavtaler/-4.html? id =496026，2008 年 4 月 2 日访问。

② 关于国际经济条约中“肯定清单”与“否定清单”两种不同的谈判方式及其对当事方的利弊分析，详见徐崇利：《经济全球化与国际经济条约谈判方式的创新》，载《比较法研究》2001 年第 3 期，第 70 页。

③ See UNCTAD, Bilateral Investment Treaties 1995-2006: Trends in Investment Rulemaking, UNCTAD/ITE/IIT/2006/5, pp. 113-114.

④ See Jessica S. Wiltse, An Investor-State Dispute Mechanism in the Free Trade Area of the Americas: Lessons from NAFTA Chapter Eleven, Buffalo Law Review, Vol. 51, Fall, 2003, pp. 1171-1172.

⑤ See UNCTAD, Latest Developments in Investor-State Dispute Settlement, IIA Monitor No. 4 (2006), pp. 2-3.

⑥ 关于晚近拉美国家对“卡尔沃主义”态度的转变及其缘由，请参见单文华：《卡尔沃主义的“死亡”与“再生”》，载陈安主编：《国际经济法学刊》（第 13 卷第 1 期），北京大学出版社 2006 年版，第 193～201 页。

施，以消减“投资者—国家”型争端解决机制对其国家利益的负面影响：一方面，通过建立案件初审制、败诉方支付仲裁费和律师费等程序性措施，消灭和阻吓投资者提起的骚扰性申诉；另一方面，增加东道国国内法为准据法，强化缔约方共同解释作为准据法，有效引导裁决结果。此外，遵循2002年《两党贸易促进授权法》(Bipartisan Trade Promotion Authority Act）的指示，美国2004年范本还创设了评议期间和上诉制度，以消除国际裁决终决性的负面作用。①

值得注意的是，一度被遗忘的“用尽当地救济”原则也在BIT中出现了回潮现象。在2004年签订的《美国与澳大利亚自由贸易协定》（下文简称“美澳FTA”）中关于投资第11章，并没有关于对投资者与东道国间争端解决采用国际投资仲裁的规定，只有第11.16条简单提及“关于投资者—国家间争端解决的磋商”。陈辉萍教授通过分析指出，该制度“虽然没有明说，其实是鼓励用当地救济的方法解决投资者与东道国间的争端；某些情况下可适用国家间争端解决机制来解决，这类似于外交保护的方法”。②

如果说美澳FTA的上述设计反映了美国作为“超级大国”在BIT方面一贯傲慢的态度和歧视性实践，③挪威2007年BIT范本草案则进一步体现了发达国家在国际投资争端解决机制方面的反思。④一方面，该范本要求任何外国投资者对东道国提起的仲裁都必须以高度透明和公开审查（public scrutiny）的方式进行，以强化对仲裁三方的监督；此外，只有在投资者向当地法院提出权利主张直至并所有当地救济的努力被穷尽，或超过三年期间的前提下，外国投资者方可诉诸国际仲裁。⑤在解释上述规定的缘由时，注释用大篇幅指出：首先，国际法（包括欧洲人权保护体系）的一般原则，都是限制私人直接寻求国际法上的救济，除非当地救济被

① 详见陈辉萍：《美国投资者与东道国争端解决机制的晚近发展对发展中国家的启示》，载《国际经济法学刊》（第14卷第3期），北京大学出版社2007年版，第109～113页。

② 陈辉萍：《美国投资者与东道国争端解决机制的晚近发展对发展中国家的启示》，载《国际经济法学刊》（第14卷第3期），北京大学出版社2007年版，第115页。

③ 发达国家认为，如果东道国拥有发达而普遍受尊重的国内法律秩序，便无需在投资协定中提及争端解决，东道国国内法律和实践可视为足以保护私人投资者和东道国的权利和义务。See UNCTAD, Dispute Settlement: Investor-State, UNCTAD/ITE/IIT/30, 2003, p. 81. 迄今为止，美国还没有与任何一个发达国家签订BIT。1989年美国与加拿大签订的《美加自由贸易协定》没有包含投资者与东道国争端解决机制，只是后来墨西哥加入时重新签订的NAFTA，才订入这一机制。

④ See Luke Eric Peterson, Norway Draft BIT Calls for Transparent Investment Arbitrations, Investment Treaty News, March 27, 2008.

⑤ 挪威2007年BIT范本草案第15条。

穷尽；其次，至少在纠纷发生的初始阶段，在当地法院解决纠纷，符合欧盟法关于“辅助性原则”（the principle of subsidiarity）的规定与实践，①即争端应当在与市民尽可能密切的层面（如当地、国家层面）解决，在必要时才可以提交国际机制；最后，“投资者—国家”型争端解决模式对东道国的国内体制（domestic institutions）会产生副作用：对于发达国家而言，允许外国投资者无条件地诉诸国际仲裁，可能动摇政府不同部门之间的宪法关系，弱化国内法院对立法和行政机关的行为进行司法审查的权力，而对于发展中国家而言，通过要求用尽当地救济，可能有助于加强其国内体制。②

关于BIT中争端解决机制的争论，究其实质，是私人应当以何种身份和方式，在何种层面上参与国际法实施机制的争论，从而涉及如何权衡国家利益与私人利益在国际法层面的角色轻重问题。尽管从私人参与国际法实施机制的正当性不断增强，使私人涉足国际投资争端解决不可避免，但私人肆意利用国际仲裁机制实现一己私利并进而威胁东道国发展权的现象，显然值得包括发达国家在内的东道国的警惕。③从这一角度上看，2007年挪威BIT范本草案关于用尽当地救济与国际仲裁之间的平衡，尽管从本质上看是对《ICSID公约》的回归，④却不无深刻的现实意义。

（二）BIT与发展权的连结方式——条约解释角度

任何条约的解释，都可能是一种“二次立法”行为。因此，仲裁庭对BIT解

① “辅助性原则”是一种“自下而上”的组织原则，具体包括三项内容：（1）凡是个人能够独立承担的事务，政府任由个人自己承担。如果个人无法独立承担，则由政府提供辅助；（2）如果下级政府能够独立承担的事务，任由下级政府承担。如果下级政府无法独立承担，则由上级政府提供辅助；（3）国家对个人或上级政府对下级政府的辅助不能代替个人或下级政府的自助。该原则被确立为欧洲共同体和欧洲联盟建设中的一项原则，反映了各国对主权的高度重视以及在向共同体转移权力方面的高度慎重，并在处理欧盟与其成员国的关系、欧盟国家的中央机关与地方机关的关系以及欧盟国家与个人的关系等方面得到具体运用。例见黄正柏：《从“辅助性原则”看欧洲一体化与国家主权的关系》，载《国际观察》2001年第2期，第34~37页；刘莘、张迎涛：《辅助性原则与中国行政体制改革》，载《行政法学研究》2006年第4期，第9~12页。

② 挪威2007年BIT范本草案注释第4.3.3节。

③ 参见蔡从燕：《外国投资者利用国际投资仲裁机制新发展反思——国际法实施机制与南北矛盾的双重视角》，载《法学家》2007年第3期，第104~106页。

④ 《ICSID公约》第26条允许缔约国要求投资者在将争端提交ICSID之前先用尽当地救济，即东道国的各种行政或司法救济办法，作为其同意提交仲裁的条件，实际上就是在发展中国家所坚持的“卡尔沃主义”与发达国家所要求的将争端提交国际仲裁这两种对立主张之间的一种平衡。

释的重要性丝毫不亚于 BIT 文本的规定。鉴于晚近国际仲裁庭在 BIT 解释中的明显偏向，对仲裁庭的解释方法和解释机制进行约束，也成为 BIT 与发展权连结的重要途径。

1. 解释方法

在 BIT 文本的概念、规则并不确定的情况下，仲裁庭采用目的解释方法本无可厚非，也符合《维也纳条约法公约》第 31 条第 1 款所确立的条约解释规则，即“条约应依其用语按其上下文并参照条约之目的及宗旨所具有之通常意义，善意解释之”。问题在于，采用目的解释方法是否就一定会得出有利于投资者的结论呢？换言之，东道国在与投资者母国签订 BIT 时，是否曾表示其为了吸引外资便放弃了基于公共利益而对外资进行适度管制的权力呢？显然，这样的意图，无论是明示或暗示的，都无法合理地推测或证明，因为任何一个理性的政府都不可能作出这样的表示，当然也就不能由仲裁庭主观臆断。

此外，国际投资条约的形式理性的欠缺，也决定了片面采用目的解释方法并不合适。以 WTO 协定为例，它是一个极为庞大、复杂、细致的法律体系，很大程度上构成了一个“自给自足”（self-contained）的法律体系，因而 WTO 争端解决机构基本上不需要借助于其他国际法规则就可以解决争端了。①与此形成鲜明对比的是，传统国际法几乎不包含调整国际投资事务的专门性规范，20 世纪 50 年代末期以后逐渐兴起的 BIT 也普遍内容简单，难以对跨国投资所涉法律问题作出全部规定，在此情况下，仲裁庭只能寻求借助于其他领域的国际法规则来认定事实及解释、适用法律，否则仲裁程序无法进行。此外，较之国际法院已经鲜有直接援引国际法学家的论述，ICSID 仲裁庭目前仍然经常援引国际法学家的论述，这也说明了国际投资条约形式理性之不足。②有鉴于此，仲裁庭在对相关条款进行解释时，有必要采用一种使东道国所承担的在 BIT 项下的义务与其他条约下的关于发展权的义务相一致的“和谐解释”方法（harmonization interpretation），尽量消减和弥合东道国所承担的条约义务的冲突。《维也纳条约法公约》第 31 条第 3 款（c）项规定，在界定条约用语的上下文时，应当一并考虑“适用于当事国间关系之任何有关国际法规

---

① 关于“自给自足的体系”这一概念的渊源及其内涵，详见王传丽：《WTO：一个自给自足的法律体系——兼论一国四地经贸法律新发展》，载《国际经济法论丛》（第 11 卷），北京大学出版社 2004 年版，第 85～89 页。

② 参见蔡从燕：《国际投资条约实践中习惯国际法规则的形成、适用及变迁》，载《中国国际经济法学会 2007 年年会论文集》，第 101 页。

则”。①因此，在投资者的母国和东道国同为该项公约的缔约国时，结合相关国家在《经济、社会和文化权利国际公约》等国际条约下的义务，仲裁庭也不应当得出“政府给污染者付费”这样有违东道国承担的发展权义务的结论。②虽然国际仲裁庭并不是一个裁判人权（发展权）的机构，但是其显然应当且必要以适当的方式调节投资者的权利，使之与最低人权责任相协调。③有鉴于此，有必要在BIT文本的争端解决条款中作如下规定：“本协定的规定不应当被理解为与缔约方已经承担的其他国际条约下的义务相冲突。”

2. 解释机制

除了要求仲裁庭采取更加全面的解释方法，在解决机制上确立“有权解释机关”也是BIT与发展权相连结的途径之一。在这方面，NAFTA体制下美国、加拿大和墨西哥三国于2001年共同设立的自由贸易委员会（Free Trade Commission, FTC）是一大创举。NAFTA第1131条第（2）款规定，“如果委员会向仲裁庭提交一致同意的解释，该解释应对仲裁庭有约束力”，亦即肯定了FTC在投资争端解决中的地位及其解释对仲裁庭的拘束力。尽管该体制受到了正当性质疑，被认为是对NAFTA原措辞的修改而不是解释，对投资者不具有可预见性，实际上是“邀请”被申请人东道国政府将本应依法解决的投资者与国家间的争端，改由缔约各方进行外交谈判，完全背离了BIT将争端去政治化（de-politicize）的核心宗旨。④但从另一方面看，该机制的“事先解释”将增强东道国对外资动用管制性措施的预见性，即对相关措施是否有违BIT的待遇标准有较大预期，从而在避免投资争端的同时，克服“寒蝉效应”。正因为如此，美国2004年BIT范本继续沿用上述机制，并强化其解释的法律拘束力：“如果缔约方通过各自指派的政府代表依据本条规定对协

---

① 关于《维也纳条约法公约》第31条第3款（c）项的适用要素，可参见［比］鲍威林著《国际公法规则之冲突：WTO法与其他国际法规则如何联系》，周忠海等译，法律出版社2005年版，第291～306页。

② 学者Ryan Suda即结合《经济、社会和文化权利国际公约》中关于健康权、水权、公众知情权和民族自决权的规定，探讨了在NAFTA下Tecmed诉墨西哥案中以上述人权义务为抗辩理由的可能性。参见Ryan Suda, The Effect of Bilateral Investment Treaties on Human Rights Enforcement and Realization, Global Law Working Paper No. 1/ 2005, available at http://www.nyulawglobal.org/workingpapers/GLWP_0105.htm, visited on April 3, 2008.

③ See Luke Eric Peterson, International Human Right in Bilateral Investment Treaties and In Investment Treaty Arbitration, available at http://www.iisd.org/pdf/2003/investment_int_human_rights_bits.pdf, visited on April 12, 2008.

④ See Report of the Subcommittee on Investment Regarding the Draft Model Bilateral Investment Treaty, available at http://www.ciel.org/Publications/BIT_Subcmte_Jan3004.pdf, visited on March 20, 2008.

定的某个条款以共同决定作出解释，并同时宣告该解释对仲裁庭具有约束力，那么仲裁庭作出的任何裁决和决定都必须符合上述共同决定。”① 加拿大 2004 年 BIT 范本规定，缔约双方同意成立一个内阁级或其他代表一级的委员会，该委员会应监督协定的实施，解决产生于协定解释或适用的争端，考虑任何其他可能影响协定实施的事项等。②类似的规定在挪威 2007 年 BIT 范本草案的第 23 条亦得到体现。

结　语

从早期内容庞杂的友好通商条约，发展到今天逐步关注各式社会问题的 BIT，国际投资的双边法制在内容上似乎出现了回归的迹象，但这种回归绝不是简单的循环往复，而是经济全球化条件下各类国际经济活动内在融合的外在表征，也是国际社会对“经济社会化”现象的客观回应，它昭示着国际投资法的结构变迁。面对这股社会化的浪潮，发展中国家应当何去何从？

缘于对国家经济主权的珍惜，发展中国家长期以来一直拒绝 WTO 或国际投资条约中的议题扩张——尽管这种反对更多是基于技术层面的考虑，③但这种努力似乎并未奏效，④但应当承认，在全面发展观下，环保、人权、公司社会责任等条款，都是发展权的题中之意。特别是在社会化趋势在国际投资法制中不可避免且大有愈演愈烈之势的背景下，一味拒绝这些条款反而缩小了发展中国家自身的回旋余地，不利于对主权的保护。在这方面，仍然是以美国、加拿大、挪威为代表的发达国家率先转型，在 BIT 中加入了对自己有利的条款，强调以发展为导向的管制性权力。

诚然，国际投资法的自由化与社会化并非截然分割的两个阶段，即便是在投资规则中的社会问题受到高度关注的今天，发达国家仍然没有也不会放弃对投资自由化的努力。作为正处于转型时期的发展中国家，一方面，中国固然要对过度的投资自由化保持警惕，应当认识到 BIT 与东道国的内部制度是一种互补的关系，BIT 无法代替东道国建立并维持一个高水平、高信誉度的投资环境。受新自由主义经济思

---

① 美国 2004 年 BIT 范本第 30 条第 3 款。

② 参见加拿大 2004 年 BIT 范本第 51 条第 1、2 款。

③ 如议题扩张由发达国家发起，使得发展中国家处于天然的弱势地位；乌拉圭回合一揽子交易的教训表明，发展中国家缺乏足够的人力和能力去界定自己的利益，盲目涉足新议题，更容易被发达国家牵着鼻子走。

④ 在 GATT/WTO 体制中，“与贸易相关”（trade-related）议题不断扩张，多哈回合关于发动新一轮多边贸易谈判的《部长宣言》即涉及环境、投资、竞争政策、政府采购透明度四个非传统贸易议题。在国际投资条约的实践中，也出现了诸如环境保护、劳工标准条款、竞争政策、税收与激励措施、透明度等新议题。

想影响，20世纪80、90年代以来缔结的BIT极为强调外国投资者的私人利益，甚至在相当程度上干预了东道国实现发展权的进程。因此，不能片面追求或迎合一些国家缔结高规格的BIT的要求。另一方面，对投资自由化的警惕并不意味着发展中国家不应或不能在BIT中对相关社会问题予以适度回应。相反，继续坚持发展中国家在国际投资法的第一次浪潮中确立的发展权，合理借鉴发达国家在社会议题上的努力，实现BIT与发展权在技术层面的防御性连结，给东道国对公共利益的管制性措施保留适度空间，恰好有助于解决投资自由化的过度扩张而产生的纷扰。

The Negative Impact of BIT on the Right of Development and Its Resolution

JI Ye

Abstract Influenced by the economic thoughts of the neo-liberalism, Bilateral Investment Treaties (BIT) in recent decades are expanding in a broader and deeper sense. However, those liberalization-orientated BITs emphasize the protection of private property so much that they restrict and interfere with the right to development of the host states, especially those of developing countries, thereby imposing negative impact on the comprehensive development of the society. Facing the socialization of international investment law, the developing countries should draw reference from the recent BIT practice of developed countries such as the US, Canada and Norway, which draft and interpret the BIT provisions in line with the right to development, in order to help alleviate the stress of over expansion of investment liberalization.

Key words bilateral investment treaty; right to development; negative impact

企业社会责任的国际法问题研究*

□ 黄志雄**

内容摘要 现代社会责任运动的发展，推动了有关企业社会责任的国际法律规制开始形成，其规范渊源既包括大量由非政府组织制定的标准或准则、国际组织制定的非约束性文件等没有严格法律约束力的“软法”规范，同时也出现了以有约束力的国际法规则来调控企业社会责任的趋势。中国应通过包括国际法在内的各种途径，积极参与国际人权、劳工、环保等标准的制定和实施，推动企业经济责任和社会责任的良性互动，使企业社会责任运动为我国在21世纪的和平发展作出应有的贡献。

关键词 国际法 企业社会责任 和平发展

目　　次

* 本文系曾令良教授主持的2004年教育部哲学社会科学研究重大课题攻关项目“中国和平发展的重大国际法律问题”（批准号：04JZD0015）子课题研究成果之一。

** 武汉大学国际法研究所副教授，法学博士。

（三）《跨国公司和其他工商企业在人权方面的责任准则》草案的执行机制
四、企业社会责任运动与中国和平发展
五、结束语

20世纪前期以来，以美国等西方国家为发源地，兴起了一场引人瞩目的“企业社会责任”（corporate social responsibility）运动，其影响至今不衰，并在近年来迅速向包括中国在内的发展中国家扩散。随着这一运动的迅猛发展，最初几乎纯粹以企业的道义性义务或商业伦理表现出来的企业社会责任，不仅在近几十年来越来越多地受到各国国内法的调整，而且相关的国际法规制也开始蔚然形成。本文的目的，正是着重从国际法角度对有关问题加以探讨。

一、企业社会责任运动的发展概况及相关界定

（一）现代企业社会责任的提出和企业社会责任运动的形成

尽管根据一些作者的分析，人们从法学、政治学、社会学和经济学的角度讨论企业社会责任已有几个世纪的历史，① 但现代形态的企业社会责任观，则是在以自由企业制度和利润最大化原则为基础的资本主义制度确立以后才逐渐形成的。资本主义工业革命以来，以公司为主要法律形式的工商企业集聚了大量的资金、技术、人才等要素，在现代经济和社会生活中发挥着越来越大的影响力。它们一方面通过促进经济增长、创造就业、推动技术和管理经验革新等为社会发展作出了重要贡献，另一方面则往往出于对自身经济利益和利润的片面追求，导致无视甚至肆意侵犯劳动者和消费者的合法权益、对资源的掠夺性开采和破坏生态环境等严重的社会后果。这些问题，引发了19世纪30年代以来西方学者关于企业性质和社会角色的多次激烈论战。② 由此，企业应承担社会责任的观念逐渐为人们所接受，即：企业不仅仅是对其股东（shareholder）负责，还应对直接或间接地受到其经营活动影响的其他所有“利益相关者”（stakeholder）承担特定义务，包括雇工、消费者、投

① See Henry N. Butler & Fred S. McChesney, Why They Give at the Office: Shareholder Welfare and Corporate Philanthropy in the Contractual Theory of the Corporation, Cornell L. Rev., Vol. 84, No. 5, 1999, p. 1195.

② 关于几次论战的经过和焦点，参见：Cynthia A. Williams, Corporate Social Responsibility in an Era of Economic Globalization, U. C. Davis Law Review, Vol. 35, No. 3, 2002, p. 707.

资者和供应商等。① 这一关于现代企业的“利益相关者理论”（stakeholder theory），作为企业社会责任的基本理论阐述得以确立。

20世纪后期以来，企业日益巨型化及其引发的社会问题日趋严重，企业社会责任作为一个现实问题受到了更多关注。这一时期，企业社会责任运动与劳动者为维护其权益而开展的劳工运动、由于资源锐减和环境恶化引发的新环境保护主义运动、以倡导消费者主权和维护消费者权利为宗旨的消费者运动相互交织，在主要发达国家蓬勃开展。② 在强大的社会压力下，一些知名企业纷纷通过制定自己的生产守则、发表企业社会责任报告等措施对其应承担的社会责任加以认同，美国、英国、荷兰、德国等发达国家甚至出现了以企业社会责任为导向的法律变革运动。③ 其后，随着1970—1980年以来科学技术的迅猛发展和外国直接投资（FDI）的日益活跃，从发达国家流向发展中国家的跨国投资显著增加，此前主要局限于西方发达国家的企业社会责任运动开始随之向发展中国家扩散并真正产生全球性影响。同时，由于企业社会责任的跨境调整问题日益凸显，非政府组织、国家机构以及政府间国际组织等企业外部行为体以生产守则、行为指南、宣言、国家立法等不同形式进行的外部监督和全球性协调不断得到发展，从而出现了从企业“自我约束”（self-regulation）到“社会约束”（social regulation）的转变。④ 所有这些，使起源于西方发达国家的企业社会责任运动在广度和深度上都进入一个新的发展阶段。

全球性企业社会责任运动的形成，是20世纪后期以来经济全球化背景下国际关系发生深刻变化的反映。一方面，随着生产要素跨国流动的增多和国际经济竞争的加剧，在原本由国家控制的经济领域进行大规模私有化和在单边、双边和多边层面上实行贸易、投资自由化日益成为国家政策的主流（这种政策变化在发展中国家表现得尤为明显），从而使国家政府在经济领域的控制力趋于下降。⑤ 另一方面，

① See Ilias Bantekas, Corporate Social Responsibility in International Law, Boston University International Law Journal, Vol. 22, No. 2, 2004, p. 311.

② 参见卢代富：《企业社会责任的经济学和法学分析》，法律出版社2002年版，第160～164页。

③ 同上，第224页以下。

④ See Ilias Bantekas, Corporate Social Responsibility in International Law, Boston University International Law Journal, Vol. 22, No. 2, 2004, p. 710.

⑤ 据统计，2001年有71个国家的外国直接投资法律进行了208项修改，90%以上是旨在使得投资环境更加有利于内流外国直接投资。此外，2001年多达97个国家参与缔结了158项双边投资条约，使得这类条约的数目到2001年底达到2099项。See United Nations Conference on Trade and Development, World Investment Report 2002: Transnational Corporations and Export Competitiveness, UNCTAD/WIR/2002, pp. 7-8.

企业则在私有化和贸易、投资自由化中获得前所未有的舞台，很多大型企业特别是跨国公司不仅在物质意义上“富可敌国”①，并且凭借现代交通、通讯技术提供的巨大便利，得以通过拓展国际市场、开展国际性生产，包括通过向发展中国家转移生产和销售来获得这些国家丰富的原材料、较低的劳动力成本乃至相对宽松或不健全的法制环境，谋求成本最低化和利润。② 而国家出于吸引跨国资本、促进本国经济发展的压力，也往往通过所谓的“竞相降低门槛”（race to the bottom）不断降低劳工标准、环境标准或其他经济、社会标准。③ 其结果是，在当前的全球化进程中，由于对市场和利润的关注而导致对社会责任的忽视和对人民利益的侵犯有增无减，发展中国家尤其成为企业不履行社会责任、侵犯雇工权益、破坏环境等事例的“重灾区”。④ 在此背景下，谋求“具有人道面孔的全球化”（globalization with a human face）⑤ 成为全球治理中的一个迫切问题。企业社会责任运动正是代表着对当前经济全球化加以治理的一种力量，它试图纠正在以跨国公司全球投资为主要推动力之一的经济全球化进程中，因企业过度追求一己利益而带来的各种相关社会问题，实现企业私利和社会利益之间的某种平衡。如前联合国秘书长科菲·安南在

① 根据美国政策研究所研究人员在2000年12月发表的一份《公司200强报告》，在全世界前100个最大的经济体（包括国家和企业，前者计算其国民生产总值，后者计算其销售额）中，有51个是跨国公司，而只有49个是主权国家；5个最大的跨国公司各自在1999年的销售额都超过了182个国家的国民生产总值。Sarah Anderson and John Cavanagh, Top 200: The Rise of Corporate Global Power, available at http://www.ips-dc.org/reports/top200.htm, visited August 25, 2006.

② 例如，以耐克为代表的一批生产企业就长期奉行选择劳动力成本低的国家投资、而关闭其在随着经济发展工资水平上涨的国家的工厂。See Ilias Bantekas, Corporate Social Responsibility in International Law, Boston University International Law Journal, Vol. 22, No. 2, 2004, p. 333.

③ See United Nations Conference on Trade and Development, World Investment Report 2002: Transnational Corporations and Export Competitiveness, UNCTAD/WIR/2002, p. 153.

④ 联合国秘书长2005年7月任命的关于人权与跨国公司和其他工商企业问题特别代表对非政府组织最近举报的65件企业严重侵权行为进行了调查，在这些案件涉及的27个国家中，主要是低收入或中低收入国家，这些国家的普遍特点是管理薄弱、法治水平较低，而且近三分之二的国家刚刚摆脱冲突或仍深陷冲突之中。See Interim report of the Special Representative of the Secretary-General on the issue of human rights and transnational corporations and other business enterprises, E/CN.4/2006/97, 22 February 2006, paras. 24-27.

⑤ 相关概念可参见：United Nations Development Programme, Human Development Report 1999: Globalization with a Human Face, Oxford University Press, 1999; World Commission on the Social Dimension of Globalization, A Fair Globalization: Creating Opportunities for All, http://www.ilo.org/public/english/wcsdg/docs/report.pdf, visited July 15, 2006.

1999年达沃斯世界经济论坛宣布发起“全球契约”（Global Compact）企业社会责任倡议的演讲中所强调指出的那样，该倡议是为了追求全球市场的“人道面孔”，因为我们必须“在仅仅受短期利润驱动的全球市场和有着人道面孔的全球市场之间作出选择”。①

（二）本文的若干界定

需要指出的是，尽管现代企业应当承担社会责任的理念已经得到广泛接受，但对于这一概念的含义、范围和性质甚至其名称本身，人们还存在种种分歧。以下从本文主题出发，加以必要的界定和说明。

本文对企业社会责任试作如下定义：它是指企业除了为股东追求利润外，还应根据商业道德和相关法律的要求，向其他利益相关者承担的道义责任和法律义务，包括维护消费者合法权益、对企业雇员劳动权的保护、同其他竞争者进行公平的市场竞争、保护生态环境、促进社区发展，等等。关于上述界定，可作出以下说明。

首先，本文所探讨的社会责任主体包括所有企业。出于对跨国公司（transnational corporation）在国际经济关系中的作用及其应承担的社会责任的特别关注，一些学者往往倾向于对跨国公司的社会责任问题加以单独探讨。但应看到，有关企业社会责任本质上是可以并需要适用于所有企业的，而无论其是否在多个国家从事经营活动并设立了分支机构。而对于西方学者使用的 corporate social responsibility 一词，国内学者往往采用“企业社会责任”、“公司的社会责任”等不同表述。② 就其英文原意而言，后一表述也许更为准确，但在我国公司法律制度尚不健全的情况下，它可能会造成只有实行公司制的企业才需要承担有关社会责任的误解。事实上，即使在公司制极为普遍的西方国家，也并不是将责任主体完全局限于股份公司。因此，本文所探讨的社会责任主体包括所有企业，无论其是否具有公司的法律形式和进行跨国经营。

其次，关于企业社会责任在性质上是一种自愿承担的道义性义务还是法律规定的强制性义务，论者往往莫衷一是。应该说，企业社会责任在其发展早期主要表现为企业自愿承担的非强制性义务。但是，为了弥补“自我约束”机制的不足，20世纪后期以来，企业社会责任在若干领域越来越多地受到有关国家国内法以及国际

---

① See www. un. org/News/Press/docs/1999/19990201. sgsm6881. html, visited July 15, 2006.

② 例如，我国目前关于企业社会责任的两本有代表性的专著使用的名称就各不相同。参见刘俊海：《公司的社会责任》，法律出版社1999年版；卢代富：《企业社会责任的经济学和法学分析》，法律出版社2002年版。

法的调整，从而表现出较为明显的法律化趋势。① 企业社会层面本文所着重探讨的，正是关于企业社会责任的国际法问题。

再次，企业社会责任是一个动态而非静态的概念，其对象和内涵随着社会发展而发展，广义上可以包括对除股东以外所有直接或间接受企业经营活动影响的各方承担的责任。② 就具体领域而言，由于在人权、劳工标准、环境等领域已经形成较为普遍的价值和观念，它们构成企业社会责任的核心内容，也是本文从国际法角度探讨企业社会责任将涉及的主要领域。③

二、企业社会责任的国际法规范渊源和主要内容

长期以来，以国家为中心的国际法，并不承认企业（包括跨国公司）在国际法上的法律人格和作为国际法主体直接享有国际法上的权利、承担国际法上的义务的能力。④ 原则上，有关企业在生产经营中的行为标准及其法律后果是由各国（企业的母国或者东道国）通过劳动法、消费者保护法、环境保护法等国内法而非国际法加以规定。一国管辖范围内的企业因其特定行为对本国或另一国的企业或个人造成损害时，可以通过使该企业行为在特定情势下“归因”于有关国家，或者因

---

① 笔者认为，“企业社会责任”中的“责任”一词，其本义必须结合“社会责任”这一语境来分析，它与法律上的“责任”不可同日而语，而是强调企业应有的一种伦理性或道义性“社会责任（或义务）”；至于通过国内法和国际法所规范的企业社会责任，则是以“法律义务”对这一社会责任所作的规定，这本身也不能简单说就是一种“法律责任”，尽管违反有关法律义务通常会导致法律责任的产生。

② 现代“利益相关者”理论的支持者往往对“利益相关者”作进一步区分，包括雇工、消费者、投资者和供应商等“第一级利益相关者”和其他的各种“第二级利益相关者”。See Ilias Bantekas, Corporate Social Responsibility in International Law, Boston University International Law Journal, Vol. 22, No. 2, 2004, p. 311. 另参见 2003 年联合国《跨国公司和其他工商企业在人权方面的责任准则》草案第 22 段对“利益相关者”一词的界定。Norms on the responsibilities of transnational corporations and other business enterprises with regard to human rights, E/CN. 4/Sub. 2/2003/12/Rev. 2, 26 August 2003. para. 22.

③ 安南秘书长提出的“全球契约”倡议，就是以人权、劳工标准和环境保护三大领域的九项原则为主要内容。特别是随着国际国内人权保护运动的发展和人权观念的广泛传播，在一些场合，企业“人权责任”几乎成为企业社会责任的“代名词”。例如，2003 年联合国《跨国公司和其他工商企业在人权方面的责任准则》草案所包含的企业人权责任就涵盖了企业在劳工标准、环境保护等多方面的责任（参见本文第二部分的论述）。

④ 关于主流国际法学说和实践中对跨国公司国际法主体资格的否认，参见余劲松：《跨国公司的法律问题研究》，中国政法大学出版社 1989 年版，第 236～239 页。

国家在国际人权法上负有的保护个人权利不受其他实体（包括企业）侵犯的义务，而产生该国在国际法上的国家责任。① 但国际法在上述有限范围内对企业社会责任的间接调整，着眼点无疑仍在于国内法对企业社会责任的直接调整，即通过国际法层面的国家责任推动国内法层面的企业责任。

然而，在经济全球化不断加快的今天，企业经济实力及其生产经营活动跨国性的增强使其越来越易于规避甚至"抵制"单个国家的监管，后者则常常面临监管能力或监管意愿不足的尴尬：很多发展中国家（它们通常是跨国公司的东道国）要么没有健全的相关法律规定或者缺乏有效的执行，要么由于自身经济实力有限、对外来投资依赖严重等原因不愿"开罪"于跨国公司，甚至将降低企业社会责任标准作为吸引资本的"投资环境"之一。至于作为有关跨国公司母国的发达国家，他们也常常不愿对其公司有悖企业社会责任的行为通过域外立法加以管制，认为这会使本国公司在同其他国家企业的竞争上处于不利地位。② 另外，各国国内法在人权、劳工、环保等方面往往相互歧异的规定也不利于对特定企业行为作出统一和相对客观的评价。相比之下，国际法可以提供一个评判并最终解决各国政府、国际组织、非政府组织以及企业自身对企业责任提出的不同主张的程序，从而有助于加强或便利各国对企业行为的监管；如果没有若干国际法律标准，则只能任由各种不同主张争论不休。③

总之，通过国际法直接确立企业在社会责任方面的义务，不仅在理论上是可能的，而且也是实践中所需要的。无论是基于传统国际法关于只有国家才能直接享有国际法上的权利、承担国际法上的义务的立场，反对通过国际法对企业社会责任加以直接调整；还是认为强化和完善国内法即足以对企业社会责任加以有效调整，怀疑国际法直接介入企业社会责任领域的必要性，这样的观点都已难以成立。事实上，个人在国际人权法等领域业已享有的权利、在国际刑法上承担的个人刑事责

---

① See Draft Articles on Responsibility of States for Internationally Wrongful Acts, adopted by the International Law Commission at its fifty-third session (2001), UN Doc A/55/10, article 5, 8, 9, etc.; Danwood M. Chirwa, The Doctrine of State Responsibility as a Potential Means of Holding Private Actors Accountable for Human Rights, Melbourne Journal of International Law, Vol. 5, No. 1, 2004, pp. 5-9.

② 例如，在民主刚果自1994年以来持续的战争和武装冲突中，很多跨国公司为争夺资源开采参与了侵犯人权、破坏环境的活动却未在该国或其母国受到任何惩处。See Stephen Kabel, Our Business is People (even if It kills them): the Contribution of Multinational Enterprises to the Conflict in the Democratic Republic of Congo, Tulane Journal of International and Comparative Law, Vol. 12, 2004, pp. 473-475.

③ See Steven R. Ratner, Corporations and Human Rights: A Theory of Legal Responsibility, Yale Law Journal, Vol. 111, No. 3, 2001, p. 448.

任，乃至企业通过投资保护协定直接享有的国际法上的权利，都已经打破国家在国际法律关系中的垄断地位。单纯依靠国内法调整企业社会责任所面临的窘境，进一步促使企业社会责任的直接国际法律规制开始提上议程。

（一）非政府组织制定的“软法”标准和守则

“软法”（soft law）是近几十年国际法上颇受关注的一个新现象。一般认为，“软法”既包括国家在有约束力的条约中作出的属于劝诫性或促进性的规定，也包括条约以外的载入有关原则、准则、标准的任何非约束性国际文件，如政府间国际组织通过的决议和守则、由非政府力量制定的示范法、商业惯例和行业标准等。①这些软法文件的共同特征是：它们通常涉及那些国际社会以往没有予以足够注意、但已成为新关注的事项，代表着国际社会出现的新趋势；由于政治、经济或其他原因，国家之间还难以就这些事项达成充分的共识并表现为有法律约束力的承诺。②另外，与正式条约不同，软法文件不仅在程序上易于通过和修改，而且也便于吸纳非国家行为体签署、参加这些软法文件并成为其规制对象。③

企业社会责任这一国际社会的新关注事项，就在近年来发展出了大量软法规范。其中，非政府组织（NGO）作为近年来推动企业社会责任运动的主要力量之一，其所制定的各种标准和守则也成为企业社会责任重要的规范渊源。例如，由美国牧师利昂·H. 苏利文等在反对南非种族隔离制度的背景下，针对有关跨国公司发起制定的“苏利文原则”（Sullivan Principle），是创立最早（1977 年）的非政府组织守则之一。1999 年，该原则发展为一项范围更广的“全球社会责任苏利文原则”（Global Sullivan Principles of Social Responsibility），内容包括有关跨国公司承诺“尊重员工的自由结社权、向员工提供补偿，使其得以满足基本需求，提供安全和健康的工作场所，保护人类健康和环境，促进可持续发展”等。现有数百个跨国公司、教育机构等实体承诺接受这些原则。④ 由总部设在美国的非政府组织“社会责任国际”联合其他组织和公司于 1997 年共同制定的 SA8000（social accountability 8000），则是目前影响最大的非政府组织标准之一。该标准主要涉及劳工权益保护领域有关童工、强迫性劳动、健康与安全、结社自由与集体谈判权、歧视、惩罚性

① See Malcolm D. Evans, ed., International Law, Oxford University Press, 2003, p. 166; C. M. Chinkin, The Challenge of Soft Law: Development and Change in International Law, International and Comparative Law Quarterly, Vol. 38, No. 4, 1989, pp. 851-852.

② See Antonio Cassese, International Law, 2nd ed., Oxford University, 2005, p. 196.

③ See Malcolm D. Evans, ed., International Law, Oxford University Press, 2003, p. 170.

④ http://www.globalsullivanprinciples.org/, visited July 15, 2006.

措施、工作时间、工作报酬及管理体系等九个方面的内容，是全球第一个可用于第三方认证的社会责任国际标准。据称，SA8000 认证现已覆盖全世界 45 个国家、52 个行业近 437 000 名工人。①

作为不同于企业生产守则的“外部”生产守则，各种由非政府组织制定的标准和守则不仅为数众多，而且各自所涉领域、内容和目的不一。从制定者来看，美国、英国、澳大利亚、德国等发达国家的非政府组织明显居于主导地位。

（二）政府间国际组织制定的非约束性或软法性文件

在联合国系统内，1948 年《世界人权宣言》等有关人权保护、可持续发展等方面的一些重要文件被认为涉及或内在地体现了企业社会责任的要求，并对后来加强企业社会责任的思想产生了重要影响。②随着跨国公司对国际经济特别是发展中国家的影响问题日益受到关注，从 1977 年起，联合国经济与社会理事会（ECOSOC）设立的一个政府间工作组开始起草一份全面的跨国公司行为守则。但由于发展中国家和发达国家之间的分歧，这一工作到 1992 年无果而终。③

不过，一些专门性和区域性国际组织的相关工作取得了重要进展。国际劳工组织于 1977 年通过了一份《关于跨国企业和社会政策的原则的三方宣言》，该文件着重阐明了有关促进就业、机会和待遇平等、培训、工作和生活条件、产业关系等方面的有关原则。④ 在该宣言基础上，国际劳工组织于 1998 年通过了一份《关于工作的基本原则和权利的宣言》，后者特别强调有关劳工权利的以下四项基本原则：（a）结社自由和有效承认集体谈判权利；（b）消除一切形式的强迫或强制劳

---

① http: //www. sa-intl. org/, visited July 15, 2006.

② 例如，联合国大会于 1948 年 12 月 10 日通过的《世界人权宣言》宣布，该宣言应“作为所有人民和所有国家努力实现的共同标准，以期每一个人和社会机构经常铭念本宣言，努力通过教诲和教育促进对权利和自由的尊重。” Universal Declaration of Human Rights, G. A. Res. 217, U. N. GAOR, 3d Sess., Preamble, U. N. Doc. A/810 (1948), available at http: //www. un. org/Overview/rights. html, visited Feb. 22, 2006.

③ 该行为守则主要目的在于确保发展中国家对跨国公司的有效管理和监督，防止跨国公司的活动威胁东道国经济主权和独立，其中也有若干涉及企业社会责任的标准。关于制定该守则的谈判经历和涉及的主要内容，参见余劲松：《跨国公司的法律问题研究》，中国政法大学出版社 1989 年版，第 329～343 页。

④ See ILO, Tripartite Declaration of Principles concerning Multinational Enterprises and Social Policy (1977), available at http: // www. ilo. org/public/english/standards/norm/sources/mne. htm, visited April 28, 2005.

动；(c) 有效废除童工；以及 (d) 消除就业与职业歧视。① 经合组织则在 1976 年拟定了一份《跨国企业指南》，它包含针对跨国企业提出的一系列自愿遵守的建议，涉及人权、就业和产业关系、环境、信息披露、反贿赂、消费者利益、科学和技术、竞争、税收等商业道德领域。该指南先后经过 1979 年、1984 年、1991 年和 2000 年四次审议，其影响范围已经超出了 30 个经合组织成员国和 8 个加入指南的非成员国。②

前联合国秘书长科菲·安南于 1999 年提出的“全球契约”倡议，也得到了国际社会的热烈响应。该倡议要求企业界无论在何处开展业务都表现出良好的全球公民精神（global citizenship），接受并实施人权、劳工标准和环境保护领域的九项原则，包括支持和尊重国际人权保护、保证不与践踏人权者同流合污、支持结社自由及切实承认集体谈判权、消除一切形式的强迫和强制劳动、废除童工现象、消除就业和职业方面的歧视、采用预防性方法来应付环境挑战、在环境方面采取更负责任的做法、鼓励开发和推广不损害环境的技术。③ 截至 2006 年 3 月 29 日，该倡议共有近 3000 个参加者，包括来自世界上 90 个国家的 2500 多个企业。④

欧盟各国是很多跨国公司的母国，1995 年以来，该组织也越来越多地涉足企业社会责任领域。欧盟委员会于 2001 年通过了一份《促进欧洲企业社会责任框架绿皮书》的文件，成为欧盟在企业社会责任领域的指导性文件。⑤

与各种非政府组织制定的标准和守则相似，政府间国际组织制定的非约束性文件各自涉及的领域、内容等也存在较大差别。不过，这类文件较为普遍的特点是，

---

① See ILO, Declaration on Fundamental Principles and Rights at Work (1998), available at http://www.ilo.org/dyn/declaris/DECLARATIONWEB.static_jump?var_language=EN&var_pagename=DECLARATIONTEXT, visited Sept. 24, 2005.

② 该《指南》先后被译为 26 种语言，其 2000 年审议后的文本可见：OECD Guidelines for Multinational Enterprises, OECD Doc. OECD/GD (97) 40 (2000), available at http://www.oecd.org/dataoecd/56/36/1922428.pdf, visited Sept. 24, 2005.

③ 在 2004 年 6 月 24 日的“全球契约领导人峰会”上，安南秘书长宣布在反腐败领域增加一项获得广泛支持的原则：企业应反对一切形式的腐败，包括勒索和贿赂。因此，“全球契约”目前涉及四个领域，包含 10 项原则。See http://www.unglobalcompact.org, visited Sept. 24, 2005.

④ See id.

⑤ See Promoting a European framework for corporate social responsibility: Green Paper, http://europa.eu.int/comm/employment_social/publications/2001/ke3701590_en.pdf. 根据这份绿皮书，欧盟同 250 多个组织和有关个人进行了广泛磋商，并在 2002 年 7 月发布了一份欧盟企业社会责任的战略文件。See Communication from the Commission concerning Corporate Social Responsibility: A business contribution to Sustainable Development, COM (02) 347 final.

为了易于在国家之间取得共识，其措辞往往较为原则、宽泛。而且，上述文件都是以跨国公司在发展中国家的经营活动为关注重点。

（三）2003 年《跨国公司和其他工商企业在人权方面的责任准则》草案

2003 年 8 月 13 日，联合国人权委员会下属的增进和保护人权小组委员会通过了一份《跨国公司和其他工商企业在人权方面的责任准则》草案①。与其他既有的软法性企业社会责任倡议和标准不同，该《准则》第一次试图直接为包括跨国公司在内的各种商业实体规定强制性的具体人权责任，它预示着在国际法上加强企业社会责任的一个重要尝试。②

《准则》草案正文共 23 段。该准则试图平衡国家与企业的人权义务，即：国家负有增进、保证实现、尊重、确保尊重和保护国际法和国内法承认的人权的首要责任，包括确保跨国公司和其他工商企业尊重人权；跨国公司和其他工商企业在其各自的活动和影响范围内，有义务增进、保证实现、尊重、确保尊重和保护国际法和国内法承认的人权，包括土著人民和其他易受害群体的权利和利益（第 1 段）。随后，《准则》具体规定了跨国公司和其他工商企业在平等机会和非歧视待遇权、人身安全权、工人的权利、尊重国家主权和人权、保护消费者的义务、保护环境的义务等方面应承担的责任，并规定了执行有关准则的总则。③ 不难看出，该《准则》所指的“人权”范围十分广泛，包括 1966 年《经济、社会和文化权利国际公约》、《公民权利和政治权利国际公约》和其他人权条约中载明的公民、文化、经济、政治和社会权利，以及发展权和国际人道主义法、国际难民法、国际劳工法和联合国系统内通过的其他有关文书中所承认的权利。④

---

① Norms on the responsibilities of transnational corporations and other business enterprises with regard to human rights, para. 22, E/CN.4/Sub.2/2003/12/Rev.2, August 26, 2003.

② 从小组委员会工作组对该准则的审议来看，准则草案具有约束力的意图至少表现在以下几方面：首先，它根据已被批准的公约把人权法扩大适用于跨国公司和其他商业企业的活动；其次，该文件的措辞通过使用“必须”（shall）而不是“应该”（should）来突出责任的约束力；再次，准则草案中含有诸多执行措施。See Report of the sessional working group on the working methods and activities of transnational corporations on its fourth session, E/CN.4/Sub.2/2002/13, 15 August 2002.

③ 关于该准则有关条款的内容，可参见增进和保护人权小组委员会同时通过的《关于跨国公司和其他工商企业在人权方面的责任准则草案的评注》（Commentary on the Norms on the responsibilities of transnational corporations and other business enterprises with regard to human rights, E/CN.4/Sub.2/2003/38）。根据小组委员会的文件，该评注属于对准则的权威解释。

④ 参见该《准则》第 23 段。

在《准则》的支持者看来，准则有关内容是对1948年《世界人权宣言》的权威解释，它在一个文件中综合了可适用于工商企业的核心国际人权法律、标准和最佳实践，被称为“世界上最全面和最权威的公司准则”。① 2003年以来，联合国人权委员会（2006年3月15日由新成立的联合国人权理事会取代）一直在审议《准则》草案。虽然该草案成为有约束力的国际条约尚待时日，而且国际上对于有关规定还存在不少分歧，但笔者认为，既然国家可以通过国际人权条约直接赋予传统上认为仅受国内法管辖的个人以国际法上的权利，那么通过国际条约使企业这一人格化的实体承受国际法上的义务也并无不可逾越的障碍。②

（四）若干领域国际“硬法”义务对企业的适用

除了上述以不同渊源形式专门针对企业设定社会责任方面的“软法”性国际义务外，若干领域以国际条约等形式加以规定、具有确定法律约束力的“硬法”义务也确立了对企业社会责任的可适用性。尽管目前这类国际法规则数量较为有限，但因其所具有的“样板”意义而值得重视。

1. 在国际环境法上，“污染者负担”（polluter pays）原则不仅在1992年《里约热内卢宣言》、《21世纪议程》等诸多重要的非约束性文件中被一再重申，也在若干国际条约中得到规定并对污染者直接产生赔偿责任。例如，1969年《国际油污损害民事责任公约》规定了船舶所有人应对船舶溢出或排放油类所造成的污染损害承担赔偿责任；这里，作为赔偿责任主体的“船舶所有人”当然可以包括甚至往往就是船舶所属的公司。③ 1962年《关于核动力船舶操作者责任的布鲁塞尔公约》、1963年《核能损害民事责任公约》、1981年《由道路、铁路和内陆航行船舶运送危险物质所致损害的民事责任日内瓦公约》等不少国际环境公约也有类似规定，由此确立了企业作为污染者的赔偿责任和受害方依据公约可以寻求的救济。

2. 2005年12月14日生效的《联合国反腐败公约》中，多个条款对涉及私营实体、法人的腐败作出了规定，如第12条关于防止和处罚涉及私营部门（实体）的腐败、第21～22条关于私营部门内的贿赂和侵吞财产、第26条关于法人参与根

---

① Amnesty International Press Statement, Nongovernmental Organizations Welcome the New U. N. Norms on Transnational Business, Aug. 13, 2003, http: //web. amnesty. org/pages/ec-unnorms-eng; Human Rights Watch, U. N. : New Standards for Corporations and Human Rights, Aug. 13, 2003, http: // www. hrw. org/press/2003/08/un081303. htm.

② 关于该《准则》的初步分析，可参见：David Weissbrod, Norms on the Responsibilities of Transnational Corporations and Other Business Enterprises with Regard to Human Rights, American Journal of International Law, Vol. 97, No. 4, 2003, pp. 901-922.

③ 参见王曦编著：《国际环境法》，法律出版社1998年版，第155页。

据本公约确立的犯罪应当承担的责任等。尽管这些规定的实施主要依赖于各国国内立法、司法和行政程序，但它清楚地表明：私营企业的责任问题在国际法上得到了承认并可以通过国际法加以调整。

3. 在国际劳工组织制定的促进雇工权益的一系列国际劳工公约和标准中，虽然国家负有实施公约规定的主要义务，但这些公约也明确承认并规定雇主对于雇员的义务。1949 年《组织权与集体谈判权原则的实施公约》（第 98 号公约）规定："凡工人应享有充分保护，使其在就业方面不会受到禁止工会的歧视行为。"该公约一方面要求国家承担义务通过立法约束企业的特定行为，另一方面也意味着企业根据公约承担不干预雇工组织工会的义务。① 1981 年《职业安全和卫生公约》（第 155 号公约）第 16～21 条更是明确规定了要求企业在职业安全和卫生方面应达到的义务。

4. 在联合国安理会根据《联合国宪章》第七章规定对特定国家进行经济制裁时，尽管有关制裁决议的约束力严格而言是针对联合国各会员国，但其实施无疑需要得到各国企业的合作。联合国大会和安理会曾一再重申，制裁决议也对各国企业产生义务。在 1990 年伊拉克入侵科威特后，联合国安理会通过了一系列以"石油换食品"计划对伊拉克进行全面制裁的决议，要求除为医疗或人道主义目的外，各会员国应禁止本国公民或企业同伊拉克进行商业交易；伊拉克仅仅获得授权出售石油并以货款换取人道主义用品，同伊拉克订立合同购买石油或提供食品和其他人道主义物质的企业都应在合同内容、支付账号和履行等方面接受联合国有关机构的审查。② 实践表明，联合国安理会的制裁决议对企业产生国际法上的义务，这已在联合国机构、各国和企业界得到承认。

此外，某些原本仅仅约束国家或个人的国际法规则（特别是国际条约或习惯法规则），可否在人权、劳工标准、环境保护等事项上"扩展"适用于企业？又可否在有关企业不遵守有关规则时产生相应的法律责任？上述问题已在当代国际法上提出并出现了值得注意的新动向。

前述 2003 年《跨国公司和其他工商企业在人权方面的责任准则》草案在其前言中指出，跨国公司和其他工商企业、其高级职员和为其工作的人等"有义务尊重获得普遍公认的责任和准则"，并对载明这些责任和准则的联合国有关人权条约

---

① See Steven R. Ratner, Corporations and Human Rights: A Theory of Legal Responsibility, Yale Law Journal, Vol. 111, No. 3, 2001, pp. 478-479.

② 参见联合国安理会第 661 号决议（S/RES/661（1990））和第 986 号决议（S/RES/986（1995））；id, pp. 483-484. 另外，关于安理会决议所具有的法律约束力，参见《联合国宪章》第 25 条之规定。

和其他文书进行了详细的罗列。这似乎表明：有关人权保护的多数国际法律文书不仅对国家、而且现在对企业也设定了人权义务；《准则》是对适用于企业的国际人权法律原则的“反映”和“重述”。① 这一表述引起了一定争议。不过，《准则》中的以下立场却得到了越来越多的支持：那些以保护人权不受大规模侵犯为主要目的的战争罪、危害人类罪等国际刑法规范，也可以适用于包括跨国公司在内的工商企业。② 二战结束后纽伦堡国际军事法庭审理的 I. G. Farben 公司案，被认为是支持上述观点的一个先例（参见本文第三部分）。在制定国际刑事法院（ICC）规约的 1998 年罗马外交会议上，法国提交了一份关于将法人作为法院管辖对象的议案。虽然议案由于国家间的分歧未获通过，但一些学者认为，只要企业的活动构成法院规约所列战争罪、反人道罪等罪行，法院至少可以如纽伦堡法庭那样，通过对企业领导人的审判和定罪来追究企业责任，并同时直接对企业课以罚款等刑罚。③ 法院在 2004 年以来对刚果局势（包括有关跨国公司为争夺资源开采所参与严重侵犯人权、破坏环境的活动）的调查和业已开始的审判程序，似乎表明法院可能倾向于这一态度。连同美国等少数国家相关法院的判例（均见下文）和 2003 年《跨国公司和其他工商企业在人权方面的责任准则》草案等文件的有关规定，可以说，至少在人权领域，那些禁止大规模和严重侵犯人权的国际人权法和国际刑法义务对企业产生约束力，因而企业应为单独或与国家共同犯有构成国际罪行的严重侵犯人权行为承担相应责任的原则已经初步得到确立。这实际上确认了有关企业在国际人权法上的某种义务主体地位，并为在国际法上强化企业社会责任提供了新的途径。

总之，迄今为止有关企业社会责任的各种国际法规范的发展，呈现出“多头并进”的快速发展态势。其中，非政府组织制定的各种“软法”标准和守则当属

---

① See Interim report of the Special Representative of the Secretary-General on the issue of human rights and transnational corporations and other business enterprises, E/CN. 4/2006/97, 22 February 2006, para. 60.

② See id. 该《准则》草案第 3 段规定：跨国公司和其他工商企业不得参与战争罪、危害人类罪、以及种族灭绝、酷刑、强迫失踪、强迫劳动、扣押人质、法外处决、即审即决和任意处决等行为，并不得参与其他违反人道主义法行为和国际法，特别是人权和人道主义法中确定的其他危害人类的国际罪行，也不得从上述行为中谋利。See Norms on the responsibilities of transnational corporations and other business enterprises with regard to human rights, para. 22, E/CN. 4/Sub. 2/2003/12/Rev. 2, 26 August 2003, para. 3.

③ See Stephen Kabel, Our Business is People (even if It kills them): the Contribution of Multinational Enterprises to the Conflict in the Democratic Republic of Congo, Tulane Journal of International and Comparative Law, Vol. 12, 2004, pp. 480-482. 一般而言，包括企业在内的组织（团体）或机构可以成为国际犯罪的主体，这一点在理论上也得到了肯定。参见张智辉：《国际刑法通论》（增补本），中国政法大学出版社 1999 年版，第 128～129 页。

数量最多、发展最快、最具活力的部分，同时，非政府组织也是“自下而上”地推动各国以及政府间国际组织在企业社会责任领域加强合作（包括加强相应的国际法规制）的最为活跃的力量。政府间国际组织制定的非约束性文件的特点在于，这类文件有效地融合了政府间国际组织的权威性和软法规范的灵活性。2003 年《跨国公司和其他工商企业在人权方面的责任准则》则可以理解为是介于软法和（潜在）硬法之间、自成一类的专门性文件。至于其他领域国际“硬法”义务对企业的适用，虽然数量上还较为有限，但它们构成了对前述规范的必要补充。

尽管由不同主体制定、约束力各不相同的各种企业社会责任规范渊源已初步形成一个相互支持、相互补充的体系，但上述发展并非“齐头并进”。就其现状而言，该体系内有关规范“软法”现象仍较为突出，不同标准在内容和范围上也很不一致。虽然从企业社会责任问题本身的属性来看，这一现状有其必然性和相当的合理性，因而不可能在短期内根本改变，但其弊端是不利于对企业行为作出统一和权威的评价。在今后一段时期，有关企业社会责任的“硬法”规范可能趋于增多、从而使企业社会责任的国际法规范在总体上约束力得到加强。此外，逐渐加强企业社会责任标准的统一化也势在必行。①

三、企业社会责任在国际法上的实施和监督机制

上述企业社会责任的国际法规范渊源，呈现出从非政府组织或政府间国际组织“软法”性文件到实在国际人权法等“硬法”规范的多样性，它们在约束力程度上并不相同。但就其共性而言，作为国际法文件都必须有相应的实施和监督机制，以保证其有效性。

（一）软法性文件的“软执行”机制

软法性文件在企业社会责任的国际法规范渊源中为数众多。无论是主要包括非政府组织制定的标准和守则还是政府间国际组织制定的非约束性文件，其共同特点是不具有严格的法律约束力，通常不能经由国际、国内司法机构或其他机构加以强

① 国际标准化组织（ISO）作为全球最具权威的标准化组织，已于 2002 年专门成立社会责任顾问组，并由该顾问组在 2004 年 4 月就制定统一的社会责任国际标准完成了可行性研究，提交了一份长达 90 页的《社会责任工作报告》向全球征求意见。2004 年 9 月，该组织正式成立了一个工作组负责起草社会责任国际标准。定名为 ISO26000 的该标准已于 2008 年完成并供有关企业和其他机构自愿使用。See http：// isotc. iso. org/livelink/livelink/fetch/2000/2122/830949/3934883/3935096/07_gen_info/about. html，visited Sept. 25，2006.

制执行，主要是凭借其制定者（非政府组织或政府间国际组织）各自拥有的行动能力和行动机制而得以具备某种程度的实施和监督机制。

作为企业社会责任的外部监督者，各种非政府组织有的倾向于采取对话、说服等"接触式"策略推动企业制定自律性生产守则和其他措施履行社会责任；有的则更多采取曝光、支持受害者起诉等"对抗式"策略迫使企业履行社会责任。① 因此，尽管非政府组织并没有国家或政府间国际组织那样的强制执行手段与机制，仍可以借助舆论监督和宣传等手段，对包括大型跨国公司在内的工商企业进行颇有成效的监督，促使其履行有关企业社会责任标准和守则。由于企业对市场的依赖，其社会责任方面不良实践的曝光将使企业形象和声誉、市场销售等受到很大影响。②

经合组织、国际劳工组织等政府间国际组织制定的非约束性文件都没有严格的法律约束力，因而不能得到法律上的强制执行，有关文件也较少对其监督和实施加以规定。以经合组织《跨国企业指南》为例，该文件虽然要求各国设立"国家联系点"（national contact points），负责在本国范围内鼓励企业遵守指南、确保指南内容为本国商界所广泛了解，但其作用主要是建议性和咨询性的，本身没有强制色彩。甚至对于特定企业在遵守《指南》方面存在的问题，经合组织通常也并不披露企业的身份。因此，有人认为该《指南》的规定"仅仅是道德诉求，其约束力相比很多跨国公司的守则不会更强"。③ 当然，《指南》提倡企业接受高标准的财务和非财务信息披露和会计、审计程序，以此进行社会监督。"全球契约"则主要是要求参加该契约的企业公开采纳有关原则，并在其年度报告中介绍自己如何支持全球契约及其有关原则的方式，同时通过其他传播工具倡导这些原则及将其纳入管理层面。它还要求企业鼓励企业参加契约下的"全球政策对话"，设立促进机构来分享相关知识和经验。总之，该契约是一项自愿性的倡议而不是一项管制手段，它依靠对公众负责、透明度和企业对自身利益的认知以及依靠劳工和市民社会联合采

---

① See Morton Winston, NGO Strategies for Promoting Corporate Social Responsibility, Ethics & International Affairs, Vol. 16, No. 1, 2002, p. 71.

② 例如，人权观察（Human Rights Watch）和大赦国际（Amnesty International）等非政府组织对荷兰皇家壳牌石油公司（Shell）有关侵犯人权行为的监督和批评，促使该公司鉴于公众形象受损而改变有关政策，包括遵行有关企业社会责任守则。See http://www.hrw.org/worldreport99/special/corporations.html, visited July 18, 2006.

③ Anne-Christine Habbard, Statement on the Integration of Human Rights in Corporate Principles, available at http://www.oecd.org/dataoecd/37/10/2348834.pdf, visited Sept. 19, 2006.

取行动，来实现各项原则。①

事实上，非政府组织和政府间国际组织两种力量，在各自软法性文件的监督和实施方面可以相互借重、互为补充。如上所述，非政府组织的“草根”性质和对民众的影响力往往成为推动企业遵守政府间国际组织有关文件的重要社会压力，而政府间国际组织的官方色彩和权威性也为非政府组织所重视。

（二）国际、国内司法机构的“硬执行”机制

这里所说的“硬执行”机制，是指通过国际和国内司法机构的对企业社会责任领域的“硬法”规则的解释和适用，对违反有关法律义务的行为进行惩处，从而使有关义务得到有效执行。目前，尽管这方面的实践还较为有限，但在国际和国内层面都已经出现值得关注的相关动向。

关于国际司法机构，如前文所述，至少在有关国际条约和习惯法规则对企业特定行为（如单独或共同从事严重侵犯人权的国际罪行）产生约束力的范围内，这类司法机构可以基于其管辖权对企业行为作出判决。纽伦堡国际军事法庭在 I. G. Farben 公司案审理中，尽管法庭并不具有对公司法人的管辖权，但该公司的多名领导人因公司的活动被判犯有战争罪，法庭认为他们的行为与纳粹军官、士兵或官员的行为并无二致。② 而且，《欧洲国际军事法庭（即纽伦堡国际军事法庭——笔者注）宪章》第九条规定：于审判任何团体或组织之任何个人时，本法庭得宣布该个人所属之团体或组织为犯罪组织。③ 为纳粹服务的公司被法庭宣布为犯罪组织，有力地宣示了企业可以成为国际罪行的主体。

国际刑事法院于 2002 年 7 月 1 日正式开始运作后，刚果政府于 2004 年 3 月根据法院规约第 14 条将刚果局势提交法院检察官，检察官随后进行了相关调查并已经以战争罪罪名对前刚果武装组织领导人 Thomas Lubanga Dyilo 提出起诉。根据检察官的说明，该案是针对刚果局势起诉的一系列案件的第一起但不是最后一起。④ 因此，法院将在多大范围内涉及有关跨国公司及其领导人为争夺刚果资源开采所参与严重侵犯人权、破坏环境的活动的责任，这一点仍需拭目以待。不过，检察官早

---

① See http: //www.unglobalcompact. org, visited Sept. 24, 2005.

② See Stephen Kabel, Our Business is People (even if It kills them): The Contribution of Multinational Enterprises to the Conflict in the Democratic Republic of Congo, Tulane Journal of International and Comparative Law, Vol. 12, 2004, pp. 478-479.

③ 转引自张智辉：《国际刑法通论》（增补本），中国政法大学出版社 1999 年版，第 129 页。

④ See ICC Newsletter : Special Edition-Issue 10, http: // www. icc-cpi. int/library/about/newsletter/files/ICC-NL10-200611_En. pdf, visited Sept. 18, 2007.

在2003年9月8日向法院缔约国大会提交的报告中就已提出：那些在刚果持续的资源争夺和武装冲突中从事采矿活动、销售钻石或黄金、洗钱或提供武器的人可以成为法院所管辖罪行的犯罪人，即使他们身处该国之外。这一陈述，可能为法院追究法人刑事责任提供了便利。①

通过国内（主要是母公司所在国）法院对企业（包括其海外子公司）违反公认的国际法义务、不履行社会责任的行为加以追诉，无疑也具有一定的积极意义，特别是在东道国由于立法、执法等原因没有能力或不愿行使管辖权时，可以弥补企业社会责任的某些空白。其中，近年来美国法院依据1789年《外国人侵权求偿法令》（Alien Torts Claim Act）作出的有关判例颇受关注。根据该法令，美国联邦法院（包括美国地区法院、上诉法院和最高法院）被赋予对外国人因违反国际法的行为所受损害进行求偿的初审管辖权。② 在2003年的Doe诉Unocal一案中，美国跨国公司Unocal（尤尼科）的分支机构在缅甸乡村铺设管道开采天然气受到当地居民反对，便同意由缅甸军方前来维持治安，Unocal也知悉缅甸军方此前有与开采有关的强迫劳动行为。缅甸军方在整个行动中进行了强迫劳动、强奸、谋杀和酷刑等构成国际罪行的行为，后来一些当地居民根据该法令在美国指控Unocal同谋。美国第九巡回法院在上诉中判决Unocal应对“协助和鼓动”（aiding and abetting）缅甸军方从事强迫劳动等违反现代国际法的行为承担责任。③这一判决，在很大程度上敞开了在美国法院指控跨国公司因同谋违反国际人权法的大门。但是，如美国1789年《外国人侵权求偿法令》那样，可以为国内法院对企业及其子公司在本国境外违反国际法的行为提供管辖权依据的国内法尚属个例。而且，这涉及对跨国公

① See Luis Moreno-Ocampo, Second Assembly of States Parties to the Rome Statute of the International Criminal Court: Report of the Prosecutor of the ICC (2003), p. 4, http: //www. icc-cpi. int/library/organs/otp/030909_ prosecutor_ speech. pdf.

② 28 U. S. C. A. § 1350. 关于该法令的产生背景和历史演变，参见Anne-Marie Burley, The Alien Tort Statute and the Judiciary Act of 1789: A Badge of Honor, American Journal of International Law, Vol. 83, 1989, pp. 461-493.

③ 法院认为，根据国际刑法，“协助和鼓动”的标准是“了解，实际上的协助，或对有关罪行的从事有着实质性影响的鼓励”。See Claudia T. Salazar, Applying International Human Rights Norms in the United States: Holding Multinational Corporations Accountable in the United States for International Human Rights Violations under the Alien Tort Claim Act, Saint John's Journal of Legal Commentary, Vol. 19, No. 1, 2004, pp. 136-138.

司及其海外子公司的行为如何“揭开公司面纱”①、一国国内法院行使域外管辖权的条件和尺度②等复杂问题，因而在实践中还存在较多争议。

在通过国内法机制追究企业违反国际法义务特别是联合国安理会制裁决议的责任方面，澳大利亚等国最近提供了新的实践。前述联合国对伊拉克进行制裁和实施“石油换食品”计划期间，伊拉克违反安理会有关决议，先后要求2200家向其提供人道主义物质的企业通过伊拉克政府控制的账号支付合同金额10%左右的所谓境内运输费和售后服务费，由此获得约18亿美元收入。其中，澳大利亚小麦理事会（AWB）作为伊拉克最大的人道主义物质供应者，提供了上述非法收入的约14%。在澳大利亚科尔（Cole）委员会的相关调查中，尽管AWB辩解称合同安排符合安理会制裁决议的人道主义例外并得到了联合国有关机构的批准，自己也并不了解账号所属公司由伊拉克部分控股、且并未实际提供任何运输服务，但2006年11月出台的调查报告通过对安理会制裁决议的解释，认为AWB在获取澳大利亚外交和贸易部以及联合国的合同审批时负有诚信义务；公司有意识地作出了欺骗的决定，即故意和不诚实地向澳大利亚外交和贸易部以及联合国隐瞒了实际情况与合同安排显著不同的事实。③ 为此，AWB的12名高层主管将在澳大利亚法院面临多个罪名的刑事起诉，印度、美国、法国和新西兰的多家企业也将在本国面临与违反“石油换食品”计划有关的调查和指控。④

当然，在有关国家将相关国际法规则转化为国内法之后，由国内法院对企业的行为行使管辖权，这也许具有更大的可行性。一项对那些将《国际刑事法院规约》纳入国内法律制度的国家的调查表明，这些国家可能对起诉在其境内注册的公司在国外犯下的罪行开启一扇司法大门。联合国秘书长任命的关于人权与跨国公司和其

① 跨国公司内部母公司和子公司之间“公司独立人格”的确认或否定，主要取决于公司间通过股权、人事、合同、技术等多种形式进行控制的程度，但其在实践中的认定极为复杂。相关讨论可参见陈东：《跨国公司治理中的责任承担机制》，厦门大学出版社2003年版，第95页以下。

② 除了美国和近几年来英国的有限案例外，母公司所在国通常以“不方便法院”原则（forum non conveniens）等理由拒绝受理对海外子公司在东道国行为的起诉。See Ilias Bantekas, Corporate Social Responsibility in International Law, Boston University International Law Journal, Vol. 22, No. 2, 2004, p. 310.

③ The Cole Commission of Inquiry, Report of the Inquiry into certain Australian companies in relation to the UN Oil-for-Food Programme, 2006, http://www.oilforfoodinquiry.gov.au, visited Dec. 26, 2006.

④ See Stephen Tully, Australian Inquiry into Corporate Responsibility for Complicity in Efforts to Manipulate Humanitarian Exceptions to Security Council Sanctions Regimes, ASIL Insights, http://www.asil.org/insights/2006/12/insights061220.html, visited Dec. 26, 2006.

他工商企业问题特别代表对此的判断是：有理由相信，依国内刑法对公司在国外犯下的严重侵犯人权行为定罪的可能性正在发生变化。① 还有一些国家进行了或正在酝酿企业社会责任立法并赋予国内法院相应的管辖权。② 在此情形下，国内法院行使管辖权的直接依据是国内法，但背后产生影响的却是国际法。

（三）《跨国公司和其他工商企业在人权方面的责任准则》草案的执行机制

2003 年《跨国公司和其他工商企业在人权方面的责任准则》草案不仅为企业在人权方面的责任作了较为全面的规定，还包含了一套较为详尽、独具特色的执行机制。因此，尽管该草案及其执行机制还不具有法律约束力，仍需加以关注。

根据《准则》规定，作为执行该准则的第一步，每个跨国公司和其他工商企业应通过、传播和执行符合准则的内部业务规则，并应定期汇报及采取其他措施充分执行本准则，还应在与承包商、分包商、供应商、许可证持有者、经销商等订立的合同或达成的其他安排和交易中适用和纳入这些准则（第 15 段）。此外，企业应受到联合国和其他国际和国家机制的定期监督和核查，并且依据《准则》定期评估自身活动对人权的影响（第 16 段）；各国也应确立和加强必要的法律和行政框架，确保跨国公司和其他工商企业执行本准则和其他有关的国家和国际法律（第 17 段）。更重要的是，企业应对由于未能遵从这些准则而遭受不利影响的个人、实体和社区提供“立即、有效和适当的赔偿”，包括对造成的任何损失和夺走的财产给予赔偿、复原、补偿和恢复；而在确定损失方面、在刑事处罚和所有其他方面，应根据国家法和国际法由国家法院和/或国际法庭执行本准则（第 18 段）。上述执行机制融合了从企业内部执行到国家和国际机制监督、核查再到国内、国际司法机构“硬执行”的各个环节，体现了明显的层级性和替进性。当然，这样一个强有力的执行机制，也成为很多企业和一些国家反对使《准则》草案生效的原因之一。

总地来说，上述各种实施和监督机制各有所长也各有不足，只有充分发挥每一种机制的优势，因时、因事、因地“软硬兼施”，才能有效地加强企业社会责任的国际法规制。

---

① See Interim report of the Special Representative of the Secretary-General on the issue of human rights and transnational corporations and other business enterprises, E/CN. 4/2006/97, 22 February 2006, para. 63.

② See Surya Deva, Acting Extraterritorially to Tame Multinational Corporations for Human Rights Violations: Who Should 'Bell the Cat'? Melbourne Journal of International Law, Vol. 5, No. 1, 2004, pp. 38-41.

四、企业社会责任运动与中国和平发展

现代意义上的企业社会责任，对中国来说无疑是一个西方舶来品。事实上，对于仍处于从计划经济体制向市场经济体制转型的中国而言，其基本国情决定了企业社会责任在较长时期内的缺失或不健全：一方面，劳动力的相对富余、资源总量的庞大以及资本的严重缺乏决定了我国现阶段只能走劳动力密集型和资源密集型的发展道路，这必然使拥有资本这一稀缺要素的企业（尤其是跨国企业）处于剥削劳动力、过度开采和不合理利用自然资源的强势地位；① 另一方面，我国市场经济体制和法律制度的不健全以及一些地方政府和部门在片面追求经济增长率的驱动下放松监管，也为企业侵犯人权和劳工权利、从事制假售假、偷税漏税、官商勾结等非法经营提供了可乘之机。② 这样，在我国高经济增长率背后带来了高消耗、高事故发生率、低效率等严峻问题，从由于农民工待遇过低等原因导致广东、江浙等地出现大面积“民工荒”，到2005年11月13日中石油吉林石化公司双苯厂爆炸导致对松花江水的重大环境污染事件，再到注水肉、敌敌畏火腿事件、苏丹红、劣质奶粉等食品安全事件和频频发生的特大矿难事故③，警钟一再敲响，成为我国经济社会发展的“不和谐音”。

根本而言，强化企业社会责任和健全有关法律制度是我国可持续发展战略的重要组成部分，也是我国和平发展的重要助推剂。为此，我国必须高度重视当前全球性企业社会责任运动的发展（包括企业社会责任国际法规范的相应发展）。

首先，在中国经过30年改革开放、已经日益全面地融入全球市场的今天，加

---

① 根据2004年9月国家劳动和社会保障部公布的一项调查，此前12年来，珠三角地区民工月工资仅提高了68元，如果把物价等因素考虑进去，实际是负增长。导致这一状况的根本原因则是劳资力量对比的显著不平等。参见李爱明：《民工荒映射出了什么》，载《中华工商时报》，2005年3月11日。

② 参见仲大军：《当前中国企业的社会责任》，载《中国经济快讯周刊》2002年第38期。

③ 据统计，中国煤炭产量虽然占世界35%，但中国的矿难死亡人数却占世界的80%，中国煤矿百万吨死亡率是美国的100倍、南非的30倍。2004年我国矿难死亡的人数是6027人，平均每生产100万吨煤炭就有3.1个同胞付出生命。武长海：《重大事故频发，考验“企业社会责任”》，资料来源于：
http：//news.xinhuanet.com/comments/2005-11/30/content_3851783.htm，2007年5月14日访问。另据统计，由于缺少安全生产条件等原因，事故和灾难每年使中国损失800亿美元，相当于国内生产总值（GDP）的约6%。《中国离“绿色经济”有多远?》，资料来源于：http：//www.sa8000.org.cn/NewsCenter/1750.html，2007年5月14日访问。

强企业社会责任，重视、适应和应对这一领域国际规则的发展动向，在很大程度上已成为提高我国企业竞争力和参与国际市场竞争的“敲门砖”。随着企业社会责任越来越受到重视，据估计，从1997年到2004年7月，我国先后有8000家企业接受过跨国公司的社会责任审核，或者被要求通过SA8000认证，有的企业因表现良好获得了更多的订单，部分工厂因没有改善诚意而被取消供应商资格。①以牺牲社会责任来降低成本、谋求竞争优势的做法将越来越难以在市场立足。

其次，企业社会责任的核心理念在于以人为本，谋求人与人、人与自然之间的协调发展。倡导和强化企业社会责任，是我国贯彻落实全面、协调、可持续发展的科学发展观的必然选择和具体体现，它有助于推动我国建设和谐社会、减少或消除社会矛盾，从而为中国的和平发展奠定良好的内部基础。国际上在这一领域较为成熟的一些做法包括有关规范、制度的先进经验，正可以成为我国强化企业社会责任的“他山之石”。

再次，在企业社会责任问题上加强国际合作，在企业的内部和外部管理以及法制建设等方面适时地与国际接轨，有利于在国际上树立中国的良好政治、经济形象，为中国的和平发展创造和谐的外部条件。2007年3月以来，少数中国出口企业存在的产品质量和食品安全问题经过国外媒体报道，引发了国际社会的广泛关注，严重损害了中国出口产品的应有形象，也对中国在国际上的声誉造成了不良影响。当前，随着我国企业“走出去”战略取得积极进展、海外投资不断增长②，这些企业在海外的遵纪守法、尊重人权和诚信经营更是成为直接打造我国企业和整个国家形象的“排头兵”。③

可喜的是，在全球企业社会责任运动的背景下，企业社会责任观念正在我国得

① 《企业社会责任及SA8000》，资料来源于：http：//www.sa8000.org.cn/TNC/555.html，2007年5月14日访问。

② 2005年，我国全年对外直接投资（非金融部分）达69亿美元，经核准的境外投资限上项目32个（不含境外注资），中方投资额约108.3亿美元，比上年增长94%。项目分布在19个国家和地区，涉及油气、矿产、林业、农业、电子、机械、化工、通讯、基础设施等领域。参见国家发展和改革委员会：《2006年中国国民经济和社会发展报告》，资料来源于：http：//www.ndrc.gov.cn/fzbps/W020060725382842057522.pdf，2007年7月17日访问。

③ 我国少数企业在非洲等地某些违反企业社会责任的做法，为西方关于中国推行“新殖民主义”的论调提供了一定市场。英国《金融时报》2006年9月28日刊登文章称，中国在赞比亚的投资者被指责让工资微薄且劳动保护装备不良的赞比亚人从事铜矿开采等危险工作，如让工人在未穿防护服或防护鞋的情况下就下井作业。2006年6月，赞比亚当局关闭了位于该国南部的一家中资铜矿工厂。最近赞比亚大选中反对党候选人迈克尔·萨塔也指责中国投资者付给当地工人的工资偏低，忽视工人的安全，并宣布要将赞比亚外资铜矿的比例限制在51%之内。《非洲人对中国心态复杂》，载《参考消息》，2006年10月3日第8版。

到传播。除了耐克、沃尔玛、家乐福、麦当劳等跨国公司为了履行各种企业社会责任守则，纷纷要求其产品供应链中的中国外向型企业也遵守有关守则外，一些非政府组织、企业集团、高等学校、研究机构甚至政府部门开始在中国发起成立企业社会责任的研究、协调机构，并频频举办论坛、培训班来宣传企业社会责任的理念，探索制定符合我国实际需要的企业社会责任标准。这些活动都受到媒体和社会的广泛关注。① 同时，很多企业表现出了越来越强的社会责任意识，并通过发表企业社会责任报告等方式表达对推进企业社会责任的承诺。② 目前，中石油、宝钢、海尔、中国光彩事业促进会等72家中国企业和组织参加了“全球契约”。③

更为令人瞩目的是，我国法律也开始对企业社会责任作出明确规定。2005年10月27日第十届全国人民代表大会常务委员会第十八次会议修订的《中华人民共和国公司法》第5条规定：“公司从事经营活动，必须遵守法律、行政法规，遵守社会公德、商业道德，诚实守信，接受政府和社会公众的监督，承担社会责任。”这是我国法律第一次明确提出企业社会责任的概念，是我国立法理念的一次重要转变。

必须看到，中国作为世界上最大的发展中国家、重要的资本吸收国和潜在的资本输出国，已经成为全球资本和产业链中的重要一环，也不可避免地要受到全球企业社会责任运动的影响。在今后一段时期，我国必须注意：

第一，跟踪研究全球企业社会责任运动的发展动向和潜在影响，积极参与国际社会有关责任标准的制定和实施。在国际法层面上，既要重视非政府组织和政府间国际组织有关“软法”标准的重要作用，又要注意到随着2003年《跨国公司和其他工商企业在人权方面的责任准则》草案的制定，有约束力的国际法律规则在调控企业社会责任方面作用可能加强的趋势。特别是由于国际标准化组织正在开展的

① 例如，2005年12月17—18日，由国务院国有资产监督管理委员会和中国企业改革与发展研究会发起主办的“中国企业社会责任联盟成立大会暨2005年中国企业社会责任论坛”在北京人民大会堂隆重举行，会议对我国第一部综合性的《中国企业社会责任标准草案》进行了研讨，通过并发表了《中国企业社会责任北京宣言》。http：//www.cerds.org/csr/article.asp?id=156，2007年9月5日访问。

② 例如，2006年3月10日，国家电网公司发布了《国家电网公司2005社会责任报告》，这是我国企业发布的第一份企业社会责任报告。中国石油天然气集团公司为了防止和减少生产经营活动对环境的不利影响，也于2006年7月下发了《中国石油天然气集团公司环境保护管理规定》，要求所属企事业单位严格遵守所在国家和地区的环境保护法律法规，履行社会责任，建设环境友好型企业。

③ 中国企业联合会全球契约推进办公室，全球契约网络会议通讯（2006年9月28日），http：//gcp.cec-ceda.org.cn/files/info_191.html，2007年11月12日访问。

企业社会责任标准化立法将对下一阶段全球企业社会责任运动产生重要影响，对此也应予以高度关注。

第二，妥善处理好企业社会责任与我国现行法律法规的关系，有效发挥国内法律、法规和政策在加强我国企业社会责任中的基础性、引导性作用。一方面，企业承担社会责任要以我国的相关法律条款（包括前述《公司法》以及《劳动法》、《生产安全法》、《社会保障法》等相关的法律规定）为基础，通过对相关法律法规的进一步完善特别是强化具体和可操作的制度规定，对违反法律的行为作出具体的惩戒规定，同时加大执法力度，做到有法必依、违法必究，真正落实以人为本的科学发展观和构建和谐社会。另一方面，还应当从政府、行业以及非政府组织等不同层面探索和推进企业社会责任的“本土化”，制定适合中国现阶段国情和需要的社会责任标准。①

第三，引导和约束中国企业在进行境外投资时，应坚持互利共赢，严格地遵守所在国的法律法规和商业习惯，积极承担社会责任，促进东道国经济和社会的协调发展，从税收、就业、合理利用资源和保护环境等方面为其带来实际利益。以实际行动消除某些西方国家对中国海外投资的“中国威胁论”“资源掠夺论”等谬论。为了规范我国企业的境外投资活动，有必要在正在起草的《境外投资管理条例》中写入社会责任条款。

当然，不能不看到，企业社会责任无论是作为企业内部还是外部产生的一种标准体系，它在很大程度上会受到一定经济社会发展水平的制约。超越社会发展阶段抽象、片面地追求企业社会责任，甚至不切实际地设定关于企业社会责任的国际标准，只能产生矫枉过正的后果。而且，尽管企业社会责任所蕴涵的价值理念有着很大程度的普适性，但实践也证明，在国际关系中，维护人权、保护劳工权利等正当

① 2007 年 5 月 9 日，中共深圳市委、深圳市人民政府正式颁发《关于进一步推进企业履行社会责任的意见》，在全国率先建立了推进企业履行社会责任的制度框架。2007 年 7 月，由民间力量制定的国内第一部企业社会责任标准体系——《HM3000 中国企业社会责任标准体系》（HM3000）正式发布。2007 年 6 月，北京民营科技实业家协会牵头起草了我国第一个关于民营科技企业社会责任标准——《北京民营科技企业社会责任行为标准（草案）》。此前，中国纺织工业协会于 2005 年 6 月制定并发布了国内制造业首个行业自律性的“中国纺织企业社会责任管理体系（CSC9000T）”。这些无疑都是有益的尝试。另据报道，经国务院批准，商务部正会同其他 7 个部委，以法规形式制定中国企业的社会责任标准并有望近期出台。

目标可能会基于政治、外交、贸易等原因受到一些国家特别是大国的滥用。①这里，不妨回顾一下，国际劳工组织1998年通过的《关于工作的基本原则和权利的宣言》强调“不得将劳工标准用于贸易保护主义之目的，并且本《宣言》及其后续措施中的任何内容不得被援引或被以其他方式用于此种目的；此外，无论如何不得因本《宣言》及其后续措施而对任何国家的比较优势提出异议”。② 因此，尽管企业社会责任可以成为促进社会发展的有效手段，但它本身既不是一种抽象的终极目的，也不应被当作包治百病的灵丹妙药而盲目崇拜。

总之，我国应当以积极面对和辩证分析的基本态度，本着“趋利避害、为我所用”的方针，通过国内法和国际对话与合作吸收、确立适当的企业社会责任标准并加以有效实施，使之成为我国和平发展的动力而不是阻力。

五、结　语

正如安南秘书长在谈到企业的社会责任时所指出的那样，“全球责任与全球权力相伴而来”。③ 企业（特别是大型跨国公司）在当前经济全球化进程中所获取的巨额财富及其巨大的全球影响力，必然要求其对经营活动中的所有利益相关者承担社会责任。作为对传统国际法和国内法机制不足的一种补充，加强企业社会责任的国际法调整，体现了现实社会关系的深刻变化对法律制度特别是国际法发展的推动和影响。在此过程中，国际法和国内法、公法和私法之间的调整对象和界限日益趋于模糊。这也表明：随着国际关系的复杂化，国际法律秩序的参与者及规范层次日益多样化。

以改革、开放、和平发展姿态出现在国际舞台的中国，不可避免地将要面临企业社会责任问题在政治、经济、外交等领域带来的机遇和挑战。应当认识到，企业

① 例如，2004年3月16日美国劳工联盟及产业工会联合会（AFL-CIO）援引《美国1974年贸易法》的301和302条款对中国提起长篇申诉。AFL-CIO在诉状中宣称中国压制劳工权利，人为压低工资，为制造企业节约了10% ~70%的成本。所节约的成本反过来推动了中国制造业的商品出口，导致美国约727 000人失业。美国国际经济协会《世界经济政策简讯》2004年9月文章：《美中贸易磨擦与人民币重估（中）》，http：//www. drcnet. com. cn/DRCnet. common. web/docview. aspx? docid = -140260&leafid = 3008&Chnid = 1003，2006年3月7日访问。

② See ILO, Declaration on Fundamental Principles and Rights at Work (1998), http：// www. ilo. org/dyn/declaris/DECLARATIONWEB. static _ jump? var _ language = EN&var _ pagename = DECLARATIONTEXT, visited Sept. 24, 2005.

③ Kofi Annan, Defining New Cooperation in the Humanitarian Agenda, http：//www. bhforumz. ch/default. aspx? frame = /partnership/annan_011199. htm, visited July 28, 2006.

社会责任的核心理念或者说价值追求在于建设以人为本的和谐社会，因此，有必要通过国际法在内的各种途径，在我国推动企业经济责任和社会责任的良性互动，为我国在21世纪的和平发展作出应有的贡献。

A Study of Corporate Social Responsibility in International Law

HUANG Zhixiong

Abstract The concept of corporate social responsibility, which dates back to the early 20th century, has raised great concerns worldwide. This paper, after briefly tracing the origin and development of corporate social responsibility, focuses on its normative sources and main contents from the perspective of international law, including the various new trends with respect to the legalization of corporate social responsibility in international law. The paper also discusses the influence of corporate social responsibility on China's peaceful development as well as China's countermeasures.

Key words international law; corporate social responsibility; peaceful development

国际法治视野中的人权与主权*

□ 何志鹏**

内容摘要 在理想上，人权可视为法律语境下人类福利的表达；主权则可视为国际社会中在一国领域内实现人类福利的方式。然而，实际情况是人权一直与资源、文化相联结，有时可能基于政治目的而被滥用，而非实现人类利益。类似地，主权会衍化成少数人的权利，而非理想中的服务、引领和代表领域内的人民。因而，有必要在实体和程序层面上建立规范以保障人权在跨文化层次上受到尊重和保护，所有国家都在这一领域善意承认、遵守国际法律规范，以建立起有效的在全球范围内保护人权的机制。为此目的，有必要避免将人权仅视为政治工具的争论、威胁和冲突。

关键词 主权 人权 全球化 国际关系 国际法治

目　　次

* 本文系教育部人文社会科学规划项目“和谐世界与国际法治”的阶段性成果之一。感谢黄志雄博士和《武大国际法评论》编辑部及审稿人员对于本文的前几稿在方法、逻辑和内容上提出的富有建设意义的意见和建议。

** 吉林大学法学院副教授，吉林大学理论法学研究中心研究人员，法学博士。

由全球的、区域的人权体制所构成的国际人权规范与机制，由西方民主法治思想传播而形成的全球性人权意识，由世界人权思想制度交融所产生的全球人权文化在有机结合与互动的过程中塑造了人权全球化的趋势。人权全球化进程的推进与拓展给国际政治和国际法带来了很多新的课题，人权与主权关系的探究与争论是其中引人瞩目的焦点。① 人权高于主权或是主权高于人权，人权是否给主权带来了侵蚀和挑战，主权在人权面前的地位如何，已经成为一个富有深刻政治内涵、具有理论

① 对这一问题的争论至少可追溯到20世纪60年代。劳特派特就曾讨论过这一问题：H. Lauterpacht, International Law and Human Rights, Archon Books, 1968; Hersch Lauterpacht, State Sovereignty and Human Rights, in International Law: Collected Papers of Hersch Lauterpacht, Vol. 3, ed. By Elihu Lauterpacht, Cambridge University Press, 1977, p. 420；以后的国际政治、国际法学者也多有专著和论文分析这一问题，如 David P. Forsythe, Human Rights and World Politics, 2nd ed., University of Nebraksa Press, 1989, Chapter 5; W. Michael Reisman, Sovereignty and Human Rights in Contemporary International Law, American Journal of International Law, vol. 84, No. 4, pp. 866-876; Allan Rosas, State Sovereignty and Human Rights: Towards a Global Constitutional Project, Political Studies, Vol. 43, No. 1, 1995, pp. 61-78; Karima Bennoune, ‘Sovereignty vs. Suffering? Re-Examining Sovereignty and Human Rights through the Lens of Iraq, European Journal of International Law, Vol. 13, No. 1, 2002, pp. 243-262. 美国国际法学者 Richard Falk 在其著作 Human Rights Horizons: The Pursuit of Justice in a Globalizing World (London: Routledge, 2000) 中主张，为了全球安全应当落实人权的实施；应当确立人权文化并实现全球正义成为相互交织并互相促进的目标。国际社会现已进而形成了一种人道治理的框架（第10页）。从柏拉图到罗尔斯的阐述，对于正义的追求被现代国家的国家逻辑以及对于市场力量的行为所阻碍，导致了在国家发挥功能的过程中出现了“人祸”（human wrongs）。尽管如此，全球视野中正在起作用的促动因素仍然导致了人权令人惊异地日渐成为主要政治行为者确立全球议程过程中的显著问题（第35页）。

与实践双重意义的问题。① 究竟如何认识人权与主权的关系，从一国的角度，牵涉着该国如何处理国际人权公约和国内立法与实践的关系，决定着该国在国际人权问题上的外交立场与态度，左右着该国履行国际人权义务，加入人权监督和司法机制的立场；从国际社会的角度，在一定程度上投射到国际关系各行为者之间合作或对抗的格局，推进或者阻碍着国际社会组织化的进程。所以，对这一问题的认识具有重要的现实意义。由此，认真分析人权、主权这两个核心概念的内涵与特征，反思传统的认识模式，并进一步站在国际法治的立场上对二者的关系进行深入的探究，不仅有利于理论上的梳理与建构，而且对于促进国际人权法律体制的健康发展有着重要的意义。

一、人权与主权的理论纷争与实践对立

主权在法学、经济学、政治学领域中均具有重要意义。笼统地说，主权是指一个国家在其固定区域内所拥有的最高权力。根据这一权力，主权者在国家之内可以进行合法的统治，以立法、行政、司法、军事、经济、文化等手段，通过颁布法律、废除法律、决定国家组织原则、决定政权组织原则、决定经济体制、统率军队等对国内事务作出最终处理，此上再无更高的权威；在国家之外，主权者则可以独立、平等地参与国际事务，比如独立地决定自己的外交方针政策，不允许其他国家或其他实体干涉一个主权国家在这些领域中的自主活动；② 一般简单将国家主权的

① Jack Donnelly, State Sovereignty and Human Rights, available at http://mysite.du.edu/~jdonnell/papers.htm, visited March 1, 2008；刘杰：《人权与国际主权》，上海人民出版社 2004 年版，第 92～122 页。

② 有的学者提出，主权并不仅仅是指国家主权，国家主权仅仅是主权主体性的表现形式之一，在历史上还有教皇主权、君主主权、人民主权，现在还有种族主权、民族主权、社群主权的主张（黄仁伟、刘杰：《国家主权新论》，时事出版社 2004 年版，第 2 页）；很多西方学者推崇“个人主权”的观点，如 James M. Buchanan, Federalism and Individual Sovereignty, Cato Journal, Vol. 15, Nos. 2-3；Siegfried Van Duffel, Natural Rights and Individual Sovereignty, Journal of Political Philosophy, vol. 12, No. 2, 2004, pp. 147-162；联合国前秘书长安南也提过个人主权的概念，Kofi Annan, Balance State Sovereignty with Individual Sovereignty, speech on 20 September 1999 before the U. N. General Assembly appeared in the Autumn 1999 Toward Democratic World Federation；E.-U. Petersmann, State Sovereignty, Popular Sovereignty and Individual Sovereignty: From Constitutional Nationalism to Multilevel Constitutionalism in International Economic Law? EUI Working Paper, Law, 2006. 由于主权一词在传统上指国家的权利和权力，虽然很多学者主张个人也有主权，但这种主权显然是不充分的；作为最高决定权，如果仅仅针对个体自身，则毫无意义。所以在本文的范围内，主权仅仅指国家主权。

这两个方面称为“对内最高、对外独立”。①

人权同样是政治学、法学中的核心概念。简单地概括，人权追求的是民生幸福。人权事务超越国家范围、进入国际社会后，就会与主权概念相碰撞。② 主权与人权关系的焦点就是事实上或者价值上二者之中哪一个更主要、更基本、更优先的问题。在这一争论中，虽然也有折中的观点③，但总体上人权与主权的拥护者双方针锋相对，各执一词。

其中，一些学者基于人权普遍主义的理念，主张人权高于主权。其理论脉络是：人权是人的普遍权利，超越国界，是国际法的基石，国际社会有权利和义务去看护世界人民的人权，使各国人权不受侵害是所有国家责无旁贷的事。④ 与此相适应，一些学者提出了“国家主权过时”、“人权高于主权”的理论，认为在现代的国际社会，由于经济因素、技术因素的跨国发展，国家安全在国际上陷入了困境，

① 参见《中国大百科全书·法学》，中国大百科全书出版社 1984 年版，第 814 ~ 816 页；《中国大百科全书·法学（修订版）》，中国大百科全书出版社 2006 年版，第 718 ~ 719 页；梁西主编：《国际法》（修订第二版），武汉大学出版社 2003 年版，第 46 ~ 47 页；Oxford Paperback Encyclopedia, Oxford University Press, 1998, p. 1259; Bryan A. Garner, et al, ed., Black's Law Dictionary, 8th ed., West Group, 2004, p. 1430；“主权”也是一个在很多时候被用滥了的字眼，［美］路易斯·亨金：《国际法：政治与价值》，张乃根等译，中国政法大学出版社 2005 年版，第 10 页；主权最基本的意义是国家在其领土之内的不受其他国家干预的合法控制，在该领土内的统治和适用法律，［德］沃尔夫冈·格拉夫·魏智通主编：《国际法》，吴越、毛晓飞译，法律出版社 2002 年版，第 29 ~ 30 页。

② 参见杨泽伟：《国际法析论》（第二版），中国人民大学出版社 2007 年版，第 203 ~ 210 页。

③ 比如，有的学者提出，人权与主权主体不同、内容不同、产生的时间不同、属性不同、涉及的因素不同、领域不同，人权对主权形成挑战，人权的落实受到主权的制约；应充分重视人权与主权关系的复杂性（鄂焕成、许剑：《论人权与主权关系的多重性》，载《攀登》2001 年第 4 期，第 90 ~ 92 页）。有的学者则主张主权与人权的关系应定位于二者是公民权利基础之上的内在统一（张力：《谈国家主权与国际人权保护——以公民权利为视角》，载《山西经济管理干部学院学报》2006 年第 1 期，第 58 ~ 61 页）；还有学者提出，主权与人权是紧密相连的两大政治权利，两权并重，应同时充实和完善，不可偏废；两权相辅相成，既相互依托又相互制约（梁守德：《冷战后国际政治中人权与主权的关系》，载《国际问题研究》2001 年第 2 期，第 4 ~ 9 页）。

④ 特别值得注意的是 2001 年 12 月“干预与国家主权委员会”发布了《保护的责任》的研究报告，报告提出，一个国家有责任保护本国国民免受可以避免的灾难（大规模屠杀、强奸和饥饿）。如果这个国家没有能力或者不愿意履行它的这种责任，那么国际社会就应当对此进行干预，从而代替这个国家履行这种保护的责任。参见李斌：《〈保护的责任〉对“不干涉内政原则”的影响》，载《法律科学》2007 年第 3 期，第 131 ~ 139 页。

生态危机的逼近使各国的主权更加显得碍事；国家主权不仅业已陈腐，而且趋于反动；① 在国家之间的交往日趋增多的情况下，主权观念已经成为束缚人的个性、民主和人权发展的桎梏，成了统治、压迫的工具乃至战争的根源；随着经济全球化的发展，各国人员交流的增多，人们对国家主权的认同将逐渐淡化，转而会被“全球价值观”、“全球意识”所取代；现行的以国家主权为依据的国际关系原则、乃至以国家和国家主权为基础的联合国和《联合国宪章》也越来越不符合时代发展的要求，应该逐渐被按照全球价值观形成的“全球公民社会”机制所取代。② 人权给国际法带来了新的变化，国家主权的含义随之改变，主权应受到人权国际保护原则的限制，否则国家就没有存在的必要。③ 与此相适应，以美国为首的西方国家也采取诸如对外国进行军事干涉和人权评价等各种强硬手段，使全世界服从于一个统一的人权体系。④

与之针锋相对，另一派学者主张“国家主权基石论”和“人权相对论”。基于国际法上的国家主权，以及由此引申出的不干涉内政原则，认为人权归根结底是一国主权范围内的事务，国家对于本国的人权体制、人权保护水平有着排他的、最终的决定权，其他国家不能加以干预。⑤ 任何干涉行为如果不能得到国际社会的普遍赞许，就是无理的侵犯。⑥ 他们认为，尽管在全球化的时代国家以及主权的事实有所变化，但是国家主权仍然是国际关系的基石，不容动摇；“人权”是一个发展的概念、相对的概念，世界上没有绝对的“人权”标准，而且维护人权的手段与方

---

① See Joseph Camilleri & Jim Falk, The End of Sovereignty? The Politics of a Shrinking and Fragmenting World, Edward Elgar, 1992.

② 殷雄：《译者的话》，载［美］理查德·N. 哈斯：《新干涉主义》，殷雄、徐静译，新华出版社 2000 年版，第 5 ~ 6 页。另外很多西方学者还为此进行过旷日持久的学术争论，参见陈安：《美国 1994 年的“主权大辩论”及其后续影响》，载《中国社会科学》2001 年第 5 期，第 146 ~ 152 页。

③ 王可菊：《当代西方学者关于人权与主权的观点》，载《外国法译评》1997 年第 3 期，第 77 ~ 88 页。

④ 参见张爱宁：《国际人权法专论》，法律出版社 2006 年版，第 91 ~ 92 页。

⑤ 参见魏敏：《人权的国际保护与不干涉内政》，载《人民日报》，1991 年 4 月 26 日第 5 版；杨泽伟：《国际法析论》（第二版），中国人民大学出版社 2007 年版，第 210 ~ 212 页。

⑥ 参见张爱宁：《国际人权法专论》，法律出版社 2006 年版，第 99 ~ 108 页。

式各不相同。① 很多东方国家极力反对某些大国的“人道干涉”和“人权外交”,② 并认为这些国家讲的人权只是维护该国少数人的人权，说穿了是某国人做主的权。③

这样，具体到每个问题究竟如何解决，国际社会总是七嘴八舌，难以形成一致意见。④ 各国基于其地域文明的差异采取了不同的人权政策，从文明冲突的视角看，这种观念与制度上的差异有可能会引起很大的世界局势的波动。所以，接下来的问题是：相对立的观点中何种更正确？究竟应当如何看待和处理二者的关系？以规范的视角观之，由于国际法体系本身是各国反复争论和妥协的产物，其体系本来就庞杂而充满矛盾，所以在这套体系中拣选一些规则来试图说服对方难免徒劳无功。以实践的视角观之，这两种观点都获得了一定的政治力量的支持，而且在国际事务中均有所体现,⑤ 而国际事务的实践是各有各的特殊背景、特别之处，没有任何事例具有普遍说服力；更何况对同一事件从不同的侧面观察也会得出不同的结论。要想真正理清人权与主权二者的关系，必须透过现有的理论涟漪，摆脱平面讨

① 殷雄：《译者的话》，载［美］理查德·N. 哈斯：《新干涉主义》，殷雄、徐静译，新华出版社 2000 年版，第 16 页。

② 参见刘杰：《略论坚持国家主权原则——“新干涉主义”思潮本质批判》，载《毛泽东邓小平理论研究》2000 年第 5 期，第 33 ~ 37 页；杨泽伟：《论人权国际保护与国家主权》，载《法律科学》2003 年第 6 期，第 95 ~ 104 页。

③ 中国的大量学者都持这样的观点，类似的著作与文章如张旭：《论引渡中的主权与人权》，载《法制与社会发展》1997 年第 6 期，第 39 ~ 43 页；梁守德：《冷战后国际政治中人权与主权的关系》，载《国际问题研究》2001 年第 2 期，第 4 ~ 9 页；刘文宗：《主权原则是不可动摇的》，载《人民日报》，2000 年 2 月 4 日第 6 版；刘文宗：《论国际法中的人权与主权——驳“人权高于主权”谬论》；载《外交学院学报》1999 年，第 3 期，第 38 ~ 43 页；刘振洪：《国际关系理论中的主权与人权问题》，载《阴山学刊》1999 年第 3 期，第 51 ~ 59 页；成帅华：《国家主权与国际人权的若干问题》，载《欧洲》2000 年第 1 期，第 31 ~ 38 页；王虎华：《论国家主权与国际人权的辩证关系》，载《华东政法学院学报》2002 年第 5 期，第 16 ~ 25 页；王虎华：《论国家主权与人权》，载《法学》1999 年第 6 期，第 52 ~ 53 页；崔之元：《民族自决权、国家主权与人权》，载《战略与管理》1999 年第 4 期，第 107 ~ 109 页；王智娟、潘志平：《民族自决权、人权与主权》，载《新疆师范大学学报》2001 年第 1 期，第 6 ~ 9 页；罗静：《从权利原理看主权与人权》，载《湖南大学学报》2000 年第 4 期，第 138 ~ 141 页；王叔良：《略论国家主权与人权的关系》，载《政治与法律》1995 年第 5 期，第 51 ~ 54 页；徐恕：《国际社会、国内社会、人权与主权》，载《世界经济与政治》2001 年第 8 期，第 78 ~ 80 页。

④ 参见［日］大沼保昭：《人权、国家与文明》，王志安译，三联书店 2003 年版，第75 ~ 134 页。

⑤ 关于这一争论的背景及影响，参见罗艳华：《国际关系中的主权与人权——对两者关系的多维透视》，北京大学出版社 2005 年版。

论，挖掘到深处、追溯到源头，找到一个所有争论者都能接受的坚实起点。

二、国家间政治：人权—主权关系论争的基本理论模式

应当看到，无论是人权高于主权的观点，还是主权高于人权的主张，在某些情况之下，均有其正确合理之处，同时，将任何一面的观点绝对化又都存在着缺陷和问题。如果跳出这两种观点各自的立场，从方法的角度进行反思，可以看出：争论人权高于主权还是主权高于人权，本身就是传统的国际关系理论的投射。

（一）现实主义的理论模式

国际关系中的现实主义来源于修昔底德、马基雅维利和霍布斯的思想,① 将国际社会看作是无政府社会，国家之间的关系如同丛林状态中个人之间的关系，既有充分的自由，又有相当的危险。所以，国家间相互提防、相互竞争，靠实力而获得安全、赢得利益，偶尔的合作也是为了自身的利益；国家以其努力争取权力，使权力最大化。即每个国家都假设他国是与本国争夺资源和利益的主体，国家之间互相争斗，零和博弈。② 由是观之，坚持主权高于人权其实是现实主义思路的产物。因为人权问题被国家视为在国家间关系中需要争取的权力之一，根据国际政治是“以权力界定的利益”的观点，主权者会尽力将国内人权这种权力保留在自己的手里，因而在国家之内按照其自身意愿和所处情况去保护人权；在国际社会独立自主地采取行动，与其他国家谨慎提防地交往。这种思路以国家原子主义③为基础，认为主权者为了保持自己的权力，可以在国内和国际领域中采取任何手段；主权是一道坚不可摧的屏障，决不允许在国际关系中以人权为理由对本国的事务进行干预。任何此类的干预都会被视为对本国内政的侵蚀，进而是对国家利益的损害。这些国家列举最多的证据就是当一个国家沦为殖民地或者被外国入侵时，本国人的基本权

---

① See, e. g., Beate Jahn, ed., Classical Theory in International Relations, Cambridge University Press, 2006, pp. 27-51.

② 现实主义的主要代表人物是摩根索（Hans Morgenthau）、沃尔兹（Kenneth Waltz）等；具体还可以分为古典现实主义、新现实主义、进攻性现实主义、防御性现实主义、新古典现实主义等。其共同点是认为世界是无政府状态的，认为国家利益是至高无上的，认为国际社会中的国家和社会中的个人一样，是单一的行为体，国家使用胁迫、包括武力手段取得利益，以势力均衡或者实力支配来求取稳定的状态。参见［美］卡伦·明斯特：《国际关系精要》，潘忠岐译，上海人民出版社 2007 年版，第 101～135 页。

③ 国家原子主义的说法，源于蔡拓：《全球主义与国家主义》，载《中国社会科学》2000 年第 3 期，第 16～27 页。

利根本无法保障的例子。

这种观点确实看到了当前国际政治中的一些真实情况，比如有些国家以人权为借口，向其他国家进行政治思想渗透、经济控制；其短处则是忽视国家之间越来越深的相互依赖的现实，对国际合作中的双赢可能考虑不足；从效果上看会加剧国家原子主义，更有可能成为国家不真诚、善意保护人权的借口。

（二）理想主义的理论模式

国际关系中的理想主义①上承康德的“永久和平”设想和约翰·密尔的自由理论，② 考虑的是“应然”问题，也就是世界应该是什么样子。它设想着用道德和舆论去导引和约束世界各国，使各国融入国际体制之中，形成一种良好的国际秩序。③ 在人权与主权的关系上认定人权高于主权就是这种思想的表现。人权是国内宪政体系中的最高价值之一，从国家体制的角度讲，政府之所以能够统治国家地域内的人、物和事，其正当性与合法性的来源应当是人民的授权和赞许。这也就是政治学领域内社会契约理论的目的所在。从政治伦理上看，主权的存在必然也必须为人权服务；从国际体系上看，人权作为一种道德的标尺，要求所有的国家予以承认和保护也并非错误。

虽然理想主义的初衷高尚美好，它期待着国际社会走向宪政化，以基本人权为

---

① 理想主义最初指盛行于一战以后的20世纪20、30年代，以美国第28任总统伍德罗·威尔逊为代表的以“理性、个人自由、公众舆论和社会开放”等自由主义观点为基础的国际关系思想（后被称为“乌托邦主义”，utopianism）。这一思想“在20世纪20年代成为英美国际政治新学科的规范性力量”。

② Beate Jahn, Classical Smoke, Classical Mirror: Kant and Mill in Liberal International Relations Theory, in Beate Jahn, ed., Classical Theory in International Relations, Cambridge University Press, 2006, pp. 178-203.

③ 参见秦亚青主编：《理性与国际合作：自由主义国际关系理论研究》，世界知识出版社2008年版，前言，第13～19页。

核心构建一个美好的世界。① 但由于脱离现实，故无法实现。理想主义国际关系理论在实践中际遇不佳，没有任何力量约束的国家间关系不会遵从、重视崇高的道德指向和国际社会的舆论导向。② 因此，人权高于主权的理想与国际关系无政府现状和大国强权政治的现实无法正确地对接。这就导致在人权与主权的关系上出现不良表现，即一方面这种观点解释不了一些国家国内人权状况不佳国际社会难于处理的情况，另一方面也不能说明为何有些大国以人权为借口，无理干涉他国事务；或者以人权作为军事行动、政治孤立和经济制裁的工具。其结果是不仅人权水平没有提高，而且国际秩序遭到冲击，国际法遭到破坏，霸权主义的阴影时时显现。

（三）两种理论模式的缺陷

故而，现实主义的主权高于人权的观念直接说明了国家间政治的内涵，是国家在无政府世界中追求自身稳定与安全的一种表现，但后果是复制和强化国家间对立的情况，不利于国际秩序的改进；理想主义的人权高于主权的论调很容易流于幻想和空想，在国家之间的政治格局中无法得以完好实现，一些国家以这种理论为基础而采取的行动不仅效果堪忧，而且动机也可疑，最终仍然服务于国家为了争取权利而斗争的国家间政治的格局。在实践中强调主权高于人权，会加剧国家在国际社会的原子化，导致国际社会对其他国家的种族迫害和种族隔离等行为不能批评、制裁，不能采取任何有力措施，只能袖手旁观，这对于世界的发展是很不利的；而过分强调人权，就会忽视人权是文明的产物，源于其本身的政治制度、文化传统和价

---

① 国际法学者彼德斯曼教授算是国际法体制宪政化的一位代表人物。他的很多著作都分析了国际经济体制（如 WTO）乃至整个国际法体制（如联合国）尊重人权、保护人权，以正当程序建构宪政世界法律体系的可能。如 C. Joerges & E. -U. Petersmann, ed., Constitutionalism, Multilevel Trade Governance and Social Regulation, Hart Publishers, 2006; E. -U. Petersmann, Why Rational Choice Theory Requires a Multilevel Constitutional Approach to International Economic Law - The Case for Reforming the WTO's Enforcement Mechanism, Illinois Law Review, Vol. 102, No. 1, 2008, pp. 359-382; E. -U. Petersmann, Human Rights, Markets and Economic Welfare: Constitutional Functions of the Emerging UN Human Rights Constitution, in International Trade and Human Rights, ed. by F. M. Abbott, C. Breining-Kaufmann, and T. Cottier, University of Michigan Press, 2006, pp. 29-67; E. -U. Petersmann, Human Rights, Constitutionalism and the WTO: Challenges for WTO Jurisprudence and Civil Society, Leiden Journal of International Law, Vol. 19, No. 3, 2006, pp. 633-667.

② 1939 年即已经出现了对理想主义的批判。参见爱德华·卡尔：《20 年危机（1919—1939）：国际关系研究导论》，秦亚青译，世界知识出版社 2005 年版，第 3～5 章。

值观念，导致对内政的不当干涉，最终加剧了国家间政治矛盾的事实。① 所以，理论虽然不同，却都将主权与人权对立起来，没有走出传统国际关系的藩篱。

三、国际法治：对传统方法的扬弃

（一）走出现实主义与理想主义

现实主义国际关系思想试图采用一系列理论工具或模型来解释和说明现存社会中的国家间关系，特别是通过对国际关系史的解读和分析来总结出一些影响国际关系格局的关键因素。这种理论在大多数时候都是一种对已经发生的情况的阐发，而难以对未来发展的状况进行预测。在这方面，无论是实力均衡学说，还是基于系统论而确立的结构现实主义国际关系理论，② 都无法提供国际社会的未来图景。特别值得一提的是，在冷战结束之后，国际关系发生了重大的变化，现实主义的很多预设都不复存在，这种变革使得很多现实主义者手足无措。③ 与之相对应的理想主义虽然提出了一系列符合政治伦理的原则，却没有说明应当如何追寻这些原则，如何去确立国际关系的秩序，更没有指明如何结合现实去构架应然，所以，理想主义的理想仍是空中楼阁。

与此同时，现实主义和理想主义都显得相对被动。前者注重一种实然状态的归纳和描述，后者则侧重于对应然状态的设计和构划，二者之间既缺乏有效的沟通，也没有认真考虑人作为社会主体的积极能动性。而实际情况是，人类在一个给定的条件下生存和发展，却不甘于仅仅服从于这些条件；在很多时候，人们会考虑自己动手，改变条件、创造条件，按照自己的理想去塑造环境。人类依靠其认识能力、思考能力、行动能力改变着世界，也改变着自身。人类的特点是在必然灭亡的命运中追求不朽，在不断变化的时空中寻找永恒。不认识到这一点，就无法解释人类的发展史；不认识到这一点，在理解人类及其生存的世界的过程中，就会导致片面、甚至错误的结论。

在国际关系的现实主义与理想主义并立、两极分化的理论环境中，笔者认为应

① 徐卫东、申政武、郑成良：《论人权的意识形态标准与法律标准》，载《中国法学》1992 年第 1 期，第 21 ~ 25 页。

② ［美］肯尼思·华尔兹：《国际政治理论》，信强译，上海人民出版社 2006 年版，第 106 ~ 171 页。

③ 苏长和、信强：《一种国际政治的理论》，载［美］华尔兹：《国际政治理论》上海人民出版社 2006 年版，苏长和、信强译，序言，第 11 页。

当确立一种新的思维模式，即既清楚地认识现实、又坚定地设定价值，通过价值目标去分析现实、评价现实、指引现实、改革现实，从而将理想与现实结合起来的路径。因为现实不是一成不变的，随着社会的发展，随着不同因素的作用，现实会朝着不同方向转变；理想不是现实，将理想与现实相混淆是错误的，甚至有害的。但这并不意味着理想是无意义的，更不意味着理想不能指引现实。

（二）批判现实主义

为了体现人的信念、思想与行动的力量，可以用批判现实主义的研究与思考范式来审视和对待国际关系问题。批判现实主义这一概念，初见于文学领域，特指19世纪在欧洲形成的一种文艺思潮和创作方法。其特征是具有锋利的唯理主义和批判精神，揭露封建制度和资本主义社会的罪恶现象，描写贵族阶级的必然崩溃和资产阶级的兴起、没落的过程，并且对劳动人民的悲惨遭遇充满了同情。作为一种文艺创作模式，批判现实主义现在已经被种种现代和后现代的方法、模式所淹没，但是它却在其他的领域悄然升起。

在哲学领域，批判现实主义由美国哲学家塞勒斯（Roy Wood Sellars，1880—1973）引入，意在调和直接的现实主义和理想主义，认为所感知的客体既不是客观事物本身，也不是头脑中贫瘠的观念，而是那些客观事物的一系列属性。而今，批判现实主义在社会科学领域中具有广阔而良好的前景，它为社会学的研究提供了一种框架，既不同于实证性的实验主义，也不同于后现代的语言建构主义。但是这一方法的实质和重要性现在还没有广泛地引起人们的注意。有学者指出，充分利用批判现实主义，对于提高社会科学研究的质量与价值都有深远的意义。① 这一新的范式不仅在经济学、社会学、美学、人类学、未来学等领域具有适用性，② 而且同样适用于类似城市空间研究这样的领域。总体看来，批判现实主义反对传统科学研究中背离客观实在的种种理想主义倾向，如对规律性的迷信、对计量分析方法的过分依赖等，而是尊重客观实际，探讨未来的可能。

---

① 对于批判现实主义的一般性介绍，参见 Mats Eckstrom et al.，Explaining Society：Critical Realism in the Social Sciences，Routledge，2002；对于这一路径的分析探讨，参见 Jose Lopez and Garry Potter，After Postmodernism：An Introduction to Critical Realism，Continuum International，2005；概括性地解读，参见 George Steinmetz，Critical Realism and Historical Sociology. A Review Article，Comparative Studies in Society and History，Vol. 40，No. 1，1998，pp. 170-186.

② 参看国际批判现实主义协会（International Association of Critical Realism）出版的杂志《批判现实主义学刊》（Journal of Critical Realism），该刊2002年问世，至2008年已经出版了7卷，刊载了各种领域以批判现实主义为路径的学术评论。

在国际关系的研究中，同样可以采用批判现实主义的方法。① 笔者认为，国际关系领域的批判现实主义首先意味着对于现实问题的深入关切和准确把握。国际关系的现状、国际关系发展的各种促动与阻碍因素是批判现实主义的基础，如果没有对于这些客观情况的明确了解和深入分析，将很难在坚实的基础上展开。但作为批判现实主义，与纯粹的现实主义的差异就在于，这种方法不停留在客观现实的范围内，不仅仅满足于寻找一些模型或者公式对历史事件进行解释；而是着眼于国际关系的价值标准，确立国际关系发展的未来指向，并利用这种标准和指向对现存国际关系中存在的问题进行批判，肯定其长处、明确其问题、指出其不足，提出国际关系领域应当改革的方面及措施，为行为者的未来去向指明出路。由此而言，世界的无政府状态是一个给定的条件，国家之间为了权力而斗争也是久存的情况。但是，无政府不等于无秩序，国家之间也并非没有可能将权力和利益进行重新界定；道德标尺虽然不会自动进入国家行动的指导体系，但并非不能通过说服和训导使之成为国家行动标准的一部分。

（三）作为批判现实主义路径的国际法治

国际法治是国际法律秩序的一种描述和构建。作为一种描述，它意味着“国际法之治”，也就是以国际法作为国际关系行为者的准则，以国际法作为确立国际秩序的基础。作为一种构建，国际法意味着“国际之法治”，也就是法治思想与法治精神的国际化，将“良法”与“善治”的要求放置在国际社会之中，要求国际社会在价值基础上、实体内容上、形式结构上形成一套良好的社会规范，这套社会规范在现实生活中以民主的方式订立并被严格地遵守，且具有有效的司法救济手段。②

国际法治具有超越国内法治的全球视角。与国内法治的视角相比，国际法治视角的独特性在于它不能仅仅停留在对于一国内部社会关系与状态的理解和认识之上，而必须考虑到不同文化的特征与差异，跨越文明的、能够为不同文明所接受的

---

① See, e. g. , Heikki Patomäki, After International Relations: Critical Realism and the (Re) construction of World Politics, Taylor & Francis Group, 2003.

② 国内学者关于国际法治的探讨，参见邵沙平、余劲松：《伊拉克战争对国际法治的冲击和影响》，载《法学论坛》2003 年第 3 期，第 5 ~ 10 页；邵沙平：《论国际法治与中国法治的良性互动——从国际刑法变革的角度透视》，载《法学家》2004 年第 6 期，第 153 ~ 160 页；邵沙平：《〈联合国国家及其财产管辖豁免公约〉对国际法治和中国法治的影响》，载《法学家》2005 年第 6 期，第 24 ~ 28 页；车丕照：《法律全球化与国际法治》，载《清华法治论衡》（第 3 辑），清华大学出版社 2002 年版，第 111 ~ 167 页；赵海峰：《悄然兴起的国际法治》，载赵海峰等：《国际司法制度初论》，北京大学出版社 2006 年版，序。

法律价值、法律规范体系、法律运行机制才能构成国际法治。也就是说，一味地主张“文明的冲突”不会形成国际法治，但是却不会阻碍国内法治的形成与建设；文明之间的包容、对话、融合是国际法治的必然要求，却不是国内法治的要求。

国际法治是一种批判现实主义的路径，批判的基础是国际关系的现实。国际法治的方法是现实的，因为国际法必须对于现实的情况有充分的理解，进而在各个方面根据国际关系的客观现实订立出一套行为规范准则。法律必须建立在对社会关系的全面认识的基础之上，否则就会缺乏生存的土壤，缺乏其运行的“生态环境”。国际法也是一样，不清楚地认识国际关系的现实、不结合国际关系的现实去订立的规则是很难有生命力的。当前，作为国际法治基础的国际关系现实是：国家之间仍然主要处于无政府状态，随着全球化的推进而形成国家之间日益加深的相互依赖以及单极多元的世界秩序。

国际法治的批判尺度是一种理想，也就是法治的理想。国际法治的目标是在国际层面上形成一个法治社会，即一个有法可依、法律高度科学化、体系化、严格执法的国际关系状态。在确立这一理想的一系列指标之后，以理想反观现实，进行对照、比较，发现存在的优点和不足。换言之，即建立在伦理体系上对既有的规范、秩序进行批判，建立在法律规范的标尺上对于行为者的正确与错误作出判断。

国际法治的核心在于对于行为者应当如何行为进行指引。通过批判而进行构建是批判现实主义的重要工具。马克思主义哲学的一个重要的环节是实践论，这一理论告诉我们：认识世界是重要的，改造这个世界更是人类作为能动者的使命所在。笔者认为，国际法治既可归人实践论的范畴。其关键在于依据理想的一系列指标提出努力方向，设计并推动实施一套具体的改进方案。所以“国际法治”不同于单纯的国际法制，因为它来源于“法治”这一具有深厚文化基础的概念，它不仅仅要求存在着一套法律规范，而且进一步要求规范的伦理内涵（在西方社会的传统中，就是对民主、自由这些价值的肯定）、要求规范在运作的过程中体现出权力的分配与制衡。国际法治它不仅仅是一套国际社会的法律制度，也不仅仅是法律制度的运行，还进一步要求这些制度应当能体现出国际共同体的共同利益指向和共同价值追求，更要求这些制度在订立的时候体现出民主的特点、在法律的运行过程中能够始终遵循妥善的程序，并表现出对国际社会行为者的尊重。从这个意义上讲，“美国治下的和平”（pax Americana）可能存在着国际法制，却绝不是“国际法治”；或者说，当今的世界就有国际法制（当然还不成体系、缺乏权威），却绝不能说已经有了“国际法治”。进而言之，“国际法治”不能容忍大国霸权和势力均衡；却很可能被某些国际法制所允许。所以，在“国际法治”的框架下，一定存在着国际法制，但是有了国际法制，却不一定实现了“国际法治”。

（四）国际法治成为沟通国际关系中理想与现实的桥梁

国际法治不仅是一种本体论，同时也是一种认识论和方法论。作为一种本体论，它意味着国家、国际组织、非政府组织和个人对于军事安全、经济增长、文化多元与繁荣、环境资源保护和社会的可持续发展进行以法律为基础的多重治理；作为一种认识论，它建立在国家与国际关系、国际行为者与国际制度的双向建构的国际关系认识之上，而不仅仅是以人性善恶为基础的静态国际关系或者以权力与利益作为关键变量的结构性国际关系；作为一种方法论，它强调人类的主观能动性，意味着可以用法律价值、法律原则、法律规范去审视、设计、判定、指引国际关系的未来发展。①

很多现实主义者强调武力和战争，将国际法的作用过度边缘化。② 虽然现在的国际法还远没有达到成熟的程度，但一个多世纪以来，国际法的发展程度越来越高、所起的作用越来越大，在国际关系领域越来越受重视。③ 一些学者认为国际法已经成为现代国家存在的形势和语境，可以解决威斯特伐利亚体系中的无政府模式和行为者对于秩序的需求之间的矛盾。④ 现在国际法仍然不成体系（碎片化），国际法的规范仍然模糊、彼此之间可能重叠或者矛盾，现有的国际人权法律机制仍然稍显软弱无力，人权的国际体制与某些单边的人权做法并行，容易破坏人权国际体制的健康发展。⑤ 但纵向的观察，其进步是巨大的。

与现实主义相对的观点认为国际法会创造出一个更加安全、正义和发展的世

---

① 参见何志鹏：《国际法治：现实与理想》，载《清华法治论衡》2004 年第 4 辑，第 335 ~ 372 页；何志鹏：《国际法治：全球化时代的秩序构建》，载《吉林公安高等专科学校学报》2007 年第 1 期，第 5 ~ 9 页。

② 有人甚至认为“国际”和“法”本身就是相互矛盾的。在任何涉及国际的情况下，法律都没有什么意义。因为国际法没有中央政府执行、只是水平结构中的约定规范，所以不具有法律的真正内涵。参见［美］康威·汉得森：《国际关系：世纪之交的冲突与合作》，金帆译，海南出版社、三环出版社 2004 年版，第 323 页。

③ Neal Riemer, Douglas W. Simon, and Joseph Romance, The Challenge of Politics: An Introduction to Political Science, 2nd ed., CQ Press, 2006, pp. 293-309.

④ Charles W. Kegley, Jr., ed., Controversies in International Relations Theory: Realism and the Neoliberal Challenge, Wadsworth, 1995, p. 301.

⑤ 参见何志鹏：《国际法治：良法善治还是强权政治》，载《当代法学》2008 年第 2 期，第 55 ~ 62 页。

界，使世界的未来更加令人憧憬。20世纪中后期兴起的国际机制（或者体制）研究，① 本质上就是对于国际法所进行的研究，只是以机制的名称取代国际法而已。② 就当前的国际社会而言，虽然罗伯特·基欧汉和小约瑟夫·奈所设想的国家之间相互依赖以及由此而形成的国家之间多方面复杂组合导致合作网络的建立③仍然没有实现，但是以权力冲突为核心的国际关系状况正在向以复杂的相互依赖关系为特点的世界转变，国际无政府状态正在向更为合作的国际秩序转变。此时，国际法可能发挥的作用会越来越大，对于解决当前国际社会的很多问题会越来越有力量。

正如一些学者已经指出的，今天的国际法是促进国际社会形成的重要力量，其范畴正在不断地扩大，而且，国家和其他行为角色日益尊重和遵守国际法的规则。④ 经由妥当程序而订立的国际法律规范体系应当以自由与秩序相平衡，公正与效率相结合的方式处理国际关系中的诸项问题。如果我们抱着期待法律但不迷信法律、建设法律而非空想法律的态度，把法律看成一个动态的过程，而不是静态的体系；把法律看成是社会整体工程的一个部分，而不仅仅是纸面上的条文，认真对待法律与国家、法律与政府间国际组织、法律与非政府组织之间的互动关系，去探讨人权与主权的问题，去分析由于经济发展而形成的相互依赖以及由于环境问题而导致的人类共同困境的话，可以认为，以“良法”和“善治”为要求的国际法治是有可能实现的。进而，国际法应当在现存的体制下进一步体系化，提高效率、加强实施的能力。国际法律规范的存在和运行，就把人类的美好理想制定成为法律的原则和价值取向；并且可以进一步以这种价值取向指引现实、评价现实、约束现实。从这个意义上讲，国际法治的理念和制度设计，就会架设一座现实通向理想的桥梁。

---

① See, e. g., Stephen D. Krasner, ed., International Regimes, Cornell University Press, 1983; Friedrich Kratochwil and Edward D. Mansfield, ed., International Organization and Global Governance: A Reader, 2nd ed., Pearson Education, 2006, esp. pp. 120-202.

② ［美］康威·汉得森：《国际关系：世纪之交的冲突与合作》，金帆译，海南出版社、三环出版社2004年版，第348页。

③ Robert O. Keohane and Joseph S. Nye, Power and Interdependence, 3rd ed., Pearson Education, 2004, pp. 288-300.

④ ［美］康威·汉得森：《国际关系：世纪之交的冲突与合作》，金帆译，海南出版社、三环出版社2004年版，第346页。

四、人权的理想与现实

用国际法治的视角来看待人权与主权的关系，需要将二者的现实、理想、二者关系的理想和现实进行梳理，进而指出可能的出路。所以，首先从人权的表象和理论入手，分析其理想与现实。

（一）理想的人权——普遍的人类福利

在不同的时代、不同的地区，可能同样使用着“人权”这一术语，实际上指代的却是不同的东西。① 人权分为人所实际享有的权利、关于人为什么享有权利的思想、观念与理论、关于人享有权利的制度、人权意识等不同的层面，其中最关键的是制度。这是因为制度反映了思想与理论，落实着人的权利，并塑造着人们的人权意识。理想的人权本质上是一种对理想社会的要求。② 在这样的社会里，每一个人作为人类家庭成员的固有尊严和价值得到了普遍的承认，每个人都是平等的，每个人都有着充分的自由。③ 各项人权之间和谐共存，无论在主体上，还是在内容上都没有突出的矛盾，体现出“普遍、不可分割、相互依存、相互联系”的特色。④ 无论是国际社会，还是国内社会，都建立起了一套保护和实现人的各项权利和自由的机制，⑤ 不存在基于种族、肤色、性别、语言、民族本源、宗教信仰、政治见

---

① ［美］杰克·唐纳利：《普遍人权的理论与实践》，王浦劬等译，中国社会科学出版社 2001 年版，第 51 ~ 67 页；［英］R. J. 文森特：《人权与国际关系》，凌迪、黄列译，知识出版社 1998 年版，第 85 ~ 90、108 ~ 122 页；刘红臻：《人权的制度表达》，载《法制与社会发展》2004 年第 1 期，第 7 ~ 17 页。

② 这一点初看之下似乎不合逻辑，但是如果仔细分析权利这个概念，知道它本质上是一种基于利益和自由而对于他者（也就是社会）的主张，那就不奇怪了。参见张文显：《法哲学范畴研究》，中国政法大学出版社 2001 年版，第 300 ~ 309 页。

③ 参见《联合国宪章》序言第一段、《世界人权宣言》序言第一段、《公民权利和政治权利国际公约》序言第一段、《经济、社会及文化权利国际公约》序言第一段、《禁止酷刑和其他残忍、不人道或有辱人格的待遇或处罚公约》序言第一段、《消除对妇女一切形式歧视公约》序言第一段、《消除一切形式种族歧视国际公约》序言第一段和第二段、《儿童权利公约》序言第一段、《维也纳宣言和行动纲领》序言第二段。

④ 参见《维也纳宣言和行动纲领》宣言部分之（五）、《残疾人权利国际公约》序言第三段。

⑤ 参见《世界人权宣言》第 28 条。

解、社会出身、财产、性取向等各种因素的歧视，① 每个人都免于奴役、免于压迫、免于恐惧、免于匮乏，② 这样，不仅每个人的福利得以保障，社会也更加公正合理，世界也更加自由、正义、和平。③

（二）现实的人权——有限而多样的制度安排

现实生活中的人权是（而且始终是）“社会的可供资源与人的基本需求之间的契合”。④ 人权在主体、内容、保护方法和实现水平上存在着很大的差异，具有多样的保护尺度。在一个资源永远有限的社会里，人们向往的幸福生活一般都难于实现。国家几乎没有可能保障每个人的政治权利、公民权利、经济、社会文化权利、环境权利和发展权利。从如下几个方面认识人权，会获得比较符合客观事实和社会发展进程的观念：

1. 从基础上看，人权是人类社会内部的思想发展与制度建构互相促进的产物，与人类社会之外的“自然”没有关系。⑤ 前述的人权理想依赖于自然权利（或者“天赋人权”）学说，而论证自然权利赖以存在的自然法、自然状态、社会契约、善的或者恶的共同人性都仅仅存在于假想之中，而没有任何的历史事实依据和坚实

① 参见《世界人权宣言》第 2 条、《公民权利和政治权利国际公约》第 1 条、《经济、社会及文化权利国际公约》第 2 条第 2 款、《消除对妇女一切形式歧视公约》序言第二段、第十段及实体权利规定部分、《防止及惩治灭绝种族罪公约》第一至第八条、《保护所有移徙工人及其家庭成员权利国际公约》第 8 ~ 71 条、《残疾人权利国际公约》，特别是其第 1 条、第 3 条、第 5 条。

② 参见《公民权利和政治权利国际公约》序言第一段、《经济、社会及文化权利国际公约》序言第三段。

③ 参见《世界人权宣言》序言第一段、《公民权利和政治权利国际公约》序言第一段、《经济、社会及文化权利国际公约》序言第一段、《禁止酷刑和其他残忍、不人道或有辱人格的待遇或处罚公约》序言第一段等。

④ 对于这一观点的详细阐述，参见何志鹏：《人权的来源与基础探究》，载《法制与社会发展》2006 年第 3 期，第 105 ~ 116 页。类似的观点，参见［美］尼尔·K. 考默萨：《法律的限度——法治、权利的供给与需求》，申卫星、王琦译，商务印书馆 2007 年版；［美］史蒂芬·霍尔姆斯等：《权利的成本——为什么自由依赖于税》，毕竟悦译，北京大学出版社 2004 年版。

⑤ 实际上批判自然权利的虚伪性是马克思的重大贡献之一。参见林进平：《马克思对天赋人权的批判》，载《学术研究》2007 年第 11 期，第 34 ~ 38 页；申建林：《论马克思对自然权利理论的质疑和超越》，载《政治学研究》2005 年第 2 期，第 21 ~ 27 页。

的理论逻辑价值。① 在没有法律的情况下，人权将仅仅是理想和理论，而没有实际操作的依据。作为一种理论或者理想，人权是美好的；在理论上甚至可以主张，人权是普遍的，属于每一个人。与理想相去甚远，现实中的人权仅仅是有限的权利。在现实中，人生而不自由、不平等的状况由自然环境、社会环境和人文环境所决定，不可能改变，所以人权势必是特殊的，这种特殊的状况将持续到永远。

2. 从过程上看，人的尊严、价值是在人类为了生存和发展的斗争中逐渐形成的，并不是人类基因中的固有之物，所以形形色色的新自然权利理论也是不能证成的。② 人类经历过奴隶制、封建制时期，即使在资本主义取得胜利以后，也仍然有否认人权、践踏人权的时代，所以人权是在社会发展进程中通过斗争而获取的，没有斗争就不会有人权。③

3. 从内容上看，人权不是普遍的，而是特殊的。在享有权利的水平上，人与人由于条件与禀赋的不同，存在着极大的不平等。“人人生而自由平等”仅仅是一个美丽的神话，是一个像数学中的极限、物理学中的理想状态那样的目标。而且，权利也是相互冲突的。当人权仅仅停留在原则上的时候，它在逻辑上很美好；一旦进入到现实场景之中，不同主体、不同类型的权利就会产生矛盾，这个时候就需要居于上位的国家作出裁决，究竟何种权利应当优先，哪种权利应当让步。只有在一个人类不可能达到的精密体系之中，完善的人权保护体制才有可能建立，在相当多的情况下，人权保护将一直仅仅是一个维持最低的自由与公平限度、存在着诸多缺陷的系统。

4. 从趋势上看，人权是随着社会总体状况而波动的。古往今来，人权的保护水平在提高，享有人权的人群在扩大，人权的种类在增多，人权的维护机制在增强，这是因为社会在物质和精神方面总体上的进步状态。如果社会遇到了物质或者

---

① 对于这一问题的讨论，参见何志鹏：《非自然权利论》，载《法制与社会发展》2005 年第 3 期，第 17 ~ 30 页；何志鹏：《非社会契约论》，载《安徽大学法律评论》2005 年第 1 期，第 122 ~ 150 页。

② 新自然权利理论的代表者有 John Finnis, Robert P. George 等。前者关注“共同善”以及“道德终极关怀”（John Finnis, Natural Law and Natural Rights, Oxford University Press, 1980, pp. 59-75; 378- 403）；后者关注“人性”和“常识道德判断”（Robert P. George, Defense of Natural Law, Oxford University Press, 1999, pp. 83- 98）。这些论述都很有理论探讨的价值，但是笔者认为其哲学、历史和实践的基础仍嫌不够充分。

③ 实际上，从奴隶社会以来人类就一直为了更好的生活而斗争。人类社会内部的斗争很多都是为了争取人权，虽然可能不以人权这个术语来称呼。直到资产阶级革命时期才有机会用天赋人权的理论去号召人民，进行斗争，这使人权制度化、国家化。

精神后退的情况，人权的享有也可能后退。①

5. 从体系上看，人权是可能累积和传播的。由于人类社会的文化，包括思想、知识、制度等方方面面都可能由于语言文字、人的流动而进行传播，所以人权可以在前代与后代之间、此地和彼地之间进行承递和移植，所以不需要每个人都为自己的权利而进行斗争，人们可以享受他人斗争而获得人权果实。18 世纪以后，人权进入到了现代国家的法律体系之中；② 20 世纪以后，人权的内涵和外延在国际社会得到了进一步的丰富和发展。两次世界大战给人类的生命财产造成的空前的浩劫，使得保护人权成为世界各国人民的普遍呼声。1945 年，联合国成立，增进、激励对人权及基本自由之尊重成为联合国的宗旨之一。③

6. 从属性上看，人权是人的幸福的制度化表达。从历史上看，激情高呼“自由、平等、博爱”的法国大革命并没有很好地保护人权，倒是出现了很多社会混乱、人的生命和安全难于保证的情况；④ 奠定美国民主基础的《五月花号公约》尽管设想美妙，《独立宣言》诚然庄严而美好，但在被称为“人权法案”的宪法前十条修正案确立之前，人权也没有得到妥善的保障。⑤ 所以，权利与救济相伴，法律使权利更加明确和坚实。只有确定的制度才有可能清楚地表述人权的内涵，国际

① 一个最明显的例子是，很多国际条约之中规定的在国家遇到紧急情况时，可以对人权进行“克减”（derogation）。有关分析，见［奥］曼弗雷德·诺瓦克：《民权公约评注》，毕小青、孙世彦主译，三联书店 2003 年版，第 74 ~ 95 页。国内学者的讨论，参见周占生：《权利克减的法理基础研究》，载《南都学坛》2007 年第 5 期，第 97 ~ 98 页；何鹰：《ICCPR 及其任择议定书的保留、限制和克减》，载《社会科学研究》2005 年第 3 期，第 91 ~ 94 页；韩长安：《论紧急状态下的权利克减》，载《广东青年干部学院学报》2004 年第 4 期，第 55 ~ 58 页。

② 参见张爱宁：《国际人权法专论》，法律出版社 2006 年版，第 56 ~ 61 页。

③ 参见张爱宁：《国际人权法专论》，法律出版社 2006 年版，第 76 ~ 88 页。

④ ［英］阿克顿（J. H. 菲吉斯、R. V. 劳伦斯编）：《法国大革命讲稿》，秋风译，贵州人民出版社 2004 年版，第 140 ~ 149、241 ~ 257、260 ~ 265、286 ~ 288、302 ~ 305、321 ~ 322 页；［英］艾德蒙·柏克：《法国革命论》，何兆武译，商务印书馆 1998 年版，第 47 ~ 54、78 ~ 81 页。当然，柏克是站在比较保守的角度来看待这个法国革命的，但他对于革命大规模侵犯财产权和人的安全、社会的安定等问题的见解仍然值得肯定。

⑤ 这当然不是说此后美国的人权保护就完美了。妇女、黑人、其他有色人种的权利在历史的发展进程中一点点确立，也是通过一次次的人权运动和法律来实现的。美国联邦最高法院通过一系列的判例法在拓展人权方面作出了重要的贡献。参见［美］埃里克·方纳：《美国自由的故事》，王希译，商务印书馆 2002 年版，第 96 ~ 111、236 ~ 278 页；［英］J. R. 波尔：《美国平等的历程》，张聚国译，商务印书馆 2007 年版，第七、八、十二章；任东来、陈伟、白雪峰等：《美国宪政历程：影响美国的 25 个司法大案》，中国法制出版社 2005 年版，第 127 ~ 132、147 ~ 164、349 ~ 369 页。

社会的人权也不例外。

五、主权的理想与现实

在对人权的理想与现实有了基本的认识之后，再从历史发展的角度观察主权的理想与现实。

（一）理想的主权——人民契约的产物

理想的主权，即宪政理论（其基础是社会契约理论）所确认的归属于政府的权力，它来自于人们的认可和委托，意味着为领域内的人民服务，对领域内的人民进行引领，代表领域内的人民参与国际交往。主权在理论逻辑上来自于社会契约，享有主权的行为者，即国家的各级政府，应当，也必然承认、尊重的人的自由和权利。西方中世纪晚期形成的教权、封建领主权与国王（君主）的权力抗衡的情况，客观上要求树立一个最高负责者或者权威，以维护决策过程、保障决策结果、维持社会秩序；需要一种理论支撑代表国家的君主的最高位置，主权的思想应运而生，并进而在思想家的培育之下逐渐成为一个成熟的概念。① 启蒙时期的英国学者霍布斯认为，主权是人们在通过订立契约、从自然状态进入社会状态之时，将自己在自然生活条件下拥有的一切权力交给了统治者。主权不可转让、不可分割。洛克认为人们订立社会契约进入社会状态后，把在自然状态中由个人行使的权力交给一个社会性的权威机构。18 世纪，卢梭同样根据社会契约论，提出了“主权在民”的理论，认为人们通过订立社会契约组成共同体，每一个结合者及其自身的全部权利都转让给整个集体，因而主权的实质就是全体的意志，主权属于人民，每个人都可以构成主权者的一个成员，但主权并不存在于哪个人身上，人民作为集体才构成主权者。他认为主权是社会中绝对最高的权力，主权不受限制，永远公正，主权是强制性的，主权不可转让，不可分割，不可代表，不可侵犯。实际上卢梭试图构筑起由公意决定国家的立场、观点、政策、法律以及行为的“道德理想国”。② 主权者以民主的方式完美地体现着国内所有人的意志和幸福，所以是至高（不可超越）的、绝对（不容置疑）的、不可分割的、为了达到其目标享有一系列特权和豁免的，③

① 参见白桂梅：《国际法》，北京大学出版社 2006 年版，第 110 页。

② 参见朱学勤：《道德理想国的覆灭》，三联书店 1994 年版。

③ 参见黄仁伟、刘杰：《国家主权新论》，时事出版社 2004 年版，第 4 ~ 5 页。

也就是主权之上再无权威，主权者自治、不受干涉，平等地与其他主权者交往。①

（二）现实的主权——少数人的权力

现实中的主权“无论在内涵还是构成方面都始终处于不断的调整变化之中”。② 在不同的时期，主权有着不同的具体表现。③ 主权事实现象自国家产生之初就有体现。从奴隶制国家到现代的资本主义国家和社会主义国家，每个国家实际上都表现出了对内的最高（最终决定）和对外的独立（平等的交往与决策）。法国思想家博丹在其著作《论共和国六卷书》中首先使用了国家主权的概念，以此为武器反对教权插手世俗事务和封建领主的割据状态，主张在国家之内形成统一的秩序体系。博丹提出，主权是一个国家绝对的、不可分割的、统一的、永久的、凌驾于法律之上的处理国民事务。（诸如决定宣战媾和、任命官员、赦免、征纳税收、制造货币等方面）的权力，国家是许多家庭和管理它们共同利益的具有主权权力的法律政府，主权是国家存在的原则。权力来源于上帝，君主是上帝的“映像”，所以主权归于君主。④ 荷兰学者格劳秀斯认为，主权实质上是国家的最高统治权，除了神法与自然法外，别无更高的权威。国家基于主权者的地位而在行使权力时不受任何其他权利的限制。⑤ 从主权操作的实践和主权学说的发展过程，我们可以看出主权这一概念有以下几个方面的特点：

1. 主权是社会实践的产物。从国家主权的产生过程和发展脉络可以得知，主权也是作为一种斗争的武器存在的，虽然从理论逻辑上可以设想存在过社会契约，它却不是一个真实的历史过程。主权来自于由习惯而传承下来的社会分工，而这种分工则始于原始社会。人民靠支持、服从或者容忍与主权者共存。因而，“君权神授”当然是欺人之谈，“主权神圣”同样也是不敢直面权力来源的表现。主权没有什么超越国家的力量使之至高无上、不可怀疑、不可侵犯；它仅仅是历史发展的一个偶然性结果。

2. 主权是国家为或不为某种行为的最终合法性依据。正如凯尔森所说的那样，

---

① ［美］汉斯·摩根索（肯尼思·汤普森、戴维·克林顿修订）：《国家间政治：权力斗争与和平》（第七版），徐昕、郝望、李保平译，北京大学出版社 2006 年版，第 342～345 页。

② 黄仁伟、刘杰：《国家主权新论》，时事出版社 2004 年版，前言第 2 页。

③ 关于主权的历史发展分析，参见肖佳灵：《国家主权论》，时事出版社 2003 年版，第 13～239 页；黄仁伟、刘杰：《国家主权新论》，时事出版社 2004 年版，第 8～29 页。

④ Jean Bodin, On Sovereignty: Four Chapters from the Six Books of the Commonwealth, (ed. By Julian H. Franklin), Cambridge University Press, 1992, pp. 1-4, pp. 11-13.

⑤ Hugo Grotius, On the Law of War and Peace, translated and abridged by A. C. Campbell, Batoche Books, 2001, pp. 7-8.

如果我们对一项法律不断的追问为什么，那么总要有一个最高的规范，而不需要我们再透过去追问，① 主权就是解释国内法体系所有为什么的最终依据。有了主权，国家是合理的，国家的立法是有效的，国家法律秩序下的权利义务是需要遵守的。如果没有一个可信的主权，那可能就是一个伪政府，国家的一切行为都值得怀疑。

3. 主权是一种权利和权力的综合。主权本身是抽象的，具有多重内容，而不是具体地指代某一种行为或者某一种权力。主权不是一种抽象的理念和空洞的框架，而是若干权利的组合。现代主权可以分为经济、政治、文化、安全、教育主权等多个方面。② 所以，主权不是抽象的原则，不是不可超越、不可分割、不可让与的。

4. 主权名义上是国家的权利，与国家共存，是国家的标志。作为国家的根本属性和主要因素之一，国家的财产、国家的行为都在主权的笼罩之下；有一些特殊的个人虽然会基于主权享有一些特殊的权利和豁免，但其必须是国家的代表。

5. 主权的行使主体是国家的代表。国家是一个抽象的概念，它自己不能产生任何行为。所以，必须有人代表国家去为或不为某些行为。它是由政府所享有的一种权力，主权权利具体化为行政管理、司法管辖等一系列权力，分散于政府的各个层级、各个部门。

6. 主权可能异化。正如前文所述，在理想上，主权的宏旨为引领和代表，主权当然不是要国家的代表去作威作福，也不是使人民生灵涂炭，而是为了实现一种相对稳定的社会秩序。但是，在当前的政治体系中，政府在取得了发布命令与获得服从的资格以后，即不能完全符合人民的意愿；现代社会也无法完全符合人民的意愿。这不仅因为政治领域规模过大，直接民主不复可能；更因为现代人的价值趋向多元化，对于很多问题的观点殊难达成一致。所以，在绝大多数时候，以国家、政府名义出现的决定和行为仅仅代表了一部分人的利益。这一部分人很难说在数量上居多，或者在道德上占优；很可能仅仅意味着某一种倾向，某些个人一致的倾向或者资本的倾向。具体行使主权权利的政府层级和部门取得并拥有这些权力之后即不完全是引领、代表和服务，它们拥有配置资源的能力，就有可能将这种资源私有化，将理论上的信托看成是自己实际享有的资源，进行不公允和妥当的分配，进而形成一些既得利益集团，在权力的运作过程中出现腐败。在这种情况下，认为主权具有维护国家之内全体人民利益的功能是很值得怀疑的。所以，由于人民真正行使

---

① ［奥地利］凯尔森：《法与国家的一般理论》，沈宗灵译，中国大百科全书出版社 1996 年版，第 141 页。

② 参见徐晓明：《全球化压力下的国家主权》，华东师范大学出版社 2007 年版，第 23 ~ 26 页。

主权的不可能，拥有权力者有拥有可以调配的资源，所以可能会导致权力的滥用、主权的异化。

（三）必要而受法律约束的主权

当前，在国际政治和国际法领域，出现了两种针锋相对的观点，即主权绝对论和主权虚无论。主权绝对论遵循传统的主权学说，主张主权是绝对的、不受限制的。霍布斯认为即使是恐怖的国家状态也远非无休止的战争状态。① 卢梭认为主权者体现了所有社会成员的共同意志和利益，所以主权应当是绝对的。② 黑格尔认为，国际社会的国家不存在任何更高的法律使其服从；所以国家利益构成了国家的最高法律。③ 这些观点都过于教条和绝对。博丹认为，主权必须服从神法与自然法。格劳秀斯认为，主权国家均受制于作为国际法最高规范的"普遍至高的正义原则"。瓦特尔认为，每个国家作为国际社会的一员都应当遵守国际法，国家主权的行使不得逾越国际法的框架。④《奥本海国际法》中也反复强调主权的受限性，认为国家行为必须受一些原则的限制，国家可以为了长久的、更大的利益而出让主权。⑤ 从实践上看，如果将主权理解为国家的任性，或者国家的领导者、代表者的率意胡为，那实际上它从来也没有牢固地存在过。任何一项超出理性的行为最终都被推翻了。随着国际社会的日益紧密，国际协同机制逐渐增多，各国之间依存度必将逐步上升，国家主权还会受到更多的限制。⑥

主权虚无论认为在当代国际体制之下，主权的概念可能会出现弊端。⑦ 狄骥认为，国际法的基础是社会连带关系，随着国际关系的发展，主权已经过时，主张去掉主权的概念，而改用"国家公务"这一术语。⑧ 凯尔森认为，如果有国际法，

---

① ［英］霍布斯：《利维坦》，黎思复、黎廷弼译，商务印书馆 1985 年版，第 133～142 页。

② ［法］卢梭：《社会契约论》，何兆武译，商务印书馆 1981 年版，第 35～45 页。

③ ［德］黑格尔：《法哲学原理》，范扬、张企泰译，商务印书馆 1961 年版，第 253～254、287、306 页。

④ Emerich de Vattel, Le droit des gens ou principes de la loi naturelle, appliques a la conduite et aux affaires des nations et des souverains, aux depens de la Compagnie, 1758.

⑤ ［英］詹宁斯、瓦茨修订：《奥本海国际法》（第九版），王铁崖等译，中国大百科全书出版社 1994 年版，第 94 页。

⑥ 杨泽伟：《国际法上的国家主权与国际干涉》，载《法学研究》2001 年第 4 期，第 144～153 页。

⑦ 赵建文：《关于国家主权的性质和地位的理论演进》，载《郑州大学学报》2000 年第 6 期，第 113～119 页。

⑧ ［法］狄骥：《宪法论》，钱克新译，商务印书馆 1959 年版。

主权就必须让路。① 马里旦认为，为形成国际政府、实现国际和平，必须放弃主权。② 这些观点都夸大了国际法的作用，对国际社会的发展过于乐观。

可以推测，国家及其主权将长期地存在下去。这不仅是因为国家作为行政、法律、经济等事务的划分单位在人们内心中已经形成了一种习惯、国家的存在是保障世界秩序的基础和国际均衡的基本保证，而且因为现在还不具备形成世界政府的物质基础、组织基础和思想基础。20 世纪 70 年代末以来，主权在最高性、绝对性、不可分割性、不可让渡性上都发生了变化，③ 但是，现代国际社会没有达到超越民族国家、实现没有政府的治理的程度。④ 正如一些学者已经指出的，当今国际社会，国家主权的权力属性和权利属性的组合形式发生了一些变化，但实质并没有改变，也并没有从根本上动摇主权国家在国际社会的利益结构、权威结构、秩序结构中的主导和核心地位。⑤ 在这种意义上，主权也必将在相当长的时期之内存在。

与此同时，主权国家必将受到国内社会和国际社会越来越多的约束。主权自从存在那一刻起就受到了两个方面的威胁：就内部而言，人民会在难以忍受压迫之时起来反抗暴政；就外部而言，其他国家会出于诸般目的、找出各种理由而干预其他国家的事务。随着国家越来越民主化，人民可以参与国家事务，了解、建议国家的决策，并对国家的重要行为投票。作为一个国家的最高权力范畴，在国际关系、国际法中，主权仍然需要得到明确的法律规范的认可，成为国家作为国际关系基本行为主体的合法性依据。⑥ 与此同时，随着国家之间经济上的融合、政治上的联合，以及由此带来的彼此牵制，国家的行为必须考虑其他国家的态度和反映。国家的主体性来自于国家实际上对于领域内的人与事的掌控能力，也即原则基于现实。⑦ 在现阶段，国家的主体性表现为以合法的身份参与到国际交往之中，通过与其他国家的合作、竞争来求得本国利益的最大化。有的学者指出，主权是一个国家的资格，

---

① Hans Kelson, Sovereignty and International Law, Georgetown Law Journal, Vol. 48, No. 4, 1960, p. 627. 另参见［奥地利］凯尔森：《法与国家的一般理论》，沈宗灵译，中国大百科全书出版社 1996 年版，第 212 ~ 216、279、418 ~ 422 页。

② ［法］马里旦：《人和国家》，霍宗彦译，商务印书馆 1964 年版。

③ 参见徐晓明：《全球化压力下的国家主权》，华东师范大学出版社 2007 年版，第 51 ~ 56 页。

④ 有一些学者显然是这样认为的，但是这种观点仍然是一种理想、有些夸张了非政府行为者的地位和能力。

⑤ 肖佳灵：《国家主权论》，时事出版社 2003 年版，第 482 ~ 483 页。

⑥ 黄仁伟、刘杰：《国家主权新论》，时事出版社 2004 年版，第 31 页。

⑦ 这一点可以用国际法上的承认来说明。国际法上的承认本身并不构成一个主体，承认行为实际上是对已经成为主体的实体进行认可、接受其参与到国际社会的一种行为。

国家通过这种资格去决定行使哪些权力、限制哪些权力、转让哪些权力；① 有的学者认为作为一种抽象权力，主权具有相当的可塑性；主权和主权的行使应当区分开来。② 从学者对于主权的定义就能感觉到人们对主权概念的认识越来越朝向科学化、相对化发展。③ 主权与限制是一对伴生的概念，与生俱来，相随而行。传统的法律把国家（政府）想象成随着自身的欲望而行事的人，由于享有权利而可能产生腐败，所以需要规则来进行制约。因此，国际法治的模式也不能把国家设想成是一个至善的主体。故对于主权国家而言需要法律来进行约束。④ 这就是现代法治的基本逻辑。

六、国际法治视野中人权与主权关系

国际法以及以国际法为核心和基础的国际法治框架可以为理解人权、主权以及二者的关系提供较为清楚的解释。从理论上讲，人权与主权的关系分为静态和动态两个层次。静态关系，即二者在主体、客体表现上的关系；动态关系，即二者在各自发展的过程中对另一方的影响。其中前者是后者的前提。

（一）人权与主权的静态关系分析：彼此分立而交叉

在人权与主权的静态关系这方面，可以借用一般的几何知识，这两个体制有包含、同一、分立（并列）、交叉四种可能。包含关系，即主权与人权二者一大一小，而一种正好落入另一种的体系之中。在包含关系中尚有两种可能：或者人权是主权的一部分，或者主权是人权的组成部分。

---

① 车丕照：《身份与契约——全球化背景下对国家主权的观察》，载《法制与社会发展》2002 年第 5 期，第 55 ~ 59 页。

② 《中国大百科全书·法学（修订版）》，中国大百科全书出版社 2006 年版，第 719 页（李兆杰撰）。

③ 中文著作中的主权定义可以参见：（1）王铁崖主编：《国际法》，法律出版社 1981 年版，第 67 页，该书定义注重主权国家“不从属于外来意志的干预”；（2）梁西主编：《国际法》（修订第二版），武汉大学出版社 2003 年版，第 46 页，该书认为主权为“独立处理内外事务的权力”；（3）端木正主编：《国际法》，北京大学出版社 1997 年版，第 52 页，该书定义注重主权“神圣不可侵犯、不可分割、不可让予”；（4）王铁崖主编：《国际法》，法律出版社 1995 年版，第 66 页，该书定义注重主权国家“不依赖他国，不受任何其他国家的摆布”；（5）邵津主编：《国际法》，北京大学出版社、高等教育出版社 2000 年版，第 6 页；2005 年第 2 版，第 31 页；该书定义注重主权国家“不受其他国家控制”；从这些措词上的差别可以看出，其着重点是有所不同的，总体上看，对主权的认识从绝对的、不受限的向相对的、受限的转化。

④ 蔡英文：《主权国家与市民社会》，北京大学出版社 2006 年版，第 91 页。

1. 包含与同一关系的否证。由政治史的轨迹可知：人权和主权的归属实际上是不尽一致的。主权作为国家的权力，其执掌者实际上是国家的统治集团；而人权的要求者绝大多数情况下是国内的相对弱者。虽然现代社会人权内容经过扩展之后，有的时候主权者也会成为要求发展权、环境权等集体人权的“有组织社会”（即国际社会）中的“个体”，但是多数情况下，人权仍然主要指的是个人权利，因此二者的归属是不同的。既然人权主要是国内个人的权利，而主权主要是国家统治阶层掌握的权力；那么这种权利（力）主体的不同实际上就意味着人权和主权不可能有同一关系。类似地，主权的主体与人权的主体互相不能包含，① 从内容上看，主权所表现的独立、平等、自卫、管辖等项②与人权所表现的生命、安全、健康、发展等项③也不存在互相包含的可能。

2. 交叉关系的确立。人权与主权总体上是并列关系。这一点从主体的角度就能够得以洞察。人权和主权都是某些人的权利（权力），而这两种权利（权力）的主体在很多时候是并立的。人权多是居于社会大多数的弱势群体的权利；而主权实际上是归于社会之中的强势群体即统治者的，而在行使权力的过程中往往仅仅代表和维护了占据社会少数的利益集团的意志。④ 大多数时候，统治集团有其自身的运作逻辑、思维方式、发展模式，有自己的价值定位和利益取向，这些可能与普通公众都不一致。因而，政府，作为主权的最主要、最基本、最常见的代表者，与人权的代表者——占据社会个体大多数的、处于底层的民众总是不相同的，是经常处于并列状态的。在集体人权的情况下，人权的主张与主权的主张相重合，而其他的人权内容则不包含在主权之中，所以人权和主权的关系类似于数学上的交集。值得注意的是，集体人权在人权的谱系中并不占据主导地位，所以总体来说，主权和人权之间的重合并不是二者关系的主要部分。

---

① 有的人可能主张民治政府的主权者与人权的主张及享有者存在包含关系，但这显然又属于理想主义的范畴。

② 这些也被称为“国家的基本权利”，参见 Robert Jennings and Arthur Watts, ed., Oppenheim's International Law, vol. I, Longman Group, 1992, pp. 339-498.

③ 为人权进行分类是一个很具有挑战性的工作。常见的区分方法是由瓦萨克提出的“第一代”（政治权利与公民权）、“第二代”（经济社会文化权利）、“第三代”（集体权利或称团结权），很多人对此持反对态度。笔者的分法参考了斯金纳个人需求不同层次的理论。

④ 比如，号称民主的美国政府就总是在考虑一些小集团的利益。布什政府上台之后采取各种手段维护大企业主的利益；原来的苏联政府更多地表现出一种个人倾向：斯大林时期的残暴专制，赫鲁晓夫时期以后逐渐放开，戈尔巴乔夫的“民主化改革”和苏联的解体都说明了这一点。

（二）人权与主权的动态关系分析：促进效应与阻滞效应

从动态的角度看，人权与主权在这种总体并列、小范围交叉的情况下，在国内法、国际法两个层面上紧密结合，产生了多维的、多向度的复杂关系。

1. 人权与主权的紧密连结。可以想象，如果不同职位、不同阶层的人之间不需要接触、没有利益冲突的话，人权和主权完全可以互不联系、互不干扰、各自追求各自的目标。但问题在于现代社会人与人之间的联系是非常紧密的，呈现出一种全球连带的依存关系。① 因而，确定人权与主权之间的关系，就必须了解二者发生碰撞、产生纠葛的情况。我们从五个方面来分析二者的密切关系。

（1）主权是人权发展逻辑中的主要回应者。在人权发展的逻辑之中，自然会涉及主权。这是因为，国家在人类社会中已经存在了数千年，而且会伴随着人类的存续而继续存在相当长的时期。也就是说，在我们所见的范围内，人类社会以国家为基本的划分单位。主权者是最主要的“有组织社会”中的“权威”，所以人权的实现以主权者的赋予为最主要形式。这样，要想使人权不仅仅停留在设想阶段，而试图付诸实施，就必须得到主权者的赞许，在这里人权与主权就相遇了。从历史上看，人权最初是作为反对贵族特权和阶层划分，要求人与人的平等，追求政治上的发言权、表决权的武器而出现的，这不可避免地与市民参与国家事务即主权的行使联系起来。②

（2）在国内法上人权与主权的依存。人权与主权在纯粹国内法的领域相遇，但其关系并不复杂。在主权者之间交往不多、彼此主权权利的行使影响不大时，人权与主权的关系较为单纯。因为一个国家势必存在主权者和主权，这样人权的要求肯定会处于主权之下，主权的行使直接而且是终局性地解决了人权的一切问题，在没有外国干预的情况下，人权问题轻易不会认为是涉及主权的问题。人权仅仅表现为民众向主权者提出要求，是否允准均在主权者的裁断范围之内，主权可能被易

---

① 社会连带是法国学者狄骥提出的概念。狄骥认为社会是有一些彼此关联的主体构成的。社会连带分为同求的连带和分工的连带，社会并不是一种自上而下的梯架结构，而只是一种所有主体都有供应和需求的交互关系。参见：张文显：《二十世纪西方法哲学思潮研究》，法律出版社 1996 年版，第 118 ~ 121 页。

② 需要说明的是，当代世界里，有些时候人权与主权可以不正面接触。人民不是在任何时候都从政府那里得到人权。事实上，政府在任何时候能够赋予的人权都是十分有限的，它只能是承认某些权利，对人民的某种行为保持缄默，对人民的某种主张表示准许。却很难创造出人民可以获得利益的权利。这种利益只能通过经济和社会的发展来获得。所以，人民可以通过经济增长而获得好处，在这个意义上，跨国公司以及其他企业、团体都会为人权的改善提供路径。

手，主权者可能被推翻，而主权和人权的这种关系却没有改变。所以在这一时期看到的是国家垂直型的处理人权问题：保护、忽视或者遏制人权，却看不到人权对主权有任何作用。

（3）全球化促动人权与主权的关系复杂化。当主权者从原来的较为孤立的、彼此交往较少、大多体现为征伐与媾和关系的状态中摆脱出来，发展到彼此密切联系、经济政治频繁交往的状态，情况就发生了变化，主权与人权的关系就开始浮出水面。主权发展成为国际法上的一个重要原则，主权要求各国的尊重，主权者要求在世界上受到其他主权者的平等相待，在国际问题上具有同等的发言权和决策权。与此同时，第二次世界大战中的人道灾难以及此后的人权关注使得每个国家的人权状况都随着人与信息的流动而走向世界，这种信息的跨国化引起了一系列的连锁反应。① 国家政府、私人、非政府组织、国家间组织和一些超国家机构的行动在不同的侧面影响着国家在人权方面的行动。②

（4）国际社会的理性化使主权者成为人权的要求者。19 世纪末以后，国家之间不停地征战导致人类的希望渺茫，梦想破灭，国家之间越来越需要达成妥协，共同发展。国家之间开始彼此克制、建立契约、试图形成一个类似国内社会那样的有秩序的交往体系。在这种努力之下，国家之间那种以强凌弱、动辄刀兵相向的情况有所改变，国际法制体系逐渐构建起来。现在，如果用国内社会的标准来审视国际社会，我们必须承认它离法治社会还有很大的距离，但是这仍然给弱小的国家带来了生存的可能和发展的机会。在政治上取得地位之后，这些国家开始考虑其经济、文化和社会前景，进而要求强国对其给予更多的考虑，赋予其更佳的发展环境，给予其更优的待遇。并且，它们将这些要求上升为人权的一个部分（和平权、发展权等），要求世界给予充分的尊重。在这个时候，主权者的身份发生了戏剧性的变化：由以往的一个居高临下的决定人权者转变为向国际社会提出主张的要求人权者。这样，人权与主权的关系又添加了一层新的含义。

（5）地球环境的恶化改变了主权者之间的关系。科学家、探索者们至今没有为我们找到第二个可供人类生存的地方。在巨大的人口和环境压力下，人类的建设

---

① 参见王玫黎：《人权的性质：国内性与国际性——兼论人权与国家主权的关系》，载《浙江省政法管理干部学院学报》1999 年第 2 期，第 18～23 页。

② 罗艳华：《历史演变中的主权与人权：矛盾、交叉与重合》，载《国际政治研究》2003 年第 1 期，第 103～109 页。

能力显得十分有限，而破坏能力却已经大得出奇。① 人类活动的很多环境效应是不可逆的，在这些因素的促动之下，一些先行者们提出了“可持续发展”的概念。笔者认为，“可持续发展”并不是“永续发展”，并不是人类子孙万代无穷无尽、千秋万载一统江湖地发展下去，而只是人类在灭亡的危险前挽回颓势的一种努力。② 环境是各国共同的环境，是过去、现代和未来所有人类共同的环境。各国政府如果不能坐在一起踏踏实实地商定一套切实可行的计划，那么人类的未来岌岌可危，人类存续的日子屈指可数。在这种时代，必须十分审慎，避免任何大的国内、国际冲突；因为任何一场冲突都可能会输掉整个人类。所以，就必须在地球上的诸国、诸人之间越来越多地形成共识，用理性与和谐来构成这个世界的主旋律；让世界尽量在和平和安宁之中维持和发展。所以主权者之间越来越谨慎、越来越强调彼此之间协调和共同行动的重要意义。在这样的背景下，既然人权在现代社会很受重视，为世界文化所赞同，所以也成为共识的若干事务中的一个十分重要的方面。在这一事务上，既要避免大国霸权的任性扩张，也要避免一些国家的任性封闭，任何过于追求独特的行为都会妨碍国际关系的和谐性。在共识的基础上构建起互通的制度，这就是当代国际社会背景下人权法制的趋同化。

2. 理想状态下的和谐发展。人权和主权之间的交叉关系以及二者的紧密联系是否意味着二者可以在各自的轨道上顺利发展呢？从理想上看，主权和人权二者是可以互相协调、互相促进、共同发展的。在理想上，既然人权是人类幸福的制度化设计，是人类终极目标的一部分，那么很容易推出所有的国家都应当为承认、推进、促进、保障人权而努力的结论；③ 进而，主权作为服务人民的需求、引领人民走向幸福和代表人民谋求幸福的法律机制，也必然会内在的追求人权。④ 这即是一

---

① 从根本上讲，人类是自然的消耗者。本来人可以通过在食物链中的转化而为自然的循环作出贡献，但是现代人们越来越超出食物链，凌驾于食物链的上方；这样人类实际上就只是吸取自然界的营养，很少能够给予自然界什么；人类所作的“建设性工作”，很多在后来看来无论对人类自身还是对自然界都是破坏性的。

② 参见何志鹏：《全球可持续发展的困境与出路》，载张乃根主编：《当代国际法研究》，上海人民出版社2003年版，第464～486页。如果客观地认识和评价现在人类所处的环境水平，就会觉得笔者的说法并不是在危言耸听。

③ “主权国家的政治权力取得其正当性治理的条件在于承认人权的法律地位，并且以法律保障人权行使。”蔡英文：《主权国家与市民社会》，北京大学出版社2006年版，第91页。

④ 参见张爱宁：《国际人权法专论》，法律出版社2006年版，第90页。

些学者所阐述的人权与主权关系的本原同质性。① 古典自然法学派的学者主张，主权应来自于对国民自由与财产的保护。博丹认为，每个人都具有权利和义务，划分私有财产是国家产生的基础，保护私有财产不受侵犯是国家的基本属性；格劳秀斯认为，国家是自由人为了享受法律的利益和求得共同福利而联合起来的完善的结合体；洛克认为国家是人们相互协议的产物，政府的权力源于民众的契约授予，政府的主要目的是保护财产。② 卢梭通过公意而形成人民主权这一方式将人权与主权整合到了一起。这些学者认为，主权源于社会契约，是人们将原本属于自己的自由让渡给集体之后才产生的一种决定权。从这些理论分析看，主权者实施主权为人权服务，通过主权的方式更好地实现人权。一些学者主张，主权是人权的原因，现代社会以国家为基本政治、经济、文化单位，代表国家的政府是保护人权的主要力量，只有存在了主权才能够确保人权的良好状况和有效发展，没有主权人权就无从谈起。③

3. 现实状态中的双向作用。现实总是没有理想那么完美。社会契约理论仅仅是一种逻辑上的推演，真正的社会现实远不像畅想的清晰。④ 国家主权出现有其自身的惯性和逻辑，有其自身的政治目的，人们也因为惯性（有时是无奈）而生活在国家的统治之下，任何一个国家都不是通过社会成员的公意形成的。国家主权仅仅在理论逻辑的起点上是人民主权，和人权并行不悖；在实际发展中则是为国家机关享有的国家的最高权力，人民仅仅在名义上、作为一个整体而享有主权，实际上在国家机器面前个人非常渺小，根本谈不到享有国家权力，也谈不上向国家要求权利。⑤ 主权未必一定会保护人民。如果说人在无政府状态下未必生活得好、未必有完善的人权的话，那么在暴政的国家之中，人所拥有的权利就更加可怜。但是二者也并不是单纯的此消彼长的关系，而是在多个接触面上形成多样性的关系。

（1）人权和主权之间的促进效应。人权必须得到有组织社会内其他人和机构的承认和尊重，尤其需要得到权威的认可；而至现时为止，有组织的社会的最高、

---

① “人权和主权在根本上都是为了维护人的基本尊严和价值，尊重和保障人权的最高状态是人民成为主权者。……国家主权的终极归属是人民对主权的享有。”刘杰：《人权与国际主权》，上海人民出版社 2004 年版，第 45 页。

② ［英］洛克：《政府论》（下册），叶启芳、瞿菊农译，商务印书馆 1964 年版。

③ 齐宏亮：《主权独立是全面保障人权的基本条件》，载《青海社会科学》2001 年第 6 期，第 15～18 页。

④ 详细的分析，参见何志鹏：《非社会契约论》，载《安徽大学法律评论》2005 年第 1 期，第 122～150 页。

⑤ 刘杰：《人权与国际主权》，上海人民出版社 2004 年版，第 45 页；曾璐：《国家主权原则与国际人权法的辩证关系》，载《南京政治学院学报》2000 年第 6 期，第 52～54 页。

最佳形态是国家，有组织社会权威的最佳、最全面表现是主权者。所以，主权是承认和尊重人权的最佳权威。实践也证明，虽然偶有超越，但人权主要由主权者管辖；主权者会促进人权的实现。独立的国家往往会采取有力措施保护人权，而无主权的土地上人权容易受到侵犯。与此平行的是，如果能够充分实现人权，主权运作的阻力将减小，实施起来会更加顺畅。主权体现为“对内最高”和“对外独立”两个方面，对内的基本要求是人民的服从，对外的基本要求是其他国际法主体的尊重。这两个方面都与人权有密切的联系。一个尊重人权的社会中，主权者会受到人民的拥戴，主权也就更加稳固，实行起来也会更加顺畅；在世界各国都将人权列为日程表中的重要事项的当代国际社会，充分尊重人权、努力实现人权的主权者也会在国际社会提高声誉，受到广泛的尊重，在国际事务中也容易顺利地实现主权。

（2）人权和主权之间的阻滞效应。主权是主权者的权利。主权者不是全体民众，更不是居于社会中的弱者；而人权作为社会中居于弱势的人的主张，多数情况下都意味着与主权阶层分享资源。主权者由谋取自身利益的人组成，在很多情况下，会否决或者部分否决民众的人权要求，而且容易受少数人的引导、控制和操纵；这样，主权者重则采取种族歧视、种族灭绝等手段压抑人权，比如统治集团在国内大规模的实施暴政，或者入侵其他国家对他国的人权造成巨大损失；轻则以各种各样的借口推迟人权的落实。也就是说，主权者有可能为了其他目的而忽视甚至践踏人权，人权与主权很容易出现矛盾。与此同时，人们需求的增长也使全球的物质资源、文化资源呈现出一种有限甚至稀缺的状态。① 在政治、经济、文化资源有限的情况下，人权和主权就都不能任意发展。归根结底，人权与主权都需要物质力量作为保障，都需要他人的承认与尊重，都需要他人作出一定程度的让步甚至牺牲，这样，人权与主权就会经常摩擦，甚至发生激烈的碰撞。在全球化的时代，人权还要求冲破国家的地域界限在全球范围内进行发展，也就是试图超越主权，实现与主权的抗衡。这就造成了人权与主权更加紧张的关系。

（三）人本主义和世界和谐：国际法治的标尺

人是我们价值体系中的最高目标，人类社会的一切行为与制度都必须以人为基础、以人为目标、以人的幸福为指引。对于人类社会而言，没有超越人的价值，没有人之外的价值。法律体制以及以此为基础的法治的终极目的应当是人的幸福。国际法治和国内法治一样，都应当建立在人本主义的基础上。

---

① 这是经济学的基本假设。参见 N. Gregory Mankiw, Principles of Economics, The Dryden Press, Harcourt Brace College Publishers, 1998, p. 4；[美] 保罗·萨缪尔森、威廉·诺德豪斯：《经济学》（第18版），人民邮电出版社2007年版，第3～5页。

以人本主义的国际法治理念为基点，可以看出，人权和主权本身都不是目的，都是为人的利益、期待、希求而服务的。人权与主权从主体上看并无价值选择的优先性，人权和主权虽然可能会归属于不同的人，但归根结底他们都是没有优劣之分的人。个人与社会是互相依赖、互相关联的。需要认识到，同样是世界上的人，虽然可能属于不同的群落，其利益都很重要。人权与主权二者之间是平位的关系，在现代社会它们是处于同一平台上的两个概念，虽然有些权利表面上看属于群体，但是它们都可以被还原成个人的权利，可以想见，与个人权利没有任何关系的群体权利是不会博得任何人的拥护的，所以这种权利根本不会存在。没有必要比较人权和主权的优先性，而只能就具体情势，通过适当的手段，协调二者之间的关系，使二者共同为实现人类的利益和持续发展服务。

（四）人权与主权关系上的原则

在前述思想的基础上，笔者认为，以下四项可以作为在当前国际关系背景下认识和处理人权主权关系的基本原则：

1. 国家保护原则。实现充分的人权是全人类共同追求的目标和理想，但是主权作为配置资源最核心、最主要的一种权力机制，适合于承担起保护人权的首要责任。① 在国家之下的层面，各项权力均可受制于国家，国家之间的层面则取决于国家的态度，国家之上的层面在相当长时间之内还不能成功地确立起普遍有效的机制。所以由主权者保护人权是当前国际关系形势下的必然。② 如果从一国的角度来估量如何看待主权与人权的平衡关系，可以比喻成一个“利益函数”：函数所求的是各国针对某一人权与主权关系事件的对策，函数之中的变量是每一种情况下的所有客观事实条件，常量就是国家的利益追求，这个“利益”的概念与人权越接近，主权者认可、保护人权的程度就会越高。

2. 国际合作原则。人权、主权都应在国际社会充分协商、公开透明的立法程序中予以考虑和安排。由于国家的利益驱动促进了国际交往、各国公民在跨国维度上的比较与选择、被统治者与统治者所生活的环境体现出了很大程度的相同性，使得主权和人权之间更多的是谋求共性和妥协，而不是制造冲突和对立。所以，主权者之间在人权问题上达成平衡虽然困难，但并非绝对不可能。在不同文明之间相互

---

① 参见张爱宁：《国际人权法专论》，法律出版社 2006 年版，第 93 ~ 94 页。

② “不可能脱离国家体系而描述人权的国际保护，国家为人权提供了第一道保护，并且与国际体制密切交织。”Malcolm D. Evans, ed., International Law, 2nd ed., Oxford University Press, 2006, pp. 753-755.

尊重、沟通交融的基础上摆脱在人权问题上的对抗、确立人权合作的机制是可能的。① 在以实现人类的健康、持续发展的共识之下，主权者既有必要、也有可能在人权事务上充分合作。②

3. 多元监督原则。卢梭曾说过："人生而自由，却无往不生活在枷锁之中。"如果从辩证的角度去理解的话，不仅这句话是可以成立的，而且同样适用于国家。在一个法治社会之中，所有的权力、权利都应被置于法律之下，尊重法律体现的原则、遵守法律形成的规范、遵从法律确立的模式、遵行法律确立的秩序。没有任何一个原则是绝对和排他的，没有什么资格和地位是至高无上的。所有的行为者都应在法律之下，而不应在法律之上。任何权力或者权利，如果没有良好的监督执行措施，都有可能异化。为了避免在人权保护领域的异化，必须确立起切实有效的监督机制。在当前"全球治理"的实践之中，监督的主体、方式都是多元的。这种多元的监督结构不仅有助于扫除盲点、避免专断，而且也可以发挥各自优势，提高效率。在经济、社会等领域，主权者应允许国际社会对其人权状况进行监督甚至批评，从而推进国家的法治文明。

4. 依法治理原则。法律是理想与现实之间的桥梁。它将思想、理论中的理想和预期诉诸规范，作为指引、约束行为者的工具。此时，它为现实确立起一种应然，通过规范性的设定调整和规制描述性的现实。法律的特点是公开透明，法律的功能是定分止争。在处理人权和主权的关系上确立依法治理的原则，有助于国家之间对权力、义务、责任、救济手段与程序有清楚的认识和明确的预期，在采取相关措施的时候有章可循，而非随机、任性，这有助于减少冲突和摩擦。

（五）调整主权与人权关系的法治结构

在人权一主权关系中，片面强调某一项高于另一项在实践中是有害的。为了实现人权与主权的协调发展，人权与主权均应置于法律的规范之下，都是有限的。在

---

① 日本学者大沼保昭在探索跨文明的人权关系上作出了很多贡献。他反对美国学者亨廷顿所认为的文明冲突论，认为至少在人权问题上可以出现一种不同文明相融合的思想，并给予此构建制度。参见［日］大沼保昭：《人权、国家与文明》，王志安译，三联书店 2003 年版；［日］大沼保昭：《探索文明相容的人权观》，载《二十一世纪》2000 年 4 月号（总第 58 期），第 114 ~ 120 页；Onuma Yasuaki, In Quest of Intercivilizational Human Rights: Universal vs. Relative Human Rights Viewed From an Asian Perspective, in Human Rights and Humanitarian Law, ed. by D. Warner, Kluwer Law International, 1997.

② 张爱宁认为，"保护人权与尊重主权相辅相成共同构成国家行为和国际秩序合法性的基础"（张爱宁：《国际人权法专论》，法律出版社 2006 年版，第 97 页），主要就是从合作的角度探讨的。

法律的指引下主权可以与人权互动，挖掘出个人主义精神的积极功能，同时遏制其消极功能，缔造社会的稳定与繁荣。这就要求我们动态发展地看待国际法，在认识到实践中人权与主权错综复杂的关系的前提下，以法治的精神、法治的原则、法治的理念、法治的要求去调整人权和主权的关系。

1. 法律确立保护人权的准确定位。如前所述，在良好处置的情况下，人权和主权有可能相辅相成。比如，主权者可能作为人权的保护者，主权者成为人权的主张者（发展权、民族自决权）；如果不能良好地处置，则主权者可能成为人权的破坏者（主权者侵害国内的人权，主权者以侵略或者制裁的形式侵害外国的人权）、人权成为主权的挑战与侵蚀者（人权可能作为破坏国家整体利益的工具）。所以需要法律确立良好的目标，确认各国保护人权的职责是主权的根本目的之一。

2. 应当在国家间充分协商的基础上，明确当代世界上保护人权的共同标准。在主权林立的国际社会中，如果没有一套各国遵从的规范，人权将仅仅是一种政治工具。因此，在国际关系中，有必要分清名义的人权与实质的人权。正如前面已经讨论过的，实质的人权是为了提升人的普遍性的生活质量而进行努力；而名义上的人权则是带着人权包装的、形形色色的政治手段。国家之间很可能会因为哪些人权更值得保护（人权的位阶问题）、哪些人权应当以何种方式保护、甚至哪些权利属于人权的问题进行无休止地争论。只有在法律对于人权保护的体系、人权保护的标准确定了之后，国家之间的争论才可能减少；只有在国际社会对于人权保护的程序和救济程序达成一致的时候，国家才有可能真诚的保护人权。因此，法律应当明确地列举国际社会应当保护的权利的清单（当然，这个清单是可以随着时代的发展而变化的），① 这个清单应列举人权的具体内容与保护程度，它实际上为国际社会在人权方面的努力方向确立了一个应然，进而要求各国通过遵守规范而把这种应然转化为实然。这个人权的清单必须在顾及各国的政治现实和发展能力的基础上作出，同时成为各国制度共同努力的目标。1948 年的《世界人权宣言》、1966 年的《经济、社会和文化权利国际公约》和《公民权利和政治权利国际公约》及其《任择议定书》，以国际法的形式确认人权的内容与国家的义务。1986 年联大通过的《发展权利宣言》确认发展权是一项不可剥夺的人权；1993 年联合国世界人权大会通过的《维也纳宣言和行动纲领》，强调了人权普遍性与特殊性的统一和各类人权

① 有的学者提出，一个具体化的人权清单，不论其跨文化接受性和国际接受性有多么广泛，都仅仅反映一个特定时代的必然暂时的理解。［美］罗伯特·J. 阿特、罗伯特·杰维斯：《国际政治——常在概念和当代问题》（第七版），时殷弘、吴征宇译，中国人民大学出版社 2007 年版，第 602 页。我认为这个观点充分揭示了人权的特殊性，而非普遍性。

的不可分割性，并对今后国际人权活动提出了指导原则和行动纲领。① 二战以后的60多年间，联合国共通过了70多个有关人权的宣言、公约和议定书，其内容涉及社会生活各个领域。在此基础上建立起一个粗具规模的国际人权保护体制；与此同时，美洲、欧洲、非洲等地区根据各自的历史、文化、社会制度和意识形态，制定了区域性保护人权的公约，创制了人权的区域保护制度。② 国际人权法领域的建设为世界人权共同标准提供了条件，需要在此基础上进一步协调、统一，并获得世界各国的广泛认同。

3. 法律也必须确立国家的义务以及国家在不履行义务的情况下国际社会的救济措施和违背义务国的责任。作为国际社会主体，国家必须信守国际法，否则公正无以确立、体制无以存续、秩序无以形成。在人权领域，需要法律对国家应当承担的义务进行明确的规定，如果不具体地列明国家的义务，主权者很可能怠惰推辞，很难指望主权者会在没有任何压力和监督下保护人权。法律的功能在于保护私人权利免受政府的侵犯，这条来自国内宪政思想的主要原则，同样适用于国际法之中。③ 只有明确国家在每项人权方面应尽的义务，才有助于把理想和现实沟通起来，使世界各国能够为了实现实质的（而非名义的）人权、真正地（而非仅限于口号）提高人权水平而切实作出努力。

4. 法律需要确立妥善的监督程序。在保护人权的范围、国家应当承担的义务、国际社会应当扮演的角色等关键问题上都需要良好的程序机制方能达成一致，并且被广泛的赞同和遵守。应当效仿贸易领域的成功范例，根据公开、透明、平等的原则形成一套多边的人权监督体制，避免霸权主义的单边指责与干涉。

长久地看，法律是一个“变量”而非“恒量”，其自身的建构是个关键的问题。以上述标准观之，当前的国际人权法体制已经粗具规模，但还存在着诸多不足之处。比如，大量的人权条约对于人权内容的规定存在重叠，这些条约相互独立，区域性保护机制与全球性保护机制并存，充分体现了国际法不成体系的特征；与此同时，对国家需承担的义务以及相应的责任规定得不明确，相应监督措施显得非常

---

① 关于联合国的人权文件简介，参见徐显明主编：《国际人权法》，法律出版社2002年版，第58～109页；更概略的介绍，参见《中国大百科全书·法学》（修订版），中国大百科全书出版社2006年版，第424～425页。

② 关于全球和区域性的国际人权体制，参见徐显明主编：《国际人权法》，法律出版社2002年版，第58～109、127～173页；李步云主编：《人权法学》，高等教育出版社2005年版，第359～391页。

③ Mark W. Janis & John E. Noyes, Cases and Commentary on International Law, 3rd ed., West Group, 2006, p. 368.

薄弱，给单边主义留下了很大的空间。① 这些都有待于依照国际法治的原则与目标进行改革和发展。

结　论

人权和主权的关系错综复杂。基于前面的分析，可以认定，无论是主权，还是人权，都既有其理想的一面，也有其现实的一面。将主权的理想与人权的现实相比照，或者将人权的理想与主权的现实相映衬都有可能导致不正确的理解。所以有必要确切地分开理想中的人权、现实中的人权、理想中的主权、现实中的主权各自是什么，涵盖哪些内容。在现实中，主权作为一种地域的最高权力，既有积极的一面，也有消极的一面。人权作为一种残缺的国际制度体系，既有实现人权理想的一面，也有阻碍人权理想的一面。这样，人权和主权成为不同领域和层面的理念与制度，具有了不同的追求。从好的方面看，主权者会保护人权，人权会促进主权者的合法化；从不好的方面看，则容易形成主权壁垒，人权工具。在某些时候，人权可能成为主权者的主张对象：民族自决权、发展权；在极端的情况下，主权者还可能成为人权的大规模伤害者。人权和主权的关系是不能一概而论的，任何一种极端的主张都有可能导致理论和实践上的不良后果。如果认定主权优于人权，就会在理论上忽视人权的重要价值，在实践中就会导致主权者利用手中的优势任意裁剪人民的权利，增加政府的专断性和任意性，最终导致法西斯主义。反之，如果认定人权优于主权，就会陷入无政府的泥沼之中而不能自拔。因为人权的范围必须由其外的力量而加以确定（一般是由主权者，即国家政府确定的），人权优于主权的观念使政府限定人权范围的行为的合法性遭到质疑，进而无法确定人权的范围，没有确定范围的人权就会像哲学中谈到的没有限制的自由一样，最终形成一种绝对混乱的社会状态。人权与主权的关系是对立统一、交错发展的，二者有相互掣肘的一面，也有相互促进的一面。在多数情况下主权与人权的关系并不是不共戴天的，而是相对的、妥协的。国家行政者不能拱手将处理人权、评价人权之权力让予他人；但亦无法完全自己解决，在这种情况下，国际社会在跨文化交流的角度设定一套标准是可能的。

在没有法律进行良好指引的情况下，主权和人权都不可能达到预期的目标，都有可能被滥用，也都有可能被践踏。从理论上说，主权和人权不能抽象的、先验的区分高下，只能根据国家的世界、个案的情况，综合考虑国家的发展水平、国家的

① 参见［美］罗伯特·J. 阿特、罗伯特·杰维斯：《国际政治——常在概念和当代问题》（第七版），时殷弘、吴征宇译，中国人民大学出版社2007年版，第604～605页。

文化基础与民族传统、国民的现实生活状况与期待、国家的经济与社会发展的目标、国家的政治利益、国家的国际地位与声望等因素进行具体地权衡，确定一个良好的平衡点。这一平衡点既使主权者有动力和压力充分地保护人权，同时又不使人权成为破坏国家独立、危害国家安全的借口。但这个平衡点在现实中很难找到。所以，客观上需要法律的参与。

随着国家认识方式的变化、操作方式的变化，主权的意义会逐渐的发生转变。在当前国家之间相互依存程度提高、以至于在很多方面全球化的背景下，在国际组织和国际制度日趋发达的情况下，强调主权的绝对性已经不再可能。国家之间的关系不是丛林之中的秩序，国家之间可能通过合作与制度走向共赢，正和博弈。现代社会国家主权的表现是多样化的，主权者之间的合作、部分主权让渡给区域性或全球性组织机构、主权者对施行主权进行自我限制等为人权与主权的平衡打开了一扇门，这些手段较为理性、方法较为柔和、目的较为切实、效果较为积极的主权限制，是历史的进步。随着人权的观念更深入人心，世界各国都会更真诚地保护人权，国家、政府利用主权为了人民而付出努力，贡献制度，与其他国家合作，遵守国际制度。法律以其稳定性、可预期性和明确性为应当保护的人权列出清单，为主权者以何种方式保护这些权利作出规定，对未能达到这些标准而应当承担的责任明确落实。这样一来，作为主权者的国家在人权领域的权利、义务、责任就变得清晰，既不至于担心外来的不当干涉，也没有理由不完好的维护人权。而在确立和实施这样的法律的过程中，国际组织机构需要发挥更重要的作用。① 国家之间在人权问题上以真诚的精神、守法的方式共同推进、维护人权，就有可能在法律的权威下、通过对法律的普遍信仰和服从形成良性的主权人权关系。

Human Rights and Sovereignty from the Perspective of International Rule of Law

HE Zhipeng

Abstract Ideally, human rights can be deemed as the expression of human welfare in the context of law, and sovereignty can be regarded as the means to realize human

① 欧洲理事会在人权方面的实践值得国际社会参考和借鉴。参见 www. echr. coe. int.

welfare within the territory of a state in international community. However, in reality human rights are always linked with resources and culture, and sometimes may be abused with political aims which are not for the benefit of human being. Similarly, sovereignty plays the role of power of the few instead of serving, leading and delegating all the people within the boarder as in the ideal. Therefore, it is necessary to set up substantive and procedural rules to ensure that human rights are respected and protected at a trans-cultural level, and all states recognize, obey international legal rules in this field in good faith, so to set up an authoritative and effective mechanism to promote human rights throughout the world. For this purpose, it is necessary to avoid debate, threat and conflict on human rights which use human rights as political tools.

Key words sovereignty; human rights; globalization; international relations; international rule of law

美国《非洲增长与机遇法案》述评

□ 刘 勇*

内容摘要 《非洲增长与机遇法案》（AGOA）是美国特惠贸易待遇体制的重要组成部分。从立法背景来看，AGOA 是美国对非政策的历史演变的结果，体现了美国政府对非洲大陆的战略价值的日益重视。AGOA 项下的受惠国、受惠产品都需符合相应的条件。AGOA 促进了受惠国的出口贸易，但同时也存在若干不足；AGOA 项下的纺织品和服装条款受制于过于严格的原产地规则，实施效果比较有限；AGOA 在 WTO 多边贸易体制内恐难获得义务豁免，同时与"授权条款"也有不符之处。中国应借鉴 AGOA 的经验与教训，构建适当的对外援助政策体系。

关键词 美国 特惠贸易安排 AGOA

目 次

* 浙江财经学院法学院副教授，法学博士。

五、进一步的思考：对中国的三点启示

（一）建立综合性的对非援助政策

（二）确保零关税待遇政策的合法地位

（三）推进中国对外援助的法制化进程

一、引　言

依据国际经济法律体制中得到公认的特殊与差别待遇原则，发达国家可以不受最惠国待遇义务的约束，单方面为发展中国家（包括最不发达国家）的出口产品提供非互惠性的贸易优惠待遇（本文将之称为南北特惠贸易安排），以增加后者的出口产品的竞争力和市场准入机会，并为其经济、社会政策的改革提供动力。就形式而言，这种安排可以是南北国家之间的特惠贸易协定（如《洛美协定》和《科托努协定》），也可以表现为给惠国的某一项国内法案（如本文所探讨的《非洲增长与机遇法案》）。

美国在建立和实施南北特惠贸易安排方面颇为积极。通过单方面提供贸易优惠待遇（主要是零关税待遇）来为受惠国创造更多的进入美国市场的机会，以此来促进、鼓励受惠国的经济与社会发展，并以贸易优惠为媒介，强化美国全球政治、经济战略的实现，这是美国对外贸易政策的重要内容之一。截至 2008 年 6 月 30 日，美国政府共针对不同的受惠对象设置了以下四种特惠贸易安排：

表一　　美国特惠贸易安排一览表①

名称	优惠对象	法律依据	启动时间	最新的有效期	备注
普惠制安排（Generalized System of Preferences）	向符合条件的 131 个受惠国与 4600 多种进口产品提供免税待遇	《1974 年贸易法》	1976 年 1 月 1 日	2008 年 12 月 31 日	第一期普惠制安排的有效期为 10 年，到期后经过了多次延长

① USTR, Preference Programs, available at http: // www. ustr. gov/Trade _ Development/Preference_ Programs/ Section_ Index. html, visited April 30, 2008.

续表

名称	优惠对象	法律依据	启动时间	最新的有效期	备注
安第斯贸易优惠法案（Andean Trade Preference Act）	向4个深受毒品问题困扰的国家的大约5600种出口产品提供免税待遇	《安第斯贸易优惠法》（1991年）；《安第斯促进贸易与消灭毒品法》（2002年）	1991年1月1日	2008年12月31日	4个受惠国包括玻利维亚、哥伦比亚、秘鲁、厄瓜多尔
加勒比盆地经济振兴计划（Caribbean Basin Initiative）	向中美洲和加勒比盆地国家或地区的特定输美产品提供免关税待遇	《加勒比盆地经济复兴法》（1983年）；《美国—加勒比盆地贸易合作法》（2002年）	1983年10月1日	2008年9月30日	受惠者包括巴哈马群岛、海地、牙买加、巴巴多斯、特里尼达和多巴哥、哥斯达黎加、多米尼加、圭亚那、伯里兹等19个国家或海外属地（dependent territory）
非洲增长与机遇法案（African Growth and Opportunity Act）	针对撒哈拉沙漠以南非洲国家的特定输美产品提供免税和免配额的待遇	《非洲增长与机遇法》（2000年）	2000年10月1日	2015年9月30日	AGOA分别于2002、2004、2006年进行了修订

那么，上述美式特惠贸易安排的实施效果如何？它们对中国正在建立与实施的对外援助政策是否可以提供一些有益的启示呢？本文选取了针对撒哈拉沙漠以南非洲国家（下文称黑非洲国家）① 的输美产品提供免税和免配额待遇的《非洲增长与机遇法案》（下文称AGOA）加以研究，追溯其产生的历史背景，分析其基本规定，对其实施效果予以若干评价，并从法律角度进行考量，在此基础上对中国构建适当的对外援助政策体系进行了思考。

① 共计48个国家，它们都是AGOA项下潜在的受惠国。

二、AGOA 的立法背景：美国对非政策的历史演变

任何事物都是特定历史阶段的产物。AGOA 的诞生也有其特定的历史背景。从根本上讲，AGOA 是美国日益重视非洲大陆的重要价值、逐步调整对非政策的重要成果。它是美国对非经济战略的重要组成部分，是美国政府对非经济政策的基石，同时也服务于美国的对非政治与军事战略，服务于美国的全球反恐战略。总之，AGOA 着眼于美国在非洲的国家利益。

自 20 世纪 60 年代以来，非洲大陆的许多前殖民地纷纷取得了独立地位，一些新的国家开始屹立于世界民族之林。主要受冷战思维的影响，在很长一段时间内，美国政府的决策者并不把非洲大陆作为外交政策的中心，也不重视非洲国家在经贸领域的重要价值。在 20 世纪 90 年代以前，美国在非洲的经济战略主要体现为向部分具有军事利益的非洲国家（主要包括肯尼亚、利比里亚、索马里、苏丹、扎伊尔、埃塞俄比亚等六国）提供直接的经济援助，而这些措施的主要目的是为了消除苏联在这些国家或地区的影响，而不顾这些国家内部非民主的政治体制和经济弱点。① 同时，由于期望法国在非洲国家（特别是法语国家）抵制共产主义的渗透，美国任由法国垄断了非洲地区的贸易。② 总之，冷战使美国难以客观审视非洲大陆的真正价值，对非政策因此只服务于冷战和遏制苏联的地缘政治考虑（geopolitical considerations）。③

20 世纪 90 年代，随着两极对峙格局走向解体，以政治利益和军事安全为核心要素的地缘政治学的重要性日益降低，而以产业竞争力和综合国力为核心要素的地缘经济学的地位逐步提高。冷战结束后，美国面临着以经济挑战为特征的新威胁，新威胁不再是传统意义上苏联军事进攻的威胁，而是来自日本、统一的欧洲以及亚洲新兴工业化国家的经济挑战。在国际政治出现微妙变化的大背景下，当时的克林顿政府在战略思想上实现了以地缘政治为重心向以地缘经济为重心的转移。穿过冷战的迷雾，美国开始在对外政策中重新考虑非洲的重要经济价值。同时，贸易被普遍认为是扭转当时美国严峻的经济形势的“良方”，新的贸易政策也因此构成克林

---

① 复迪、卢祖送：《冷战后美国对非洲政策和国际关系理论》，载《国际观察》2001 年第 2 期，第 51 页。

② 张汉林、胡骏宇：《新时期美国对非洲的新贸易政策》，载《国际贸易》2006 年第 5 期，第 37 页。

③ Ryan McCormick, The African Growth and Opportunity Act: The Perils of Pursuing African Development Through U. S. Trade Law, Texas International Law Journal, Vol. 41, No. 2, 2006, pp. 340-341.

顿执政纲领的重要组成部分。① 可以说，国际形势和美国国内政局的重大转变为AGOA的诞生提供了基本的土壤。

另一方面，非洲自身的情况也向着好的方向发展。自20世纪90年代以来，非洲动荡的政局逐步走向稳定，经济持续出现增长的势头，其潜在的战略价值开始显现，并日益得到美国领导者的重视。例如，非洲的市场潜力巨大、有美国需要的大量矿产资源、美国企业在非洲的投资回报率很高等。美国政府根据非洲形势变化和美国全球战略考虑，重新审视了非洲的战略价值和美国在非洲的战略利益，并着手调整非洲政策，新的非洲政策由疏远非洲变为重视非洲，将政策重心由政治转为经济，由援助转为贸易和投资。② 由此，美国对非洲的态度也愈加积极。

乌拉圭回合多边贸易谈判结束之际，美国开始考虑正式以法律形式确立对非贸易政策。乌拉圭回合达成的一系列多边贸易协定的主要宗旨是减少甚至消除国际贸易的各种壁垒，要求各国降低市场准入的门槛，促进国际贸易的自由化进程，从而促进经济资源在全球范围内的优化配置。但在这一过程中，非洲的一些小国或穷国执行乌拉圭回合协定、应对贸易自由化浪潮冲击的能力令人担忧，关键是有可能对美国在非利益产生不利影响。参议院财经委员会（committee on finance）认为，"乌拉圭回合协定，特别是农业协定，将有可能对非洲国家的进出口能力产生影响；因此，委员会主张应及时建立对非洲的综合性贸易和发展政策，并相信这将有利于美国的经济和国家安全利益"。③ 1994年，美国国会在通过旨在执行WTO协定的《乌拉圭回合协定法》时，特别要求总统在5年内每年向国会作出报告，探讨如何建立和实施一个综合性的对非贸易政策。1996年2月，克林顿政府提交了第一份报告，该报告就如何增加贸易往来、促进经济改革、改善投资环境、强化民主治理等方面进行了阐释，并特别指出，传统的经济援助在满足非洲国家需求方面的作用已经日渐式微。

第105届国会决定正式开始对美国对非贸易法案进行审议，AGOA的立法草案也正式进入国会参众两院的议事日程。1997年4月，部分议员提交了一份名为African Growth and Opportunity Act的新议案（H. R. 1432）。该议案主张：增加撒哈拉沙漠以南的非洲国家的纺织品与服装进入美国市场的机会，如取消所有的配额限

① 张建新：《权力与经济增长——美国贸易政策的国际政治经济学》，上海人民出版社2006年版，第92~101页。

② 朱炳文：《美国调整非洲政策》，载《国际经济合作》2000年第8期，第15页。

③ Ryan McCormick, The African Growth and Opportunity Act: The Perils of Pursuing African Development Through U. S. Trade Law, Texas International Law Journal, Vol. 41, No. 2, 2006, footnote 35.

制，同时要求这些国家建立签证制度，以防止非法转运；修改普惠制安排，授权总统向所有适格的撒哈拉沙漠以南的非洲国家的产品提供免税待遇，进口产品须不具有进口敏感性（import-sensitive），也就是不会对美国的国内产业造成损害或损害威胁。经过多次争论和修改，众议院于1999年7月以234票对163票通过该法案；参议院于1999年11月以74票对23票通过该法案；2000年4月，参众两院召开大会，就有争议的部分（特别是纺织品与服装条款）进行了协商，并确定了AGOA的最终文本；2000年5月，克林顿总统签署了《2000年贸易与发展法》（AGOA为该法案第一部分的内容），AGOA于同年10月1日起生效。2000年之后，国会分三次不定期地修订了AGOA，如扩大AGOA项下的产品范围、延长其有效期等，下文将三次修订的法案分别称为AGOA II（2002年），AGOA III（2004年）和AGOA IV（2006年）。

三、AGOA的基本内容

（一）立法宗旨

从AGOA本身的规定来看，该法案的立法宗旨主要体现在三个方面：一是减少美国与撒哈拉沙漠以南的非洲国家之间的贸易壁垒，促进受惠国的经济发展，鼓励受惠国的经济自由化进程与区域经济一体化；二是增强美国与撒哈拉沙漠以南的非洲国家之间的贸易与投资关系，为签订互惠性的双边自由贸易协定与投资协定打好基础；三是促进撒哈拉沙漠以南的非洲国家的民主与政治体制改革，加强美国与受惠国之间的政治联系。① 基于上述规定，我们可以认为，尽管AGOA表现为一个非互惠的、单向的贸易优惠法案，其主要出发点是促进受惠国的经济与社会发展，但其最终目的仍在于增强美国政府和企业在非洲大陆的收益，促进美国对非的贸易与投资发展，扩大美国在非洲国家的出口市场和投资机会，同时输出美式民主政治制度和价值观念，增强非洲对美的政治、经济依赖度，将非洲国家纳入美国盟友的范畴，并服务于美国的全球战略。

（二）对一般产品的优惠待遇

1. 适格的受惠国②

受惠国必须符合以下条件：已经建立或正在建立市场经济体制，构筑一个开放

① AGOA, Section 102-103 (2000).

② AGOA, Section 104 (2000).

的、以规则为基础的贸易体系，明确保护私有财产，减少政府对经济活动的干预；确保法治（rule of law）与政治多元化（political pluralism），建立正当程序、公正审判以及确保公民受法律的公平保护；取消对美国的贸易与投资壁垒，包括提供国民待遇、保护知识产权和建立双边的贸易与投资争端解决机制；制定消除贫困的经济政策，增强卫生保健与受教育机会的可获得性；建立反腐败与贿赂的体制，例如加入《经合组织反对在国际商务交易中贿赂外国公职人员公约》；保护国际公认的劳工权利，例如自由结社与集会的权利、禁止强迫劳动、集体谈判的权利、可接受的劳动条件等；不得参与损害美国国家安全或外交利益的活动；保障人权，反对国际恐怖主义，并参与国际反恐的合作。

总统有权依据上述标准每年任命适格的受惠国。2000 年 10 月 2 日，克林顿总统首期指定了 34 个受惠国，嗣后根据客观情况逐步增加受惠国的数量。当然，依据 AGOA 的规定，一旦总统认为某一适格的受惠国嗣后未能满足上述条件，则可以将其从受惠国名单中删去。如布什总统于 2004 年 1 月 1 日取消了中非共和国的受惠国资格。原因在于：中非共和国的法治状况与人权保护不佳，如司法体制受到行政部门的影响，不能公正审判案件，同时腐败仍然很严重，且构成了经济发展的主要障碍；中非虽然接受了国际劳工组织的核心劳工标准，也制定了相关法律，但执行情况很糟糕，存在大量的使用童工的情况。根据美国官方公布的数据，截止 2008 年 6 月，还有 40 个撒哈拉沙漠以南的非洲国家享有受惠国待遇。①

对于受惠国来说，过于繁杂的条件极大地损害了 AGOA 的非互惠特性，并导致撒哈拉沙漠以南的非洲国家无法普遍、足额享受到 AGOA 项下的贸易优惠待遇。尽管从名义上讲，在美非之间的特惠贸易关系中，受惠国并无义务向给惠国的出口产品提供对等的优惠待遇，但由于实质上受惠国被迫接受和履行了给惠国强加给他们的各种条件和义务，因此这种名义上的特惠贸易关系已经演变为事实上的“互惠贸易关系”，同时客观上减少了撒哈拉沙漠以南的非洲国家享受贸易优惠的机会。国内有学者认为，发展中国家在享受来自发达国家的特惠贸易待遇时往往是“带着镣铐起舞”。② 此言可谓一语中的。本文以为，从促进穷国的经济和社会发展的角度来说，遴选特惠贸易安排的受惠国的标准应仅限于国家的经济水平或收入水平，而不是任何其他的什么条件。至于受惠国的国内政治、经济或司法体制，应由其他国际法律制度或安排来加以调整，它们与受惠国资格不应挂钩，否则就背离了特惠贸易安排的初衷。

---

① Countries Eligible for AGOA Benefits, available at http: //www.agoa.gov/eligibility/country_eligibility.html, visited June 30, 2008.

② 廖凡：《构建更加公平的国际贸易体制》，载《国际贸易》2007 年第 6 期，第 64 页。

2. 适格的受惠产品

AGOA 项下的一般受惠产品与美国的普惠制安排密切相关。依据美国目前的普惠制安排，美国总统确定的不具有进口敏感性的来自撒哈拉沙漠以南的非洲国家的商品，均可享有免税待遇，这类商品大约有 4600 多种，而 AGOA 在此基础上又规定了 1800 多种免关税的受惠商品，包括电子产品、鞋、手表、皮制产品、扁平餐具、玻璃产品、钢铁等，而这些产品都被排除在一般普惠制安排之外。也就是说，AGOA 项下的受惠国向美出口 6400 多种产品可享有免税待遇。因此，有观点认为，AGOA 的目的之一在于扩展美国普惠制安排项下的产品范围，以弥补普惠制安排的不足。当然，还可将之理解为广义上的美国普惠制安排的组成部分。① AGOA 项下的受惠产品须符合相应的条件。如，这些产品须由美国国际贸易委员会认定不具有进口敏感性；受惠产品须原产于特定的受惠国，判断标准是：受惠国所使用的原材料的价值或成本，加上生产加工过程的直接成本，须超过美国海关对该产品估价的 35% 等。

（三）对纺织品与服装的优惠待遇②

考虑到纺织品和服装历来是发展中国家的大宗出口产品，却被长期排除在美国普惠制安排之外，AGOA 特别允许撒哈拉沙漠以南的非洲国家原产的符合条件的纺织品和服装以免税、免配额的待遇进入美国市场，这是 AGOA 所取得的重要成就之一。其相关规定有：

1. AGOA 项下的受惠国并不必然能享受纺织品与服装条款项下的优惠待遇。也就是说，纺织品与服装条款对受惠国提出了额外的要求，包括：必须建立有效的出口签证体系；调查与杜绝非法转口与假造文件；建立符合条件的实施与认证程序；同意与美国海关进行合作，全力协助美国海关确认产品原产地。对于特定国家的签证制度与认证程序的要求，由美国驻这些国家的使馆根据具体情况来确定。依据上述标准，截至 2008 年 6 月，共有 26 个撒哈拉沙漠以南的非洲国家被确定为纺织品与服装条款项下的受惠国。③

2. 纺织品与服装条款项下的适格产品也需符合特定的条件。如，适格产品有

---

① Kevin Moss, The Consequences of the WTO Appellate Body Decision in EC-Tariff Preferences For the African Growth Opportunity Act and Sub-Saharan Africa, NYU Journal of International Law & Politics, Vol. 38, No. 3, 2006, p. 676.

② AGOA, Section 112 (2000).

③ Countries Eligible for AGOA Benefits, available at http: //www. agoa. gov/eligibility/country_eligibility. html, visited June 30, 2008.

严格的原产地要求：一般情况下，进口服装必须使用原产于美国的布料（fabric）或纱线（yarn）或纤维（thread）来制造；某些情况允许使用原产于撒哈拉沙漠以南的非洲的原材料制造，但受到很多限制；只有在极少数情况下才允许使用原产于美国和撒哈拉沙漠以南的非洲国家之外的原材料。

3. 纺织品与服装条款项下建立了特殊保障机制，以保护美国相关国内产业的利益。美国商务部长每月监控纺织品与服装的进口，防止进口数量的过度增长与失控。如果进口产品对美国生产同类产品或直接竞争产品的国内产业造成了严重损害或损害威胁，商务部长有权请求总统暂时中止这些产品的免税待遇。

四、对 AGOA 的若干评价

（一）贸易增长效果并不完全令人满意

从总体上讲，自 AGOA 实施以来，美国与撒哈拉沙漠以南的非洲国家之间的贸易来往有了较大幅度的增长，考虑到绝大多数撒哈拉沙漠以南的非洲国家都属于 AGOA 的受惠国，而且 AGOA 涵盖的产品范围也很广，因此可以认为该法案对于美国和非洲国家之间的贸易增长确实起到了较大的推动作用。例如，自 2000 年以来，斯威士兰对美出口贸易额呈逐年递增的态势。1999 年，斯威士兰对美国的出口额仅为 3770 万美元，2001 年增至 6490 万美元，2004 年达到 1.99 亿美元。同一时期，莱索托的对美贸易额同样出现了急剧增长的势头。① 事实上，不少非洲国家对 AGOA 持赞誉的态度，并积极要求延长其有效期。② 现任美国贸易代表苏珊·C. 施瓦布（Susan C. Schwab）也指出，自从 2000 年 AGOA 实施以来，截至 2006 年底，美国与撒哈拉沙漠以南的非洲国家之间的双边进出口贸易额增长了 143%。③ 另外，AGOA 项下的贸易优惠也吸引了更多的外国直接投资（FDI）进入非洲国家。据统计，进入撒哈拉沙漠以南的非洲国家的 FDI 从 2002 年的 128 亿美元，增

---

① 陈晓红：《非洲增长与机遇法案对黑非洲国家贸易与投资的影响——以斯威士兰和莱索托为例》，载《西亚非洲》2006 年第 4 期，第 54～57 页。

② 《塞内加尔呼吁延长美〈非洲增长与机遇法案〉期限》，资料来源于：http://world.zjol.com.cn/05world/system/2005/07/19/006240815.shtml，2008 年 5 月 30 日访问。

③ USTR, 2007 AGOA Report Shows Growth in U.S. - Africa Trade, available at http://www.ustr.gov/Document_Library/Press_Releases/2007/May/2007_AGOA_Report_Shows_Growth_in_US_Africa_Trade.html, visited December 20, 2007.

长到2005年的202亿美元，增长幅度为58.1%。①

但是，当我们把目光投向国别贸易关系时，情况就并非如此乐观了，因为不同的受惠国与美国的贸易关系存在较大的差别。本文选取了7个具有代表性的AGOA受惠国来分别考察其2004年至2006年间对美出口的情况，其中既包括南非、安哥拉、尼日利亚这样发展水平较高的非洲国家，也包括赞比亚、贝宁、布基纳法索这样的较落后的非洲小国。

表二　　**AGOA部分受惠国出口至美国的贸易额②（单位：百万美元）**

受惠国＼时间	2004年	2005年	2006年
安哥拉	4521.2	8484.4	11719.3
尼日利亚	16248.5	24239.4	27916.4
肯尼亚	352.2	348.0	353.7
赞比亚	32.5	31.7	28.5
南非	5944.8	5885.6	7525.2
贝宁	1.5	0.5	0.6
布基纳法索	0.6	2.1	1.0

尽管总体上撒哈拉沙漠以南的非洲国家对美出口有较大幅度的增长，但这种贸易增长的分配却是严重不均衡的。从表二我们可以发现，安哥拉、尼日利亚、南非等国家对美出口都有较大幅度的增长，其中安哥拉与尼日利亚是非洲著名的产油国，但是肯尼亚、赞比亚等小国的出口则往往止步不前，甚至贝宁的出口还有较大幅度的下降。显然，AGOA对贝宁、肯尼亚与赞比亚的出口贸易并没有起到预期的

① USTR, 2007 US Comprehensive Report on US Trade and Investment Policy Toward Sub-Saharan Africa and Implementation of AGOA, May 2007, p.27, available at http://www.ustr.gov/assets/Trade_Development/Preference_Programs/AGOA/asset_upload_file762_11294.pdf, visited December 20, 2007.

② US Trade with Sub-Saharan Africa, available at http://www.agoa.gov/resources/annstats06.pdf, visited December 14, 2007.

促进作用。[①] 相反，事实上正是美国的相关国内政策一定程度上遏制了贝宁等部分非洲穷国的对美出口。国际援助机构乐施会（Oxfam）的一份研究报告指出，美国政府对农产品的高额补贴是导致贝宁等非洲产棉国的对美出口竞争力下降、贸易总量止步不前的重要原因。[②] 即使是 AGOA 主要的受惠国、对该法案持肯定态度的塞内加尔也强烈批评美国政府为本国农业提供巨额补贴的政策，指出“这是非洲国家难以承受的”。仅 2003 年非洲棉花种植业就因此遭受了 2 亿美元的损失。[③]

另外，就 AGOA 受惠国的出口商品结构来说，情况也难以令人满意。据美国贸易代表办公室披露的信息，目前 AGOA 项下的实际出口产品种类过于集中，主要为石油、铂、钻石、钢铁等资源密集性产品，而非石油产品的出口金额近年来甚至有所下降；部分受惠国也没有能力充分利用 AGOA 项下的优惠待遇，甚至某些国家未出口任何 AGOA 项下的受惠产品。例如，尽管有受惠国资格，2006 年布隆迪、吉布提、几内亚比绍没有 AGOA 项下的任何出口记录，也没有一般普惠制项下的出口。[④]

国内学者的研究结果也表明，AGOA 实施以来，美国与非洲国家的贸易与投资的增长主要集中于非洲的产油国；尽管非洲国家的纺织品与服装的对美出口有所增长，但通过国别分析可以发现，美国对这类产品的进口主要集中于马达加斯加、毛里求斯、莱索托、南非、斯威士兰等寥寥可数的几个国家；另外，非洲国家有比较优势的农产品的出口贸易并没有出现显著的增长。2000 年以来，尽管美国对非洲的进口连年攀升，但是石油等能源产品和矿产品所占的比重始终保持在 80% 以上；同时，美国对非洲国家的直接投资也都集中于这些产油国，集中于石油的开采等项目上。可见，AGOA 的主要目的是实现美国自身的经济利益，这些政策的实施并没

---

① 当然，我们也不能否认 2005 年全球纺织品贸易配额取消后，纺织业高度发达的亚洲国家给非洲对美纺织品出口带来的巨大冲击。例如，曾是美国在非洲最大的纺织品与服装采购地的莱索托对美贸易额在持续多年增长后，于 2005 年开始出现了一定的滑坡。2004 年，莱索托对美出口额为 4.66 亿美元，而 2005、2006 年这一数据只有 4.03、4.06 亿美元。US Trade with Sub-Saharan Africa, available at http://www.agoa.gov/resources/annstats06.pdf, visited December 20, 2007.

② Oxfam, Cultivating Poverty: the Impact of US Cotton Subsidies on African, available at http://www.oxfam.org.uk/resources/policy/trade/downloads/bp30_cotton.pdf, visited December 20, 2007.

③《塞内加尔呼吁延长美〈非洲增长与机遇法案〉期限》，资料来源于：http://world.zjol.com.cn/05world/system/2005/07/19/006240815.shtml，2008 年 5 月 30 日访问。

④ USTR, 2007 AGOA Report Shows Growth in U.S. - Africa Trade, available at http://www.ustr.gov/Document_Library/Press_Releases/2007/May/2007_AGOA_Report_Shows_Growth_in_US_Africa_Trade.html, visited December 14, 2007.

有给非洲国家经济的长期发展带来足够的帮助。特别是，“对于非产油国和最不发达国家来说，新贸易政策还没有表现出积极的作用”。①

这充分说明，对于撒哈拉沙漠以南的非洲国家来说，AGOA 提供的贸易机会并不等于贸易份额，市场开放也不等于市场占有，因为在利用机会、占有市场的能力方面，发展中国家存在较大的不足，例如出口企业的规模普遍较小且竞争力弱、缺乏足够的贸易人才等，而且许多发展中国家的国内经济结构还存在过于单一、出口贸易严重依赖一个或数个特定产品的弊病。

（二）纺织品与服装条款项下的原产地规则过于苛刻

自 AGOA 实施后，非洲地区的纺织品与服装对美出口增长一度十分迅猛。例如，自 2001 年起，埃塞俄比亚成为 AGOA 的受惠国之一，当年埃塞俄比亚通过 AGOA 向美国出口纺织品和服装的出口额仅为 20 万美元，但第二年就增长到 130 万美元。2005 年和 2006 年分别达到 520 万美元和 720 万美元。② 不过，尽管 AGOA 的纺织品与服装条款极大地弥补了一般普惠制安排的产品范围的不足，较好地促进了部分非洲国家的纺织品与服装对美出口，但过于苛刻的原产地规则却影响了该条款的应有效用，同时与国际社会通行的增值百分比标准、税号改变标准等原产地认定办法也不符。

AGOA 纺织品与服装条款项下的原产地要求可以归结为：适格的进口产品原则上必须使用美国的纱线、纤维、布料等原材料来缝制；某些情况下可以使用撒哈拉沙漠以南的非洲国家的布料来缝制，但此类出口产品的数量要受到一定的关税配额限制。例如，AGOA I 曾规定，使用原产于撒哈拉沙漠以南的非洲的原材料制造的服装进入美国市场的总量不得超过当年美国进口该产品的总金额的 1.5%，且在 8 年内这个比例逐步增至 3.5%；AGOA III 则将该比例提高了一倍，即在 8 年内，这个比例最高可达到 7%。由此可见，AGOA 的指导思想就是要求适格的进口产品尽可能使用美国的原材料，从而促进国内相关产业对撒哈拉沙漠以南的非洲国家的出口贸易。一种解释是，许多受惠国缺乏纺纱和织布的能力，因此难以提供足够的布料来制造服装。乐施会的一份研究报告却认为：AGOA 对于服装产品的原产地要求根本无助于受惠国发展自己的纺织业或相关的原料产业；相反，鉴于过于苛刻的原产地要求的存在，本来应使发展中国家获益的政策却事实上促进了发达国家纺织品

---

① 张汉林、胡骏宇：《新时期美国对非洲的新贸易政策》，载《国际贸易》2006 年第 5 期，第 42 ~ 45 页。

② 《埃塞俄比亚利用非洲增长与机遇法案效果显著》，资料来源于：http：//www.africabuyer.cn/africa/115/11078_1.html，2007 年 10 月 20 日访问。

产业的发展，并对整个发展中世界造成了损害。该报告同时还指出，如果取消了上述原产地要求，毛里求斯 2001 年至 2004 年间在 AGOA 项下的出口增长将达到 36%，而事实上该数据只有可怜的 5%。①

过于苛刻的原产地要求至少带来了以下消极后果：其一，扭曲了国际分工体系以及国际贸易的正常发展，也一定程度上阻止了受惠国企业的出口增长。因为受惠国企业在购买原材料时所考虑的主要因素不再是价格或质量，而是产地，例如尽管巴基斯坦生产的纱线质量更好、价格更低，但企业却最终选择了美国产纱线；其二，过于复杂的要求将使受惠国企业感到无所适从，给企业的决策带来不必要的困扰。为了确保贸易优惠真正落实到特定的目标国家，发达国家针对发展中国家的特惠贸易安排都会规定十分详细的原产地要求，相互之间难免有冲突之处。这客观上增加了受惠国企业的决策难度，因为针对不同的出口市场，企业必须满足不同的原产地要求，因此可能会产生以下荒谬的结果：某一服装产品在美国市场获得了优惠待遇，但同一产品在欧盟市场却遭到了拒绝；其三，繁杂、苛刻的规定提高了受惠国企业的出口成本。为了满足上述原产地要求，出口企业必须聘请专业人员来制作合乎规范的原产地证书和相关证明文件，从而产生了大量的人力、物力支出，同时还会产生大量的管理费用，这对于普遍规模较小的受惠国企业来说无疑是个沉重的负担，另外也抑制了企业使用 AGOA 项下贸易优惠的意愿，甚至构成所谓的“失去的优惠”（missing preferences）问题，即许多出口产品未能享受到应得的贸易优惠待遇。

当然，上述原产地要求也有一个例外情况，即特殊情况下允许进口产品使用原产于任何其他国家的布料或纱线，这被称为“第三国布料条款”（third-country fabric provision），但该条款的适用受到了若干条件的严格限制。“第三国布料条款”适用于以下两种情况：其一，在一个或数个欠发达的（lesser developed）的受惠国②缝制的服装，不论其原材料原产于何国（依据 AGOA Ⅳ，此规定的有效期截止于 2012 年 9 月 30 日），但此类产品的进口数量受到关税配额的较大的限制：从 2005 年 10 月 1 日至 2006 年 10 月 1 日，进口数量不得超过前 12 个月美国服装产品总进口量的 2.9%。从 2006 年 10 月 1 日至 2012 年 9 月 30 日，这一比例放宽至

---

① Oxfam, Switched Up: How Rich-Country Protectionism in Textile and Clothing Trade Prevents Poverty Alleviation, pp. 19-20, available at http://www.oxfam.org.uk/resources/policy/trade/downloads/bp60_textiles.pdf, visited December 15, 2007.

② 欠发达的受惠国是指任何一个人均国内生产总值低于 1500 美元的撒哈拉沙漠以南的非洲国家（以 1998 年美元的价值为准），另外还包括超出该标准的纳米比亚、毛里求斯和博茨瓦纳三国。

3.5%；其二，由任何一个或数个受惠国生产的服装，不论所用的原材料原产于何国，条件是该服装所使用的布料或纱线必须是美国“无法及时以商业规模提供的”(not available in commercial quantities in a timely manner)。也就是说，只有当美国国内对于某种布料或纱线存在供应上的不足时，进口服装才可使用其他国家的原材料。根据美国总统的授权，有关供应不足的决定由商务部纺织品与服装署（Office of Textiles and Apparels）作出。由此可见，对于广大受惠国来说，“第三国布料条款”的适用条件十分严格，因此在 AGOA 中不具有典型性，成功援用的机会也很小。

从本质上讲，纺织品与服装条款项下的原产地要求体现了 AGOA 所蕴涵的贸易保护主义思想，同时也意味着，“美国伸向撒哈拉沙漠以南的非洲国家的援助之手并没有完全张开”。① 追溯 AGOA 的立法过程，我们可以发现，该原产地要求主要反映了美国纺织品与服装产业的利益，也可以说是 AGOA 的支持者作出必要妥协的结果。在讨论 AGOA 草案的过程中，美国的纺织品和服装生产商十分担心贸易优惠将诱使亚洲的竞争者通过非洲来转口其产品，特别是通过转口来规避当时还存在的配额限制，② 从而导致美国国内产业受损，同时也使贸易优惠外流。显然，通常适用的原产地规则（如产品增值达到一定比例或海关关税税目发生相应的变化）似乎难以阻止亚洲企业的转口贸易。因此，除了要求受惠国设立严格的签证体制、制定严格的国内法律和执行程序来阻止非法转口外，纺织品和服装生产商还主张适格的进口产品原则上应使用美国的原材料来生产，或至少应使用撒哈拉沙漠以南的非洲自己（而不是亚洲）的纱线和布料。当然，这样的要求客观上也有助于美国纺织业的发展和出口。如“全美纺织品生产商协会”（American Textiles Manufactures Institute）之类的团体纷纷写信给国会，来自南方产棉州的议员也对上述观点加以了迎合和呼应。最终通过的法律文本对原产地施加了十分严格的要求，比较充分地反映了美国纺织品和服装产业的立场。③

（三）恐难获得 WTO 的义务豁免

南北特惠贸易安排本质上是给惠国在受惠国与非受惠国之间实施有差别的贸易

---

① Raj Bhala, Generosity and America's Trade Relations with Sub-Saharan Africa, Pace International Law Review, Vol. 18, No. 1, 2006, p. 135.

② 根据 WTO 的规定，全球纺织品和服装贸易的配额限制直到 2005 年 1 月 1 日才统一取消。

③ Ryan McCormick, The African Growth and Opportunity Act: The Perils of Pursuing African Development Through U. S. Trade Law, Texas International Law Journal, Vol. 41, No. 2, 2006, pp. 343-347.

优惠待遇，这显然与多边贸易体制所要求的非歧视义务相违背，因此它在GATT/WTO体制内的合法性问题长期以来都是各国（特别是未享受优惠待遇的国家）关注的焦点。在关贸总协定时期，考虑到南北特惠贸易安排与GATT1947项下的最惠国待遇原则不符，缔约方于1971年通过了一项期限为10年的豁免最惠国待遇义务的决定（下文称“1971年豁免决议”），允许发达缔约方向来自发展中缔约方的进口产品实施关税优惠待遇，并不将该待遇授予来自其他缔约方的同类进口产品。1971年豁免决议开创了给惠国以豁免履行最惠国待遇义务的方式来合法提供有差别的贸易优惠待遇的先河。由此，如AGOA之类的南北特惠贸易安排均可通过豁免义务的方式在GATT/WTO项下获得合法地位。

美国与欧盟（欧共体）等给惠国都曾成功地获得GATT/WTO项下的义务豁免。如，1986年2月美国就其加勒比盆地经济振兴计划获得豁免（该豁免于1995年11月获准延长），1992年5月又就安第斯贸易优惠法案获得豁免（该豁免于1996年10月获准延长）；欧盟同样在1994年12月就第4个《洛美协定》获得豁免（WT/L/186），《洛美协定》终止后，《科托努协定》也曾于2001年11月获得豁免（WT/L/436）。① 由此可见，发达国家都曾积极通过豁免义务的形式来合法地实施其所惬意的针对特定的发展中国家的贸易优惠待遇。

不过，发达国家寻求豁免义务的过程却充满了坎坷。一个例证就是，从1976年开始，在关贸总协定工作组审查欧共体与非加太国家签署的几个《洛美协定》的过程中，就《洛美协定》如何取得合法化，其缔约方与工作组其他第三国之间就一直存在分歧，直到1994年12月9日总协定第50届缔约方大会通过一项通称为“洛美豁免”的决定，② 在2000年12月31日前免除洛美协定成员总协定第1条最惠国待遇义务，才使这一长达25年的“第一波”争论暂告一个段落，洛美协定在总协定内得以合法化。③ 显然关贸总协定历史上对南北特惠贸易安排之合法与否的争论是很激烈的。

我们注意到，美国就其《加勒比盆地经济振兴计划》以及《安第斯贸易优惠法案》所获得的豁免已经分别于2005年12与31日与2001年12月4日终止，但迄今为止，两项豁免均没有获得延长或更新；自2001年11月多哈会议后，WTO再也未就南北特惠贸易安排授予新的豁免。这至少可以部分说明，在WTO成员方

---

① WTO, WTO Analytical Index — Guide to WTO Law and Practice, http: // www. wto. org/english/res_ e/booksp_ e/analytic_ index_ e/wto_ agree_03_ e. htm#fntext421, visited June 18, 2008.

② 也就是上文所称的针对第4个《洛美协定》的豁免决定——笔者注。

③ 黄志雄：《WTO体制内的发展问题与国际发展法的研究》，武汉大学出版社2005年版，第167页。

中，发达国家针对特定的发展中国家（而非全部发展中国家）的贸易优惠待遇正遭遇不少质疑，以豁免的形式来使其合法化并非易事。据悉，巴拉圭、泰国、菲律宾、印度、阿根廷等国家已经表达了对只针对少量发展中国家的特惠贸易安排的不满，它们反对这些特惠贸易安排获得 WTO 项下义务的豁免，并试图阻止对现有的豁免进行延期。①

当然，严格的豁免程序（特别是其中的表决程序）也是一个不容忽视的障碍。目前 WTO 体制对成员方豁免义务的规定十分严格。根据《WTO 协定》第 9 条第 3 款，只有“在例外的情况下”，部长会议才可决定准予豁免义务。如果某成员请求豁免《WTO 协定》附件一中三类多边贸易协定即货物贸易、服务贸易和与贸易有关的知识产权协定的义务，则首先应向货物贸易理事会、服务贸易理事会和与贸易有关的知识产权理事会提出请求，相关理事会应在提出请求后的 90 天内予以讨论，并将讨论结果向部长会议报告，由全体成员通过协商一致来表决；若协商不成的，则进行投票表决，只有在 3/4 多数票赞成时，该成员才可豁免其在多边贸易协定项下的有关义务。② WTO 实践中通行的表决模式是协商一致，即使是协商不成的，成员方也不会选择强行投票；而在协商一致模式下，每一成员均有平等的“否决权”。基于此，本文以为，鉴于目前 WTO 成员缺乏对南北特惠贸易体制进行认可的集体政治意愿，或至少对南北特惠贸易体制的实际价值缺乏统一的认识，当前 AGOA 要获得 WTO 义务的豁免难度较大。

事实上，即使发达国家能成功获得豁免，但豁免义务的适用范围嗣后却仍有可能重新成为争议的焦点，使前者在特惠贸易体制内的具体做法再度遭到质疑。在著名的“美国等诉欧盟香蕉进口体制案”（下文称“香蕉案”）中，争端各方争议的关键问题是：根据 1994 年“洛美豁免”决定，欧盟在履行其依洛美协定承担之义务“所必要的限度内（to the extent necessary）”，在 2000 年 12 月 1 日前被免除关贸总协定第 1 条项下的最惠国待遇义务。那么，应如何理解该“所必要的限度内”的具体含义即洛美豁免的具体适用范围呢？在“香蕉案”中，专家组和上诉机构均支持对该规定作狭义解释，强调豁免的“例外性质”，并将洛美豁免的范围仅限于洛美协定所要求的优惠待遇；同时，尽管它们没有否定洛美协定所体现出来的特惠贸易体制本身，但均认定欧盟香蕉进口体制中的某些措施，如许可证分类制度、

① Kevin Moss, The Consequences of the WTO Appellate Body Decision in EC-Tariff Preferences For the African Growth Opportunity Act and Sub-Saharan Africa, NYU Journal of International Law & Politics, Vol. 38, No. 3, 2006, p. 702.

② 曹建明、贺小勇:《世界贸易组织》（第二版），法律出版社 2004 年版，第 342 页。

超过“最佳业绩原则”为非加太国家提供的配额等，都超出了洛美豁免的范围。①对给惠国来说，豁免许可的有期限性也是一把悬在头上的“达摩克利斯之剑”。尽管欧盟在多哈会议上就其香蕉进口的过渡体制成功获得豁免（WT/L/437），但该豁免于2005年12月31日终止后，原申诉方厄瓜多尔与美国再次发难，依据《争端解决规则与程序的谅解书》第21.5条向WTO提出有关欧盟的香蕉进口新体制（第1964/2005号条例）未严格执行“香蕉案”裁决的指控，两项指控同时获得专家组的支持。② 上述豁免决议中一般包含有下列向给惠国施加压力的磋商条款：如果其他成员方认为自己在总协定项下的贸易收益因特惠贸易安排的执行而可能或正在遭到不适当的损失，则其可以要求与获得豁免的成员进行磋商，后者必须迅速与前者进行磋商；该磋商过程应探讨是否可对相关事项进行令人满意的调整。从通常含义来理解，该“调整”应该包括对特惠贸易安排的适当修正，或对受影响的非受惠国提供必要的补偿。最后，根据乌拉圭回合达成的《关于豁免GATT1994义务的谅解》的规定，一成员如认为其在总协定项下的贸易收益因豁免决议的执行而遭到损失，则其可依据总协定第23条启动争端解决程序。以上种种情况说明，对于欧美等给惠国来说，取得义务豁免并不能“毕其功于一役”，也不能一劳永逸地维持其既有的特惠贸易体制。

（四）与“授权条款”项下的非歧视要求不符

在全球贸易体制内，南北国家之间的特惠贸易安排的法律依据主要来自1979年关贸总协定缔约方达成的一项名为《差别与更优惠待遇、互惠与发展中国家更充分的参与》的法律文件（下文称“授权条款”）。这是除豁免义务之外，南北特惠贸易安排在多边贸易体制内取得合法性的另一个途径。“授权条款”第1条规定，尽管有GATT1947第1条（最惠国待遇）的存在，但缔约方可以给予发展中国家差别和更优惠的待遇，而不将这种待遇给予其他缔约方。第2条共有4款，规定了授权缔约方采取的四类可以不遵守最惠国待遇原则的优惠措施，具体包括：

（a）依据普惠制，发达缔约方对原产于发展中国家的产品给予优惠关税待遇；依据该款脚注3的解释，普惠制是指1971年豁免决议所指的、关于“有利于发展

① 有关“香蕉案”的详细介绍和评析，可参看黄志雄：《WTO体制内的发展问题与国际发展法的研究》，武汉大学出版社2005年版，第168～172页。

② European Communities - Regime for the Importation, Sale and Distribution of Bananas - Second Recourse to Article 21.5 of the DSU by Ecuador - Panel Report, WT/DS27/RW2/ECU, 7 April 2008; European Communities - Regime for the Importation, Sale and Distribution of Bananas - Recourse to Article 21.5 of the DSU by the United States - Report of the Panel, WT/DS27/RW/USA, 19 May 2008.

中国家的普遍、非互惠和非歧视的优惠待遇”；

（b）依据在总协定框架下通过多边谈判达成的协议，在非关税措施方面给予发展中国家有差别和更加优惠的待遇；

（c）允许发展中国家依据缔约方达成的条件或标准，在区域性或全球性贸易安排中相互给予减免关税和取消或削减非关税措施的待遇；

（d）在提供给发展中国家的一般或特殊优惠措施中，给予最不发达国家更加优惠的待遇。

“授权条款”构成了多边贸易体制内发达国家单方面给予发展中国家特惠贸易待遇的永久的法律依据，使得针对发展中国家的优惠待遇不再是通过消极的临时豁免来提供，而是通过积极的授权方式来获得。WTO 成立后，授权条款也成为 GATT1994 以及整个 WTO 法律体制的一个不可分割的重要组成部分。

那么，AGOA 能否依据“授权条款”获得合法性呢？从法律性质上讲，AGOA 属于一个选择性特惠贸易安排：其一，AGOA 项下的贸易优惠待遇只选择性地授予撒哈拉沙漠以南的非洲国家，也就是说，潜在的受惠国只有 48 个；其二，相应的，对其他发展中国家来说，AGOA 项下的优惠待遇是封闭的，它们并无机会通过申请获得该待遇。对于这种选择性的单边特惠贸易安排的合法性问题，已有发展中国家提出了质疑，并得到了 WTO 的支持。

在 2004 年发生的“欧盟对发展中国家提供关税优惠的条件”案（下文称“关税优惠案”）中，欧盟依据其普惠制方案中的“反毒品”特别安排（即专门针对数个深受毒品问题困扰的国家提供贸易优惠待遇），只针对巴基斯坦等 12 个国家的出口产品给予免税待遇，被排斥在外的印度对此提出了质疑。该案的裁决要点是：尽管给惠国可以对情况不同的发展中国家提供有差别的关税优惠待遇，但是对于所有具备同样的“发展、财政与贸易需要”的受惠国来说，或者说对于情况相似的发展中国家来说，相同的关税优惠待遇必须是可获得的；欧盟“反毒品”特别安排并没有提供必要的途径或程序，使符合条件的其他发展中国家（即 12 个受惠国以外的国家）有机会提出申请并进入受惠国名单；其次，欧盟“反毒品”特别安排也没有规定任何明确的客观标准或条件，以说明发展中国家是如何进入受惠国名单的，或者使受相似毒品问题困扰的发展中国家一旦符合该标准或条件就可以成为受惠国。因此“反毒品”特别安排不符合“授权条款”第 2 条项下的非歧视要求。①“关税优惠案”的裁决结果具有重要意义，因为该案的裁决结果第一次对目前普遍实行的选择性、封闭性特惠贸易待遇体制进行了否定和驳斥，欧盟也被迫将

① 有关该案的详细案情和评析，可参看刘勇：《论发达国家普惠制安排的附条件性》，载《人大复印资料·国际法学》2007 年第 11 期，第 24～30 页。

自己原来的封闭性普惠制方案修改为对所有的发展中国家开放。

基于此，同样作为选择性和封闭性的特惠贸易安排，AGOA 也没有向所有的发展中国家开放，且没有制定客观标准使所有符合条件的发展中国家能够进入受惠国行列，因此在 WTO 多边贸易体制内有违法之嫌，将来是否会遭到其他国家（特别是撒哈拉沙漠以南的非洲以外的发展中国家）的挑战值得我们关注。相应地，《安第斯贸易优惠法案》以及《加勒比盆地经济振兴计划》等都存在被判令违法的风险，而要取消这些选择性、封闭性的特惠贸易安排显然会对美国的对外政策造成较大的冲击，其难度显而易见。

五、进一步的思考：对中国的三点启示

AGOA 在实施效果与法律地位上都不可避免地存在一定的瑕疵，就现有的美国对外援助政策以及 WTO 法律框架而言，这些瑕疵恐难在短期内得到消除。不过，尽管存在一定的瑕疵，但 AGOA 仍然为中国构建适当、高效的对外援助（特别是对非援助）政策与法律体系提供了以下有价值的启示。

（一）建立综合性的对非援助政策

从 AGOA 的实施效果来看，以零关税和免配额为主要形式的南北特惠贸易安排对发展中国家的出口贸易和经济发展的促进作用毕竟有限。特别是，贸易优惠在不同国家之间的分配还呈现出一定的非均衡状态，可能会加剧不同受惠国之间的贫富差距。显然，贸易优惠待遇不是解决发展中国家的经济与社会问题的唯一良药，因为市场准入和贸易机会只是影响发展中国家的经济发展的因素之一，更何况某些给惠国为贸易优惠待遇附加了若干苛刻的政治上或经济上的条件，等于是为受惠国设置了若干不必要的阻碍。事实上，糟糕的基础设施、落后的技术水平、脆弱的企业竞争力和有限的人力资源等问题难以单纯通过贸易发展来解决，而这些因素对穷国的经济发展构成了巨大的障碍。总之，贸易并不是万能的，贸易在促进经济增长和发展方面的作用不应被过分夸大。尽管“随着国际关系的变化和发展理论的演变，经济援助作为发展工具日益受到怀疑和批评”，某些给惠国的发展政策也出现了从援助到贸易的倾斜，① 但就 AGOA 的实施情况来看，给惠国提供的贸易优惠之外的其他援助仍然具有十分重要的价值。这就给中国建立综合性的对外援助政策提供了有益的借鉴。

---

① 黄志雄：《WTO 体制内的发展问题与国际发展法的研究》，武汉大学出版社 2005 年版，第 174 页。

2006年11月在北京召开的中非合作论坛北京峰会上，中国政府承诺采取8项对非洲的援助措施，具体包括：扩大对非洲经济援助规模；提供30亿美元的优惠贷款和20亿美元的优惠出口买方信贷；为鼓励和支持中国企业到非洲投资，设立中非发展基金，基金总额逐步达到50亿美元；为支持非洲国家联合自强和一体化进程，援助建设非洲联盟会议中心；免除同中国有外交关系的所有非洲重债穷国和最不发达国家截至2005年底到期的政府无息贷款债务；进一步向非洲开放市场，把同中国有外交关系的非洲最不发达国家输华商品零关税待遇受惠商品由190个税目扩大到400多个；今后3年内在非洲国家建立3至5个境外经济贸易合作区；今后3年内为非洲培训培养15000名各类人才，同时派出大量的医疗、农业等技术人员到非洲提供技术援助。① 此外，中国政府还强调，中国向非洲国家提供的援助是真诚的、无私的，不附加任何政治条件。② 可见，除了对非洲产品的零关税待遇外，中国政府还同时在无偿经济援助、技术支持、人员培训、债务免除、优惠贷款等方面作出了重要部署，构建了一个比较完整和系统的、同时不附带任何政治条件的对非援助政策体系，这比单一的贸易优惠待遇更为切实有效。非洲国家使节用"中国送给非洲的最务实的礼物"来评价上述八项政策措施。北京峰会结束后，上述八项措施的落实工作稳步推进，取得了积极成果，为促进非洲经济发展和社会进步作出重要贡献，南非、毛里求斯、乍得、厄立特里亚等非洲国家均盛赞中国政府一年来的相关工作成就。③ 截至2007年底，中国已与非洲48国签署了双边援助协议；与19国签署了优惠贷款框架协议，向部分国家提供了优惠出口买方信贷；与32个重债穷国和最不发达国家签署了免债议定书；中非发展基金已正式开业运营，并确定了4个投资项目，总投资4亿多美元。④

（二）确保零关税待遇政策的合法地位

对非洲最不发达国家输华商品的零关税待遇是中国对非援助政策的核心组成部分，当前其实施情况比较令人满意。据海关统计，自2005年1月1日至2007年9

① 《中非合作论坛开幕、胡锦涛提8点措施加强合作》，资料来源于：http://news.sina.com.cn/c/2006-11-04/102510412417s.shtml，2007年11月4日访问。

② 《中国向非洲提供援助不附加政治条件》，资料来源于：http://news.sina.com.cn/c/2006-11-04/152910414123s.shtml，2007年11月4日访问。

③ 《八项政策措施使非洲国家受益良多》，资料来源于：http://ibdaily.mofcom.gov.cn/show.asp?id=173093，2007年11月5日访问；《援助措施稳步落实、切实惠及非洲人民》，http://ibdaily.mofcom.gov.cn/show.asp?id=173080，2007年11月5日访问。

④ 商务部西亚非洲司：《中非经贸关系全方位跨越式发展》，载《国际商报》，2008年6月16日第10版。

月30日，我国进口非洲特惠商品受惠货值达5.0亿美元，税款优惠3.9亿元人民币。非洲特惠政策实施初期，只有芝麻、蓝湿山羊皮、乳香等3个品种获得受惠进口资格，受惠的国家也只有埃塞俄比亚和乌干达2个国家，而现在无论是受惠国还是受惠产品都有了很大的扩展。2007年7月1日，经国务院批准，我国给予非洲部分最不发达国家第二批对华出口商品零关税待遇之后，非洲特惠国家已达30个，受惠商品税号扩大到454个。目前，零关税商品主要包括水产品、未加工或初加工的农产品、药材、石材石料、矿产品、皮革、纺织品、服装制成品、轻工产品、机电产品和木制家具等10多个大类，近年来非洲最不发达国家有较大利益的输华商品均已涵盖在内。①

在零关税待遇政策中，原产地规则无疑最为引人注目。2006年5月31日，海关总署颁布了《中华人民共和国特别优惠关税待遇进口货物原产地管理办法》（下文称"《管理办法》"），该办法适用于来自非洲等地区的特惠货物的进口。对最为敏感的原产地认定标准问题，《管理办法》第3条规定，以下两种情况可认定产品原产于受惠国：一是完全在受惠国获得或者生产的；二是非完全在受惠国获得或者生产，但在该国完成货物最后的实质性改变的。其中，"实质性改变"的认定标准是"税则归类改变"标准或者"从价百分比"标准。前者是指，在受惠国生产或者加工的货物所使用的非该国原产材料在《中华人民共和国进出口税则》中的税号均为该货物所在4位级税号之外的其他税号；后者是指，在受惠国对非该国原产材料进行制造、加工后的增值部分不小于所得货物价值的40%。显然，《管理办法》对非洲受惠产品的原产地认定标准基本上参照了国际通行的惯例。同时，为防止非适格的受惠产品"搭便车"，《管理办法》还特别强调，简单的稀释、混合、包装、装瓶、干燥、装配、分类或者装饰不应当视为实质性改变；企业以规避本办法为目的的生产或者定价措施，不应当视为实质性改变。该办法同时还规定了进口货物收货人的申报程序、海关的验证程序以及非洲受惠国家的名单。与AGOA中的纺织品与服装条款相比，我国对非洲受惠产品所设置的原产地要求并不过分严格，但也不是流于形式，而是规范力度比较适中和恰当，这既保证了非洲的适格受惠产品能够真正享受到零关税待遇，同时也能有效防止其他不合格产品规避原产地要求，滥用特惠待遇政策。

中国对非零关税待遇政策在WTO框架内的合法性问题同样值得我们关注。中国商务部对该政策的法律解读是："对非零关税政策是中国给予非洲最不发达国家的一种单方面、自愿的给惠政策，符合WTO授权条款（1979年）的规定，即

① 《推动"非洲特惠"货物贸易平稳有序快速成长》，资料来源于：http://ibdaily.mofcom.gov.cn/show.asp?id=173085，2007年11月5日访问。

WTO的任何成员向最不发达国家提供的优惠待遇均可不必在最惠国待遇基础上对其他成员提供同样的待遇。"① 本文以为，中国目前实施的对非零关税政策符合"授权条款"第2条d款的规定，即WTO成员可专门针对最不发达国家提供贸易优惠待遇，同时不将该待遇授予其他成员。不过，只针对非洲地区的最不发达国家的零关税政策仍然是一个封闭性、选择性的贸易优惠安排，而考虑到前文所述的"关税优惠案"的裁决结果，这样的贸易优惠安排可能会遭遇其他国家的质疑。笔者欣喜地注意到，也许是意识到上述问题的存在，在向WTO贸易与发展委员会所作的有关对非援助政策的通报中，中国政府特别强调：中非合作论坛只是中国与最不发达国家开展国际经济合作的一个例子；目前中国还在向非洲以外的其他最不发达国家提供零关税待遇，这些国家包括老挝、缅甸、柬埔寨、阿富汗、马尔代夫、也门、萨摩亚、瓦努阿图、孟加拉国等；另外，中国正基于与中非合作论坛相同的指导思想和精神，通过"中国—太平洋岛国经济发展合作论坛"以及"中国—加勒比国家经贸合作论坛"等方式，与太平洋岛国、加勒比国家（大多数为最不发达国家）展开讨论，将在贸易、投资、农渔业、旅游与运输、金融、人力资源开发等各个领域建立实质性的合作和提供相应的援助。②可以预见，我们将进一步扩张零关税政策的受惠国的范围，使贸易优惠能扩展到亚洲、美洲、大洋洲等地区的所有的最不发达国家。并在此基础上，逐步构建有中国特色的、以公平互利为出发点的、针对所有最不发达国家且符合WTO规则的对外援助政策体系。

（三）推进中国对外援助的法制化进程

从广义上讲，AGOA属于美国对外援助政策的重要内容之一，也是美国对外援助工作的法制化、长期化的重要体现。事实上，在发达国家，无论是美国、日本还是欧洲国家，都有对外援助法和相关法案，内容包括执行对外援助的原因和目的、执行机构、提案及其批准程序（必须得到国会的批准）等，以规范政府的对外经济援助行为，避免对外经济援助的随意性。③ 以美国为例，1961年美国国会通过了《对外援助法》，它是美国后来开展对外经济援助的法律基础，同时也标志着美

① 《商务部西亚非洲司负责人就给予非洲最不发达国家部分输华商品零关税待遇问题答记者问》，资料来源于：http：// caefi. mofcom. gov. cn/aarticle/diaoyan/xianggjs/200708/20070804948728. html，2007年7月31日访问。

② Latest Development of Measures Within the Framework of the Forum on China-Africa Co-operation, Communication from China, WT/COMTD/W/164, 21 February 2008.

③ 黄梅波：《中国对外援助机制：现状和趋势》，载《国际经济合作》2007年第6期，第8页。

国对外经济援助开始走向制度化的道路。① 可见，AGOA 为我们提供了一个重要的参考，那就是我们应尽快建立稳定、透明、全面、合理的对外援助法律体系。

中国对外援助的法制化工作正在缓慢推进的过程中。2003 年，商务部条法部门会同相关司局正式启动了《中国对外援助条例》的起草工作，以加强援外工作管理，将对外援助纳入法制化轨道。但迄今为止，该条例尚未正式出台，还停留在草案阶段。现有的援外制度体系仍是由一系列规范文件和部门规章构成的。近年来，商务部对外援助司加强了制度建设，先后印发实施了《对外援助物资项目管理暂行办法》《对外援助物资项目实施企业资格认定办法》、《对外援助物资检验管理办法》等部门规章，制定了《商务部制订和实施〈对外援助物资供货指导目录〉工作方案》等规范性文件。仅 2006 年全年制定和颁布实行的援外管理文件就达到了 38 件。② 大量分散的部门规章和规范性文件固然可以在一定程度上推进援外管理的制度建设，但同时也凸显了我国援外工作在法制化和规范化方面的不足。一个最直观的例证是，关于我国对非洲进口产品的零关税待遇这一重要的对外援助政策，除了上文所提及的《管理办法》外，再无任何其他法律制度来加以规范，甚至该《管理办法》都没有明确规定零关税待遇。这种立法上的空白至少将导致以下消极后果：首先，这降低了我国对外援助工作的透明度。例如，援外政策是如何决策的，决策主体是谁，决策过程是如何进行的，是否已经获得全国人大或其常务委员会的批准等，都付之阙如。透明度的缺失还可能会影响外界对我国援外工作的客观评价。其次，损害了我国对外援助政策的统一性和稳定性。在缺乏相关立法的情况下，很难保证将来相关政策不会出现波动。最后，最根本的是，在缺乏一部统一的、统领全局的《对外援助法》或《对外援助条例》的情况下，包括零关税待遇在内的我国对外援助工作没有国内法上的足够的法律依据，外界难免会有所疑虑或提出质疑。基于此，我们应尽快制定《对外援助法》或《对外援助条例》，规定对外援助工作的指导方针、基本方式、受惠范围、决策机构与执行机构等，将对外援助政策纳入一个法制、规范、透明和可预见的框架内，使对外援助工作更加高效、持久和稳定。

① 刘会清：《美国对外经济援助的价值取向因素》，载《内蒙古民族大学学报》（社科版）2005 年第 1 期，第 1 页。

② 黄梅波：《中国对外援助机制：现状和趋势》，载《国际经济合作》2007 年第 6 期，第 7 页。

Review of the African Growth and Opportunity Act of US

LIU Yong

Abstract African Growth and Opportunity Act (AGOA) is an important component of American Preferential Trading Arrangement. From the perspective of legislative background, AGOA resulted from historical development of American policy towards Africa and demonstrated the American government's growing attention paid to the strategic value of African Continent. The eligible countries and products under AGOA should meet specific requirements. AGOA enhanced the economic development of beneficiary countries. However, some defects still remained. The textile and apparel provision under AGOA were subject to rigor rules of origins and resulted in limited efficiency. Under the WTO multilateral trade system, a waiver is unlikely to be granted to AGOA and AGOA is also inconsisitent with the Enabling Clause. China should establish appropriate aid policy system towards foreign countries by referring to the experiences and lessons of AGOA.

Key words America; Preferential Trading Arrangement; AGOA

论域外裁判之许可执行

□ 赖淳良*

内容摘要 外国判决之许可执行属于国际私法重要的一环，对于建构国际间良好法律环境具有最重要的指标意义。对于外国裁判之执行，台湾地区“民事诉讼法”第402条规定承认的要件，采取自动生效的制度，对于执行则在“强制执行法”第4条之一加以规定，原则上采取诉讼形态之许可执行之诉的方式。在实务上的运作，也认为必须以言词辩论之方式审理外国判决之许可执行，导致许可执行之诉无法有效地发挥落实保障权利的功能，因此有必要仿效欧盟许可执行制度，改采先允许执行，有争议时，才进行必要审查程序的制度。

关键词 外国裁判 许可执行 执行名义 诉讼上形成之诉 债务人异议之诉

目 次

* 辅仁大学法学博士。

一、前　言

在世界各国人民往来日益频繁紧密①的今日，企图透过以民族国家为中心，并借此解决各国人民之间相互往来所产生之问题的模式，显得越来越乏力，但是维持着一定的秩序却是顺畅人类彼此之间往来所不可或缺的基础，② 因此有学者倡言所谓的全球民主治理。③ 而把维系或促进国际往来的焦点从国家主权移转到每一个私人/公民身上，④ 国际私法正可能可以为建构或维持这种秩序提供有效的途径，其中建构合乎国际间人民往来所需要的司法制度也是一项必须努力的方向，而在建构司法制度时，当然必须考虑判决执行的问题。

由于目前各国普遍仍把司法作用（包含法院管辖权以及对于外国判决承认与执行的问题）当作是国家主权最重要的一环，因此对于外国判决的承认与执行基本上仍然是站在区别内外国法院判决的基准上，而不完全站在诉讼当事人基本人权保障的观点来决定承认以及执行外国法院的判决，尽管如此，在许多地区例如欧盟地区，正在为了建立"判决通用"的制度而努力，而美国各州之间也一直因为有联邦宪法所规定的"正当程序"以及"充分信任"条款相当程度地从当事人诉讼权保障的观点来决定是否承认执行其他州的判决，正可以显示出判决的承认与执行正从国家主权的巨灵转向高举当事人诉讼权保障的火炬。⑤

而在2005年，长荣国际储运股份有限公司对于浙江省纺织品进出口集团有限公司提出债务人异议之诉，该案是浙江纺织公司委托长荣公司运送一批校服到伊拉克，双方发生纠纷，先在上海海事法院起诉，判决长荣公司败诉，上海市高级人民

---

① 某报在2008年1月19日E8版刊出一篇署名邱杰的作者所写的文章，描写女儿在加拿大认识巴基斯坦的先生，决定共结连理，而结婚的举行时间正值巴基斯坦政治动荡，双方家庭为了举行婚礼付出种种心血的过程，有趣的是，这位住在伊斯兰教地区的巴基斯坦人，却是笃信基督教的家庭。

② 德国当代的法律社会学家 Gunther Teubner 在1997年编辑出版的 Global Law Without a State 中就分别从法律多元主义、商事习惯法、多国籍企业、劳动法、人权保障等观点来讨论民族国家的法律体系与全球化之间的关系。

③ David Held, Democracy and Global Order, Stanford University Press, 1995.

④ 德国学者 Beck 提出"跨国公民社会"的观念，参见［德］伍尔利希·贝克：《全球化危机》，孙治本译，台湾商务印书馆1999年版，第90页以下。

⑤ 欧洲人权法院在许多裁判中提到人民有"适当期间接受裁判权"，可以作为此处人民诉讼权保障的重要标志，请参见吴志光：《适当期间接受裁判权之实践》，载颜厥安、林钰雄主编：《人权之跨国性司法实践》，台湾元照出版社2007年版，第3页以下。

法院又驳回长荣公司的上诉。浙江纺织公司于是拿着大陆地区法院的判决书向台湾地区法院申请裁定认可，经认可之后，长荣公司提起本件债务人异议之诉，长荣公司主张的主要理由是本件强制执行的执行名义是台湾地区法院认可的裁定，因此应该适用台湾地区现行“强制执行法”第14条第2项，法院应该审查执行名义成立前所有的异议事由。① 这个争议点所引发的有关大陆地区判决承认以及执行的问题，非常值得进一步地从学理上来探讨大陆地区判决的效力问题、台湾地区法院对于大陆地区判决承认所应审查的事项、程序、范围等问题，也值得我们思考对于大陆地区判决承认与执行制度在两岸商务往来以及人民婚姻继承等不断增加的民事交往活动中应扮演的角色以及功能。

本文将把讨论的焦点放在许可域外判决执行之诉的讨论上，先从介绍台湾地区许可执行之诉的有关规定着手，接着进一步介绍实务上操作的实况，进而从国际间对于执行外国判决所存在的规范以及发展检讨许可判决执行制度出发，再提出法律解释以及立法上的可改进之处。希望借着这样的讨论能有助于思考正确建构对于外国判决承认以及执行、对于大陆地区判决承认与执行的制度。

对于外国确定判决的执行，绝对不会只是一个国家主权如何展现的问题而已，而是显示出一个国家融入国际社会的努力程度，而从确保当事人基本人权切入，建立起华人社会中符合人类共同期待的纷争解决制度应该也是可以努力的目标。

二、台湾地区之判决许可执行制度

对于外国确定判决，台湾地区现行“民事诉讼法”第402条规定了承认的要件，但是并没有规定必须经过法院裁定承认才发生效力，也就是说，台湾地区对于外国确定判决采取自动承认的制度，② 而当外国法院判决的内容必须依赖债务人的行为才能够完成时，债权人如果希望能在台湾地区经由法院要求债务人履行债务时，就必须依“强制执行法”在第4条之一的规定提起许可执行之诉，这样的规

① 台湾桃园地方法院2005年重诉字第208号判决以及台湾高等法院2007年重上字第175号判决。

② 有关各国承认外国法院判决的制度介绍，参见赖来焜：《强制执行法总论》，台湾元照出版有限公司2007年版，第744页。

定，基本上与其他各国承认外国判决的制度相吻合。① 不过这样的规定，显得十分简陋。在适用上会有如下诸多问题有待进一步明确规范或由学说、实务见解加以补充。

（一）许可执行之执行名义的范围

首先由于“强制执行法”第4条之一规定，许可执行的外国判决必须以该外国判决符合“民事诉讼法”第402条之条件为前提。乍看之下，似乎许可执行的外国判决与承认外国判决的范围是一致的，或者许可执行的外国判决必须以完全符合“民事诉讼法”第402条之所有规定为前提，包含必须是外国确定判决等要件，但实际上，外国判决的承认与执行固然有紧密的相关性，但是承认判决的范围与可成为执行名义的范围未必一致，有些可以承认的外国判决，并不需要经过许可执行，例如通说所提到离婚判决，并不需要经过许可执行，就可以直接发生离婚的效力。相反的，有些在外国具有执行名义资格的裁判或者公文书，并不需要取得如确定判决的效力，但却有必要取得可为执行名义的资格，例如没有经过判决程序的各种扶养费或者是对于劳工生活补偿的法院裁判或者是和解、调解等。也就是说判决的承认与外国执行名义取得可为执行名义的资格无论在概念上或者是要件的判断上都必须加以区别。②

---

① 德国与中国台湾地区相同，都是采取自动生效的制度，这种制度无法避免地会产生各个不同的机关对于外国判决是否符合承认要件在认定上的困难与歧异。在德国，如果当事人对于外国法院判决是否生效产生争议而具有确认的利益时，可以根据台湾地区现行“民事诉讼法”第256条提起确认之诉，这包含积极确认之诉以及消极确认之诉，不过《欧盟法院管辖以及判决执行公约》以及《卢加诺法院管辖以及判决执行公约》却仅允许提起积极确认之诉。这种诉讼的进行以简化的程序为之，类如许可执行之诉。请参见 Harmut Linke, Internationales ZivilProzeβrecht, 2001, S. 177f。台湾学者也认为应该采取类似的见解，参见陈启垂：《外国判决的承认与执行》，载《月旦法学杂志》2001年8月第75期，第158页。这应该是值得期待的做法，不过这个问题除了牵涉“民事诉讼法”第247条规定之阐述外，还牵涉确认之诉与许可制行之诉彼此之间的关系、外国判决的效力问题，有待作更进一步的厘清。

② Harmut Linke, Internationales ZivilProzeβrecht, 2001, S. 144f. And Heimo Schack, Internationales Zivilverfahrenrecht, 2006, 4 Aufl. S. Rdnr. 930。台湾学者在讨论时，多半都认为判决的承认与执行系属两事，不可一概而论。不过本文必须更强调，由于作为执行名义并不只判决一种，仲裁判断、和解、调解、裁定等都可以作为执行名义，而这些执行名义如果是外国机关所作成的，是否可以成为有效合法的执行名义，必须有详细的考虑。有关学者的见解，参见刘铁铮、陈荣传：《国际私法论》，台湾三民书局2006年版，第618页；陈长文：《外国判决之承认》，载《国际私法理论与实践——刘铁铮教授六秩华诞祝寿论文集（一）》，台湾元照出版社1998年版，第228页。

就外国判决是否可以许可执行而言，除了通说所谈到必须限于给付判决之外，事实上还有一个问题必须讨论，外国法院许可执行的判决（Exequatursurteil）① 是否可以申请许可执行，对于这个问题，有所谓“禁止重复许可原则”（Verbot des Doppelexequatur）。采用这个原则的理由是各国是否许可执行外国法院的判决应该由各国自己决定。因此如果债权人拿着已经获得承认的执行判决以及第三国的判决请求法院地许可执行时，法院地所应考虑的仍然是该第三国判决是否符合法院地许可执行的要件，而不去考虑作出许可执行判决的外国判决是否符合法院地许可执行之要件。例如债权人取得英国法院的给付判决，在美国获得纽约州许可执行的判决，该债权人向中国台湾地区法院申请许可执行美国纽约州的判决，台湾法院仍然应该针对英国法院判决是否符合现行“强制执行法”第 4 条之一的规定而定，而不去考虑美国纽约州法院许可执行的判决。这项原则立意上也是为了避免产生“执行名义漂白”（Titelschwemme）的情形。②

台湾地区就判决的承认与执行分别有前述的规定，另外于 2003 年修正“民事诉讼法”时，在第 402 条增订第 2 项规定“前项规定，于外国法院之裁定准用之”。2005 年修正“非讼事件法”时，第 49 条规定承认外国确定之非讼事件裁定的要件，但是“强制执行法”第 4 条之一并没有作出相应的修正，而无论是“民事诉讼法”或者是“非讼事件法”，对于承认外国法院非讼裁定的程序也都缺乏明文规定，导致适用上无论是否属于承认外国非讼裁判的范围，许可承认裁定的程序都有疑问。就承认裁定的范围而言，依照台湾现行“民事诉讼法”第 402 条修订之立法理由以及学者之见解，③ 包含命扶养或监护子女的保全处分之裁定、④ 确定诉讼费用的裁定以及父母对于未成年子女权利义务行使或负担等事项所为的裁

---

① 授与外国法院判决执行力的程序用法文的术语就被称之为 Exequatur。

② Heimo Schack, Internationales Zivilverfahrenrecht, 2006, 4 Aufl. S. 320ff.。

③ 参见赖来焜：《强制执行法总论》，台湾元照出版有限公司 2007 年版，第 742 页；刘铁铮、陈荣传：《国际私法论》，台湾三民书局 2006 年版，第 624 页。

④ 依台湾地区现行“非讼事件法”第 124 条的规定，法院在夫妻离婚后对于子女权利义务之行使以及负担进行裁定时，得依申请命为必要之保全处分，例如命先行给付一定金额之扶养费或者为了学籍的问题先办理户籍登记手续，等等。除了“非讼事件法”的规定外，“民事诉讼法”第 579 条特别针对在离婚诉讼程序中所提起之附带请求，也可以先裁定为假处分，此外“民事诉讼法”第 538 条有关定暂时状态之假处分也可以成为有关子女权利义务行使与负担先进行裁定程序的依据。

定,① 但不包含外国法院于诉讼程序中所为指挥诉讼之裁定、非针对诉讼标的所为之中间判决以及不具终局性的保全裁定（包含假扣押或假处分之裁定）等。

前述2003年“民事诉讼法”第402条第2项修正之立法理由，由“司法院”所组成的“涉外民事法律适用法研究修正委员会”在讨论、草拟有关修正草案中也曾经提出过。在讨论2001年5月18日的草案中，第14条规定了被告本国法院

① 外国法院针对未成年子女权利义务之行使以及负担所为之裁判，目前各国虽然在承认其执行力上，较不具争议，但是当事人可否在内国另外提起变更未成年子女监护内容的诉讼，则颇有讨论之余地，这当然牵涉到外国裁判确定力的问题，不过这类裁判经常会因为裁判后情势变更，例如未成年子女就学环境改变，原本有监护权之一方事后失业导致无法继续有效行使监护权等状况，因此允许法院随着情势而对于监护权行使的内容方法加以变更，确有必要，但如果毫无限制地允许当事人随意起诉变更原本已经确定的监护权行使内容与方法，势必又会使子女监护权持续处于不稳定的状态中，台湾地区现行“民法”第1055条第3项、“非讼事件法”第127条、“儿童及少年福利法”第49条也都明文允许对于监护权的内容方法加以变更，这在美国各州之间也形成重大的法律冲突问题，联邦最高法院在1933年的Yarborough v. Yarborough一案中就表示意见，该案是一位女儿因为就读大学后需要比较高的学费，因此在所居住就读的南卡罗来纳州起诉请求其父亲给付抚养费用，父亲则以抚养费用的请求已经在之前由共同居住的维吉尼亚州法院判决给付的金额，而维吉尼亚州法院针对女儿抚养费用的判决有记载禁止嗣后再行变更，因为在判决文中明白记载这项判决的给付是属于“永久抚养费”（permanent alimony），但是南卡罗来纳州法院却拒绝认可维吉尼亚州法院判决有关永久抚养费记载的效力，美国联邦最高法院在由Braindes大法官主笔的多数意见废弃了卡罗来纳州法院的判决，认为依照联邦宪法中充任信任条款的规定，各州法院的判决如果具有排除法则的话，其他州的法院就不能再任意加以变更，也就是当各州法院并不允许针对子女监护权的裁判事后以后诉法院的裁判加以变更，那么其他州也不能再以事后提起的诉讼裁判加以变更。另外美国为了解决这个问题，先后通过两个统一法，一项是1979年《统一子女监护管辖权法》（Uniform Child Custody Jurisdiction Act），一项是《联邦子女避免双亲掳诱法》（Federal Parental Kidnapping Prevention Act），前者企图透过将管辖权固定在子女住所地法院的方式解决这项问题，后一项法案则是在某种程度上让原判决法院具有比较强的效力，不让其他法院任意进行调整。不过，这两项法案的文字仍然不够清楚，因此仍然无法有效地防止此类问题。See Lea Brilmayer, Conflict of Laws, 2nd ed., 1995, pp. 322-324. 此外由于《欧盟婚姻监护裁判管辖权、承认以及执行公约》（EueheVO）对于欧盟会员国有优先适用的效力，该公约认为个人身份在各国间必须有统一的确定地位，德国于是在1962年修正亲属法，规定了判决承认的程序，由地区司法行政机关（Landjustizverwaltung）依照法律所规定的要件去审查外国法院的裁判，可以由上诉法院（Oberlandgericht）做进一步的审查。地区司法行政机关有管辖的规定，也就是让外国法院裁判的承认程序由一个有管辖权的机关作出统一的决定，同时这个机关所审查的外国判决仅仅限于离婚判决而已，对于其他因为离婚所产生的其他附带事项例如扶养、监护等裁判则不在审查承认的范围内，只是这些附带事项的裁判将来在执行的时候通常都会受到离婚裁判承认的影响。See Harmut Linke, Internationales ZivilProze? recht, 2001, S. 178f。

就涉外身份事件所为之民事确定裁判，台湾地区法院应予承认，不适用“民事诉讼法”第402条第1款、第4款之规定。第15条第1项则规定了外国法院之确定裁判，应向台湾地区有管辖权之法院申请承认始为有效。① 草案理由中再度强调必须避免身份关系有跛行现象。该草案几经讨论之后，在2001年9月14日的会议中，提出一如现行法的修正草案，立法理由也改为现行的立法理由，并且从“涉外民事法律适用法”的修正草案单独改为“民事诉讼法修正草案”。② 从这个立法过程观察，在一开始的草案中虽然刻意地将承认外国裁判的范围扩张到所有的裁判，而不限于判决，也似乎提出了有关身份关系以及其他法院裁判有不同承认要件的处理方式。但在最后的草案中仅仅将承认外国法院裁判的范围扩及裁定，不再区分是否为身份关系的裁判，而且在草案的拟订过程中似乎都没有考虑对于外国裁定的范围作出限制，把“民事诉讼法”第402条第2项所规定之裁定限定在一定的范围内，并且认为原则上不承认外国法院裁定之效力，似乎与立法的原意有所违背。而且从承认外国法院之判决，实际上就是承认外国司法行为的观点来看，真正应该考虑的是到底哪些司法行为应该承认其具有效力。并为了同时兼顾台湾地区人民融入国际社会以及权利保障之利益，依照各个类型的裁判设定承认的条件，或者是透过与其他国家对话协商的方式为承认他国裁判设定条件，应该是必须努力的方向。则“民事诉讼法”第402条第2项之规定以及“非讼事件法”第49条的规定应该是正确的立法方向。至于可以承认之外国裁判，应将属于实体性的裁定均包含在内，③ 因此除了对于子女权利义务行使以及负担，例如扶养费用的裁判外，包含针对外国法院对于亲权行使所核发的假处分、暂时保护措施等裁定或者是由于劳动契约所产生暂时状态之假处分，④ 例如命雇主在一定期间内给付工资⑤等裁定都应

① 参见“司法院”编印：《“司法院”涉外民事法律适用法研究修正资料汇编（一）》，2002年版，第405页。

② “司法院”编印：《“司法院”涉外民事法律适用法研究修正资料汇编（一）》，2002年版，第575页。

③ Jan Kropholler, Internationales Privatrecht, 2004, 5Aufl. S. 644。

④ 定暂时状态的假处分往往会涉及智慧财产权的争端，也会影响到一个国家的产业发展以及文化事业，依照TRIPS协议第44条规定各会员国必须赋予司法机关签发类似假处分的禁止令，以命令侵害智慧财产的人停止侵害行为，则对于外国核发的禁止令是否可以要求台湾地区，可能可以从承认的要件上重新慎重考虑。参见罗昌发：《国际贸易法》，台湾元照出版公司1999年版，第750页。

⑤ 有关子女监护权之保护所涉及文化认同以及跨国劳工流动所涉及的问题，参见赖淳良：《文化认同与国际私法》，载《法律哲理与制度：国际私法——马汉宝教授八十华诞纪念论文集》，台湾元照出版公司2006年版，第470页以下。

该列入可以承认的裁定，只是承认的条件必须特别考虑到当事人程序权的保障。①

（二）许可执行之诉的程序

台湾地区现行“强制执行法”第4条之一规定了许可执行之诉，② 由于并没有针对许可执行之诉作出其他的特别规定，因此一如“强制执行法”第14条所规定的债务人异议之诉以及第15条所规定之的第三人异议之诉，均应适用“民事诉讼法”所规定的诉讼程序。不过“民事诉讼法”上的基本原则例如处分权主义、辩论原则等是否可以完全适用在外国裁判之许可执行之诉上，似乎应有讨论的余地。

首先，就法院管辖而言，台湾地区现行“强制执行法”第4条之一第2项规定由债务人住所地法院管辖，如果债务人在台湾没有住所，则以执行标的物或应为执行行为地为管辖法院，由于法条虽然没有明文规定属于专属管辖，但是由于法条规定是以债务人住所地法院为管辖法院，并不允许其他法院管辖许可执行之诉，在实际适用上会产生与专属管辖的相同效果。以债务人住所地作为唯一的管辖法院，一方面避免许可执行判决的歧异，也增加查证上的便利，应属正确的立法。至于债务人是法人的情形，参照“民事诉讼法”第2条的规定，自应以其主事务所或主营业所所在地为管辖法院。另外由于债务人并不限于台湾地区人民，也可能是外国人或者是外国公司、法人，因为“强制执行法”第4条之一已经有明文规定，则如果外国人在台湾地区没有住所，即应以执行标的物或应为执行行为地为管辖法院，而不能适用“民事诉讼法”第1条第2项之规定。

至于对于大陆地区民事裁判、仲裁判断之承认，依“台湾地区与大陆地区人民关系条例”第74条之规定必须先经过法院的裁定才承认其效力，但是对于裁定的管辖法院则缺乏明文规定，解释上应依照“非讼事件法”第2条之规定，以债务人住所地或者是法人主事务所或营业所为管辖法院。③ 香港及澳门地区法院之裁判，依照“香港澳门关系条例”第43条第1项之规定准用“强制执行法”第4条之一，因此许可执行之诉也应以债务人住所地或是法人主事务所、营业所为管辖法院。外国仲裁判断，依照台湾地区现行“仲裁法”第47条第2项之规定必须经过台湾地区法院裁定后，才可以为执行名义，香港澳门地区的仲裁判断，依照“香

① 有关承认外国裁判时，对于当事人程序权保障之问题，参见赖淳良：《大陆地区民事确定判决之认可》，台湾“高等法院”花莲分院2002年研究报告，第95页以下。

② 台湾地区现行“强制执行法”第14条之一规定债权人对于债务人是否为执行名义效力所及有争议，经执行法院裁定驳回异议时，也可以提起许可执行之诉。

③ 由于“台湾地区与大陆地区人民关系条例”对于裁定的管辖法院缺乏明文规定，但解释上仍应以债务人住所地为管辖法院，参见赖淳良：《大陆地区民事确定判决之认可》，台湾“高等法院”花莲分院2002年研究报告，第80页以下。

港澳门关系条例”第43条第2项也是准用仲裁法的规定，裁定承认的法院也应该适用“非讼事件法”，以债务人住所地或法人主事务所、主营业所为管辖法院。

再就许可执行之诉的诉讼标的而言，由于台湾地区许可执行之诉的制度是仿效德国，德国在1879年建立承认执行外国判决制度之时，是采取英国法上所谓对于“外国判决之诉讼”（action upon the foreign judgement; actio iudicati）制度，利用诉讼程序确认债务人负有给付的义务。但是时至今日，许可执行之诉的诉讼标的不再是实体法的请求权，而是外国判决或是外国执行名义的可执行性（Vollstreckbarkeit）。① 台湾地区“强制执行法”第4条之一既然也规定许可外国判决，也应该以外国判决的执行力为诉讼标的，而不是以实体法上的法律关系为诉讼标的。②

既然许可执行之诉，是以外国判决是否有执行力为诉讼标的，而外国判决只有在符合台湾地区有关规定的条件下才具有执行力，那么许可执行之诉，在诉讼上的性质，学说上虽然有给付之诉、确认之诉以及形成之诉之说，台湾学者有采取确认之诉说，③ 也有学者采取形成之诉说，④ 陈启垂教授认为由于许可执行之诉的制度，是仿效德国《民事诉讼法》第722条的规定，而德国许可执行之诉有如前述之历史发展，在一开始的时候是对于债权实体请求权的确认，因此具有确认诉讼的性质，但之后发展成为赋予外国判决以执行力，性质上应该属于形成之诉。台湾地区“强制执行法”所规定的许可执行之诉，也应该作同一解释，性质上为形成之诉。⑤ 德国学说上也是以形成之诉说为多数说。⑥ 不过，由于许可执行之诉，并没有一个实体法上的形成权存在为前提，而只是针对外国判决是否在国内具有执行力

---

① Heimo Schack, Internationales Zivilverfahrenrecht, 2006, 4Aufl. S. 322.

② 学者陈计男、陈启垂采取同一见解，参见陈计男：《强制执行法释论》，台湾元照出版社2002年版，第116页；陈启垂：《外国判决的承认与执行》，载《月旦法学杂志》2001年8月第75期，第162页。

③ 陈荣宗：《强制执行法》，台湾三民书局2002年版，第101页；杨与龄：《强制执行法论》，台湾三民书局1999年版，第109页。

④ 参见张登科：《强制执行法》，台湾三民书局2001年版，第56页；陈计男：《强制执行法释论》，台湾元照出版社2002年版，第116页。采取形成之诉说，理论说明上多认为是因“强制执行法”第4条之一既然规定外国法院的判决必须经过许可判决，才可以成为执行名义，因此法院许可执行之诉的判决是让原本不具执行力的外国判决取得执行力，具有形成的效力，性质上为形成判决。

⑤ 陈启垂：《外国判决的承认与执行》，载《月旦法学杂志》2001年8月第75期，第162页。

⑥ Heimo Schack, Internationales Zivilverfahrenrecht, 2006, 4Aufl. S. 322. And Jan Kropholler, Internationales Privatrecht, 2004, 5Aufl. S. 663。

一事加以判断,因此乃是一种"程序上的形成之诉"(prozessuale Gestaltungsklage),① 与以实体法上形成权存在为主张所提起的形成之诉仍有所不同，而比较接近以判决具有再审事由为理由提起的再审之诉。②

既然许可执行之诉，属于诉讼上的形成之诉，审理的主要事项就应该是外国判决是否具有许可执行之要件，又由于外国判决的许可执行与承认在台湾地区有关规定上是一致的，并不区别，则外国判决是否具有可执行性，自然也应该采取与承认外国判决同样的审查标准，对此由于讨论的文献很多，不再赘述。③ 在此处必须讨论的问题是债务人可否在许可执行之诉的审理程序中，提出外国判决确定后新发生足以消灭债权存在的实体法上抗辩的事由，并据以主张排除该外国判决的执行力？学者有认为由于许可执行判决性质上属于确认之诉，法院仅能就外国判决是否具有执行力为审理，而不得对于实体上的关系为判断，因此采取否定见解,④ 也有学者认为以肯定说为当。⑤ 由于许可执行之诉一如再审之诉，性质上属于诉讼上形成之诉，许可执行之诉的诉讼标的是外国判决的可执行性，审查的事项依照台湾地区有关规定只有外国判决是否具备承认的要件，则在该诉讼程序中，即无从再针对其他事项进行审理，债务人如果有实体上抗辩事由，应该循债务人异议之诉的程序主张，就比较法上而言，德国法上认为债权人可以提起许可执行之诉，债务人则可以提起执行异议之诉（Vollstreckungsabwehrklag），提起执行异议之诉的理由，除了以外国法院判决不具有许可执行的要件之外，也包含外国法院的判决已经被判决国法院所废弃。至于可否以实体法上的理由，例如已经清偿履行为理由，提起执行异议之诉，则必须视准据法国而定，也就是必须以判决所适用的实体法而定。⑥

另外，许可执行之诉，由于台湾地区有关规定属于一种诉讼，因此似乎提起许可执行之诉即应依照"民事诉讼法"所规定之程序进行。不过，当考虑到外国判决乃是一项判决，且是已经经过严格诉讼程序而取得，却在进行执行的时候，要求

① Heimo Schack, Internationales Zivilverfahrenrecht, 2006, 4Aufl. Rdnr. 941。

② 诉讼上形成之诉还包含有如"民事诉讼法"第 416 条第 2 项规定的撤销调解之诉，"仲裁法"第 40 条所规定的撤销仲裁判断之诉，等等。参见陈荣宗、林庆苗：《民事诉讼法》，台湾三民书局 1996 年初版，第 286 页。德国学者认为形成之诉主要有三种类型，一是家族法上的，二是商事法上的，第三便是强制执行法上的。See Othmar Jauering, Zivilprozeβrecht, 2002, 27Aufl. S. 140.

③ 参见刘铁铮、陈荣传：《国际私法论》，台湾三民书局 2006 年版，第 626 页以下；李沅桦：《国际民事诉讼法》，台湾五南图书出版公司 2007 年版，第 296 页以下。

④ 陈荣宗：《强制执行法》，台湾三民书局 2002 年版，第 101 页。

⑤ 张登科：《强制执行法》，台湾三民书局 2001 年版，第 56 页。

⑥ Heimo Schack, Internationales Zivilverfahrenrecht, 2006, 4Aufl. S. 323。

再进行另外一项审判程序，这对于当事人势必造成更为严重甚或是不必要的程序负担，因此如后所述，欧盟会员国积极地采取必要的措施，希望能达成判决流通的理想，对于外国判决的承认采取一种简速的程序，让各会员国的判决承认以及执行制度可以确保债权人债权的迅速实现。如果再考虑与许可执行之诉具有相同性质之再审之诉，依照台湾地区现行“民事诉讼法”第502条第2项，如果显无再审理由，可以不经言词辩论为之，则对于许可执行之诉，如果在条件许可下，与其他国家或地区进行协商，达成相互以简速程序承认相互间的判决的程序，对于外国判决的许可执行之诉，实行简速不经言词辩论的程序，或者是采取实质互惠的态度，对于已经有充分程序保障制度的外国判决也采取简速的审判程序，在法院认为适当的情形下例如外国判决并无不应承认的情形时，不经言词辩论而为判决，似乎是可以考虑的做法。

最后一项问题是，如果一个外国法院的判决内容需要进一步地加以确定，受理许可执行之诉法院可否直接加以确认，还是必须由债权人另外提起诉讼加以确定，这在德国被称之为“开放性执行名义”（offene Auslandstitel），例如在斯堪的纳维亚国家，长期以来都允许法院作出需要引致的扶养义务判决，要求扶养义务的具体内容随着生活环境的改变而作出调整，瑞士也有类似的制度，或者是对于法定利息给付的判决，等等。对于这种还需要进一步确认内容的外国判决，德国通说认为，受理许可执行的法院应该在许可执行的判决中确认具体的内容。当然不同意见认为受理许可执行的法院只能够针对外国判决是否符合许可执行的条件加以认定，不能再就判决的内容作出阐示。①

（三）许可执行之诉的执行名义

债权人在取得许可外国法院判决执行的判决之后，依照“强制执行法”第4条第6款之规定，即成为合法的执行名义，自可申请法院强制执行。但是究竟合法的执行名义是指法院许可执行的判决还是指外国法院的判决，在学说上有所争论，有三种不同的学说，即所谓执行判决说、外国判决说以及结合说。执行判决说认为应以法院的许可执行判决为执行名义，外国判决说则认为单独以外国法院判决为执行名义，另外结合说认为必须结合外国法院判决以及法院许可执行的判决为执行名义。台湾地区学者有认为由于许可执行判决只是确认之诉，确认外国法院具有执行力，因此必须以外国法院判决为执行名义，② 有学者则认为必须结合外国法院判决

---

① Heimo Schack, Internationales Zivilverfahrenrecht, 2006, 4Aufl. S. 321.

② 陈荣宗：《强制执行法》，台湾三民书局2002年版，第101页。

以及法院许可执行判决为执行名义。① 由于许可执行之判决的内容繁多，有的仅仅是确认外国法院的判决符合承认的要件，因此可以执行，有的许可执行判决，因为债权人只针对其中一部分申请许可执行，因此许可执行的判决也仅针对该部分为判决，也有些许可执行的判决，准许一部分，却驳回另外一部分，因此单纯以外国法院的判决作为执行名义，势必产生执行内容难以确定的困难。相同的，认为单纯以许可执行判决为执行名义，也会有相同的困境。因此应认为外国法院的判决与许可执行判决合而成为执行名义。

对于前述问题，连带着会产生一项困难的问题，亦即依照台湾地区现行“强制执行法”第14条债务人得提起异议之诉的事由，原则上限于执行名义成立后之事由方得提起，但如果执行名义无确定判决同一之效力者，于执行名义成立前的事由也可以提起债务人之诉，其立法原意是为了避免例如以本票裁定为执行名义，在法院裁定准予强制执行之前，债务人已经清偿票款，法院却因为本票裁定事件属于非讼事件，在没有通知债务人的情形下径行裁定，导致本票持票人有机会利用这种空隙，对于债务人之财产再度强制执行，而债务人却无法提起异议之诉的法律漏洞。那么如果适用在外国裁判的情形，则应以外国裁判本身的性质来加以决定，换言之，如果外国裁判属于享有与判决同一效力之裁判，② 无论法院许可执行是用判决或者裁定为之，都应该适用“强制执行法”第14条第1项，③ 而如果外国裁判

① 张登科：《强制执行法》，台湾三民书局2001年版，第57页；陈启垂：《外国判决的承认与执行》，载《月旦法学杂志》2001年8月第75期，第165页。

② 外国判决的效力，除了本文所讨论的执行力之外，还有既判力以及所谓判决的构成要件效力（即实体上法律关系的效力），甚至包含所谓判决理由之效力等问题，实有待进一步深入探讨。参见李沅桦：《国际民事诉讼法》，台湾五南图书出版公司2007年版，第314页以下；陈启垂：《外国判决的承认与执行》，载《月旦法学杂志》2001年8月第75期，第158页以下。笔者此处所称与判决有同一效力，是指称外国法院的裁判必须如民事诉讼法对于判决所要求一定程序的完整性，主要就是当事人的程序权保障。

③ 此处的讨论省略了外国裁判可否提起债务人异议之诉的问题，这个讨论会围绕在外国判决的效力法则以及对于外国判决的实质审查标准这两个重大问题，同时也是诉讼制度上摆荡在实体正确性以及终局性两项利益的冲突以及调整之中的重大问题。诉讼的基本目的当然是希望能够得到实体的正义，但是对于实体正义不厌其烦的追求，导致当事人之间的纷争始终无法落幕，也不是保障人民诉讼权的基本目的，因此在一定的程度下，让当事人之间纷争透过诉讼而平息，也应该是讨论判决效力的另外一项必须考虑的基本目的，所以可以说，追求实体正义固然是诉讼的目的，但这并不是唯一的目的，让当事人之间的纷争能够解决也是诉讼另外一项与追求实体正义同样重要的目的。（下转第204页）

并不具有与判决同一效力之裁判，则应该适用强制执行法第 14 条第 2 项规定。因此外国裁判属于判决，则因为执行名义必须与许可执行判决结合，则这种执行名义应该属于与确定判决有同一效力之执行名义当无疑问。

（四）其他执行名义的执行——大陆地区之判决以及外国仲裁判断

如前所述，台湾地区承认以及执行各种外国的执行名义，无论在是否承认或执行、承认执行的要件上、承认执行的程序上都采取不同的方式，有些甚至还没有明确的规定。其中对于外国法院判决的承认与执行，是采取自动承认，再加上以判决许可执行的相结合制度，但是对于大陆地区之判决，依照“台湾地区与大陆地区人民关系条例”第 74 条之规定，台湾地区是以法院裁定认可后才发生效力，而经过裁定认可之后，就可以以此为执行名义，申请强制执行，并不需要提起许可执行之诉，那么如果对于以大陆地区的判决为执行名义申请强制执行，债务人要提起债务人异议之诉时，究竟应该适用“强制执行法”第 14 条第 1 项还是第 2 项？从对外国法院的讨论中，应该认为只要大陆地区的裁判是与台湾地区判决有同一效力者，也应该适用“强制执行法”第 14 条第 1 项，而不能适用同法第 14 条第 2 项。

至于外国仲裁判断之执行，依照“仲裁法”第 47 条第 2 项规定，只要经过法院裁定承认后，即得为执行名义。并不需要经过以判决承认的程序，此与国际间的

（上接第 203 页）在此同时，也必须了解，几乎所有国家和地区的诉讼制度都不会完全禁止因为裁判错误而必须进行的改正程序，既然允许改正错误的判决，那么就必须为排除判决制定适当的标准，问题就在于符合哪一种要件下要允许重新进行诉讼，以及是否也要有适当的时间限制。在一个国家和地区中，对于法院的判决也都存在着不同的改正错误判决的程序，显示出法院作出的判决并不具有绝对的效力，在某些情形之下，判决的效力会被排除，既然内国判决会被排除，外国法院判决的效力也应该会在一定的条件下被排除。

至于在哪些条件之下，外国法院判决的效力可以被排除，排除的标准可以简单地说只有两种，即判决国法或是法院地法，判决国法说主张外国判决效力的排除应该依照判决国法来加以决定，因为当事人的权利既然已经经由判决确认，那么就有关判决效力的所有事项包含判决效力的范围、案情的内容、判决的结果等等也都应该由判决国的法律来加以决定，法院判决效力的排除也一样，因为只有判决国法院才知道该判决可能存在的问题，也才容易进一步判断在哪一种情形之下，应该允许排除判决的效力，此说可以被称之为既得权理论模式，因为此说论证的理由与既得权理论十分相近。

另外一种说法认为外国法院判决效力的排除应该依照法院地法，因为真正执行的是法院，一项判决是否适合执行，只有执行地法院才能真正了解，而且执行地法院对于所有请求执行的判决是否加以排除应该采取统一的标准，不应该对于不同国家的判决采取不同的标准，此说可以被称之为“禁止歧视理论模式”（nondiscrimination model）。See Lea Brilmayer, Conflict of Laws, 2nd ed., 1995, pp. 303-304.

立法趋势相符。① 既然外国仲裁判断经过法院承认之后即可为执行名义，则按照前述说明，当债权人持外国仲裁判断与承认之裁定执行时，为了便于确认经过承认之仲裁判断的范围，应认为执行名义仍然是外国仲裁判断以及法院的承认裁定。而且由于“仲裁法”第37条明文规定，仲裁判断与确定判决有同一之效力，因此外国仲裁判断经过台湾地区法院承认之后，也与确定判决具有同一之效力，如果债务人对于该执行名义提起债务人异议之诉，也应该适用台湾地区“强制执行法”第14条第1项之规定，而不是同法第2项。当然在适用上也必须注意“仲裁法”第51条有关撤销外国仲裁判断的特别规定。

三、台湾地区判决许可执行之实务运作

台湾地区司法实务上所受理域外法院判决许可执行之诉，就笔者在“司法院”网站所查得的数据，2000年后数据明显增多。② 例如在2000年之前，只有1995年“最高法院”1995年台上字第2534号判决一件，但是在2000年之后，共计有七件，密度显然增加许多，在这八件案件申请许可执行的外国判决，包含英国（2件）、中国香港、美国加州（5件），其中两件是有关子女监护权的判决，其余六件都是有关商务往来所产生之损害赔偿。其中有一件以美国加州法院的判决没有合法送达台湾地区人民为理由，驳回债权人许可执行之申请，有一件部分驳回，其余均许可外国法院判决之执行。

在这八件许可执行之诉讼中，法院均进行十分严谨的言词辩论程序，事实上，早在1984年、1985年以及1989年，③ 分别有三次台湾“高等法院”法律座谈会都对许可执行之诉是否需要进行言词辩论程序进行讨论，讨论后的结论都是认为必须经过言词辩论程序，理由都是因为台湾地区“民事诉讼法”第221条第1项有明文规定，判决必须本于当事人的言词辩论为之。既然许可执行之诉性质上属于判决，自然必须以言词辩论程序为之。不过由于许可执行之诉在性质上属于诉讼上形

---

① 有关外国仲裁判断的承认与执行，参见吴光明：《商事争议之仲裁》，台湾五南图书出版公司1999年版，第195页以下；杜新丽：《国际私法实务中的法律问题》，中国政法大学出版社2005年版，第312页以下。

② 以案例研究的方法来追寻法律，似乎是可以努力的一个方面，除了可以如李念祖教授所说的为法学研究带入人的气息之外，也可以如法律社会学家 Ehrlich 把法律的发展放在社会本身。参见李念祖：《案例宪法Ⅰ》，台湾三民书局2002年版；[美] 埃利希：《法律社会学基本原理》，赵名怡、袁震译，九州出版社2007年版。

③ 分别收集在《台湾“高等法院”历年法律座谈会汇编（中册）》，第536页以下；《民事法律问题研究汇编（第四辑）》，第462页，第七辑第678页。

成之诉，是否必须所有的案件都以言词辩论为之，实际上仍有可考虑的空间。

进一步观察前述台湾地区的案件，当事人所争执的问题，以台湾新竹地方法院所受理 2004 年重诉字第 142 号案件为例，当事人主张的争议点主要集中在英国法院的判决是否已经确定，英国法院的判决是否有违反公序良俗之情形。而就该判决是否已经确定这个问题，双方当事人论证的重点在于英国法院在判决之后，其他法院法官是否有权限再度变更判决内容。而就是否有违反公序良俗这个争议点，双方则是论证英国法院判决中利息的记载、① 判决附加条件以及英国法院的判决是否违反了欧盟条约的规则，等等。

台湾地区高雄地方法院 1997 年重诉字第 724 号所受理许可英国法院判决执行的案件，两造争执的重点在于英国法院的判决是否已经确定，所命给付的内容是否违反公序良俗，以及英国法院与中国台湾地区之间有无相互之承认。不过，被告在审理期间所提出的答辩还包含了判决确定是否必须送达以及契约是否合法成立等抗辩，该案地方法院在 2001 年作出判决，认为英国法院的判决并无“民事诉讼法”第 402 条所列之各款情形，因此判决许可执行，经上诉到台湾地区“高等法院”高雄分院，以 2001 年重上字第 25 号案件受理，高雄分院在 2001 年 5 月驳回债务人之上诉，再上诉到台湾地区“最高法院”，“最高法院”在 2003 年 5 月以 2003 年台上字第 985 号判决驳回上诉，全案因而确定。

台湾地区桃园地方法院 2001 年诉字第 824 号案所受理许可美国加州法院判决执行之案件，由于被告对于美国加州法院的判决表示完全没有意见，只是主张由于经济能力有限，希望能分期给付美国加州法院所判命之扶养费用。桃园地方法院审理后认为美国加州法院判决符合“民事诉讼法”第 402 条的规定，因此在 2001 年 8 月判准执行。

台湾地区桃园地方法院 2003 年重诉字第 280 号所受理许可美国加州法院判决执行之案件，该案是有关公司股东诈欺之行为造成公司损害之赔偿事件，由于被告在接受合法通知之后，并没有到庭抗辩，桃园地方法院审理后，认为美国加州法院符合“民事诉讼法”第 402 条的规定，因此在 2005 年 10 月判准执行。

台湾地区台北地方法院 2001 年重诉字第 455 号案受理许可美国加州法院判决执行之案件，两造之争议点在于美国加州法院是否有合法通知被告出庭应讯，台北地方法院审理结果以美国加州法院没有合法通知被告出庭为理由，在 2002 年 1 月驳回原告请求许可执行之诉。在此案中，值得注意的是，原告除了提起许可执行之判决外，另外以民法上侵权行为以及不当得利请求权之法律关系请求被告赔偿损害、返还不当得利，并且以预备之诉的方式提起两件诉讼，先位请求许可执行外国

① 参见前述有关开放性执行名义的说明。

法院判决，备位请求损害赔偿，台北地方法院除了驳回许可执行之诉外，也驳回损害赔偿的备位之诉。上诉后，台湾地区“高等法院”以2002年重上字第80号案件受理后，于2002年7月驳回上诉，再上诉至“最高法院”，以2002年台上字第1924号判决驳回原告先位请求许可执行之上诉，但是将备位请求损害赔偿之诉废弃发回台湾“高等法院”，台湾“高等法院”以2002年重上更（一）字第134号判决仍维持之前的判决，驳回原告备位之诉的上诉，台湾地区“最高法院”再以2004年台上字第288号判决废弃发回。

台湾地区士林地方法院1998年重诉字第137号受理许可美国加州法院判决执行之案件，两造之争议点主要集中在该美国加州法院之判决是否为确定之判决，本案被告是否为加州法院判决效力所及之当事人，加州判决未记载的利息部分是否在判决之内，可否据以强制执行、美国加州法院是否有台湾地区“民事诉讼法”第402条各款所列之情形。士林地方法院经审理之后，认为本案被告是加州判决效力所及之当事人，利息部分也在判决效力范围内，并且确认是确定判决而且没有“民事诉讼法”第402条所列之各款情形，因此于2002年2月判准许可执行，上诉后，台湾地区“高等法院”以2002年重上字第130号案件，认为法院仅能就判决内容所命给付决定是否许可执行，利息部分既然不在判决中，而是以其他法典为依据，法院不能许可该部分之执行，因此在2002年11月该将部分废弃，改驳回该部分许可执行之申请。上诉后，台湾地区“最高法院”2004年台上字第2082号判决基本维持台湾地区高等法院之判决。不过因为在第一审判决的主文中，除了许可执行之外，另外又记载“承认”该美国加州法院之判决，“最高法院”就该部分认为承认外国判决不须以判决为之，原告起诉请求承认外国判决并无诉之利益，应该驳回，而不应允许。

从以上所列的判决，可以看出台湾地区的法院目前许可外国判决之执行，仍然采取诉讼形态的方式来处理，而且也都是经过言词辩论程序，两造辩论的内容虽然在多数的情形都集中在外国法院判决有无台湾地区“民事诉讼法”第402条所列之情形，但是也有溢出各款情形之外，提出其他实体异议的事项，甚至在许可执行之诉中，合并提起其他诉讼，也都导致许可执行之诉的进行有些微迟滞的现象，以前述案例，从起诉到判决确定，如果双方当事人有争执，似乎都需要一至二年的时间，甚至更长。

四、结　语

台湾地区对于外国法院裁判的强制执行，基本采取与其他国家和地区一致的方式，对于裁判采取自动承认的制度，在有强制执行的必要时，才规定必须提起许可执行之诉。可惜，台湾地区有关规定没有详细规定许可执行诉讼如何进行。而且目前实务上，以必须经过言词辩论的方式许可执行，也会造成外国法院判决在许可执行上的迟缓，当然由于外国法院判决的类型甚多，外国法院判决对于当事人程序权的保障是否达到应该有的起码水平等，都是造成审慎执行外国法院判决的原因。不过既然外国法院的判决申请许可执行的案件日多，法院必须及早检讨许可外国判决执行的制度，一方面确实实现当事人之间已经被确定的法律关系，一方面也能保障当事人的基本权利。如果采取自动生效制度，可能会因为各机关无法充分了解外国法院裁判，导致各机关见解歧异，因此采取由特定机关例如法院作出承认与否的宣告似乎是有必要的。而又由于承认外国法院的裁判，基本上乃是外国法院的裁判行为，应具有相当高度的可信赖性，因此在承认其效力的程序上应采取比较简速的方式，纵然要经过一定的辩论程序，也应该将辩论的争点集中在对承认与否要件的审查上，而不应扩及其他实体上的争议，也不应允许债务人在承认外国判决的程序上合并提起其他诉讼。而如果债务人对于外国法院的裁判有异议或者其他实体上的争议，则可仿效欧盟的法令，在一定的条件以及时间限制下允许债务人提起诉讼以解决争议。这样的制度设计，也能与承认外国仲裁判断的程序以及承认大陆地区裁判的程序一致，以避免多轨方式，导致适用上的困扰。当然除了片面的法律制度设计之外，能透过判决承认等事项的讨论与其他国家或地区进行必要的协商，以期更了解其他国家或地区的法律制度，进而有助于人民融入国际或区域社会，似乎也是应该积极进行的努力。

Enforcement of Foreign Judgments

LAI Chunliang

Abstract Enforcement of foreign judgments should become a landmark for constituting global judicial system of human society. Article 402 of Taiwan Civil Procedural Law sets forth requisitions for the recognition of foreign judgments. Article 4. 1 of Enforcement Act of Civil Procedure stipulates institution of enforcement of foreign judgment. According to these paragraphs, there should be another action to get a permission to enforce foreign judgments in Taiwan. Thus, that could be a long procedure. In order to promote a well-established institution, we should imitate EU Brussels I more.

Key words foreign judgment; enforcement

Some Thoughts on the Characteristic Performance Test

LU Song* TANG Yi**

Abstract As an approach to the interpretation of the closest connection doctrine used for years in the European continent for the choice of the law appliable to contractual relations as well as non-contractual ones, the characteristic performance test evolves with the development of international economic and trade activities. Despite criticisms on this approach as embodied in the Rome Convention, the Rome I Regulation retains it. This article will focus on the development of the characteristic performance theory and try to explain that this theory, as one of the interpretations and solutions to the closest connection doctrine universally accepted nowadays, has its strengths and weaknesses.

Key words characteristic performance; closet connection doctrine; private international law

I. Introduction

On the issue of the law applicable to contractual obligations, the principle of party autonomy - the application to their contract of the substantive law effectively chosen by the parties - has been universally and firmly adopted nowadays. Absent such a choice, there has been a world wide tendency in theory and practice for the past half century that supports the application of the law of the country which is most closely connected to the

* Director, Institute of International Law, China Foreign Affairs University.

** LL. M. Candidate, International Law Department, China Foreign Affairs University.

contract, which is called the doctrine of closest connection① or the closest and most real connection② or the most significant relationship. ③

How to determine the law of the country with which a particular contract is most closely related is a question generating divergent answers and practical solutions. In the European Communities (hereinafter "EC"), the so-called "characteristic performance" theory has been employed to provide a partial interpretation of the doctrine of closest connection. The EC Convention on the Law Applicable to Contractual Obligations of 19 June 1980 ("Rome Convention")④ was the first international treaty of far-reaching influence that incorporated the concept of characteristic performance⑤ which served as guidance in identifying the country most closely related to a contract. The recent development of the characteristic performance theory is Regulation (EC) No 593/2008 of the European Parliament and of the Council of 17 June 2008 on the law applicable to contractual obligations (hereinafter "Rome I Regulation"). ⑥

Doubts about the characteristic performance test focus on the question whether it is the most accurate way to determine the law of the country most closely connected to a contract. This article will examine the development of the characteristic performance theory and attempts to explain that this theory, as one of the interpretations and solutions to the closest connection principle widely accepted nowadays by most countries in the world, has its strengths and weaknesses.

---

① See for instance, Article 126 of Contract Law of the People's Republic of China 1999, which provides "... Where parties to the foreign related contract failed to select the applicable law, the contract shall be governed by the law of the country with the closest connection thereto".

② David McClean (ed.), J. H. C. Morris, The Conflict of Laws, 5th ed., Sweet & Maxwell Ltd, London, 2000, p. 323.

③ Restatement of the Law (Second) Conflict of Laws, sec. 188 (1971).

④ Official Journal of the European Communities C 027, 26/01/1998 pp. 34-46.

⑤ Article 4 (2) of Rome Convention.

⑥ Official Journal of European Union, L 177/6.

II. The Concept of Characteristic Performance

Originating in Switzerland,① the concept of "characteristic performance" lacks a certain definition up to now. ② It is because of the Rome Convention that this concept attracted more attention from outside the Europe. However, the Rome Convention also failed to furnish a definition of the characteristic performance but merely provides in Article 4 (2):

> "*Subject to the provisions of paragraph 5 of this Article, it shall be presumed that the contract is most closely connected with the country where the party who is to effect the performance which is characteristic of the contract has, at the time of conclusion of the contract, his habitual residence, or, in the case of a body corporate or unincorporated, its central administration.*"

The provision introduces the notion that in a bilateral contract, there usually is one which is characteristic of the contract and one which is not. It is the characteristic performance of a contract that will be the key factor for the determination of the law applicable to that contract. An inevitable question that will follow would be: how the characteristic performance in a particular contract will be determined?

The answer is to be found in the official Report prepared by Professor Mario Giuliano and Professor Paul Lagarde on Rome Convention (hereinafter "Giuliano/Lagarde Report"). ③ It is stated that:

> "*Identifying the characteristic performance of a contract obviously presents no difficulty in the case of unilateral contracts. By contrast, in bilateral (reciprocal) contracts whereby the parties undertake mutual reciprocal performance, the counter-*

---

① Vischer, Internationales Vertragsrecht, Bern, 1962, pp. 89-144; H. U. J. D'liveira, Characteristic Obligation in the Draft-EEC Obligation Convention, American Journal of Comparative Law, Vol. 25, 1977, p. 393.

② Peter Machin North, Essays in Private International Law, Oxford University Press, 1993, p. 41.

③ Official Journal of the European Communities C 282 31/10/1980, pp. 1-50.

performance by one of the parties in a modern economy usually takes the form of money. This is not, of course, the characteristic performance of the contract. It is the performance for which the payment is due, i. e. depending on the type of contract, the delivery of goods, the granting of the right to make use of an item of property, the provision of a service, transport, insurance, banking operations, security, etc., which usually constitutes the centre of gravity and the socio-economic function of the contractual transaction. "①

It can be seen from the above illustration that non-monetary performance is preferred in determining the characteristic performance. The report considers that the performance for which the payment is due usually constitutes the center of gravity and the socio-economic function of a contractual transaction.

The report also stated that:

"*It is possible to relate the concept of characteristic performance to an even more general idea, namely the idea that his performance refers to the function which the legal relationship involved fulfils in the economic and social life of any country. The concept of characteristic performance essentially links the contract to the social and economic environment of which it will form a part.* "②

This interpretation advances the theory of characteristic performance and tries to broaden its basis beyond the legal analysis into the social and economic function of contracts. With the legal, social and economic values in hand, the theory of characteristic performance enjoys a solid foundation in the eyes of EC.

III. History of Characteristic Performance Theory

The theoretic foundation of characteristic performance, in the view of the authors, can be traced back to thoughts of the great German jurist Savigny who did extensive research on Roman law and proclaimed that every legal relation belongs to or is subject to

① Official Journal of the European Communities C 282 31/10/1980, pp. 1-50.

② Official Journal of the European Communities C 282 31/10/1980, pp. 1-50.

a legal territory (and the legal territory is where the legal relation has its seat) . ① His line of thoughts inspired the later development of conflict rules, including the now universally accepted closest connection principle. As he stated, a legal principle was sought for to deduce the subordination of the individual to a particular local law and consequently the relation of the person to a particular territory. ② His "seat" theory is regarded as territory-orientated and jurisdiction-selective③ (while the American conflict-of-laws theories of 20th century are more issue-oriented, and tend to be result-selective). ④ Savigny tried to tell us that there should be a proper geographical location (seat) for any legal relation. For instance, with respect to a contract concluded by the parties, the law effective in that location should govern that contractual legal relation. It may not be totally inappropriate to regard the closest connection principle and characteristic performance theory as a revival of the Savigny's idea in EC countries.

Schnitzer settled the concept of characteristic performance in theory for the first time. ⑤ According to him, there is only one characteristic performance for each contract, and therefore only one connecting factor corresponds to each contract. ⑥ However, rules of conflict of laws varied in a number of EC countries prior to the adoption of the Rome Convention. For instance, in France and Belgium, applicable law in the absence of parties' choice should be the law of the place of performance. German law admits the principle that obligations arising out of a contract are severable provided that they are to be performed in different countries, and each obligation should be governed by the law of the respective place of performance. In Italy, the legislature expressly and directly laid out

① William Guthrie (trans.), Friedrich Carl Von Savigny, A Treaties on the Conflict of Law and the Limits of Their Operation in Respect of Place and Time, Stevens & Sons, 1849, Section 360, p. 133.

② Ibid.

③ David F. Cavers invented the term "jurisdiction-selection" to describe the traditional approach of conflict of laws. See David F. Cavers, A Critique of the Choice-of-Law Problem, Harvard Law Review, Vol. 47, No. 2, 1933, pp. 173-208.

④ Academie De Droit International de la Haye, Recueil Des Cours, Collected Courses of the Hague Academy of International Law, 1991-I, by Martinus Nijhoff Publishers, 1992, p. 299.

⑤ A. F. Schnitzer, Handbuch Des Internationalen Privatrechts, Basel, 1944, p. 645.

⑥ Ibid.

rules failing an express choice of law by the parties. ① In England, it was presumed that no one factor was decisive to find out the country which has the "closest and most real connection" to a contract. Therefore, following precedents, judges assess each case considering a compilation of factors. ②

The Rome Convention was the first international treaty where characteristic performance concept was mentioned. As described above, the concept was explained in the Giuliano/Lagarde Report. It was a compromise between EC countries and it departed from Schnitzer's original thoughts since *dépeçage* was admitted by the Rome Convention, ③ while according to Schnitzer there is only one connecting factor for each contract. In the Rome Convention, presumptions of the closest connection for certain types of contract and the jurisdictions are provided in Article 4. These presumptions are rebuttable, since they "can be disregarded if it appears from the circumstances as a whole that the contract is more closely connected with another country". ④ The provisions show that the characteristic performance test, as an interpretation of the closest connection principle, furnishes only a partial solution under the Rome Convention, which however gives judges more room of discretion than the Rome I Regulation does.

Rome I Regulation has inherited the closest connection principle and characteristic performance test of the Rome Convention. Nevertheless, Rome I Regulation is not a simple repetition of the Rome Convention regarding default rules applicable to a contract in the absence of a choice by the parties. Rther, it streamlined the process of identifying the country most closely connected with the contracts by expressly listing, in the first paragraph of Article 4, eight types of contract including sales and service contracts, contracts relating to immovable property, franchise and distribution contracts, etc., as well as the presumed country whose law shall govern these contracts. Only in the second paragraph of Article 4 is characteristic performance test being mentioned as follows:

---

① Mario Giuliano and PaulLagarde, Report on the Convention on the Law Applicable to Contractual Obligations, Comments on Article 4, Official Journal of the European Communities C 282 31/10/1980, pp. 1-50.

② Mount Albert Borough Council v. Australian Temperance and General Mutual Life Assurance Society, [1938] A. C. 224.

③ Art 4 (1) of the Rome Convention stipulates that a severable part of the contract which has a closer connection with another country may by way of exception be governed by the law of that other country.

④ Article 4 (5) of the Rome Convention.

> "*Where the contract is not covered by paragraph* 1 *or where the elements of the contract would be covered by more than one of points* (*a*) *to* (*h*) *of paragraph* 1, *the contract shall be governed by the law of the country where the party required to effect the characteristic performance of the contract has his habitual residence.*"

Undoubtedly, when formulating the presumed country whose law shall govern each of the eight categories of contract enumerated in paragraph 1 of Article 4 of the Rome I Regulation, the characteristic performance test, as an interpretation of the closest connection doctrine, has been taken into account, particularly in (a) contracts for sales of goods, and (b) contracts for provision of service. Some images of this test can also be discerned in Article 7. However, the authors believe that one should not view the characteristic performance approach as an alternative to the closest connection theory, or take them as parallels. The general principle adopted by either Rome Convention or Rome I Regulation, in the absence of parties' choice of the applicable law, is the principle of closest connection. Characteristic performance approach only furnishes a partial interpretation to the principle of closest connection in respect of conflict rules in case of the law of contractual obligations. ① And even the closest connection theory does not provide a complete solution in the absence of a parties' choice to conflict rules regarding law of contractual obligations. ②

The significance of characteristic performance test as a flexible rule seems to be reduced and the room for discretion is conspicuously limited under Rome I Regulation for the European judges to determine the law applicable to a contract in the absence of a choice by the parties. This change reflects a tendency, which is also apparent in China as will be discussed below, to analyze various contracts in the legislative phase and stipulate, in the form of statute or other rules that judges cannot disregard, their presumed connecting factors, which enhances predictability and certainty while alleviating the burden of judges in identifying the country with which the contract in a particular case has the closest connection.

---

① This conclusion can be drawn from paragraph 3, 4 and 5 of Article 4 of Rome Convention, and from Article 4 (1) (c), (d), (g) (h) and Article 4 (3) and (4) and Article 5 of Rome I Regulation.

② For instance, some other considerations prevail in the conflict rules for consumer contracts and individual employment contracts.

IV. Comments on Characteristic Performance Theory

A. General comments

Criticisms on the characteristic performance test as represented by the Rome Convention are more frequently heard than praises. Some believed that the test provides a complicated solution and while the characteristic performance presumptions may provide some certainty and work well in routine commercial transactions, it is less satisfactory in complex governmental contracts and it is not widely accepted outside EU. ①

As an international convention which may be phased out, the Rome Convention used to be criticized for its complication of applying the characteristic performance. The presumed characteristic performance triggers criticisms since the law of the place where the seller or the service provider is favored, while the seller or the service provider tends to be more familiar with their local law and therefore is in a better position in the bargaining process of forming the contract. ② Further criticisms on Article 4 of Rome Convention are about its rebuttable nature. Paragraphs 3, 4 and 5 stick to the closesest connection principle and provide that if paragraph 2 should be disregarded it could not materialize the principle. This provision was criticized for choosing a more complex route compared to English law before England ratified the Convention, while the two systems may lead to the same result. ③ The third criticism is also about the rebuttable nature of presumptions in paragraph 2 of Article 4. Paragraph 2 was supposed to bring more legal certainty, while exceptions stipulated in paragraphs 3, 4 and 5 seem to offset this effect. A fourth criticism stems from an economic perspective. Whether legal norms should be phrased as rules or standards depends on which of the two incurs the least overall specification, compliance

---

① R. D. Bishop, J. Crawford, and W. M. Reisman, Foreign Investment Disputes, Kluwer Law International, 2005, p. 629.

② F K Juenger. The EEC Convention on the Law Applicable to Contractual Obligations: An American Assessment, in P M North (ed.), Contract Conflicts: The EEC Convention on the Law Applicable to Contractual Obligations: A Comparative Study, North-Holland, 1980, p. 301.

③ J. H. C. Morris and P. M. North, Cases and Materials on Private International Law, Butterworths, 1984, p. 466.

and adjudication costs. ① The characteristic performance test of the Rome Convention may not be a good example according to this theory. Concerns are also raised that traditional significant elements such as the place of performance have been neglected in return for habitual residence as the single connecting factor.

When applying the characteristic performance test under Article 4 of the Rome Convention, a judge needs to answer several questions: (a) Which party is to effect (or has effected) the characteristic performance? It may not be very clear in some types of contract. An oftentimes mentioned example is a distribution contract. ② A similar problem exists in barter contracts and loan contracts. (b) Where is the habitual residence of the party who is to effect such performance? The habitual residence of a person was not defined in the Rome Convention and hence is a matter of speculation for the national law of each Member State of the EC, which may well vary. The concept of habitual residence has been constantly used in the conventions of the Hague Conference on Private International Law but deliberately left undefined there. However, Rome I Regulation provides a solution to this problem. (c) Where is the central administration of that party in case it is a body corporate or unincorporated? This may be treated as a matter of facts or a matter of law. (d) Is the contract entered into in the course of that party's trade or profession? (e) If it is, then which is the country where the principal place of business of that party is situated? Or where, under the terms of the contract the performance is to be effected through a place of business other than the principal place of business, which is the country where that other place of business is situated? It may be relatively easy to answer these questions in many cases but may be difficult in others.

As an approach hailed by a great number of European nations for decades and enshrined in the Rome Convention and Rome I Regulation, the characteristic performance theory does have its merits. In the first place, it provides a solution to the interpretation of closest connection doctrine. Compared to the American approach of wide discretionary power conferred to the judges with respect to the determination of the "most significant relationship", this European approach offers a relatively simpler and uniform guideline for a judge to decide the country with which a particular contract is most closely related and it

---

① Giesela Rühl, Methods and Approaches in Choice of Law: An Economic Perspective, Berkeley Journal of International Law, Vol. 24, 2006, pp. 801-841.

② See Lawrence Collins, Essays in International Litigation and the Conflict of Laws, Oxford University Press, 1996, p. 423.

will work in most cases. Evidently, should a judge evaluate each of the elements in a contract dispute case individually, he would be required of profound knowledge on conflict of laws and substantial time to decide the country with which the contract in that case is most closely connected.

Secondly, the original intent of the characteristic performance test is to link the contract with the social and economic environment of which the contract will form a part. ① This idea helps to broaden the scope of our thinking beyond the legal perspective. Legal rules should be formulated to facilitate the social and economic development.

This approach suggests to us that among the factors to be considered in a case, there is one that reflects the nature and characteristics of the transaction and therefore is more important than others. It is advisable not to place equal weight on all the connecting factors.

B. The Characteristic Performance of Rome I Regulation

Rome I Regulation was adopted twenty eight years after Rome Convention and efforts are visible in improving the European approach of closest connection and theory of characteristic performance. Most noticeably, this regulation stipulates more presumptions of the closest connection that usually should be followed as default rules. This is an approach that reflects the need of legal certainty which is one of the paramount considerations of conflict rules. From these default rules, people know what law will usually be applied to their contracts in case the parties fail to reach an agreement on that issue.

Rome I Regulation also provides, for the purpose of that regulation, a definition of habitual residence which was absent in the Rome Convention. ② The habitual residence of companies and other bodies, corporate or unincorporated, shall be the place of central administration. The habitual residence of a natural person acting in the course of his business activity shall be his principal place of business. ③ Moreover, the relevant point in time for determining the habitual residence refers to the time of the conclusion of the contract, same as that of the Rome Convention. By choosing this point in time, the legislators demonstrate their belief that the justified expectations of the parties at the time

① Official Journal of the European Communities, C 282/1, 31/10/1980, p. 20.

② Article 19 of Rome I Regulation.

③ Article 19 of Rome I Regulation.

of conclusion of the contract call for more protection.

However, concerns about rules regarding characteristic performance in Rome I Regulation were raised when it was still in the form of a proposal. The default conflict rules of the Rome I Proposal meant to be fixed rules and no discretion is left to the court in the vast majority of cases. ① It is worried that substantive justice may not be achieved on some occasions if there is no escape clause to the fixed rules. ② The final version of Rome I Regulation departs from Rome I Proposal in that it retained the flexibility and provides that default rules can be disregarded if it is clear from all the circumstances of the case that the contract is manifestly more closely connected with a country other than that indicated in paragraphs 1 or 2, in which case the law of that other country shall apply. This provision is also distinctive from its counterpart in the Rome Convention. ③ Under Article 4 (5) of the Rome Convention, the characteristic performance test will not be applied where the characteristic performance of a contract cannot be ascertained, and the presumed law determined according to characteristic performance test or fixed directly by the convention can be disregarded. Rome I Regulation inherits the principle embedded in that article and expresses it in a more appropriate and reasonable way: ④ it distinguishes two scenarios (a) where the applicable law can be determined pursuant to the eight default rules listed in paragraph 1 of Article 4 or pursuant to the characteristic performance test provided for in paragraph 2 of the same article, and (b) where the applicable law cannot be determined in accordance with either of these two paragraphs. This change reflects more precisely the European notion that it is the closest connection theory, not the characteristic performance approach, which forms the fundamental principle subsidiary to party autonomy in respect of contractual obligations.

The wording of the escape clauses in Rome Convention and Rome I Regulation are slightly different. "Manifestly" is added to the description of conditions, which literally conveys a message that Rome I Regulation takes a stricter stance in disregarding presumptions. Another departure from Rome Convention is that *dépeçage* is no longer

① Max Planck Institute for Comparative and International Private Law, Comments on the European Commission's Proposal for a Regulation of the European Parliament and the Council on the Law Applicable to Contractual Obligations (Rome I), available at: www. mpi. priv. de/shared/data/pdf/comments_ romel_proposal. pdf, last visited 18 October 2008.

② Ibid.

③ Article 4 (5) of the Rome Convention.

④ Article 4 (4) Rome I Regulation.

clearly admitted, where elements fall within more than one of the specified types of contract. Art 4 (1) of Rome Convention provides that "a severable part of the contract which has a closer connection with another country may by way of exception be governed by the law of that other country". Such a provision is not contained in Rome I Regulation, and a literal interpretation of Article 4 (2) may be that even if a contract is composed of severable parts, the contract is to be considered as a whole and the applicable law shall govern all obligations arising out of the contract.

The closest connection doctrine and the characteristic performance theory try to strike a reasonable balance between judicial certainty and flexibility. The tendency as reflected in Rome I Regulation, which emphasizes more on the certainty side, is not a lone case. In fact, the judicial practice in China is quite similar to the approach adopted in Rome I Regulation and it has lasted for two decades already.

V. Characteristic Performance and its Impact in China

The theory of characteristic performance has been known to China along with the introduction of the Rome Convention. However, in the absence of parties' choice of the applicable law, the closest connection doctrine has always been the most influential theory in China in the filed of private international law and it has been firmly incorporated into Chinese statutes. ① Chinese academics and judges believe while it is necessary to absorb the new theory like that of the closest connection doctrine, the traditional approach of conflict of laws still deserve preserving. On the one hand, the rigidity resulting from the traditional conflict rules should be softened in light of the more flexible doctrine of closest connection to reduce prejudice to individual justice. On the other, default conflict rules shall also be employed in order to increase legal certainty and help the judges to achieve the purpose of uniform application of law.

On 7th August 2007, the Supreme People's Court issued Provisions on Several Issues Concerning the Application of the Law in Trials of Foreign-related Civil and Commercial

① E. g., Article 145 of the 1986 General Principles of Civil Law and Article 126 of the 1999 Contract Law.

Contract Disputes (hereinafter the "SPC Provisions"),① which, as a successor to a previous judicial interpretation of the Foreign Economic Contract Law,② set forth the default conflict rules for 17 categories of contract, followed by an escape clause. As discussed above, this approach can greatly contribute to legal certainty, which is especially meaningful in China where legal precedents are not a major source of law. Article 5 of the SPC Provisions adheres to the application of the closest connection principle, and the language there reveals some resemblance with the characteristic performance test when it requires the judges to consider the nature of the contract in the course of determining the closest connection. Of course, it is likely that the characteristic performance approach has been taken into consideration when the law presumably applicable to each of the 17 categories of contract is determined by the Supreme People's Court.

The formulation of the conflict rules become more of a legislative task than a judicial job in China and it is considered healthy. The theory of characteristic performance, together with other interpretations of the closest connection principle, has been taken into account when formulating these conflict rules by the Supreme People's Court. However, one should not forget that legal rules are often the result of compromise between interested groups.

VI. Conclusion

The characteristic performance test, as the European approach and interpretation of the closeset connection principle, was first incorporated in the Rome Convention and enshrined again in the recent Rome I Regulation. It remains a European theory and exerts some influence on China. The theory tries to devise a clear and more predictable mechanism of deciding the most suitable governing law. Despite all doubts and criticisms about it, the characteristic performance test provides a fresh dimension of looking at the issue, and simplifies to some extent the process of solving intricate problems inherent with

① It is a unique feature of judicial interpretation in China that the Supreme People's Court mainly exercises that power through issuance of abstract but detailed written rules like these Provisions, rather than through judgments.

② See The 1987 Interpretation of the Supreme People's Court on Several Issues about the Application of Law of the People's Republic of China on Economic Contracts Involving Foreign Interest.

choice of law in international contractual relations. However, the strengths and weaknesses of the test come from the same origin, but the balance between legal certainty and judicial flexibility is always the theme.

欧盟关于跨境资料转移的资料保护水平适当性制度述评

□ 李晓述* 孔令杰**

内容摘要 个人资料保护水平适当性制度是欧盟有关跨境资料转移中个人资料法律保护体制的基石。若一国被欧盟认定为具备适当的资料保护水平，它在资料转移上将享有与欧盟成员国同等的待遇；反之，欧盟将禁止向其转移个人资料。弄清资料保护水平适当性制度在跨境资料转移体制中的地位和作用，界定适当资料保护水平的内涵，考察欧盟对第三国资料保护水平适当性的认定情况，指出资料保护水平适当性制度的优势和缺陷，提出我国的对策，无疑具有重要的理论和现实意义。

关键词 欧盟 跨境资料转移 资料保护水平适当性制度

目 次

一、跨境资料转移与个人资料保护

自20世纪70年代以来，在计算机等信息处理技术的推动下，大量的个人资料

* 武汉大学国际法研究所博士研究生。
** 武汉大学国际问题研究院教师，法学博士。

可跨越国界，在分布于世界各地的众多资料使用人之间流转。① 20 世纪 90 年代前，资料跨境转移还只是特定当事方之间通过磁盘等笨重的物质储存媒介跨越边境传递信息的特定行为。如今，在互联网和信息时代，技术革新与社会沿革已彻底打破了传统的信息跨境流动模式。② 信息变成世界经济中一种新型的“原材料”。③资料跨境转移成为跨国企业有效运作的生命线。④ 跨境资料流动不仅是企业运作、国际贸易和电子商务发展的基础，也成为全球化进程重要的内在推动力之一。⑤

固然个人资料在各国间自由流动与自由贸易一样能够提高人类的福利水平，但个人的资料权利也逐步被欧洲各国提升到保护人权的高度。一方面，应促进个人资料在各国政府和企业间自由流动，另一方面，也要给转移的个人资料提供适当的保护。由此，资料自由流动与保护个人的资料权利就成为一对主导跨境资料转移的基本矛盾。目前，除欧盟成员国之间外，其他国家和地区间的个人资料保护水平仍参差不齐，跨境资料转移中的资料保护成为全球资料流动的主要障碍。意识到资料保护具有国际性，它涉及政治、经济、科技等多重因素，同国家间的政治、经济等关系密切相关，经济合作与发展组织、欧洲理事会、⑥ 欧共体和欧盟、⑦ 亚太经合组织⑧及联合国⑨等区域和国际组织从不同的角度，积极地介入跨境资料转移中的资料保护，融合与统一各国立法，尽量消除和减少资料隐私保护给跨境资料流动造成的障碍，加强各国在资料隐私跨境保护上的互助与合作。⑩ 其中，欧盟有关跨境资

① OECD, Guidelines on the Protection of Privacy and Transborder Flows of Personal Data, adopted by the OECD Council, Paris, 23 September 1980, Preface.

② OECD, Report on the Cross-Border Enforcement of Privacy Laws, 2006, p. 6.

③ Christopher Kunner, European Data Privacy Law and Online Business, Oxford University Press, 2003, p. ix.

④ U. S., Dept. of Commerce, Safe Harbor Workbook, available at http: // www. export. gov/safeharbor/sh_ workbook. html, visited on Nov 30, 2008.

⑤ Colin Bennett and Charles Raab, The Governance of Privacy: Policy Instruments in Global Perspective, MIT Press, 2006.

⑥ Council of Europe, Convention for the Protection of Individuals with regard to Automatic Processing of Personal Data, ETS No. 108, 1981.

⑦ Directive 95/46/EC of the European Parliament and of the Council of October 24, 1995, on the Protection of Individuals with regard to the Processing of Personal Data and on the Free Movement of Such Data, hereinafter referred to as “Directive 96/45/EC”, O. J. L. 281/31, 1995.

⑧ Asia-Pacific Economic Cooperation, Privacy Framework, 2005.

⑨ United Nations, Guidelines Concerning Computerized Personal Data Files, adopted by the General Assembly, 14 December 1990.

⑩ Joel Reidenberg, The Simplification of International Data Privacy Rules, Fordham International Law Journal, Vol. 29, 2006, p. 1128.

料转移中资料保护的法律制度最为完备。

对跨境个人资料转移,① 欧盟确立了内外有别的两套制度。对内，为扫清个人资料在欧盟内部跨境流动中资料保护这一障碍，欧盟通过《资料保护指令》② 给成员国划定了资料隐私保护水平的底线，禁止成员国借资料保护之名阻碍个人信息在欧盟境内自由流动。③ 对外，以保护欧盟公民的个人资料为目标，欧盟原则上禁止向不具备适当资料保护水平的第三国转移个人资料。④ 从某种意义上而言，这为欧盟公民的资料隐私铸起一道“长城”，也给第三国从欧盟转移个人资料拉起了一帷“铁幕”。

个人资料一旦跨越欧盟边境，欧盟为其境内资料处理构建的完美法律监督机制将变得束手无策，对资料保护也可谓“心有余而力不足”。不仅个人将失去对资料的必要控制，欧盟和成员国也无法对转移资料的后续处理实施有效的监管。倘若第三国资料保护水平较高，欧盟自然可以高枕无忧。而实际上，欧盟境外的多数国家还未制定资料保护法，或即使已经立法，其法律的内容和执行机制也与欧盟指令大相径庭。为此，禁止向不具备适当资料保护水平的第三国转移资料就成为欧盟有关对外资料流动的基本原则。

总体而言，从欧盟向境外转移个人资料的法律依据有三：①经欧盟认定，第三国具备《资料保护指令》第 25 条（2）所指的适当的资料保护水平；②资料转移属于指令第 26 条（1）为保护优先性的公共利益或资料当事人的权益所规定的例外情形；③资料转移人采取了指令第 26 条（2）所指的充分保障措施。应该说，资料保护水平的适当性是第一项和第三项依据的灵魂。

根据资料保护状况，欧盟将第三国分为两类：一类具备适当的资料保护水平，另一类则不然。对于前者，考虑到跨境资料流动对国际贸易的发展至关重要，而且它们也为欧盟公民的资料隐私提供了充分的保障，欧盟赋予其成员国般的同等待遇，要求不得仅借资料保护之名限制向此类国家转移个人资料。而对于后者，由于它们不具备适当的资料保护水平，欧盟原则上禁止向其转移个人资料。⑤

除了作为评定一国资料保护状况的标准外，资料保护水平的适当性还是欧盟断

---

① 也称作跨境资料流动（Trans-border Data Flow）。资料流动和资料转移分别从宏观和微观的角度归纳了一国或其境内的资料转移者向另一国或其境内的资料接收者传送个人资料的活动，两者仅视角不同，内涵无异。

② Directive 95/46/EC, O. J. L. 281, 23 November 1995, p. 31.

③ Id., Art. 1（2）.

④ Id., Art. 25（1）.

⑤ Directive 95/46/EC, Recitals, paras. 56 & 57.

定资料转移人采取的保障措施是否充分的法律依据。①

二、适当资料保护水平的内涵

《资料保护指令》仅规定了评定一国资料保护水平所应考虑的因素，未明确适当性的内涵及认定适当性的标准和方法。根据指令，评定资料保护水平的适当性应考虑“资料转移或一系列资料转移关涉的全部情形，尤其应考虑资料的性质、资料处理的目的和期间、资料来源国和最终目的国、该国现行的一般或特定领域中有关的法律和法规以及在该国实施的职业规则和安全措施”。② 作为欧盟在资料保护上的智囊团，欧盟委员会的资料保护工作组③不仅界定了适当性的内涵，还明确了委员会评定适当性的标准和方法。

经汇总先前的研究成果，④ 工作组于1998年通过了《向第三国转移个人资料：资料保护指令第25条和第26条的适用》。⑤ 该工作文件界定了欧盟在认定资料保护水平适当性上的基调，明确了适当性的内在要求，阐释了认定适当性的标准和方法。工作组认为，资料保护旨在保障资料当事人的权益，并主要通过确立资料当事人的权利与资料控制者和处理者的义务实现上述目的。在上述权利和义务上，《资料保护指令》与欧洲理事会的《资料保护公约》⑥、经济合作与发展组织的《资料保护指导原则》⑦ 以及联合国的《资料保护规则》⑧ 一脉相承，而且它还在很大程度上统一了成员国的资料保护法。然而，只有在现实中得以切实的执行，资料保护

---

① Directive 95/46/EC, Recitals, Art. 25 (2) and Art. 26 (2) .

② Directive 95/46/EC, Recitals, Art. 29.

③ Id. , Art. 29.

④ European Commission, Data Protection Working Party, WP 4: First Orientations on Transfers of Personal data to Third Countries Working Document: Possible Ways forward in Assessing Adequacy, 26 June 1997; WP 7: Judging Industry Self Regulation: When Does It Make a Meaningful Contribution to the Level of Data Protection in a Third Country?, 14 January 1998; WP 9: Preliminary Views on the Use of Contractual Provisions in the Context of Transfers of Personal Data to Third Countries, 22 April 1998.

⑤ European Commission, Data Protection Working Party, WP 12: Transfers of Personal Data to Third Countries: Applying Articles 25 and 26 of the EU Data Protection Directive, 24 July 1998.

⑥ Council of Europe, Convention for the Protection of Individuals with regard to Automatic Processing of Personal Data, ETS No. 108, 1981.

⑦ OECD, Guidelines on the Protection of Privacy and Transborder Flows of Personal Data, adopted by the OECD Council, Paris, 23 September 1980.

⑧ United Nations, Guidelines Concerning Computerized Personal Data Files, adopted by the General Assembly, 14 December 1990.

规则才能发挥保护资料隐私的作用。为此，“评定资料保护水平的适当性不仅要考察适用于资料转移的规则，还要核实确保这些规则得以有效实施的现有机制”。①

长期以来，欧洲各国在立法和执法上已经形成一套独特的资料保护传统：制定全面的资料保护法，明确资料保护原则、个人的权利和资料控制者的义务，设立以资料保护机构为中心的执行机制，通过事先审查和事后调查监督资料处理活动，协助个人行使资料权利。而在欧洲之外，至今，采取欧盟资料保护模式的国家还为数不多。除欧洲理事会通过对《资料保护公约》作出补充协定要求缔约方设立资料保护机构外，② OECD 的《资料保护指导原则》、联合国的《资料保护指导规则》和亚太经合组织的《隐私框架》③ 都无法律约束力。

鉴于这种状况，工作组指出，评定资料保护水平的适当性需要考虑两个方面的因素：(1) 有关法律和规则的内容。(2) 确保法律和规则得以实施的方式。④ 换言之，一国的资料保护水平与资料转移人采取的保障措施是否适当，不仅取决于有关法律、法规和规则的内容，还取决于它们的实际遵守程度。《资料保护指令》为欧盟各国确立了同等的资料保护水平，指令的规定也就自然成为欧盟评价他国资料保护法的内容和执行机制的基本依据。以指令为基础，工作组明确了资料保护规则应具备的核心内容以及有效的执行机制需要实现的目标，而且认定标准和程序也尽显功能主义的烙印。⑤

(一) 规则的内容

从内容上看，资料保护规则应包括下列基本原则：

1. 目的有限原则 (Purpose Limitation Principle)：应为了特定的目的处理个人资料，后续的使用和散播也不得背离转移资料的目的。

2. 资料质量与相称原则 (Data Quality and Proportionality Principle)：资料应准确，且在必要情形下得以更新。对资料转移或后续处理的目的而言，资料应适当、必要且相关。

3. 透明原则 (Transparency Principle)：资料当事人应了解资料处理的目的、位

① European Commission, Data Protection Working Party, WP 12, p. 5.

② Council of Europe, Additional Protocol to the Convention for the Protection of Individuals with regard to Automatic Processing of Personal Data regarding Supervisory Authorities and Transborder Data Flows, 8 November 2001.

③ Asia-Pacific Economic Cooperation, Privacy Framework, hereinafter referred to as "APEC Privacy Framework", 2005.

④ European Commission, Data Protection Working Party, WP 12, p. 5.

⑤ Id., p. 13.

于第三国的资料控制者的身份以及确保公正性所必需的其他信息。

4. 安全原则（Security Principle）：资料控制者应根据资料处理的风险采取适当的技术和组织性安全措施。资料处理者等须按控制者的指示行事，无控制者的指示不得处理资料。

5. 查阅、修改与反对权（Right of Access, Rectification and Opposition）：资料当事人有权查阅与其相关的资料，修改不准确的资料，并在特定情形下反对处理资料。

6. 后续转移限制（Restrictions on Onward Transfers）：除非适用于后续转移的规则满足适当保护水平的要求，资料的最初接收人不得向他人再次转移资料。①

此外，资料保护规则还应包括下列特殊规则：

1. 敏感资料：若转移敏感资料，应采取特殊的保障措施。

2. 直接营销：若为了直接营销的目的转移个人资料，资料当事人应可以在任何时候反对使用其资料。

3. 自动化个人决定：若完全以个人资料为依据作出对个人产生重大影响的决定，个人应有权了解作出决定的动因，并应采取措施保障个人的正当权益。②

（二）程序与执行机制

欧盟各国不仅通过制定全面的资料保护法将资料保护原则纳入其中，还建立了以资料保护机构为中心的外部监督机制。而欧盟外的多数国家既未制定资料保护法，也没有设立资料保护机构。有鉴于此，为评定资料保护水平的适当性，应确定资料保护执行体制所追求的目标，并将其作为评定第三国司法和非司法执行体制有效性的标准。③

工作组将资料保护执行机制所追求的目标归纳为三点：

1. 确保较高的规则遵守水平，有效的资料保护机制一般具有下列特点：资料控制者对其责任具有较高的认识水平，资料当事人不仅具有较高的资料权益意识，还具备行使权利的必要手段。制裁措施以及由机构、审计者或资料保护专员开展的审计活动等也对规则的有效贯彻和遵守至关重要；

2. 为资料当事人行使权利提供协助和帮助，个人必须能够快速、高效地行使权利，且不承担过重的负担。为此，需要建立某种机构性的机制调查和处理个人提起的控诉；

3. 在规则遭到破坏时，为受害方提供适当的救济。这一因素至关重要，而且

① European Commission, Data Protection Working Party, WP 12, p. 6.

② Id., p. 7.

③ Ibid.

也需要一套独立的司法或仲裁体系，并在必要情形下对受害方进行赔偿，制裁违法行为。

（三）行业自治与资料保护水平的适当性

根据《资料保护指令》，评定第三国资料保护水平不仅需要考察该国现行的资料保护法律和法规，还要考虑有关的职业规则和安全措施。① 按照上述功能主义方法，工作组也建议从内容和执行程序两个方面考察自治性规则，② 评定其在保护资料隐私上的作用。

具体而言，自治规则的适用范围和约束力是评定其效用的重要标准。相对于组织和机构有权通过惩罚性的手段要求其成员遵守规则而言，制定规则的组织或机构所代表的资料控制者的数量和范围似乎并不重要。但是，相对于仅适用于少数成员的规则，全面适用于有关成员的行业和职业性的自治规则在资料保护上的作用往往更大。从消费者的角度看，一个行业中存在多家机构制定的资料保护规则，规则自身缺乏必要的公开性和透明性，不利于他们准确把握企业所遵守的规则。从资料控制者的角度看，随着资料在多个使用人之间不断流转，同一行业中的资料保护规则越多，越不利于他们预知应适用的规则。③ 从内容上看，自治规则应具有透明性，且应包含所有的资料保护原则。从执行程序上看，自治规则应具有确保规则得以较好遵守的有效机制，如警告和惩罚体系。它应具有协助和帮助个人行使资料权利的机制，如设立独立的机构处理个人控诉，裁定违反规则的行为。它还应给个人提供适当的救济，合理地解决争议，并在必要情形下对个人进行赔偿。④

三、第三国资料保护水平适当性的评定

在资料保护水平的认定上，《资料保护指令》采取了个案分析方式，即根据资料转移的具体情形，评定与某一资料转移或某类资料转移相关的资料保护水平是否适当。⑤ “然而，毫无疑问，每天向欧盟境外转移的个人资料不计其数，牵涉的当事方和机构也为数众多，任何国家不论采取什么机制都无法对每起资料转移一一评

① Directive 95/46/EC, Art. 25 (2).

② 工作组将自治性规则界定为，适用于同一职业或行业中多个资料控制者的资料保护规则，规则的内容往往由行业或职业的成员确定。European Commission, Data Protection Working Party, WP 12, p. 10.

③ European Commission, Data Protection Working Party, WP 12, p. 10.

④ Id., pp. 11-14.

⑤ Directive 95/46/EC, Art. 25 (2).

定其相关的资料保护水平是否适当。”① 当然，这并不意味着无需对资料转移牵涉的资料保护水平进行个案分析，但是，面对大量的资料转移，欧盟必须确立一套更为有效的决策机制，迅速、及时、低成本地认定资料保护水平的适当性。在欧盟层面，由欧盟委员会对一国整体或某个领域或行业的资料保护水平作出统一的认定，是解决上述困境的门路之一，但该方法不仅存在自身的缺陷和不足，而且在实际操作上也面临各种困难。此外，欧盟成员国在资料保护水平的认定方法上也存在差异，且难以对资料转移中的资料隐私保护实施有效的监督。

（一）欧盟委员会对第三国资料保护水平适当性的认定

相对于成员国的资料保护机构和资料转移人，由欧盟委员会统一认定第三国整体的或某个领域的资料保护水平具有一定的优势。对欧盟和成员国而言，在欧盟层面作出统一的认定具有事半功倍的效果。成员国无需对同样的情形加以重复认定，也可避免和减少成员国单独作出认定间的差异和冲突。对资料转移人而言，由欧盟认定某些国家是否具有适当的资料保护水平可提高资料转移操作的明确性、可预见性和效率。譬如，欧盟委员会将瑞士认定为具备适当资料保护水平的国家，资料转移人在向瑞士转移个人资料时，就无需再分析其资料转移是否属于法定的例外情形，无需独自考察该国的资料保护水平是否适当，更无需通过签订资料转移合同与制定约束性的企业规则等方式煞费苦心地打造资料转移的合法依据。对第三国而言，欧盟考察和认定其资料保护水平也成为它们不断完善资料保护法律体制的动力。从某种意义上而言，加拿大、巴西和印度等国纷纷制定或修改本国的资料保护法无不体现了欧盟管制跨境资料流动对它们造成的压力。② 此外，就连美国也不得不在资料跨境转移和资料保护上与欧盟开展对话。虽然折中欧美做法的“信息安全港”体制（Safe-Harbor Agreement）作用有限，但它无疑提高了美国企业保护个人资料的积极性。③ 欧盟禁止向不具备适当资料保护水平的国家转移资料也成为美

---

① European Commission, Data Protection Working Party, WP 12, p. 26.

② Argentina, Personal Data Protection Act (2000), 30 October 2000; Canadian Personal Information Protection and Electronic Documents Act, 13 April 2000. 考虑到其 2000 年的《信息技术法》在个人资料保护上的不足，印度通讯与信息技术部于 2005 年成立了专家组对该法进行修正。CRID-University of Namur, First Analysis of the Personal Data Protection law in India, Report Delivered in the Framework of Contrct JLS/C4/2005/15 between CRID and the Directorate General Justice, Freedom and Security, 2007, pp. 33 & 75.

③ “自愿遵守安全港协定”的企业名单参见美国商务部官方网站 http://web.ita.doc.gov/safeharbor/shlist.nsf/webPages/safe+harbor+list.

国各界要求参照欧洲资料模式改善本国信息隐私保护体制的重要依据。① 资料保护工作组为欧盟委员会认定一国的资料保护水平及同他国在资料保护问题上进行磋商和签署协定等方面，提供了强大的智力支持。②

除了具有上述优势外，由欧盟委员会统一认定第三国的资料保护水平也面临着各种困难。目前，制定资料保护法并建立有效的资料保护执行机制的国家尚属少数，符合欧盟严格标准可通过审核的国家自然少之又少。毫无疑问，这减弱了欧盟认证体系的宏观指导作用，也增大了欧盟监管跨境资料转移的难度。即使一国具有资料保护法，它们在适用范围、内容、执行体制等方面也往往与欧盟存在重大区别。③ 譬如，美国不具有统一和全面的资料保护法，仅对联邦机关的资料处理行为与特定私人领域和行业中的信息隐私保护制定了联邦法。在执行体制上，美国也未设立资料保护机构，联邦贸易委员会的监督权力和范围都比较有限，而且美国主要靠联邦机关的自律与市场中的行业自治保护信息隐私。此外，不少国家，如美国、加拿大和澳大利亚等是联邦政体，各州关于资料隐私的立法也不尽一致。这无疑加大了欧盟认定一国资料保护水平适当性的难度。认定一国的资料保护水平还具有较

---

① See Joel R. Reidenberg, E-Commerce and Trans-Atlantic Privacy, Houston Law Review, Vol. 38, 2002, p. 717; Reidenberg, Restoring American's Privacy in Electronic Commerce, Berkeley Technology Law Journal, Vol. 14, 1999, pp. 771, 781-787; Paul M. Schwartz, European Data Protection Law and Restrictions on International Data Flows, Iowa Law Review, Vol. 80, 1995, p. 471.

② 虽然无权作出决定，工作组的意见和建议对欧盟委员会认定资料保护水平的适当性及其同他国谈判和签署资料转移协定等，都起着不可替代的作用。欧盟委员会有关资料转移的每个决定和协定无不以工作组的意见为基础。截止目前，工作组评定了下列国家和地区的资料保护状况：丹麦的海外属地法罗群岛（Faroe islands）、英国的海外属地泽西（Jersey）、根西（Guernsey）和马恩岛（Isle of Man）、阿根廷、加拿大、澳大利亚、瑞士和匈牙利等。European Commission, Data Protection Working Party, WP 142: Opinion 9/2007 on the Level of Protection of Personal Data in the Faroe Islands, 9 October 2007; WP 141: Opinion 8/2007 On the Level of Protection of Personal Data in Jersey, 9 October 2007; WP 82: Opinion 6/2003 on the Level of Protection of Personal Data in Isle of Man, 21 November 2003; WP 79: Opinion 5/2003 on the Level of Protection of Personal Data in Guernsey, 13 June 2003; WP 63: Opinion 4/2002 on Adequate Level of Protection of Personal Data in Argentina, 3 October 2002; WP 40: Opinion 3/2001 on the level of protection of the Australian Privacy Amendment (Private Sector) Act 2000, 26 January 2001; WP 39: Opinion 2/2001 on the Adequacy of the Canadian Personal Information and Electronic Documents Act, 26 January 2001; WP 24: Opinion 6/99 on the Level of Personal Data Protection in Hungary, 7 September 1999; WP 22: Opinion 5/99 on the Level of Protection of Personal Data in Switzerland, 7 June 1999.

③ Alexander Zinser, European Data Protection Directive-the Determination of the Adequacy Requirement in International Data Transfers, Tulan Journal of Technology & Intellectual Property, Vol. 16, 2004, p. 176.

强的政治敏感性，欧盟宣布一国不具有适当的资料保护水平，或不认定一国具有适当的保护水平，都可能引起该国的反感，甚至造成外交上的敌视。①

基于上述原因和考虑，欧盟不得不采取更加灵活和务实的资料保护水平认定方法。欧盟委员会仅从正面认定一国具有适当的保护水平，不从负面认定一国的资料保护水平不适当或存在不足。具有适当保护水平的国家名单是开放性的，欧盟根据各国资料保护的发展状况，不断增加国家的数量。从效力上而言，一国出现在"白名单"（White List）② 中并不意味着无需考察资料转移的具体情况。之外的国家也不因此被列入"黑名单"（Black List），欧盟也不绝对禁止向其转移个人资料。目前，③ 经欧盟委员会认定具备适当资料保护水平的国家和地区主要包括瑞士、④ 阿根廷、⑤ 根西岛⑥和马恩岛⑦。欧盟还对一国某个领域中的资料保护水平进行认定。例如，经评定适用于私人行业中资料处理的加拿大《个人信息保护与电子档案法》，欧盟委员会认定："在向适用该法的加拿大接收人转移资料上，加拿大具备适当的资料保护水平。"⑧ 委员会还在资料保护问题上与某些国家进行谈判，并达成有关资料保护的双边协定。⑨ 其中，最为人关注的要属欧盟与美国经不断磋商

---

① European Commission, Data Protection Working Party, WP 12, p. 27.

② European Commission, Data Protection Working Party, WP 12, p. 2.

③ http://www.ec.europa.eu/justice_home/fsj/privacy/thridcountries/index_en.htm.

④ European Commission, Decision 2000/518/EC on the Adequate Protection of Personal Data Provided in Switzerland, O. J. L 215/1, 25 August 2000.

⑤ European Commission, Decision C (2003) 1731 on the Adequate Protection of Personal Data in Argentina, O. J. L. 168, 5 July 2003.

⑥ 根西岛（Guernsey）为英国的海外属地，位于英吉利海峡靠近法国海岸线的海峡群岛之中，同周围一些小岛组成了根西行政区（Bailiwick of Guernsey）。自1987年，英国签署的《资料保护公约》便适用于根西岛。它还于2001年根据《欧盟资料保护指令》制定了《资料保护法》。European Commission, Decision 2003/821/EC on the Adequate Protection of Personal Data in Guernsey, O. J. L. 308, 21 November 2003.

⑦ 马恩岛（Isle of Man）为英国的皇家属地，由位于爱尔兰海上的岛屿组成。英国签署的《资料保护公约》于1993年扩展适用于马恩岛。2002年，马恩岛还根据《欧盟资料保护指令》经修改其1986年的《资料保护法》，制定了《资料保护法》。European Commission, Decision 2004/411/EC on the Adequate Protection of Personal Data in the Isle of Man, O. J. L. 151, 28 April 2004.

⑧ European Commission, Decision 2002/2/EC on the Adequate Protection of Personal Data Provided by the Canadian Personal Information Protection and Electronic Documents Act, O. J. L. 2/13, 1 April 2002.

⑨ Directive 95/46/EC, Art. 25 (5) & (6).

达成的《安全港协定》。① 谈判过程中，安全港原则的内容和执行机制是否适当成为双方争论的焦点，② 也构成了协定的主要内容。③ 此外，欧盟还在某类资料的跨境转移上与他国进行磋商。例如，针对大量的乘客记录从欧盟向境外流动，欧盟与加拿大和美国等就此进行磋商并达成了资料转移协定。④

（二）成员国与资料转移人对第三国资料保护水平适当性的认定

由于经欧盟认定具备适当资料保护水平的国家的数量有限，在实践中，成员国

---

① European Commission, Decision 2000/520/EC on the Adequacy of the Protection Provided by the Safe Harbour Privacy Principles and Related Frequently Asked Questions Issued by the US Department of Commerce, O. J. L. 215/7, 25 August 2000.

② 欧盟委员会第 29 条工作组曾对“安全港协定”多次提出意见。European Commission, Data Protection Working Party, WP 32: Opinion 4/2000 on the Level of Protection Provided by the "Safe Harbor Principles"; WP 31: Opinion 3/2000 on the EU/US Dialogue concerning the "Safe Harbor" Arrangement; WP 27: Opinion 7/99 on the Level of Data Protection Provided by the "Safe Harbor" Principles as Published together with the Frequently Asked Questions and Other Related Documents on 15 and 16 November 1999 by the US Department of Commerce; WP 23: Working Document on the Current State of Play of the Ongoing Discussions between the European Commission and the United States Government Concerning the "International Safe Harbor Principles"; WP 21: Opinion 4/99 on the Frequently Asked Questions to be Issued by the US Department of Commerce in Relation to the Proposed "Safe Harbor Principles" on the Adequacy of the "International Safe Harbor Principles"; WP 19: Opinion 2/99 on the Adequacy of the "International Safe Harbor Principles" Issued by the US Department of Commerce on 19 April 1999; WP 15: Opinion 1/99 concerning the Level of Data Protection in the United States and the Ongoing Discussion between the European Commission and the United States.

③ 安全港信息保护规则及其常见问题构成了协定的主要内容。关于协定运作情况可参见：European Commission, Staff Working Document: The Implementation of Commission Decision 520/2000/EC on the Adequate Protection of Personal Data provided by the Safe Harbour Privacy Principles and related Frequently Asked Questions issued by the US Department of Commerce, SEC (2004) 1323, 20 October 2004; Jan Dhont, María Verónica Pérez Asinari, Yves Poullet, Joel R. Reidenberg, Lee A. Bygrave, Safe Harbour Decision Implementation Study, 2004.

④ European Council, Decision 2006/230/EC on the Conclusion of an Agreement between the European Community and the Government of Canada on the Processing of API/PNR Data, O. J. L. 82/14, 21 March 2006; European Commission, Decision 2006/253/EC on the Adequate Protection of Personal Data contained in the Passenger Name Record of Air Passengers Transferred to the Canada Border Services Agency, O. J. L. 91, 29 March 2006; European Union, Agreement between the European Union and the United States of America on the Processing and Transfer of Passenger Name Record (PNR) Data by Air Carriers to the United States Department of Homeland Security, O. J. L. 298/29, 27 October 2006.

和资料转移人仍要根据资料转移的个案情形断定相关的资料保护水平是否适当。对此，欧盟成员国的立法和做法也不尽一致。① 例如，根据奥地利、希腊、葡萄牙和西班牙法，② 若一国未被欧盟委员会认定为具备适当的资料保护水平，只有本国的资料保护机构有权决定其资料保护水平是否适当。换言之，除非欧盟委员会或这些国家的资料保护机构认定第三国具备适当的资料保护水平，原则上应禁止向该国转移个人资料。而在卢森堡等成员国，若不存在官方认定，资料转移人可自行决定资料转移牵涉国的资料保护水平是否适当。③ 欧盟委员会认为，若国家资料保护机构不加以适当的限制，由资料转移人自行决定资料保护水平的适当性与指令并不相符。④ 有些第三国可能明显不具有适当的资料保护水平，但有些国家则不然。这种现状，加上成员国对该问题的不同处理方法，使得各国在第三国资料保护水平的认定上必然出现重大差异。

在跨境资料转移的通报和审批等监管机制上，各国的做法也不尽一致。有些国家过于严格，向第三国转移资料的所有行为均需要经资料保护机构审批，这与指令不给向第三国转移资料施加过重负担的宗旨并不相符，而且也不具可操作性。若欧盟委员会已认定一国具备适当的资料保护水平或资料转移属于法定的例外情形，成员国虽然可以要求转移人通报资料转移，但无需再行审批。⑤ 有些国家对资料转移的管理则过于宽松。欧盟委员会认为，过于宽松的方法可能从根本上动摇指令的跨境资料转移体制，而过于严格的方法则不利于国际贸易的发展，悖逆全球信息一体化的发展趋势，导致法律和实践脱节，并有损指令和欧盟法的作用。⑥

---

① Douwe Korff, Comparative Summary of National Laws, Cambridge, 2002, pp. 182-194; European Commission, First Report on the Implementation of the Data Protection Directive, 2003, pp. 18-19.

② Austrian DSG 2000, § 12 (2); Greek DPA 1997, Art. 9 (1) (b); Portuguese DPA 1998, Art. 19 (3); Spanish DPA 1999, Art. 33 (2).

③ Belgian DPA 2002, Art. 18 (2) & (3).

④ European Commission, First Report on the Implementation of the Data Protection Directive, 2003, p. 18.

⑤ European Commission, First Report on the Implementation of the Data Protection Directive, 2003, p. 18.

⑥ European Commission, First Report on the Implementation of the Data Protection Directive, 2003, p. 19.

四、结 论

资料保护水平的适当性是欧盟有关跨境资料转移中资料隐私保护法律体制的基石。欧盟期望既保护个人资料，同时也不过分遏制资料的跨境流动。从资料保护水平适当性的内涵到实际认定活动，欧盟的法律和政策都极其严格。认定资料保护水平是否适当不仅应考察法律和规则的内容，还要核实其实际的遵守情况。欧盟委员会已经认定某些国家具备适当的资料保护水平，但此类国家的数量仍然有限，而且瑞士、巴西、根西岛等国家和地区的资料保护立法和执行体制与欧盟也别无二致。

这种严格的做法在成员国的具体实践中遭到严重的挑战，各国不仅在认定资料保护水平的方式上大相径庭，而且在实际做法上也存在很大的区别。最为重要者，资料保护水平适当性制度的实施有赖于一套切实可行的跨境资料转移监管制度，而目前欧盟在监管跨境资料转移活动上面临重重困难。不论欧盟设计的资料跨境转移体制多么完美，在现实中，资料转移人都可以视而不见，成员国的资料保护机构也可以不闻不问。这促使欧盟不得不重新审视以资料保护适当性为核心的跨境资料转移体制，转变以自上而下的认定、管理和管制为主的执行机制，采取更加务实和灵活的方法，从资料转移人的角度出发，增进转移人的自律，逐步推进自下而上的跨境资料转移执行机制。其中，有关资料转移中资料保护的标准合同条款①与约束性

① 欧盟委员会分别于2001年和2002年通过了第2001/497/EC号和第2002/16/EC号决定。两决定分别针对欧盟境内的资料控制者向第三国的控制者转移资料以及欧盟境内的资料控制者向第三国的资料处理者转移资料，公布了相应的标准合同条款。根据已积累的经验、商业组织反馈的意见与资料保护工作组的建议，欧盟委员会于2004年通过了第2004/915/EC号决定，修正了第2001/497/EC号决定，为欧盟境内的资料控制者向第三国的控制者转移资料提供了另一套标准合同条款。因此，目前，欧盟供有三套标准合同条款。European Commission, Commission Decision of 15 June 2001 on Standard Contractual Clauses for the Transfer of Personal Data to Third Countries under Directive 95/46/EC, 2001/497/EC, O. J. L 181/19, 4 July 2001; Decision of 27 December 2001 on Standard Contractual Clauses for the Transfer of Personal Data to Processors Established in Third Countries under Directive 95/46/EC, 2002/16/EC, O. J. L. 6/52, 10 January 2002; Decision of 27 December 2004 amending Decision 2001/497/EC as regards the Introduction of an Alternative Set of Standard Contractual Clauses for the Transfer of Personal Data to Third Countries, 2004/915/EC, O. J. L. 385/74, 29 December 2004.

内部企业规则（Binding Corporate Rules）① 是近年来备受欧盟推崇的两大法宝。② 为此，欧盟根据《资料保护指令》公布了有关跨境资料转移中资料保护的标准合同条款，供资料转移双方采用。同时，意识到跨国公司是跨境转移个人资料的主力军，欧盟还为它们设计了约束性的内部企业规则，鼓励它们将保护个人资料纳入企业的运作机制之中。

至今，我国仍未出台资料保护法。即便制定了资料保护法，它在内容和执行机制上也必然要基于我国的国情和具体需要，很可能与欧盟的个人资料法律保护制度存在较大的差异。因此，在近几年内，我们很难奢求欧盟会将中国认定为具备适当的资料保护水平。但这并不意味着我们在制定资料保护法时可以置他国资料保护与跨境资料转移法律制度于不顾，闭门造车。我们应以我为主，尽快构建起一套高效的个人资料保护体制，切实增强对公民个人资料的法律保护。同时，我们也应放眼世界，积极参与亚太经济合作组织在个人隐私保护上的立法活动，并在必要情形下与其他国家或国际组织协商和达成有关个人资料跨境转移的协定。

A Study of the EU System of Adequate Data Protection Concerning Transborder Data Flow

LI Xiaoshu　KONG Lingjie

Abstract　The adequacy in data protection system is a core tool for the EU to

① 欧盟资料保护工作组先后公布了一系列的意见和建议，全面阐释了 BCR 的性质、地位、目的、主要内容及其执行体制。European Commission, Data Protection Working Party, WP 74: Working Document: Transfers of Personal Data to Third Countries: Applying Article 26 (2) of the EU Data Protection Directive to Binding Corporate Rules for International Data Transfers, 3 June 2003; WP 107: Working Document Setting Forth a Co-Operation Procedure for Issuing Common Opinions on Adequate Safeguards Resulting from "Binding Corporate Rules", 14 April 2005; WP 108: Working Document: Establishing a Model Checklist Application for Approval of Binding Corporate Rules, 14 April 2005; WP 133: Recommendation 1/2007 on the Standard Application for Approval of Binding Corporate Rules for the Transfer of Personal Data, 10 January 2007.

② Aneurin Hughes, A Question of Adequacy? The European Union's Approach to Assessing the Privacy Amendment (Private Sector) Act *2000* (CTH), available at www. austlii. edu. au/au/journals/unswlj/2001/5. html, visited on Nov 30, 2008.

regulate transborder data flows. If deemed as providing an adequate level of data protection, a country may enjoy national treatment as an EU member state. Otherwise, EU will prohibit or restrict transferring data to that country. It is theoretically and practically meaningful to examine the status and function of the adequacy system, to define adequacy, to investigate EU's evaluation of data protection levels in third countries, to analyze the merits and drawbacks of the adequacy system, and to propose countermeasures for China.

Key words EU; transborder data flow; adequate level of data protection

当代中国外国法适用的理论构建*

□ 周晓明**

内容摘要 涉外民商事案件的法律适用过程是一个动态、开放和不断发展的过程，它具有阶段性、复杂性、利益主体多元性等特点。外国法适用理论是解决涉外民商事案件法律适用的理论。不同时期的外国法适用理论具有不同的价值追求。当代外国法适用理论的价值追求是国家、个人和社会利益的和谐统一及冲突法公平和实体法公平的有机结合。构建我国的外国法适用理论应在坚持国家主权独立和国家主权平等原则的前提下，从立法管辖权和司法管辖权两个方面出发，在法律适用的不同阶段综合分析各种因素，全面回答为什么适用外国法和怎样适用外国法两个基本问题。如果外国法的适用本身和外国法的适用结果更有利于促成某涉外民商事关系所体现的整体利益最大化，更有利于实现当代外国法适用理论的价值追求，就应该规定并适用外国法。

关键词 冲突法正义　实质正义　法律适用理论

目　　次

---

* 本文是何其生教授所主持的司法部国家法治与法学理论研究项目“外国法适用的实践困境与理论选择”（07SFB3030）的阶段成果之一。

** 武汉大学国际法研究所 2006 级博士研究生。

一、外国法适用过程的特殊性

法律适用过程是一个动态的、开放的、不断发展的过程，而不是一个静态的、封闭的、僵固的过程。涉外民商事案件的法律适用过程更是如此。如果涉外民商事案件的准据法是外国法，可能涉及的问题就更多，包括识别、反致、实体与程序问题的区分、法律规避、外国法的查明与解释、公共秩序保留等诸多方面。因此，涉外民商事案件的法律适用过程①（这里主要是指外国法的选择与适用过程）具有很多特殊性：

（一）阶段性

与其他具有国内法性质的案件的法律适用不同，涉外民商事案件的法律适用，尤其是外国法的适用具有很明显的连贯性与阶段性。体现在：确定本国法院具有管辖权——对案件性质进行识别——运用本国冲突规则或本国加入的冲突法条约的指引确定准据法——如果准据法是外国法，查明与解释该外国法，确定外国法规定的内容是否违背本国的公共秩序——适用外国法——确定外国法适用的结果是否违背本国的公共秩序。各国的国际私法理论也体现了这一特点。有的理论从法律适用的前提出发，认为适用外国法不能违背国家利益或当事人利益；有的理论从法律适用过程出发，分析法律适用过程中应该考虑几点因素（如法律规则所体现的政府利益、当事人的利益、司法任务的简单化等）来决定法律的适用；有的理论从法律适用的结果出发，认为是否适用外国法应以是否促进国际交往、是否增进国民利益、是否有利于法律关系的稳定、是否违背法院地国国家主权和利益、是否有利于

① 涉外民商事案件法律适用过程的结果就是选出适当的准据法，用以解决涉外民商事法律纠纷。当准据法是外国法时，涉外民商事案件的法律适用则专指外国法的适用。因此，如果没有特别说明，本文中的“外国法适用理论”与“涉外民商事案件中的法律适用理论”、“外国法适用过程”与“涉外民商事案件的法律适用过程”、“外国法适用”与“涉外民商事案件的法律适用”等都是作同义语使用的。

判决的承认与执行、是否有利于判决结果的一致等角度来决定法律的适用。

（二）复杂性

涉外民商事案件的法律适用过程具有复杂性，体现在：（1）需要考虑的因素具有复杂性。与其他的国内法案件相比，涉外民商事诉讼中需要考虑的因素很多，除了判决结果是否公正、审判过程是否有利于保证效率等共性外，还要考虑法律适用是否与国家的政治与经济大环境相符、法律适用和判决结果是否一致、是否有利于判决的承认与执行、判决是否违背本国的公共秩序、是否有利于本国有关法律政策的实现等特性；（2）所涉问题具有复杂性。在涉外民商事案件中，会涉及国内案件很少考虑甚至不予考虑的识别、反致、实体与程序问题的区分、法律规避、外国法的查明与解释、公共秩序保留等诸多问题。在法院地国家或准据法所属国承认反致或转致的情况下，在存在法律规避的情况下，在实体与程序问题划分争议较大的领域，法律适用（外国法的适用）可能会更加复杂。

（三）利益主体的多元性

与国内案件不同的是，涉外民商事诉讼会涉及国家、个人和社会三大利益主体。就国家主体而言，除了法院地国的国家利益是重要的考虑因素外，还有很多其他的国家会在涉外民商事案件中主张利益（如案件当事人国籍国、住所地国、财产所在地国、判决承认与执行国等）；就个人而言，主张利益的除了案件当事人外，还有与案件有关的其他诉讼参与人，如利害关系人、证人、鉴定人；就社会主体而言，除了法院地国的社会利益需要考虑外，国际社会利益在当代社会也日益受到重视。

（四）基础与出发点不同

在国内案件中，法律适用问题不很复杂，一般只要从法律规则本身或从所涉的法律关系出发来决定法律的适用即可。但在涉外民商事诉讼中，法律适用的真正出发点应该是国家主权独立与平等原则。毕竟涉外民商事案件具有涉外性，在涉外民商事案件的审理过程中，会毫无疑问地与诸多国际法问题相联系。在当今的国际社会，不论各国国际交往多么密切，不论各国乃至国际上在某些领域达成多少共识，国家主权原则（主权独立与主权平等）仍旧必须坚持。

上述涉外民商事案件法律适用过程的特殊性促使了法律适用理论（尤其是外国法适用理论）随着社会的发展而不断完善。下面详细论述各国不同历史时期的外国法适用理论的理论基础及价值追求。

二、外国法适用理论的理论基础及价值追求

(一) 传统外国法适用理论的理论基础及价值追求

外国法适用理论是指在涉外民商事案件中，一国为什么在一定条件下适用外国法和怎样适用外国法的理论。基于不同的社会历史背景和不同的出发点，不同国家的国际私法学者归纳了不同的外国法适用理论。①

一般认为，传统的外国法适用理论诞生于巴托鲁斯首创的“法则区别说”。这是因为在古代封建社会的欧洲，被誉为“国际私法之父”的巴托鲁斯站在内外国法律平等的基础上，第一次关注外国法的域外效力问题，使外国法在内国的适用成为可能。这种建立在各国法律平等性尤其是法律选择规则平等性基础上的外国法适用理论使国际私法的现实性与重要性凸显出来，外国法适用理论自此发展起来。此后几百年，从14世纪到18世纪，在长达近5个世纪的时间里，建立在封建社会经济基础之上的意大利、法国和荷兰的法则区别说一直居于统治地位，成为国际私法历史上的法则区别说时代。

从18世纪下半叶到20世纪前叶，随着自由资本主义经济基础的确立和发展，外国法适用理论也呈现出新的特点，如把分析的视角从法则区别说时代的以对法律规则本身性质的分析逐渐转到对法律关系性质的分析上；主张国际私法的成文立法；倡导国际私法的统一化，等等。这一阶段的外国法适用理论或从普遍的国际主义立场出发，把世界看成一个社团，把国际私法看成区别于国内法的国际法体系，代表人物有德国的萨维尼（Savigny）、齐特曼尔（Zitelimann）、巴尔（Bar）、佛兰肯斯坦（Frankenstein），法国的魏斯（Weiss）、毕耶（Pillet），比利时的劳伦特（Laurent），英国的戴西（Dicey），美国的斯托雷（Story）、比尔（Beale），意大利的孟西尼（Mancini）等人；或从维护国家主权的角度出发，否认凌驾于一切国家之上的普遍国际私法体系，认为国际私法只是国内法的一部分，各国可以根据本国的主权和实际需要来制定自己的国际私法规范，代表人物有德国的康恩（Kahn）、

---

① 为了叙述的方便，这里将外国法适用理论分为传统外国法适用理论、现代外国法适用理论和当代外国法适用理论。传统和现代外国法适用理论的界限是第二次世界大战，而当代的外国法适用理论主要是20世纪80年代以来，后现代主义思潮影响下的外国法适用理论。需要强调的是，这种分类主要是描述性的，是为了叙述的方便而将外国法适用理论以时间界限划分，并非严格意义上的分类。也就是说不同时期不同国家的外国法适用理论在个别内容和表现上也是有重合的。

纽梅叶（Neumeyer）、沃尔夫（Wolff），奥地利的瓦凯尔（Walker），法国的巴丹（Bartin）、索米尔（Sommieres），英国的戚希尔（Cheshire）等。①

以萨维尼的“法律关系本座说”为例。萨维尼将法院地法和其他法律体系置于平等的地位，为解决法律冲突寻找一个简明的公式，即“为每一类法律关系寻找其本质上所属的地域”。因为法律关系的“本座”是客观、中立的，它既可能发生在法院地法的管辖领域内，也可能发生在其他法律体系的管辖领域内，只要确定了某种法律关系的“本座”，就应该适用“本座”所在地的法律而不管是哪国法。在萨维尼看来，法院地法也好，其他法律体系也好，本质上都是平等的，在选择与适用时，都应该平等地、民主地予以考虑。这是从法律关系的性质入手分配立法管辖权的表现。根据这种方法，国际私法的主要任务是根据法律关系的特征、性质，来寻求法律关系的地域“本座”，国际私法仅仅是法律适用中的立法，这种“中立”的法使法律冲突的解决有了可依据的客观、确定的标准。依据这一标准，不论哪国法院具有管辖权，都可以求得一致的判决结果。与萨维尼的切入点相同，意大利学者孟西尼也从法律关系入手，通过确定一个立法管辖权来进行法律选择。所不同的是作为一个民族主义者，他主张有关人的身份能力、亲属关系、继承关系等诸多民商事关系都适用当事人本国法——当事人国籍国法作为属人法，只在合同领域，在不违反本国公共秩序的前提下，按照当事人的自由意思适用法律。

这一时期的外国法适用理论大多从某些基本的原则，如礼让、国家主权、国际法律共同体等出发推导出法律选择与适用规则，主张通过明确的成文立法或国际条约来实现法律适用的一致性和确定性的目的，其主要价值追求即崇尚国家本位，分配国家的立法管辖权，强调冲突规范的确定性，追求冲突法上的公平。至于具体案件所涉的双方当事人是否得到了公平的对待，判决结果是否公正合理则不是冲突规范的任务。这种价值理念曾发挥了巨大的作用，推动了冲突法理论与实践的发展，但随着科学技术的发展和国际民商事交往的频繁，这种价值追求的缺陷也日益明显：(1) 传统的外国法适用理论仅强调国家本位，忽视了涉外民商事关系主体的多样性。涉外民商事关系的主体主要是个人、国家、国际组织等。其背后所体现的不仅仅是不同国家之间的法律冲突、还涉及涉外民商事关系双方当事人之间的关系、以及双方当事人与本国和外国的关系，等等。② 因此，仅仅强调国家本位不能全面体现不同当事人之间的利益要求。(2) 传统的外国法适用理论在追求法律适用的确定性和一致性，强调同样情况同样对待的同时，容易导致法官为了选择法律

---

① 参见肖永平：《国际私法原理》，法律出版社 2003 年版，第 40～41 页。

② 参见肖永平、周晓明：《冲突法理论的价值追求》，载《河南省政法管理干部学院学报》，2007 年第 3 期，第 141 页。

而选择法律，忽视准据法的具体内容，法官对法律适用结果的漠视不利于案件获得一个公正的结果。(3) 传统的外国法适用理论为了维护国家利益，往往不惜运用公共秩序保留、识别等手段扩大内国法的适用，甚至以对抗的态度对待外国法，极易造成冲突规范本身的冲突，不利于国际民商事交往。①

(二) 现代外国法适用理论的理论基础及价值追求

面对传统外国法适用理论的种种缺陷，二战后，在美国实用主义哲学思潮的推动下，国际私法学者开始对传统的法律适用理论的价值定位重新进行审视，有的学者甚至反对国际私法的一般原则，限制甚至否认冲突规范在法律选择中的作用，主张采取一种实用的经验主义的方法来选择法律以解决法律冲突，涌现出诸多著名的国际私法学者和许多影响深远的法律适用理论，其中尤以美国最为突出。在美国，各种外国适用理论可谓是百花齐放、百家争鸣，爆发了激进的"冲突法革命"。具有代表性的有库克 (Cook)、② 卡弗斯 (Cavers)、柯里 (Currie)、里斯 (Reese)、艾伦茨威格 (Ehrenzweig)、③ 巴克斯特 (Baxter)、莱弗拉尔 (Leflar)、冯·迈伦 (Von Mehren)、麦克多格尔 (Mc Dougal)④ 等。以卡弗斯的"结果选择说"为例，1933 年其发表《法律选择过程的批判》一文，指责传统的冲突规范只作"管辖权选择"，而不问所选法律的具体内容和法律适用后的结果，对案件是否得到了公正合理的解决漠不关心。他主张放弃这种只作"管辖权选择"的传统制度，而代之以"规则选择"或"结果选择"的方法。卡弗斯为法律适用的结果提供了两条应遵循的标准即要对当事人公正并要符合一定的社会目的。这种"结果选择"方法在现代社会遵循了法律选择的根本目的，实现了现代国际私法的价值追求——找出

① 参见肖永平、周晓明：《冲突法理论的价值追求》，载《河南省政法管理干部学院学报》，2007 年第 3 期，第 141 页。

② 该学说是由美国法学家库克(Cook)提出来的，他意在通过一种科学的经验主义的方法，从归纳的方式入手，强调法院的实际做法，而非法官的意见。他认为，法院面对含有国际因素的案件，永远只适用本地法，但在适用本地法时，法院也可如适用和实施本地法一样，去适用和实施与其他州或国家制度中的实体法规范相同的实体法规范，或尽管不相同但也至少极为相似的实体法规范。因此，法院执行的不是外国的权利，而是根据它自己的法律所创设的权利。

③ 艾伦茨威格 (Ehrenzweig) 于 1968 年阐述了他的"法院地法优先说"。其重要思想是宪法性规范优于成文法与判例法的解释规范，成文法与判例法解释规范又优于一般性冲突规则。这一思想已成为美国法学界的主流思想，这一点仍能从《重述》第一卷第一章第六节表现出来。

④ 现代美国的法律适用理论是多种多样的，艾伦茨威格提出了"法院地法优先说"，巴克斯特提出"比较损害说"，冯·迈伦等人提出"功用分析说"，莱弗拉尔提出"较好法律说"，麦克多格尔提出"综合利益分析说"，等等。

最适当的法律从而使当事人失衡的社会关系归于平衡，改变了传统方法单纯为了选择法律而选择法律的机械思路，最终达到判决结果的公正性目的。又如柯里的“政府利益分析说”以政策为导向进行法律选择，认为法律冲突实为所涉国家政府利益的冲突，冲突法的主要问题即是在两个以上国家的政府利益发生冲突时，哪一个应该让位的问题。柯里总结出法律适用的六点规则：如果只有一国有合法利益，适用其法律；如果两个以上国家都有合法利益，其中一国为法院地国时则适用法院地法；如果两国以上都有合法利益，法院地国为无利益的第三国时，可适用法院地法，也可由法院自由裁量适用法律。其中心思想是哪个州有正当利益，就适用哪个州的法律，其前提则是本州的法律理当能够维护自己的正当利益。根据前面对冲突法调整对象进行的分析来看，这一理论其实是力图避开解决法律冲突这一中间环节，彻底抛开传统的冲突规范，直接根据各法域的有关利益来决定法律的适用。《美国第二次冲突法重述》的撰稿人里斯提出的“最密切联系说”则主张法院在审理某一国际民商事案件时，权衡各种与案件事实和当事人具有联系的因素，从中找出与该案具有最密切联系的因素，根据该因素的指引，适用与案件争诉问题和当事人有最密切联系的国家（或地区）的法律规则。它一改传统国际私法硬性的法律选择规范，代之以灵活的法律规范，将更多的选择法律的自由赋予法官，要求根据国际民商事法律案件的具体情况综合考虑各种相关因素，透过各种连结点的表层去分析通过该连结点与特定国际民商事关系相联系的法律的精神，以期找到与该特定国际民商事关系有最真实的，即本质的、固有的和稳定的联系的法律。

在欧洲，“冲突法革命”平静缓和，由于欧洲的法律传统主要是法典化，不可能像美国“冲突法革命”一样，完全抛弃“规则”而主张“方法”。因此，传统的法律选择规则被欧洲的国际私法学者加以改良而不是“彻底地颠覆”，对法律内容的考虑也并不是简单地抛弃“管辖权选择规则”，而是将“规则”与“内容”融合起来，出现了对冲突规范进行“软化”处理的暗流。相对于传统冲突规范的僵硬和呆板，相对于美国“冲突法革命”的激进和顽固，欧洲的“改良”方法有助于增强国际私法对国际民商事纠纷处理的公正性。具有代表性的有法国的巴迪福（Batiffol）、拉贝尔（Rabel），① 德国的克格尔（Kegel）、努斯鲍姆（Nussbaum），

① 巴迪福从社会目的论的角度出发，于1956年在《国际私法哲学观》一书中提出，冲突法的使命在于尊重各国实体法体系的独立性，在国际上扮演不同法律制度“协调人”的角色，通过解决它们的冲突来为它们的共处创造一种和谐的法律条件。而拉贝尔企图通过比较各国国际私法的联系与区别的方式来解决法律冲突。德国的克格尔等人采取比较法的手段来研究国际私法，主张把各国的国际私法汇集起来，探求异同，比较得失，而后签订国际条约达到统一，以利于各国之间的交往。

英国的莫里斯（Morris），① 希腊的弗朗西斯卡基斯（Francescakis），等等。现代欧洲外国法适用理论的“改良”主要表现在以下几个方面：其一是欧陆法律选择规则与英美法律选择方法的结合；② 其二是通过增加连结点的数量、设立补充性连结点、可选择性连结点、弹性连结点以及对同一案件采取“分割”方法规定不同的连结点等方式来“软化”冲突规范，以增强法律适用的灵活性；其三是采用以当事人的主观意志来确定准据法的主观性冲突规范作为对以客观事实、行为、场所等做连结点的客观性冲突规范的补充，两者结合以求得法律适用的明确性和灵活性的平衡；其四是有利原则的应用、例外条款的广泛接受、直接适用的法的大量出现以及在反致制度上的有条件接受，等等。

虽然欧洲和美国的“冲突法革命”表现形式和程度不同，但各国不同的外国法适用理论背后都有大致相同的理论基础和价值追求，即现代的外国法适用理论大多以当事人之间的公平和案件的合理解决为理论出发点，不仅仅关注法律适用的一致性，更重要的是要在维护法院地国主权利益与公共秩序的基础上，建立公平正义的观念，做到具体案情具体分析，使法律立法之目的得以实现，以保证案件有公正的结果。它们都通过灵活的法律选择，从不同的视角对个案进行具体的分析，从而实现实体法正义，实现判决结果的公正。③ 因此，关注具体案件中的个人利益，强调法律适用的灵活性和追求实体法正义是现代外国法适用理论的价值追求。这种新的理论基础和价值追求克服了传统理论所造成的冲突规范的僵硬性和机械性，有利于在具体案件中实现公平的判决结果，符合民商事关系当事人的利益要求，促进了国际民商事交往。但是，过分强调冲突规范的灵活性，强调用内容定向规则和结果选择规则取代冲突规则，也使冲突法走向了另一个极端。事实上，没有规则的法律选择方法最终并不利于当事人利益的保护，也不符合国家的利益，使冲突法失去了其存在的价值。④ 因此，现代外国法适用理论的价值追求不是片面强调国家利益和个人利益中的任何一个，也不是将公平正义的天平偏向冲突法公平和实体法公平中的任何一方，而是在国家利益、个人利益和社会利益之间，在冲突法公平和实体法公平之间求得平衡，找到两者结合的最完美的契合点。

---

① 英国学者莫里斯提出了公平需要的理论，即英国法院适用外国法是为了在当事人之间维持公平，借以保护双方利益，后又提出了“自体法”理论，对解决合同和侵权领域的法律冲突具有重要意义。

② 参见韩德培主编：《国际私法问题专论》，武汉大学出版社 2004 年版，第 13～20 页。

③ 参见肖永平：《肖永平论冲突法》，武汉大学出版社 2002 年版，第 123～160 页。

④ 参见肖永平、周晓明：《冲突法理论的价值追求》，载《河南省政法管理干部学院学报》，2007 年第 3 期，第 140 页。

（三）当代外国法适用理论的理论基础及价值追求

在当代，人类历史进入21世纪，随着全球化时代的到来，计算机网络的拓展，现代通讯、交通工具的广泛使用，使涉外法律行为的时间流程大为缩短，空间位置更难确定。在这一背景下，在当代国际私法理论与实践中，呈现了一些新的发展动向：

首先，宪法对国际私法的影响日益重要。其实早在国际私法理论产生伊始，不同时期的宪法思想就与国际私法产生了千丝万缕的联系，如宪法中的主权理念与胡伯的国际礼让说，法治（Rule of law）思想与戴赛的既得权理论等。20世纪中叶以后，随着主权理论让位于公正自由思想，美国展开了冲突法革命，优先选择原则、政府利益分析说、最密切联系说等法律适用理论和方法应运而生。而且，宪法影响国际私法的领域也不再仅仅局限于宪法思想对国际私法理论的影响，一些宪法理论、宪政制度、宪法条款也对各国国际私法的具体法律选择规则和国际私法制度产生重要影响。如美国宪法中的正当程序条款和“充分诚信”条款对法院司法管辖权冲突的协调和外国（州）法院判决承认与执行的影响、各国不同的宪政体制对国际私法条约在内国适用的效力和方式的影响，① 等等。

其次，国际私法主体和调整范围日益扩大，法律渊源不断充实。在当代，国际社会的交往愈来愈不受地域限制，涉外民商事关系主体日趋多元化，许多国家、超国家组织也纷纷以国际私法主体的身份加入到涉外民商事关系中来。国际私法调整范围越来越复杂，从传统的身份、物权关系发展到物权、合同、侵权、婚姻、家庭、继承、票据、信托、破产、保险、支付、融资、技术转让、电子商务及知识产权等诸多领域。即使在传统的国际私法领域，也出现了同性婚姻、集团诉讼等新问题需要各国国际私法予以规范。在国际私法的渊源上，传统国际私法主要是冲突规范、外国人民事法律地位规范、国际民事诉讼程序规范和国际商事仲裁规范。19世纪末20世纪初以来，国际社会开始制定直接调整国际民商事关系的统一实体法规范，现代商人法在国际经济贸易和国际民商事争议解决中的作用日益突出，对当代国际私法的发展提出了更高的要求。

再次，人权保护思想对国际私法理论、制度和具体冲突规范的制定都产生了重要影响。如各国普遍淡化了国籍作为连结点在冲突法规则中的作用，赋予外国人与本国人同等的法律地位和法律保护；公共秩序保留的内容不断扩大，各国大多将是否违反本国关于基本人权保护的政策作为公共政策的一项基本内容，从男女平等到

① 参见袁发强：《宪法对冲突法的影响》，法律出版社2007年版，第132、167页。

诉讼权利的救济，都围绕人权问题展开，等等。①

此外，国际私法立法内容复杂化、形式集中化和成文化发展趋势凸显。各国纷纷以示范法或成文的国际私法法典的形式推动本国国际私法立法的科学性和进步性。并且各国在国际私法立法、司法和执法的过程中，把社会效益和经济效益标准引入国际私法，在维护本国国家主权利益和关注当事人利益的同时，注重社会效益和经济效益的提高。

经历了"冲突法革命"或"冲突法改良"的洗礼，面对当代国际私法发展的新动向，欧美各国的外国法适用理论进入了相对稳定期。在美国，学者们对冲突法是需要规则还是方法、法律选择过程是否要考虑实体法的内容、法院是否要考虑有关州的政策等问题仍没有定论，也没有理论上的新突破。也就是说，美国学者团结一致地摧毁了旧的冲突法体系，但对如何建立新体系却没有达成一致意见。② 在不同州的司法实践中，有四五种理论经常被采用，如重力中心理论、利益分析理论、第二次《冲突法重述》、法律选择的五点考虑、法院地法说、传统的既得权理论、功能分析理论、比较损害方法等在美国的不同州单独或结合地被采用。③ 即使在一州内部，法院在不同的法律领域采用的法律选择方法也不同。④ 在欧洲，学者们虽然仍旧主张在冲突法中运用抽象的公式来决定法律适用问题，但这种对"冲突法正义"的追求正逐渐淡化，而是纷纷呼吁在法律选择过程中考虑社会政策及目标，权衡法律关系各主体的不同利益。如在规则中赋予实体政策或倾向性主张；在理论中考虑实体法的强制性及潜在的政策；赋予当事人意思自治以更大程度的自由，等等。⑤ 总之，不论是在美国还是在欧洲，当代的外国法适用理论正努力用不同方式在传统的盲目的"管辖权选择规则"中融入实体性因素（利益分析、实体法内容的考量、例外条款等）以求得个案的公正。

可以说，在当代，冲突法的复杂性是其他任何法律部门都无法比拟的。它涉及不同国家之间的法律冲突关系、当事人之间的利益关系、国家对本国人的管辖关系和外国人对本国的服从关系；涉及国家利益、个人利益和社会利益（包括国际社会的整体利益）之间的冲突与协调；涉及"冲突法正义"与"实体法正义"之间

① 参见袁发强：《宪法对冲突法的影响》，法律出版社 2007 年版，第 143 页。

② 参见肖永平：《肖永平论冲突法》，武汉大学出版社 2002 年版，第 394 页。

③ See Willis L. M. Reese, The Second Restatement of Conflict of Laws Revisited, Mercer Law Review, Vol. 34, 1982-1983, p. 591.

④ 如《第二次冲突法重述》规定的最密切联系方法在侵权、合同、财产、公司等领域应用得比较频繁；传统的既得权方法在婚姻、家庭、继承领域仍有很大影响；而时效、雇员赔偿、信托等问题的法律适用深受它们各自实体法规则的影响。

⑤ 参见肖永平：《肖永平论冲突法》，武汉大学出版社 2002 年版，第 408 页。

的平衡。① 因此，当代的外国法适用理论应综合“冲突法正义”和“实体法正义”的要求，兼顾国家利益、个人利益和社会整体利益，在对竞相适用的法律按照空间联系的紧密程度进行形式上判断的同时，也对竞相适用的法律按照其具体内容进行价值判断，两者缺一不可。片面强调国家利益或个人利益，片面强调某一方面而忽视其他方面构建起来的冲突法体系必然只适应其中一部分情况，而在其他情况下产生不合理的结果。从整体上讲，冲突法理论的理论基础应该是涉外民商事关系中各种利益主体相互博弈的结果，是各种冲突法的价值追求综合与协调的结果。在某一具体领域，常常是某一因素被优先考虑，其他因素被暂时放弃，且这种选择在具体的涉外民商事关系中也不是固定不变的。各种因素之间如何衡平需要落实到具体的涉外民商事案件中才能最后确定。因此，从理论上说，当代的外国法适用理论应该以促进涉外民商事关系各种利益最大化为理论基础，以和谐统一国家、个人和社会利益，关注法律效益的提高，兼顾“冲突法公平”和“实体法公平”为价值追求。在具体的案件中，通过对涉外民商事关系不同主体的利益和冲突法不同价值追求进行博弈来最终决定法律适用问题。

（四）小结

纵观世界各国各历史时期适用外国法的理论基础，我们可以发现其理论基础既有共性也有差异，既有一定的历史规律性，也有较强的时代特性，从下面的表格中，我们可以发现各国各时期外国法适用理论的理论基础及其所体现和维护的利益主体：

理论基础	体现的利益主体	主要的代表学说
法律规则的性质	主权国家	法则区别说
国家之间的礼让	主权国家	国际礼让说
涉外民商事关系的性质	法律关系当事人	法律关系本座说
涉外民商事关系的性质	主权国家	国籍原则
涉外民商事关系的稳定	主权国家	既得权说
法律规则的目的	主权国家	法律社会目的说
法律规则	主权国家	本地法说

① 参见肖永平、周晓明：《冲突法理论的价值追求》，载《河南省政法管理干部学院学报》，2007年第3期，第141页。

续表

理论基础	体现的利益主体	主要的代表学说
法律规则所体现的政府利益	主权国家	政府利益分析说
涉外民商事争议的合理解决	法律关系当事人	优先选择原则
影响法律选择的因素	主权国家和当事人	法律选择五点考虑
法院地实体法的解释结果	主权国家	法院地法说
与涉外民商事关系联系程度	主权国家和当事人	最密切联系说
各国法律规则的协调	主权国家	协调论
法律规则的强制性	主权国家	直接适用的法
国际交往与国际关系	主权国家	国际交往互利说
促进国际交往和国民利益	主权国家及当事人	利益增进说

上面的分析揭示了外国法适用理论的发展历程：

1. 就法律适用的出发点而言，大凡从分析法律规则的角度出发来讨论法律适用问题的理论，主要是建立在维护国家主权的前提下提出的（如法则区别说）；而大凡从国际民商事关系角度出发来讨论法律适用问题的理论，主要目的是维护当事人利益，促进民商事纠纷的合理解决（如法律关系本座说）。

2. 就法律适用的阶段而言，有的理论从法律适用的前提出发，认为适用外国法不能违背国家利益或当事人利益（如国籍原则）；有的理论从法律适用过程出发，分析法律适用过程中应该考虑的几点因素（如法律规则所体现的政府利益、当事人的利益、司法任务的简单化等），以决定法律的适用；有的理论从法律适用的结果出发，认为是否适用外国法应以是否促进国际交往、是否增进国民利益、是否有利于法律关系的稳定、是否违背法院地国国家主权和利益、是否有利于判决的承认与执行、是否有利于判决结果的一致等角度来决定法律的适用（如结果选择说）。

3. 就法律适用的原因而言，有的理论从司法管辖权的角度分析一国法院为什么适用外国法（如法则区别说）；有的理论从立法管辖权的角度分析为什么一国立法机关会规定和允许适用外国法（如政府利益分析说）；而有的理论则从法律适用的具体方法的角度来分析法院怎样具体适用外国法（如最密切联系原则）。

4. 就法律适用的价值追求而言，外国法适用理论的价值追求经历了从追求法律适用一致性的“冲突法正义”到注重判决结果公正性的“实体法正义”的转变，当代乃至未来的法律适用理论还应将眼光放在追求“冲突法正义”与“实体法正义”相结合的“双螺旋”结构上。①

5. 就法律适用过程所体现的利益主体而言，传统的外国法适用理论多以国家为本位，注重维护国家主权利益，现代的外国法适用理论则以个人为本位，关怀当事人尤其是社会中的弱者。当代的外国法适用理论应在和谐统一国家利益和个人利益的基础上关注社会整体利益（包括国际社会的整体利益）。这一发展历程也体现了当代国际私法发展的多元化趋势。

6. 就法律适用过程所运用的分析方法而言，外国法适用理论背后所体现的分析方法主要有历史分析方法、比较分析方法、价值分析方法、实证分析方法、法哲学分析方法、经济分析方法等。这些方法的运用使外国法适用理论的优势与缺陷得到了合理的论证，从而有效地指引各种理论在实践中的具体运用并不断完善，为新理论的诞生奠定了方法论基础。

实际上，不论理论的出发点是什么，不论维护哪一方利益，也不论是在审理案件的哪个阶段分析外国法的适用问题，历史上各国各时期的外国法适用理论最终都是国家主权的体现和国家立法管辖权的运用。

三、当代中国外国法适用的理论构建

（一）适用外国法的前提和基础

一国之所以适用外国法是基于各国国家主权独立与各国国家主权平等原则，②这是一国适用外国法的前提条件。我国的外国法适用理论应以此为理论基础。

从本质上说，法律自产生以来就具有属地性，冲突法也不例外。忽视冲突法的属地性就是忽视冲突法的存在基础。③毕竟世界是由众多主权国家组成的，冲突法产生及存在的基础就是多元法律体系之间的并存和平等，没有主权国家的平等就没有主权国家法律体系之间的平等。在当代国际私法发展的新背景下，各国之间存在正常的民商事交往，结成大量的涉外民商事关系，同时每一个主权国家都有各自的法律体系，各国民商事法律制度互不相同，且各国大多承认外国人的民商事法律地

① 参见宋晓：《当代国际私法的实体取向》，武汉大学出版社2004年版，第353页。

② 参见王晓燕：《国际私法的利益平衡论》，载《武大国际法评论》（第四卷），武汉大学出版社2006年版，第120页。

③ See Willis L. M. Reese, The Second Restatement of Conflict of Laws Revisited, Mercer Law Review, Vol. 34, 1982-1983, p. 514.

位并在一定条件下承认外国民商事法律在内国的域外效力,① 上述因素导致涉外民商事法律冲突的产生与不断发展。法律冲突是主权国家间平等的产物，为解决法律冲突而确定所要适用的法律，虽然可能导致适用外国法，但仍然是国家主权的体现，是以国家拥有主权为前提的。

因此，在冲突法领域坚持国家主权独立与主权平等原则应作广义的理解：(1) 国家以立法的形式规定内国法院对某些特定的涉外民商事案件拥有专属的管辖权。(2) 国家有权自主决定法律选择问题。这一方面体现在一国的立法机关有权根据本国的对外政策和政治利益制定冲突规范，并由内国的司法机关适用冲突规范来确定准据法，且国家规定与适用冲突规范的立法权和司法权都不受他国的干涉和控制；另一方面体现在国家的立法机关以法定形式赋予当事人在一定范围内选择法律的权利，即允许当事人意思自治选择法律，司法机关对于当事人经意思自治而选择出来的法律应予以适用。不论是经冲突规范指引而确定准据法还是尊重当事人意思自治而适用法律，都有可能导致外国法的适用，都是从内国国家主权出发，坚持国家主权独立与平等的体现。(3) 国家通过冲突法中的各种制度，如识别、公共秩序保留、法律规避等来限制冲突规范指定的外国法和当事人选择的外国法的适用，从而维护国家主权独立和平等。

具体说来，在坚持国家主权独立与平等原则的前提下，具有管辖权的法院应按照如下程序选择与适用准据法：(1) 法律适用前提阶段。一般地，具有管辖权的法院在对该涉外民商事案件进行定性后，决定该涉外民商事关系是否属于法院地国缔结或参加的有关国际私法实体法条约的调整范围，或者是否属于本国强制性法律或直接适用的法的调整范围。如果是上述两者之一，则适用该国际私法条约或该国的强制性法律规定或直接适用的法的规定来解决涉外民商事法律纠纷。在这一阶段，不论是适用国际私法条约还是适用强制性法律或直接适用的法，都是各国在坚持本国国家主权的前提下，正确行使立法管辖权的结果，是国家主权独立原则的体现。同时，国际私法条约的签订与加入也是各国国家意志相互协调的结果，是各国尊重他国国家主权的体现，是国家主权平等原则的体现。如果不属于有关国际私法实体法条约或本国强制性法律或直接适用的法调整范围，则进入第二个阶段，即法律的具体适用阶段。在特殊情况下，涉外民商事案件的法律适用前提阶段还会涉及到很多特殊问题，如国际私法中的先决问题、实体与程序的区分等，这些问题的存在使准据法的确定过程更加复杂。(2) 法律的选择与具体适用阶段。法院通过本国冲突规则或参加的国际统一冲突法公约的具体规定的指引，确定适当的准据法。

---

① 参见王晓燕：《国际私法的利益平衡论》，载《武大国际法评论》(第四卷)，武汉大学出版社 2006 年版，第 115 页。

在这个阶段，通过对外国法的查明与解释，以及对外国法适用结果的分析，确定案件本身与法律适用过程中是否存在反致、法律规避、公共秩序保留等影响外国法适用的因素，如果存在，则外国法将不予适用。如果不存在，将适用冲突规范所指引的外国法来解决这一涉外民商事法律纠纷。在这一过程中，外国法是否被适用，归根结底也都是各国在坚持主权独立的前提下，经立法管辖权的具体指引与规定，行使其司法管辖权的结果。(3) 法律适用的结果阶段。法院在选择了适当的外国法指引涉外民商事关系的法律适用后并没有完成任务，审理案件的法官还要分析和评价案件审理的结果是否有利于当事人之间的公正、是否违背我国的公共秩序、是否节约司法资源和提高效率等。

总之，一国在涉外民商事案件中适用外国法是冲突法属地性的根本要求，是各国立法管辖权冲突与协调的结果。这种立法管辖权的冲突与协调实际上是各国坚持本国国家主权独立和各国国家主权平等的体现。我国外国法适用理论的构建也应该建立在坚持国家主权独立和尊重他国国家主权的前提和基础上。具体到国际私法领域即是一国法院在行使本国司法管辖权的过程中要尊重各国法律的属地性，严格遵守本国立法管辖权的规定并尊重他国的立法管辖权。就我国而言，具有管辖权的我国法院的法官在处理涉外民商事案件时，应和处理国内民商事案件一样，是一个中立的、不体现任何一方当事人利益的裁判者，都运用自身一定的法律价值观念，并以法律为准绳解决纠纷。不同之处在于纯国内民商事案件的解决是法官依据我国民商事法律规定，而涉外民商事案件的解决则是法官运用国际私法的价值观念，依据我国的国际私法规则，在不存在公共秩序保留和我国法律强制性规定的前提下，经我国冲突规则指引或根据我国缔结或加入的国际条约的规定而决定法律的适用，在我国法律和参加的国际条约没有明确规定时适用国际惯例的规定。不论是适用属于我国法律体系一部分的国际私法规则，还是适用我国缔结或加入的国际条约，抑或在我国立法和参加的国际条约没有明确规定时适用国际惯例，都是维护和尊重我国国家主权的体现。

（二）适用外国法的理论

在坚持国家主权独立和国家主权平等原则的基础上，我国的外国法适用理论应着眼于解决和回答两个问题：(1) 我国为什么会适用外国法？——即适用外国法的理由。(2) 涉外民商事案件中怎样适用外国法？——即适用外国法的方法。

1. 我国适用外国法的理由

对于我国为什么适用外国法这一问题，又包括两个小问题需要解答：(1) 我国立法机关规定适用外国法的理由。(2) 我国司法机关（人民法院）选择适用外国法的理由。

（1）我国立法机关规定适用外国法的理由

作为以经济建设为中心的社会主义国家，我国的立法机关对涉外民商事关系的各种法律规定应以维护我国社会主义国家的根本利益，服务社会主义经济建设，有利于社会主义“和谐社会”的构建，提升我国的国际地位和国际影响力为根本原则。在此基础上，通过对各种涉外民商事案件所涉因素的博弈来决定是否适用外国法，从而在立法上给予明确的规定以指引法院的法律适用。需要进行博弈的有关因素主要包括：

第一，国家利益。在涉外民商事案件中，从立法层面对外国法的适用进行规定，应考虑如下有关的国家利益：（1）我国（法院地国）的国家利益和公共秩序。从立法层面上说，这是一国制定国际私法规范，进而进一步决定法律适用的前提和基础。通过制定冲突规则、运用公共秩序保留、法院地法律的强制性规定和直接适用的法等机制维护我国（法院地国）的国家利益。①（2）双方当事人所属国的国家利益。双方当事人所属国既可能是双方当事人的国籍国，也可能是双方当事人的住所地国或惯常居所地国。在国际私法领域，随着人权保护观念对国际私法规则的影响日益加深，法院在审理涉外民商事案件时，对是否违背当事人所属国（国籍国、住所地国或惯常居所地国）的国家利益和公共秩序也需要给予一定的考虑和重视。（3）与某一具体的涉外民商事关系有联系的其他国家的国家利益。这些国家包括法律关系发生地国、判决承认与执行地国、财产所在地国等。

第二，个人利益。涉外民商事案件虽然含有涉外因素，但它本质上反映的是涉外民商事关系中不同私人之间的利益矛盾。法律选择的首要出发点应当是保护国际民商事交往中的私人利益和当事人的正当期望。因此，维护冲突法层面的公平，达到涉外民商事关系双方当事人之间的利益衡平就成了当今国际私法追求的重要目标。当代的许多冲突规范都体现了这一价值取向。如赋予双方当事人意思以法律效力、确保当事人意思自治得以实现、有利原则（如“有利于消费者”、“有利于受雇者”、“有利于未成年人”、“有利于妇女”、“有利于受害者”等原则）的运用、保护当事人的合理合法期望、保护弱者利益的冲突规范得以运用等。同时，在涉外民商事诉讼中，除了双方当事人之外，还有其他诉讼参与人，如证人、鉴定人等。这些诉讼参与人的利益也应当在法院的审判实践中给予重视。

第三，社会利益（包括国内社会利益和国际社会整体利益）。在当代，我国的外国法适用理论应强调社会本位，追求国内乃至国际社会公共和整体利益的最大化，注重社会整体均衡发展，保障社会整体效率提升，以社会为基本出发点构建法

---

① 参见王晓燕：《国际私法的利益平衡论》，载《武大国际法评论》（第四卷），武汉大学出版社2006年版，第111页。

律制度和法律规则。在立法过程中注重下述社会利益的实现：（1）法律适用的一致；（2）判决结果的稳定；（3）司法任务的简单化；（4）法律效率的提高；（5）司法资源的节约；（6）国际民商事交往的稳定和发展；（7）我国立法机关及其法律权威的维护；（8）我国司法机关（法院）乃至我国国际影响力的提升；（9）国际民商事法律新秩序的构建；（10）鼓励争议解决方式的多样化等。

（2）我国司法机关（法院）选择适用外国法的理由

在涉外民商事案件中，我国法院的任何一项法律适用行为（包括外国法适用行为）都是根据我国的冲突法规则或我国缔结或参加的国际条约的规定作出的，是以法律为依据的表现，是尊重我国立法机关立法管辖权的表现。

2. 适用外国法的方法

对于第二个问题即怎样适用外国法的问题，同样包括两个方面：（1）我国立法机关应怎样对上述涉外民商事案件所涉的诸多因素进行权衡和选择，并以法律明确规定的形式表现出来，从而指引法院进行法律选择。（2）我国司法机关（人民法院）如何在审理涉外民商事案件中依照我国有关法律的规定选择和适用准据法。

具体说来，我国的立法机关应在制定冲突规范或国际私法规范时对所涉的各种因素进行博弈，即“内容博弈论”；我国司法机关（人民法院）应在具体适用冲突规范的过程中，在不同阶段权衡、比较各种不同因素，用不同的方法解决不同的国际私法问题，即“阶段博弈论”。

（1）内容博弈论：我国立法机关的主要任务

我国的立法机关应在制定冲突规范的过程中，对涉外民商事案件中所涉的国家、个人、社会等诸多因素进行博弈，以期制定合理明确的冲突法规则或国际私法规则。但由于我国在国家政治经济发展的不同阶段具有不同的具体任务和政策倾向，上述因素的博弈也可能因为我国所处的具体社会环境和案件所涉的具体问题的不同而需要作不同的分析，因此很难得出一个定论或给出一个明确的标准。我们唯一能够做到的就是列举这些因素，供立法机关在立法时给予适当的考虑。总地来说，我国的立法机关应该在重点维护我国国家利益和不违背双方当事人利益的基础上，在立足于真正平等地对待内外国法律和平等地对待内外国人的基础上，综合考量国家、个人和社会利益，确定出使各种利益能够得到最大发挥（涉外民商事法律关系各种利益最大化）的法律作为某一涉外民商事案件的准据法，只有这样的法律才是体现当代外国法适用理论价值追求，有效解决民商事法律关系的最恰当的法律。这一法律既可能是我国的法律，也可能是我国缔结或加入的国际条约，还可能是经我国冲突规范指引而选择适用的外国法，甚至是国际惯例。

（2）阶段博弈论：我国司法机关（人民法院）的主要任务

我国司法机关（人民法院）可以运用“阶段博弈论”的方法来具体适用外国

法。在立法层面上，在确定了外国法适用的基本价值取向和前提后，在司法层面上人民法院对国际私法案件的具体法律适用就有了明确的方向。人民法院适用外国法应该建立在坚持国家主权独立和主权平等的基础上。在这一基础上，要在涉外民商事案件审理的不同阶段考虑不同的具体问题，对各种相关因素进行博弈，只有这样才能顺利地、全面地完成法律适用（或外国法适用）的任务。具体而言，涉外民商事案件的法律适用过程主要涉及如下问题：

首先，法律适用的前提阶段。在法律适用的前提阶段，会涉及如下问题：(1) 识别。广义的识别在任何案件中都存在。但在涉外民商事案件中，识别的意义尤为重要。首先，我国法院必须确定自己是否享有案件的管辖权。对于管辖权的判定，我国《民事诉讼法》是依据法律关系的不同来确定管辖权的。确定管辖权的过程离不开识别。其次，法院还要判断一个案件是否具有涉外因素。具有涉外因素的案件才能被认定为涉外民商事案件而涉及外国法的适用问题。此外，具有管辖权的人民法院在认定一个案件具有涉外因素后，要依我国的法律观念和历史文化传统将具体的涉外民商事案件归入某类法律关系中去，确定案件的性质（如实体与程序）与类别（合同、侵权或其他），从而为确定准据法做好准备。① 法院在对案件的性质与类别进行识别后，还要进一步考察案件争议属于某一类法律关系的哪一方面。例如，法院将某一涉外民商事案件识别为合同争议后，需要进一步分析争议属于合同问题的哪一方面。不同方面的合同争议应适用不同的冲突规范，如合同履行方式应依“合同履行地法”，合同标的物物权转移争议应依“物权转移时的物之所在地法”，合同内容的争议应依“当事人意思自治”，等等。这些过程也离不开识别。(2) 先决问题的解决。从法理学的角度来说，先决问题并不是国际私法的特有现象，而是在法律适用过程中普遍存在的现象。只要在主要问题和另一个次要问题之间存在先决关系，即被附带提出的次要问题本可以作为一个单独的诉讼提出，而且对主要问题的解决具有决定性意义，该次要问题就是广义上的先决问题。② 在涉外民商事案件中，人民法院在确定了案件的性质和类别后，应分析是否存在影响案件结果而必须予以解决的先决问题。如果存在，则依我国国际私法规范的规定或依国际私法基本原理和国际实践，首先解决先决问题。如果不存在先决问题，则进入下一个阶段。(3) 分析案件争议是否属于我国实体法的调整范围。通过识别，如果案件争议属于我国加入的有关国际私法实体法公约或我国强制性法律的调整范围，则应直接适用有关的国际公约或我国强制性法律规定。如果不存在，则进入下一阶段。(4) 依照冲突规则初步确定准据法。在不存在优先或直接适用我国加入的国

① 参见李双元：《国际私法（冲突法篇）》，武汉大学出版社 2001 年版，第 201 页。

② 参见李双元：《国际私法（冲突法篇）》，武汉大学出版社 2001 年版，第 190 页。

际公约或我国法律的情况下，人民法院应依照我国的冲突规范或我国加入的冲突法条约的指引初步确定某一民商事案件应该适用的准据法。不论冲突规则指引应适用我国法还是外国法，都是坚持和尊重国家主权独立和国家主权平等原则的结果。

其次，法律的选择与适用阶段。在法律具体适用过程中，也会涉及许多具体的问题，作为行使司法管辖权的我国人民法院在适用法律时应以法律为依据，在法律赋予法院较大自由裁量权的时候，要综合考虑如下问题：（1）反致。当不同国家对同一个争诉问题的冲突规范规定不同的连结点或各国对相同的连结点赋予不同的含义时，有些国家会利用反致来解决和协调这种冲突。作为冲突法制度中的特有现象，反致有利于增强法律适用的灵活性和合理性，解决法院地冲突规范与外国冲突规范的冲突。但不同国家对反致的态度是不同的，这会直接影响法律的适用和案件的处理结果。我国立法中并没有对反致作出明确规定，鉴于反致的优点，人民法院在审理涉外民商事身份领域的案件时可以考虑我国以及准据法所属国有关反致（这里指广义的反致）的态度和实践。（2）法律规避。法律规避是一个普遍的现象，它在所有的法律领域都存在。在国内法领域，法律规避行为是非法的，应受到制裁。但国际私法上的法律规避行为，既涉及被规避的法律，又涉及行为人故意改变连结点的事实构成及因此成立的法律关系，当事人规避法律的行为是否应一概认定为无效则要视具体情况而定。人民法院在判断当事人的行为是否构成法律规避时，只要当事人规避的法律是本应适用的强行法或禁止性规定，则不论其是实体法还是冲突法，也不论其是内国法还是外国法，都可构成法律规避，并应认定这种行为无效。而对具体法律规避行为的制裁以及制裁的程度和方式等问题，则应适用法院地法的具体规定。基于上述分析，人民法院需要判断一个涉外民商事案件是否存在法律规避行为，若不存在，则进入下一阶段。（3）外国法的查明。外国法的查明是指一国法院在审理国际私法案件时，如依本国的冲突规范应适用某一外国实体法，如何证明该外国法关于特定争诉问题的具体规则。就我国而言，在一个涉外民商事案件中，经我国冲突规则的指引或我国所参加的冲突法条约的指引而需要适用外国法时，人民法院应当依职权查明外国法规定的具体内容，以根据外国实体法律规范的具体规定审理涉外民商事案件。（4）公共秩序保留。公共秩序保留又称为“公共政策”、“保留条款”或“排除条款”，是指一国法院依冲突规范应适用外国法时，或者依法应该承认与执行外国法院判决或仲裁裁决时，或者依法应该提供司法协助时，因这种适用、承认与执行或者司法协助会与法院地国的重大利益、基本政策、法律的基本原则或道德的基本观念相抵触而有权排除和拒绝的保留制度。①就我国而言，人民法院在分析适用外国法是否违背我国公共秩序时，应考虑如下因

① 参见肖永平：《肖永平论冲突法》，武汉大学出版社2002年版，第85页。

素：适用外国法是否违反中国宪法的基本精神，违背四项基本原则，有损国家统一和民族团结；适用外国法是否有损于中国主权和安全；适用外国法是否违反中国有关部门法的基本原则；适用外国法是否违背中国缔结或参加的国际条约所承担的义务，违反国际法上公认的公平正义原则等。① 此外，在法律的选择与适用阶段，还要考虑解释与查明外国法的内容是否方便、查明外国法是否有利于提高司法效率和减轻司法任务等因素。

最后，法律适用的结果阶段。在运用冲突规范确定准据法后，依然要考虑公共秩序问题。在考察经冲突规范指引所适用的外国法规则是否违反我国的公共秩序时，如果外国法规则的规定与体现我国公共秩序的法律原则相抵触，不应轻易地认定外国法规则违反了我国的公共秩序，而应进一步考察外国法规则背后所隐含的法律精髓，考察外国法的适用结果是否有利于案件的公正合理解决、有利于保护弱方当事人的合法利益、有利于促进涉外民商事交往、保护民商事关系的稳定、维护当事人的合法权益和方便案件的审理，从而促进该涉外民商事关系所体现的整体利益的最大化。如果外国法的适用结果并不违背我国的公共秩序，则应该适用外国法。

用图表表示涉外民商事案件的法律适用过程如下：

涉外民商事案件的法律适用过程

法律适用阶段	所涉的国际私法问题	人民法院的具体任务
法律适用的前提阶段	识别 先决问题 实体与程序的区分	对案件进行定性后，分析是否存在先决问题、是否属于我国强制性规范或我国参加的国际私法实体法条约的调整范围，若否，则运用我国有关的冲突法规范初步确定准据法。
法律选择与适用阶段	识别（连结点的解释） 外国法内容的查明 反致 法律规避 公共秩序保留	在对案件有关的连结点进行解释并全面考虑和解决了反致、法律规避、公共秩序保留、外国法查明等问题的基础上，根据我国有关冲突规范的规定确定准据法，并依照准据法的具体规定审理案件。
法律适用的结果阶段	公共秩序保留	考虑外国法的适用结果是否有利于案件的公正合理解决、是否有损我国的国家主权、是否有利于促进涉外民商事交往、保护民商事关系的稳定、维护当事人的合法权益、保护弱者和方便案件的审理，等等。

① 参见肖永平：《肖永平论冲突法》，武汉大学出版社 2002 年版，第 110 页。

下面以几个虚拟案例说明外国法适用理论在我国司法实践中的具体运用。

案例一：

甲国人A在中国工作期间与中国人B相识并在中国婚姻登记处结婚。期间，A在赶往飞机场的途中发生车祸，被一在中国有住所的乙国人C酒后驾车而撞伤。A感觉无大碍，遂乘机前往丙国后死于丙国。A死后确定死因系车祸内伤所致。A的妻子B以C为被告向中国法院起诉，要求C提供赔偿。

分析：

人民法院在确定管辖权后，需要对法律适用问题作出决定：（1）识别。这是一起涉外侵权纠纷引起的诉讼。与本案有关的连结点主要有：侵权行为人国籍国和住所地国、受害人国籍国和住所地国、侵权行为实施地、侵权结果发生地、原告国籍国和住所地国、法院地国。（2）先决问题。受害人的妻子B是否能够以妻子的身份对C提起诉讼，取决于A与B的婚姻是否合法有效，这就构成了广义的先决问题。但是这个问题本身并不是国际私法意义上影响案件审理而必须予以解决的先决问题。因此，如果被告C对B的身份没有提出异议，则人民法院没有必要依职权主动将这一问题视为先决问题来解决。（3）连结点的解释与准据法的确定。在将案件定性为涉外侵权纠纷后，人民法院需要寻找我国有关涉外侵权行为的冲突规范来进行法律适用。我国《民法通则》第146条规定：侵权行为的损害赔偿适用侵权行为地法。依照我国法律，侵权行为地既可以解释为侵权行为实施地（中国），也可以解释为侵权结果发生地（丙国）。当侵权行为实施地和侵权结果发生地不一致时，人民法院可以选择其中之一。法院在对连结点进行解释和选择时，需要对案件所涉国家的国家利益和所涉个人的个人利益，甚至是有关社会利益进行比较和权衡，以有利于促进涉外民商事法律关系所涉各种利益最大化的法律作为准据法解决纠纷。案件所涉的国家主要有中国、甲国、乙国、丙国；案件所涉的个人主要有受害人A、侵权行为人C、原告B；侵权结果发生地丙国在该案中仅仅是一个偶然的因素，而中国作为法院地国、侵权行为实施地国和原告国籍国，以及原告、被告和受害人的住所地国，与这起涉外侵权案件具有更密切的联系。如果运用中国法来解决纠纷并不损害作为侵权行为人国籍国的乙国和作为偶然因素的侵权结果发生地国丙国的国家利益和有关个人的个人利益，并且我国法官对中国有关侵权行为的实体法更加了解，运用中国法解决不仅有利于保证在中国发生的涉外侵权案件与纯国内的侵权案件在法律适用与判决结果上的一致，还可以减少外国法查明程序，减轻司法负担，提高司法效率，也更有利于判决的执行。因此，运用中国法解决这起涉外侵权纠纷更有利于促进涉外民商事法律关系所涉的各种利益最大化，人民法院应当用中国法来解决这一涉外侵权纠纷。

用图表表示该案的法律适用过程如下：

案件所涉国际私法问题	具体分析
我国法院的管辖依据	被告住所地 侵权行为发生地
识别	涉外侵权纠纷
案件所涉连结点	侵权行为人C的国籍国（乙国） 侵权行为人C的住所地国（中国） 受害人A的国籍国（甲国） 受害人A的住所地国（中国） 侵权行为实施地（中国） 侵权结果发生地（丙国） 原告B的国籍国（中国） 原告B的住所地国（中国） 法院地国（中国）
先决问题	A与B的婚姻是否合法有效
冲突规范	侵权行为的损害赔偿适用侵权行为地法
识别（连结点的解释）	侵权行为地：侵权行为实施地——中国 侵权结果发生地——丙国
案件所涉的国家利益	中国、甲国、乙国、丙国
案件所涉的个人利益	受害人A、侵权行为人C、原告B
案件所涉的社会利益	有利于减轻司法负担，提高审判效率 有利于法律适用和判决结果的一致 有利于案件的承认与执行
通过在法律适用各个阶段对国家、个人和社会利益进行博弈，法院应确定有利于促进该涉外侵权关系各种利益最大化的法律——中国法为准据法	

假设侵权行为实施地法——中国法与侵权结果发生地法——丙国法关于赔偿数额的标准不同。同时，受害人主张关于赔偿数额的标准确定应适用丙国法，经人民法院对外国法进行查明，发现丙国法的赔偿标准更有利于受害人获得更高的赔偿，使案件的结果更有利于保护受害人的利益，并且丙国法的适用本身和适用结果并不违背我国的公共秩序和国家利益，则我国人民法院在确定准据法时，还要在进行上述分析的基础上，分析中国和乙国关于赔偿数额的规定背后所体现的政策和利益，对保证案件公正合理解决和判决结果一致这两个价值追求进行权衡。在这种情况下，准据法是中国法还是丙国法可以由法官自由裁量来确定。

案例二：

在上一案例中，假设甲国人A在与中国人B结婚时，已在甲国有两个妻子，各有一子。一夫多妻制在甲国是合法有效的。现A在甲国的两个妻子与B因A的遗产继承问题发生纠纷向中国法院起诉，要求继承A的遗产。

分析：

这是一起涉外继承纠纷。由于一夫多妻制在甲国有效而在中国无效，人民法院在确定管辖权后需要认定A与其在甲国的两个妻子的两个婚姻和A与B在中国订立的婚姻是否合法有效，这是A在甲国的两个妻子和两个儿子有权与B共同继承A的遗产的先决问题。依照被继承人A的本国法——国籍国法即甲国法的规定，A与其两个妻子的婚姻合法有效，虽然甲国法的这一规定本身有违我国的公共秩序，但就这一具体案件而言，本着保护案件当事人（A在甲国的两个妻子、A的两个儿子和A在中国的妻子B）对婚姻效力信任的社会价值，本着对本国人（中国人B）与对外国人（甲国人A的两个妻子和A的两个儿子）同等保护的社会价值，人民法院依照甲国法的规定承认A与其两个妻子的婚姻效力并无损我国的公共秩序。因此，A在甲国的两个妻子、两个儿子和B应共同继承A的遗产。此不赘述。

案例三：

假设甲国人A与乙国人B在中国均有住所。甲国人A生前在甲国以口头方式允诺乙国人B，如果B能在约定期限前代A偿还其所欠的债务，则A将在遗嘱中规定将其全部遗产赠与B。B基于这一口头协议，在约定期限内，代A偿还了约定的债务。但A因突发心脏病在中国的住所内死亡，死亡时在中国有房产一处，汽车一辆；在甲国有汽车一辆，存款和股票若干。A没有法定继承人，死亡时也没有订立遗嘱。现B向中国法院起诉，要求依照口头协议继承A的遗产。

分析：

人民法院在确定管辖权后，需要对法律适用问题作出决定：(1) 识别。这是一起涉外继承诉讼。与本案有关的连结点主要有：A的国籍国和住所地国、B的国籍国和住所地国、口头协议订立地、遗产中的不动产所在地、遗产中的动产所在地和法院地。(2) 先决问题。本案中B是否有权继承A的遗产，取决于A与B的口头协议是否有效。对于这一先决问题，若依法院地法即我国法来解决，由于在我国口头协议是无效的，则B无权继承A的遗产，A的遗产将作为无人继承财产处理。若依先决问题自身的准据法——口头协议订立地法即甲国法，人民法院需要就这一先决问题的准据法即甲国法进行查明。若经查明，甲国法规定以口头协议处分遗产是有效的，则人民法院应当认定B有权继承A的遗产；若甲国法规定以口头协议处分遗产是无效的，则人民法院仍旧需要分析与案件有关的其他事实和因素：B按照口头协议的约定履行了义务，若口头协议无效，B的正当期望和合法利益将无从得到保护；若确定口头协议有效，并不损害我国的国家利益和与案件事实有关的个人利益及社会利益，因此，仍可以认定A与B的口头协议有效。(3) 连结点的解释与准据法的确定。在认定A与B的口头协议有效，B有权继承A的遗产后，人民法院需要对有关的连结点进行解释：动产与不动产的含义。法院在对连结点进行解释和选择时，仍需要对案件所涉的国家利益和个人利益及有关的社会利益进行比较和权衡，以有利于促进涉外民商事法律关系所涉各种利益最大化的法律作为准据法解决纠纷。

用图表表示该案的法律适用过程如下：

案件所涉国际私法问题	具体分析
我国法院的管辖依据	遗产中的不动产所在地 A与B的住所地国
识别	涉外继承案件
案件所涉连结点	被继承人A的国籍国（甲国） 被继承人A的住所地国（中国） 继承人B的国籍国（乙国） 继承人B的住所地国（中国） 口头协议订立地（甲国） 遗产中的不动产所在地（中国） 遗产中的动产所在地（中国和甲国） 法院地（中国）
先决问题	A与B的口头协议是否合法有效
冲突规范	在继承问题上，我国采区别制： 动产适用被继承人的属人法 不动产适用物之所在地法
识别（连结点的解释）	不动产——位于中国的房产 动产——汽车一辆（中国）、汽车一辆（甲国）、 股票和存款若干（甲国）
案件所涉的国家利益	中国、甲国、乙国
案件所涉的个人利益	被继承人A、继承人B
案件所涉的社会利益	案件的公正合理解决 保护当事人B的正当期望和合法利益
公共秩序	虽然我国法律并不承认口头协议的效力，但在这一具体案件中，确定A生前与B订立的口头协议有效并不违背我国的公共秩序，反而有利于案件的公正合理解决，并有利于保护当事人的正当期望和合法利益

上述虚拟案例表明，涉外民商事案件的法律适用过程是一个系统的、连贯的、开放的过程。人民法院在法律适用的过程中，会涉及甚至反复涉及国际私法中的诸多问题，如识别（包括对案件性质的识别、对冲突规范具体含义的理解、对连结点的解释等）、反致、先决问题、法律规避、外国法内容的查明、公共秩序保留、国际条约的适用与解释、国际惯例的适用与解释，等等。人民法院应该以我国立法机关明文法律规定为依据，在尊重立法管辖权的基础上，以有利于案件的公平合理解决和有利于涉外民商事法律关系各种利益最大化为目的，解决好法律适用过程中的各种国际私法问题。

用图表表示我国的外国法适用理论如下：

当代中国外国法适用的理论构建

前提和基础：国家主权独立和国家主权平等			
选择适用外国法的理由		选择适用外国法的方法	
立法机关规定适用外国法的理由	司法机关选择适用外国法的理由	立法机关规定确定准据法的方法	司法机关选择确定准据法的方法
以促进经济建设，维护国家利益，构建和谐社会，提升我国国际影响力为规定涉外民商事案件法律适用条款的目的。对案件所涉的国家、个人和社会利益等因素进行博弈。	以法律为依据，以事实为准绳。依照我国冲突法规则或我国缔结或参加的国际条约的规定决定涉外民商事案件的法律适用。人民法院适用外国法的行为是司法管辖权尊重立法管辖权的表现。	内容博弈：对涉外民商事案件所涉的国家、个人和社会利益进行实质的权衡考量，以使各种利益能够得到最大发挥（使涉外民商事法律关系所涉利益最大化）的法律为准据法。	阶段博弈：在审理某一具体的涉外民商事案件的过程中，在法律适用的不同阶段考虑不同的国际私法问题，依照我国有关的冲突法规则和参加的国际条约的规定，最终确定案件所应适用的准据法。

四、结　论

外国法的适用过程是一个动态的、开放的、复杂的过程。我国的外国法适用理论应该建立在尊重我国国家主权独立和平等的前提下，以促进国家利益、个人利益和社会利益的和谐统一和冲突法公平与实体法公平的有机结合为我国当代外国法适用理论的价值追求，从立法管辖权和司法管辖权两个层面出发，全面回答为什么适用外国法和怎样适用外国法这两个具体问题。我国立法机关在制定冲突法规则时应以更有利于促进涉外民商事关系所体现的整体利益最大化为理论出发点来制定我国的国际私法规则，以促进国际民商事交往，保护民商事关系稳定，维护当事人合法权益和方便案件的审理为目的来决定涉外民商事案件的法律适用。而人民法院应在涉外民商事案件法律适用的不同阶段全面考虑识别、反致、先决问题、法律规避、外国法查明和公共秩序保留等各种国际私法问题，分阶段地博弈外国法适用过程中的各种因素。如果外国法的适用本身和外国法的适用结果更有利于促进该涉外民商事关系所体现的整体利益最大化，我国立法机关就应规定适用外国法，而我国法院也应适用具备上述条件的外国法。

A Constructive Analysis of the Contemporary Chinese Choice-of-Law Theory

ZHOU Xiaoming

Abstract The process of application of law in international civil and commercial cases is dynamic, open, ever-developing which is meanwhile very complicated and involves quite a few subjects. Choice-of-law theories are those to solve choice-of-law problems in international civil and commercial cases. Different choice-of-law theories share different value-orientations. Modern choice-of-law theories should pursue the harmonious unification of interests among countries, individuals and society, and the proper harmonization between conflict justice and material justice. China's choice-of-law theory should be constituted by analyzing the theoretical basis and its characteristics of different historical choice-of-law theories of different countries. The theory should also focus on the difference of legislative jurisdiction and judicial jurisdiction, analyze different aspects of the process of application of law, and answer why and how China should apply a foreign law, all of which intend to promote the interests of all the participants of international civil and commercial activities. The foreign law should be applied if the application and the result do not conflict with the aim of the value-orientation of modern choice-of-law theories.

Key words conflict justice; substantive justice; choice-of-law theory

二、专题一：中国区际法律问题的回顾与展望*

编者按：随着香港、澳门的回归，“一国两制”成功地从构想走向现实，由理论变为实践。法制也在这一大背景下不断地寻找自己的定位和落点，立法和司法上的冲突和融通使区际法律冲突成为学界关注的焦点。本专题从黄进教授主持的教育部“学习宣传贯彻党的十七大精神和纪念改革开放三十周年”理论研究课题《“一国两制”在香港、澳门的成功实践及历史经验研究》的研究成果（课题批准号：2008JYJ070）中精选了四篇文章，以期借此回顾数年来一国两制在三法域法制运作的经验，总结法学领域交流的功过得失，并为探明今后的发展之路略尽绵薄之力。

内地与香港的法学交流：成功实践与历史经验

□ 徐亚文** 邓珊珊***

内容摘要 本文分析了内地与香港法学交流在香港回归之前和回归以后的差异及其成因，作者认为：回归之前，由于内地与香港在法律制度、政治环境、教育体制方面的差异导致了法学交流的匮乏。回归之后，两地经贸往来为法学交流提供了经济动力，中国传统法律文化为法学交流提供了法理基础，一国两制为法学交流提供了制度保障。

关键词 一国两制 法学交流 历史经验

* 本专题的论文系黄进教授主持的教育部“学习宣传贯彻党的十七大精神和纪念改革开放三十周年”理论研究课题《“一国两制”在香港、澳门的成功实践及历史经验研究》的研究成果，课题批准号：2008JYJ070。

** 武汉大学法学院教授、博士生导师。

*** 武汉大学法学院博士研究生。

目　次

改革开放以来，为了解决香港这一历史遗留问题，中国政府创新性地在香港实行了“一个国家，两种制度”这一伟大构想和方针。1997 年香港特别行政区的设立使远离祖国怀抱整整 156 周年的游子归来。作为中国领土的一部分，我们对香港的一切理所当然应该是熟悉的，然而长达一个半世纪的隔离，又不可避免地多了几分生疏。英国对香港达一百多年的统治，不仅在香港留下了圣经和教堂，而且还留下了独具特色的法律制度。1997 年香港回归之时，国际社会对香港能否依然保持其东方金融中心的地位持怀疑态度。时值中国改革开放三十周年，亦是“一国两制”在香港实施十一周年，回首香港回归后十余年的风风雨雨，这颗美丽的“东方明珠”虽然经历了亚洲金融危机、非典等重大事件的冲击，但在香港基本法的指引与中央政府的大力支持下，经济繁荣，社会稳定，民生改善。作为香港保持稳定的基础的法治，也因法学交流的开展而获得了日益深厚的文化支撑。总结两地法学交流的经验，继续推进法治实践，是保持香港持续稳定和大陆与香港法治协调发展的必然要求。

一、香港回归前两地法学交流匮乏及其成因

为了使本文的主题更加清晰，笔者首先为“法学交流”作一个界定：“法学”是研究法这一特定社会现象及其发展规律的社会科学，“交流”指彼此间把自己有的提供给对方，相互沟通。本文中两地的“法学交流”泛指香港和内地在法学领

域上的相互沟通，主要包括：法学出版物的传播、法学学术会议的举办、法学教育交流、法学团体的互访等活动。

直观地看来，根据对大陆期刊网、武汉大学图书馆所收集的馆藏书籍目录及其他互联网页资源，笔者整理了两地法学交流的成果形式，并对法学交流作出了初步的实证分析。根据不完全统计，1997年香港回归之前，最早介绍香港法律的是马沅编撰、香港华侨日报社1953年出版的《香港法律汇编》，之后在大陆地区发表的关于香港法的论文共20余篇，分别载于《法学》、《政法论坛》、《政治与法律》等期刊，专著30余本。其中，香港三联书店和北京法律出版社合作出版的书籍占30%。相关资料表明：新中国成立以后至香港回归之前，香港和内地的法学交流时断时续，论文及著作的论题多停留在香港法渊源、香港法律制度及香港法实务的初步介绍上，两地召开的法学研讨会极少，律师界的交流处于空白状态。1984年底中英政府在北京签署的关于香港问题的联合声明打开了两地法学交流的门户。1985年英国议会下、上议院分别通过了香港法案后，我国司法部于1987年在香港设立了中国法律服务（香港）有限责任公司，该公司成为内地了解香港司法动态、为香港和内地居民及企业提供法律服务的重要窗口，直接推动了香港和内地的法律实务的交流。1992年7月，司法部启动了允许香港律师事务所在内地设立办事处试点的工作，1994年10月，司法部还以试点的方式允许香港居民参加全国律师资格考试，当年有15人通过。但总的说来，两地法学交流活动屈指可数，中国内地的法律制度、法学教育对于港人来说尤为陌生。究其原因，笔者认为主要有以下几个方面：

（一）香港和内地法律制度不同

香港地区的法律渊源多样、复杂。1841年英国在香港登陆后，按照大英帝国海外殖民地法律制度的模式，部分吸收香港本地的习惯，港英当局开始建立香港的法律制度。英国远东舰队司令伯麦与英国驻华钦使兼商务总监义律联名发表告示称：“一、香港居民的私有财产，依法受英国香港政权保护。二、在法制上实行属人主义，华人仍然受中国法律和习惯的约束，英国人及其外国人则适用英国法律。三、香港实行自由贸易法，免征赋税。四、根据实际需要，由港英当局随时立法。五、这是在香港全面实施英国法的过渡时期。”① 这种模式的特点是：以香港的普通法为基础，结合香港地方实际情况颁布了英国法律适用条例，同时在一定范围内仍然保留了本地原有的法律和习惯，建立地方立法机关为本地立法。两次世界大战以后，香港上升为东方的商业和金融中心，它的法律大量吸收了国际惯例，国际化

① 张学仁主编：《香港法概论》，武汉大学出版社1993年版，第41页。

特点明显。尤其是20世纪70年代以来，香港法律制度进行了一系列的改革，日趋完善，在资本主义普通法系中形成了独具规模的地区法①。一位香港学者指出，“尽管在大多数香港华人的心目中，港英政府的合法性是大成问题的，但是没有迹象表明人们对香港法律体系的合法性有过同样的怀疑”②。香港虽然没有真心实意地接受英国殖民统治，但该法域完全认同了英国的法律制度和法律文化。随着英国殖民政权的日益巩固和完善，中国传统法律和习惯被英国的法律体系和司法制度所吸收、改造和取代。英国在香港设立五级法院，司法系统最高领导者由英女王任命，香港法院的终审权在英国枢密院司法委员会。由英国人出任法官，适用英国法。自1905年起，在英国普通法和香港司法实践的过程中逐步形成了香港本地的判例法，香港开始建立案例记录制度，经过官方编辑成书，并命名为《香港判例汇报》。香港法域由此和内地具有中国特色的社会主义法律制度大相径庭，可借鉴性差。笔者认为这是两地法学交流匮乏的法律原因。

（二）香港和内地政治环境不同

1997年香港回归之前，香港政制大体是按照英国统治殖民地的一般模式逐渐发展起来的，但也具有自身特点。英王在香港是最高的统治者，香港总督是英王的全权代表，港督总揽香港的行政、立法大权，并兼任名义上的驻港英军总司令。英国对香港具有绝对的统治权力，举凡外交、对外防卫、法院上诉终审权和港英政府重要官员的任免等重大事项，均由英王掌握，而香港的一般事务和对外经济贸易及文化关系等，则由香港政府处理。可见，1997年香港回归之前，香港政制充满浓厚的殖民色彩。而内地则实行社会主义制度，中国享有独立的国家主权，其最根本的政治制度是人民代表大会制度，其核心内容是人民当家作主。中国宪法规定了中华人民共和国的一切权利属于人民，人民代表大会制度是其根本政治制度。两地政治环境迥异是法学交流匮乏的政治原因。

（三）香港和内地教育体制不同

香港和内地法学教育的历史和体制的差异是两地法学交流稀疏的学术原因。1997年香港回归之前，在香港设置法律专业的或者开设高等法学教育的高校主要有：香港大学、香港城市大学、香港城市理工学院、香港中文大学、树仁大学、香港理工大学和浸会学院，开设的课程主要包括三年制法学学士课程、一年制法律专

① 张学仁主编：《香港法概论》，武汉大学出版社1993年版，第2页。

② 苏亦工著：《中法西用——中国传统法律习惯在香港》，社会科学文献出版社2002年版，第2页。

业证书课程即法律深造文凭课程、四年制非全日制高级法学文凭课程、法学硕士以及法学博士课程。

香港高等学校法学专业学士课程为三年，主修香港法，兼修英国法，内容主要是学习判例和成文条例。课堂采用全英文授课，以课堂教授为主，辅之以讲座和个别辅导。学生在毕业之前，必须参加两门重要的法律实践课程即学位论文和模拟法庭训练，论文题目可由本科生自选，目的在于训练学生的研究能力。同时，学校组织模拟法庭，学生或老师设计十分复杂的案件，由学生扮演法官或者律师的角色，以淘汰制的方式辩护和陈述。学生通过三年内的各科考试，取得法学学士学位，即完成大学学业。希望成为执业律师或者大律师的学生，则须在法学院继续完成一年制的法律专业训练课程，培养实用的法律技能，如草拟法律文书、学习诉讼程序。如要取得执业律师或者大律师的资格，还需到法律实际部门、私人执业的律师事务所或者大律师办公室或者政府机关担任一年或者两年的见习律师或者见习大律师，才可以开办私人的律师事务所或者受聘为法院的法官。由此可见，香港的法学教育同其商业和经济发展需要相适应，教学注重法律技能的培训，办学方式多样化。因为社会制度和法律制度上的差异，内地法学教育教学方式基本上集中于课堂讲授，偏重对社会主义法律体系中的各部门法的理解和掌握。20世纪90年代以后，内地的教学内容主要是十四门主要的法学核心课程。

二、香港回归后两地法学交流的崭新阶段

香港回归后，在“一国两制”方针和“改革开放”基本国策的指引下，香港社会稳定，经济繁荣，两地法学交流也呈现出一片繁盛景象，主要表现在：

（一）评价、研究香港法律制度的出版物大量涌现

1997年香港回归后，内地关于香港的法律论文和著作如雨后春笋般出现。据不完全统计，至今大陆地区共发表关于香港法的论文60余篇，著作40余本，香港法和大陆法比较论题的英文论文共28篇。法学著作论域主要集中在香港基本法、香港基本法律制度、两地司法协助、区际法律冲突、一国两制下的香港和内地之间的法律问题研究等，与此同时也涌现了一大批关于香港法研究的权威和专家。其中尤以我国著名的国际法专家韩德培教授、黄进教授草拟的《深圳经济特区涉港澳台民商事关系法律适用条例》（建议稿）在探讨深港两地的法律良性互动方面起到了良好的示范作用。

（二）学位开放认证和学术交流活动日益频繁

一国两制在香港的顺利实施，既使两地在政治、经济、文化等领域的交往日益频繁，也使法律纠纷不断增加。大量培养熟知两地法律的专门人才成为法学教育和法学交流的重要任务。有鉴于此，国家教育部和香港特别行政区教育统筹局在2004年7月11日于北京签署了《内地和香港关于互相承认高等教育学位证书的备忘录》，规定内地学士学位获得者可以到香港攻读硕士学位或者进行职业学习，内地硕士学位获得者可以直接到香港攻读博士学位。香港学生也享受对等安排，香港和内地的学位认证也正式开放。截至2006年，共有5000余名内地学生在香港高校就读，报考内地大学的香港学生在10余年间激增了十几倍，尤其是近3年来北上求学之风一再高涨，除最热门的广东、北京和上海高校外，有的香港学生还远赴云南、东北等地。从以上数据来看，两地高校学位认证的开放和招生学生的激增拓宽了两地进行法学交流的视野和渠道，为两地法律领域的良性互动储备了人才。在法学院的课程设计上，香港法科院校相继开设了中国法课程，如港大法学院开设的近二十门法学硕士课程中，涉及内地的法律课程就有六门，法律本科的课程也同样如此。香港城市理工大学也开设了中国法课程。两地法学研讨会也频繁举行。根据笔者在网上进行的相关统计，自2000年起，两地举办的全国性的法学交流研讨会达50次之多，研讨会所集中的领域依然是关于香港基本法、香港基本法律制度、两地法律制度比较研究、一国两制下的香港法和中国法研究等。

三、两地法学交流的前景

（一）内地与香港的经贸往来是两地法学交流的经济动力

1997年香港回归后，尤其是CEPA的签署，开辟了香港和内地经贸合作的新纪元。两地经贸方面合作成为法学交流的内在动力。根据有关统计资料显示，在CEPA第一、二、三个阶段实施以后，两地的货物贸易已经全面开放，截至2006年2月中旬，两地一共签署了1370项产品的原产地规则，共有230个CEPA项下的税号的货物享受“零关税”规则。内地直接吸收香港投资达2421亿美元，占内地吸收境外投资的43.1%。在资本、技术、劳动力互相流动和合作的方面，香港与内地都形成了多层次、高深度的合作关系。截至2006年，香港在内地的投资达202.3亿美元，占香港对外贸易总体的46.4%。香港作为独立关税区一直是内地第四大贸易合作伙伴，与内地的贸易额从1997年的410亿美元上升到2006年的1661.7亿美元，贸易规模同时扩大了4倍。截至2006年，曾在中国内地工作过的香港居民已经超过了25万人，比10年前增长了近10倍①。市场经济作为法治经济，直接导致了旺盛的法学交流需求。

（二）中国传统法律文化是两地法学交流的法理基础

在香港法律渊源中，中国法无疑占据着十分重要的地位。香港98%的居民都是中国血统，一直保持和发扬着中华民族的文化传统。在香港居民的法律意识中，中国传统法律与习惯根深蒂固。英国占领初期，香港颁布法令："官厅执法治民，悉依中国法律、文化、习惯办理。"华人依然受中国法律和习惯的约束，在民事法律活动的管辖中实行属人主义。虽然在以后香港法制发展、流变中，从成文法的角度来看，中国传统法律的形式消失了，但香港习惯法保留了传统法律的内容。从学者对中国传统法律与习惯在香港的研究来看，中国传统法律在家庭、婚姻、继承、抵押等方面仍旧拥有强大的生命力，为两地法学交流提供了深厚的文化背景，是两地法学交流的法理基础之一。这些中国传统的法律与习惯经过西方法理学的解释和阐发，由原本松散的、不确定的惯例变成了带有理性的、明确的、具有可操作的香港的具体法制，为内地法治现代化给予了有益启示。同时，内地和香港都使用中文为官方语言，为两地法学交流提供了相同的语言背景。

（三）一国两制是两地法学交流的制度保障

自香港回归后，从基本法到CEPA，内地推行了一系列政策支持香港的稳定与繁荣。依基本法，香港特别行政区是中华人民共和国不可分离的一部分，是国家的一个地方行政区域，实行高度自治。香港《基本法》第五条明确规定，香港不实行社会主义制度和政策，保持原有的资本主义制度和生活方式。高度自治权包括全国人民代表大会授予的行政管理权、立法权、独立的司法权和终审权以及各项涉外事务权。中国政府不向香港派遣干部担任特区政府中的职务，香港实行"港人治港"。而CEPA则主要包括货物贸易、服务贸易及贸易便利化三大部分，涵盖法律、会计、视听、建筑、分销、银行、证券、旅游、运输及个体工商户等。这些政策不仅推动了香港经济的快速、平稳发展，也为两地法学交流提供了政策保证，为两地法学交流提供了良好的制度条件。

---

① 苗冬杰：《中国内陆与香港的经济合作》，载《科技资讯》2008年第3期，第23页。

Intercommunion of Legal Science Between Mainland China and Hong Kong

XU Yawen DENG Shanshan

Abstract In this article, the authors analyze the difference and reasons of the intercommunion of legal science between Mainland China and Hong Kong before and after 1997. In the authors' view, before 1997, the different legal system, political condition and system of education led to the lack of the intercommunion of legal science between Mainland China and Hong Kong. After 1997, the intercommunion of legal science gains economic power from the exchange of economy and commerce between the both sides, gains the legitimacy basis from China's legal tradition, and gains the institutional safeguard from the policy of one country, two systems.

Key words one country, two systems; intercommunion of legal science; historical experience

论"一国两制"下两地法律解释体制之融合

□ 张小罗*

内容摘要 中国内地现行的法律解释体制是立法解释，香港原来采用的是普通法模式，实行的是"司法解释至上"的原则；基本法是以大陆法系为基础的，但需要在以普通法为主的香港特区实施，因此，实施基本法与普通法的习惯必然有冲突与矛盾。法律解释问题涉及香港的司法独立，并最终与保障香港地区的高度自治产生联系，内地与香港两种解释体制的融合是"一国两制"必须解决的一个重要问题。人大释法成功地化解了香港的人口压力或危机，表现了对香港特别行政区司法终审权的尊重。

关键词 一国两制 法律解释

目 次

"基本法"三个字，曾经令不少香港人感到疑惑，他们认为"基本法"是对香港法治的干预。在法律解释问题上，香港一些法律精英们认为：人大常委会是政治架构，容易从政治角度看待法律和宪法问题，而西方先进的法治国家大多由法院负

* 武汉大学法学院博士研究生，中南林业科技大学法学院副教授，硕士生导师。

责解释宪法；香港的司法制度比内地进步，人大释法是以社会主义的法律概念加诸香港的司法制度，容许政治渗透司法，是以较落后的政治逻辑加之较进步的法律制度。他们存在着一种歧视中国法律体制，不信任中国法治的情况。①甚至有些香港“资深律师”以香港是普通法适用地区为由，坚持认为只能用普通法的解释规则，不能用内地法的解释方法。而本文作者认为：《基本法》第158条规定了该法的解释问题，对《基本法》的解释是中国法与普通法的法律解释体制的混合体。由于法律解释问题关系到香港的司法独立，并最终与保障香港地区的高度自治产生联系，这两种解释体制的融合是香港回归必须解决的一个重要问题。

一、两地的法律解释体制的基本特征

中国现行的法律解释体制是立法解释、行政解释、司法解释并存，而以全国人大常委会的立法解释的效力为最高。全国人大常委会行使对宪法和法律的解释权，立法机关的解释是最终的权威解释，不仅一切行政机关和社会团体必须遵守和执行，而且司法机关在处理具体案件时也必须依据有关解释来判案。根据1981年6月10日第五届全国人大常委会通过的《关于加强法律解释工作的决议》，凡是关于法律、法令条文本身需要进一步明确界限或作补充规定的，由全国人大常委会进行解释或用法令加以规定。凡属于法院审判工作中具体应用法律、法令的问题，由最高人民法院进行解释，凡属于检察院检察工作中具体应用法律、法令问题，由最高人民检察院进行解释。最高人民法院和最高人检察院的解释如果有原则性的分歧，报请全国人大常委会解释或决定。国家最高行政机关国务院及其主管部门进行行政解释，国家地方行政机关对地方性法规进行解释。这种全国人大常委会领导下的法律解释的多元体制表明：不仅立法机关和司法机关有法律解释权，而且行政机关在其职权范围内也有解释权。对于这种解释主体多元的现象，《立法法》将法律解释权收归全国人大常委会所有，国务院、中央军委、最高人民法院、最高人民检察院和全国各专门委员会以及省级人大常委会等机关可以向前者申请“使用”法律解释权。

香港的法律解释在回归前采用的是普通法模式，实行的是“司法解释至上”的原则。香港最高的释法机关是英国枢密院司法委员会，香港最高法院没有法律的最终解释权；英国枢密院司法委员会不但有权解释当时香港的宪制性法律——《英皇制诰》和《皇室训令》，而且可以通过案件的审理解释香港本地立法；枢密院司法委员会的释法，必须结合具体案件，进行具体解释，不能进行没有诉讼的抽

① 薛群：《人大释法的制度意义》，载《海外法学》2005年第8期，第21页。

象解释。回归前香港法院在解释法律，尤其在解释《英皇制诰》和《皇室训令》的时候，通常比较保守，谨守分寸。另外，与枢密院释法一样，香港法院的释法活动不是独立的司法行为，必须有具体的诉讼案件，通常是在司法审查过程中进行的。

香港回归后的法律解释体制是：对基本法的最高解释权属于全国人民代表大会常务委员会；全国人民代表大会常务委员会授权香港特别行政区法院在审理案件时，对基本法关于香港特别行政区自治范围内的条款自行解释；香港特别行政区法院在审理案件时对基本法的其他条款也可解释，但如需对基本法中关于中央人民政府管理的事务或中央和香港特别行政区关系的条款进行解释，而该条款的解释又影响到案件的判决的，在对该案件作出不可上诉的终局判决前，应由香港特别行政区终审法院报送全国人大常委会对有关条款作出解释；全国人民代表大会常务委员会在对基本法进行解释之前，征询其所属的香港特别行政区基本法委员会的意见。回归后香港法院解释制度的主要变化可以概括为：回归前法院是"适用性"释法，即解释法律的目的是为了发现法律条款的真实含义，为了寻找立法者的动机和目的，从而更好地适用法律；回归后法院解释法律的深度、广度和态度都有很大的变化，法院的释法权力得到加强。①

二、居留权案涉及的两地解释体制的冲突

（一）香港的居留权案

居港权问题是香港回归后两地面临的一个重大的宪法和法律问题。香港《基本法》第 24 条规定："香港特别行政区居民，简称香港居民，包括永久性居民和非永久性居民。香港特别行政区永久性居民为：（一）在香港特别行政区成立以前或以后在香港出生的中国公民；（二）在香港特别行政区成立以前或以后在香港通常居住连续七年以上的中国公民；（三）第（一）、（二）两项所列居民在香港以外所生的中国籍子女；……"该条第三项规定第（一）、（二）两类人在香港以外所生的中国籍子女也是香港特别行政区永久居民，就产生了一个现实问题：那些在内地出生时父母双方或者一方还不是香港永久居民，但是后来由于父母双方或一方在香港工作等原因取得了香港的永久性居民身份，他们是否有居港权？对此，《基本法》并没有明确规定。香港特别行政区临时立法会在香港回归后制定了《1997

① 王振民：《论回归后香港法律解释制度的变化》，载《政治与法律》2007 年第 3 期，第 3 页。

年人民入境（修订）（第2号）条例》和《1997年人民入境（修订）（第3号）条例》，规定香港永久性居民在内地所生子女获得香港永久居留权，必须是在该子女出生时其父母双方或一方已经是香港永久居民。该条例的生效日期追溯至7月1日。香港特别行政区临时立法会的这两项立法根据规定及时报全国人大常委会备案，全国人大常委会并没有认为它们违反了《基本法》关于中央管理的事务及中央和香港特别行政区的各项条款而发回特别行政区，因而这两项立法是完全有效的。针对这两个条例，一千多名受影响的儿童的父母认为其违反了《基本法》，立即把香港特别行政区政府告上了法院，要求对两项立法进行司法审查，这样就有了吴嘉玲等的居港权案。1998年1月26日香港特别行政区高等法院原诉法庭行使司法审查权，裁决上述《入境条例》与《基本法》相抵触，否定了《入境条例》的法律效力。由于担心该判决会导致大量移民涌入香港，香港特别行政区政府在败诉之后，立即上诉到高等上诉法院。上诉庭推翻了原诉法庭的判决，裁定出生时父母双方必须有一方已经是香港永久居民才有资格获得居港权。该案又立即被上诉到香港终审法院作最后裁决。终审法院的终审判决是：《入境条例》的有关规定不符合《基本法》的规定；《基本法》第24条第2款第（三）项所指的香港居民所生子女，是包括在其父或其母成为香港永久性居民之前或之后所生的子女，子女包括婚生和非婚生子女；关于香港法院的“宪法性管辖权”即司法审查权。该判决指出，香港法院不仅可以审查香港本地立法会通过的法律或者行政机关的行为是否符合香港新的“宪法”，即《基本法》，如果发现有不符合的，可以宣布无效；而且可以审查全国人大或全国人大常委会的有关立法是否符合《基本法》，如果发现有抵触之处，同样可以宣布无效。

（二）居留权案涉及两地解释体制的冲突

围绕居留权案的判决立即引起内地和香港各界人士的广泛讨论。内地法律界针对判决书中有关香港法院可以审查全国人大或全国人大常委会立法的论述，认为香港法院无权对国家最高权力机关实施违宪审查，最高国家权力机关的立法是不可以被任何司法机构挑战的。终审法院的法官们想效仿美国法院在宪法至上的原则下行使司法审查权，声称根据《基本法》而享有“宪法性管辖权”。这种观点没有意识到相关法律制度的变化而仍用普通法的法律理念思维。①

根据在中国内地的“立法解释”制度，司法机关在审理案件的时候遇到法律规定不清楚的情况，应该停止审理，首先向最高人民法院寻求对法律的司法解释，

① 湛中乐：《论香港的司法审查制度——香港“居留权”案件透视》，载《比较法研究》2001年第2期，第41页。

如果最高人民法院不能清楚解释有关法律，可以由最高人民法院向全国人大常委会寻求最终的立法解释。不过，全国人大常委会解释法律，并不是代替司法机关审理案件，它只是行使法律的解释权，不是案件的终审权。相对于立法解释来说，司法解释是辅助性的，次要的，前者是主要的。①然而由立法机关解释法律并不为普通法地区所熟悉，生活在普通法下的人们对此事没有认识，甚至排斥这种法律解释方法。例如英国首席大法官霍尔斯伯里爵士说："我多次说过，由负责起草法律的人去解释法律，实在没有更糟糕的人选了。起草人免不了混淆他起草法律时的意图和他实施上采用的文字的涵义。"②在普通法制度下，司法终审权和宪法、法律的最终解释权都属于法院。法律的解释权属于法院。法律一旦制定出来，立法机关就不再有发言权，法律的命运就掌握在法官手中。由于实行严格的司法独立，司法机关在处理案件的时候如果需要解释法律，是不会征求立法机关和行政机关的意见的。如果立法机关对法院的解释有意见，可以修改乃至废除法律，而不会解释法律。法院作为负责解释和执行宪法和法律的司法机关，可以行使违宪审查权，从而对立法机关和行政机关的滥权行为构成有力的监督和制衡，这也是监督宪法实施的重要途径。

三、"人大释法"与两地法律解释体制的融合

（一）人大常委会对基本法的三次解释

迄今为止，全国人大常委会对基本法进行了三次解释。

第一次是全国人大常委会于1999年6月26日应国务院的提议，对香港基本法有关条款作出解释。香港特区终审法院1999年1月29日就香港居民在内地所生子女的居留权案件所作的判决的内容与香港特别行政区政府对基本法有关条款的理解不同。特区政府认为，由于终审法院的有关判决涉及应如何理解基本法的原则性问题，而内地居民进入香港的管理办法还涉及中央与香港特区的关系，因此，请求国务院提请全国人大常委会根据宪法与基本法的规定，对基本法有关条款作出解释。全国人大常委会第一次解释基本法最终解决了有关港人在内地所生子女的居港权问题。全国人大常委会在"解释"中明确指出，《基本法》第24条第2款第3项关

① 张志铭：《中国的立法解释体制》，载梁治平编：《法律解释问题》，法律出版社1998年版，第165页。

② 转引自王振民：《中央与特别行政区关系——一种法治结构的解析》，清华大学出版社2002年版，第261页。

于“第（一）、（二）两项所列居民在香港以外所生的中国籍子女”的规定，是指无论本人是在香港特别行政区成立以前或以后出生，在其出生时其父母双方或一方必须已经是香港特别行政区的合法永久性居民，不可以是后来取得香港特别行政区永久居民资格的。

第二次释法是2004年4月6日第十届全国人民代表大会常务委员会第八次会议通过《关于〈中华人民共和国香港特别行政区基本法〉附件一第七条和附件二第三条的解释》，对基本法关于特区2007年和2008年行政长官和立法会议员产生办法修改程序的规定进行了解释。

第三次释法是2005年4月24日在第十届全国人民代表大会常务委员会第十五次会议通过了《关于〈中华人民共和国特别行政区基本法〉第五十三条第二款的解释》，对行政长官辞职后新任行政长官的任期作出了解释。

（二）“人大释法”的法律与社会功能

1. “人大释法”成功地化解了香港的人口压力或危机

根据香港终审法院的判决，内地有资格来香港定居的人数一下增加了很多。据香港特别行政区政府的调查统计表明，依终审法院的判决，内地新增拥有香港居留权资格的人数至少为167万（其中第一代约69万；当第一代在香港通常居住连续7年以上后，其第二代符合居留权资格的人士约98万人）。① “吸纳这些新移民将为香港带来巨大的压力，香港的土地和社会资源根本无法应付大量移民在教育、房屋、医疗卫生、社会福利及其他方面的需要。因此而引发的社会问题和后果将会严重影响香港的稳定和繁荣，是香港无法承受的。”②

2. “人大释法”表现了对香港特别行政区司法终审权的尊重

全国人大常委会解释《基本法》没有推翻香港特别行政区终审法院的判决，其解释不影响案件双方当事人根据判决所取得的权利和义务，不溯及既往，只对本案诉讼当事人之外的其他任何内地人发生效力，以后任何内地人是否符合香港《基本法》第24条第2款第（三）项规定的条件赴港定居才须以人大的解释为准。而且，人大释法征询其所属的香港特别行政区基本法委员会的意见。基本法规定，全国人大常委会在对基本法进行解释前，应征询其所属的香港特别行政区基本法委员会的意见。为了进一步弥合两地法制的冲突，增进港人对人大释法的理解和信

---

① 王振民：《中央与特别行政区关系——一种法治结构的解析》，清华大学出版社2002年版，第268页。

② 董建华：《关于提请中央人民政府协助解决实施〈中华人民共和国香港特别行政区基本法〉有关条款所有问题的报告》，1999年5月20日。

任，人大在释法前，采用咨询香港各界人士的意见的方法。2005 年的“补选特首任期”的第三次释法前，全国人大常委会副秘书长乔晓阳、人大法工委副主任李飞、国务院港澳办副主任张晓明等，两次南下深圳，分别与香港法律界人士、港区全国人大代表和政协委员、香港各界人士举行座谈会，支持和反对释法的不同意见畅所欲言，尽管乔晓阳说“不求达成共识，只求增进沟通”，但会后的效果显然是良好的。大多数港人对这次“补选特首任期”释法表示支持。

（三）冲突与协调——对《基本法》解释体制的思考

“不同文化之间的交流与融合，是人类文明不断发展进步的一个动力和源泉。……我们不应仅仅满足于一国之下两种法律制度的相安无事，也不应把我国政府保留香港原有社会制度与法律制度的伟大创举只理解为一种和平解决祖国统一问题的权宜之计，而应从不同文化包括法律文化之间可以相互交流与互相促进的角度看待香港现行法制，抓住一国两制所带来的机遇与条件，使我国内地法制和香港法制在相互的比较与借鉴中求同存异、取长补短，均获得进步与发展。”① 在“一国两制”下，特别行政区的法律解释除保留其原有的权限和体制外，经全国人大常委会授权，还可解释全国人大制定的《基本法》，这不仅是对我国地方各级人民法院无权解释法律这一传统法律解释体制的突破，而且内地与特别行政区不同法律解释体制并存，也是“一国两制”下我国法律解释制度的新方针与新内容，体现了鲜明的中国特色。在加拿大和美国，随着两大法系的不断融合，有关的立法摩擦越来越少。在中国，大陆成文法与英美判例法传统之间正在不断地磨合并逐渐走向和谐。“各种研究表明，法律可以改变人们的价值观念。……香港人对于普通法的依赖塑造了他们对于这一法律的信仰。尽管在大多数香港人的心目中，港英政府的合法性是颇具争议的，但却没有人怀疑香港法律体系的合法性。”② 也正是基于这种现实，为保持香港地区的繁荣与稳定，我国政府在香港回归时，以基本法的形式确认香港继续保留适用原有的判例法风格的英国普通法。基本法的创造极大地丰富了香港原有普通法的解释机构和程序。香港特区律政司司长梁爱诗曾经表示，回归后，截至 2005 年 5 月，有超过三分之一的《基本法》条文经过香港法院的解释。同时，全国人大常委会行使基本法的解释权是非常慎重的，不到万不得已，决不轻易行使。从香港回归后的三次释法来看，每次均是在香港面临重大难题，或香港社会出现重大争议，而香港自身又不能按照基本法立法原意顺利解决这些问题的情况

---

① 叶秋华、李温：《论“一国两制”下的香港法制及其启迪》，载《法学家》2007 年第 3 期，第 13 页。

② Berry Hsu，The Common Law in Chinese Context，Hong Kong University Press，1992，p. 3.

下，全国人大常委会才会以释法的方式作出决定，澄清争议。

鉴于基本法所体现的“一国两制”原则及其在全国性法律中的特殊地位，全国人大常委会可考虑在解释基本法的过程中，规范细化相应的解释程式，让习惯于法治的港人有所依从，也使人大释法的法理性更加明确。在全国人大法工委拟定释法草案的过程中，可更加广泛听取香港各界人士的意见，在必要时可以展开咨询讨论，这样不仅可以认真探究立法原意，而且可以凝聚香港社会对基本法条文的共识。“一国两制”要求进一步制定各种法律以促进立法的完善；要求相互学习和借鉴以提高立法质量；要求相互尊重对方法律的权威以促进严格依法办事；要求彼此尊重国际惯例以促进各种法律同国际接轨。实行“一国两制”以保持香港的繁荣稳定，符合国家发展和民族振兴的整体利益。只要双方秉持相互尊重、相互理解、相互信任、相互学习的态度，就能促进香港法制的发展，丰富和推动中国法制的现代化。

The Harmonization of Judicial Interpreation Systems of Mainland China and Hong Kong within the Framework of “One Country, Two Systems”

ZHANG Xiaoluo

Abstract The judicial interpretation system of mainland of China is that of civil law which is quiet different from that of Hong Kong which is of a common law tradition. The principle of judicial interpretation system in case law tradition is “judicial paramountcy”. Although the Basic Law of the Hong Kong Special Administrative Region of the PRC is based on civil law tradition, it needs to be carried out in Hong Kong which follows the common law tradition. Therefore, there are conflicts and contradictions in the custom of carrying out the Basic Law of the Hong Kong Special Administrative Region of the PRC. The issue of legal interpretation involves Hong Kong's jurisdiction independence, and finally is related to safeguarding the substantial autonomy of Hong Kong Area. Therefore, the fusion of two kinds of interpretation system between mainland and Hong Kong is an important issue which must be solved within the framework of “One Country, Two Systems”. Legal interpretation of the National People's Congress has successfully alleviated the pressure or the crises of Hong Kong's population, and has also shows respect for the power of final judgment of the Hong Kong Special Administrative Region.

Key words one country, two systems; the judicial interpretation system

一国两制下我国区际刑事司法协助研究的回顾与展望*

□ 李庆明**

内容摘要 内地与港澳的区际刑事司法协助的理论研究取得了很大进展，其中，举办过三次影响较大的专题研讨会，出版了一些专题著作，产生了一批学位论文和学术论文。目前，对于区际刑事司法协助的研究，主要聚焦于区际刑事司法协助的概念、特征、产生原因、原则、模式、内容等方面。研究成果精品不多，也没有很好地反映区际刑事司法协助的跨学科特点。未来的研究应在研究方法、范围、如何更好地利用国际条约来调整区际刑事司法协助关系、如何为区际刑事司法协助的规范化提供理论支持等方面多加注意。

关键词 区际刑事司法协助　研究成果　研究方法

目　次

在香港、澳门回归之前，内地与港澳就一直存在刑事司法合作。随着港澳的回归，“一国两制”的伟大构想取得了巨大成功。然而，由于内地与港澳在政治、经

---

* 限于主题，本文仅仅论述内地、香港、澳门之间的区际刑事司法协助，暂不讨论与台湾的区际刑事司法协助。关于两岸之间的区际刑事司法协助，以后有机会再专门论述。作者感谢该课题的资助，但是本文内容仅仅代表作者个人观点。

** 中国社会科学院国际法研究中心助理研究员，武汉大学法学博士。

济、文化、法律等制度上存在诸多差异，导致了区际刑事司法协助的复杂性。同时，由于共同打击犯罪的需要，内地与港澳之间又必须进行司法协助。因此，区际刑事司法协助既是一个重要的理论问题，也是一个现实问题。为此，学者们进行了专门的研究。那么，过去的研究进展到了哪一步、取得了什么成果、存在什么问题、未来应该注意什么……这一系列问题都需要进行总结。

一、理论研究现状

（一）成果表现形式

1. 专题研讨

关于区际刑事司法协助，学术界召开了几次影响较大的专题研讨会。1999 年 7 月 17—21 日，中国人民大学国际刑法研究所主办的“中国区际刑法与刑事司法协助学术研讨会”在浙江省温州市召开，与会代表围绕“中国区际刑事法律冲突与区际刑事司法协助”和“中国区际刑法比较研究”两个议题展开讨论。1999 年 9 月 6—7 日，香港大学法律学院在香港举办的“一国两制下的司法合作”学术会议上，除了讨论管辖权以及刑法实体问题外，张建等人也提交了关于区际刑事司法协助的论文。2002 年 4 月 29—30 日，澳门检察律政协会与国家重点研究基地中国人民大学刑事法律科学研究中心在澳门联合举办了“区际刑事司法协助法律研讨会”。在两天的时间里，与会代表分别围绕“区际刑事司法协助的原则性问题”、“不同区域的法律冲突”、“区际刑事司法协助之协议内涵”、“区际合作打击跨境犯罪”、“区际刑事司法协助中管辖权的划分”等进行了讨论。

2. 专题著作

目前，关于中国区际刑事司法协助的研究成果，尚没有专门性的著作，只是一些学者将相关的论文集结出版或者主编了相关的论文，主要有赵秉志主编的《中国区际刑法问题专论》;① 赵秉志、何超明主编的《中国区际刑事司法协助探索》;② 马进保主编的《中国区际侦查合作》;③ 高铭暄、赵秉志主编的《中国区

① 赵秉志主编：《中国区际刑法问题专论》，中国人民公安大学出版社 2005 年版。

② 赵秉志、何超明主编：《中国区际刑事司法协助探索》，中国人民公安大学出版社 2003 年版。

③ 马进保主编：《中国区际侦查合作》，群众出版社 2003 年版。

际刑法与刑事司法协助研究》;① 赵秉志主编的《世纪大劫案：张子强案件及其法律思考》。②

除了专门论述区际刑事司法协助的专著和文集以外，其他一些相关性著作用专章论述了区际刑事司法协助问题。代表性的主要有：谢石松主编的《港澳珠江三角洲地区法律冲突与协调》第4章论述了区际刑事法律的冲突与协助;③ 时延安的专著《中国区际刑事管辖权冲突及其解决研究》第4章论述了刑事管辖权冲突之解决与区际刑事司法协助;④ 张旭撰写的《国际刑法——现状与展望》一书中第5章论述了中国区际刑事司法协助的现状、问题与展望;⑤ 赵秉志、黄风主编的《被判刑人移管国际暨区域合作》里有论文研究了我国内地与港澳台地区刑事案件缓刑犯的移管问题;⑥ 陈力的专著《一国两制下的中国区际司法协助》第8、9、10章论述了中国的区际刑事管辖权冲突及协调、区际移交逃犯合作、文书送达及调查取证、相互协助承认与执行刑事判决、赃款赃物的移交与互通犯罪情报和诉讼结果;⑦ 成良文的专著《刑事司法协助》第9章论述了刑事司法协助在中国区际间的适用、第10章论述了我国区际刑事司法协助中的逃犯移交问题、第11章论述了中国区际刑事司法协助中刑事管辖权的界定;⑧ 高铭暄、赵秉志主编的《21世纪刑法学新问题研讨》部分内容论述了中国内地与港澳特别行政区的刑事司法协助;⑨ 周柏均、林秉文主编的《内地香港移交逃犯协定研究》就内地与香港特区的移交逃犯问题作了专门论述;⑩ 澳门特别行政区检察院编的《内地与港澳台检察律政法

---

① 高铭暄、赵秉志主编:《中国区际刑法与刑事司法协助研究》，中国方正出版社2000年版。

② 赵秉志主编:《世纪大劫案：张子强案件及其法律思考》，中国方正出版社2000年版。

③ 谢石松主编:《港澳珠江三角洲地区法律冲突与协调》，社会科学文献出版社2007年版。

④ 时延安:《中国区际刑事管辖权冲突及其解决研究》，中国人民公安大学出版社2005年版。

⑤ 张旭:《国际刑法——现状与展望》，清华大学出版社2005年版。

⑥ 赵秉志、黄风主编:《被判刑人移管国际暨区域合作》，中国人民公安大学出版社2004年版。

⑦ 陈力:《一国两制下的中国区际司法协助》，复旦大学出版社2003年版。

⑧ 成良文:《刑事司法协助》，法律出版社2003年版。

⑨ 高铭暄、赵秉志主编:《21世纪刑法学新问题研讨》，中国人民公安大学出版社2001年版。

⑩ 周柏均、林秉文:《内地香港移交逃犯协定研究》，香港立法会秘书处2001年编。

律研讨会论文集》中有论文专门论述区际刑事司法协助问题；① 赵国强的专著《基本法与区际司法协助》对涉及澳门的司法协助作了论述；② 司法部司法协助局编的《司法协助研究》有论文专门论述了区际刑事司法协助问题；③ 黄进主编的《区际司法协助的理论与实务》第 4 章和第 5 章分别论述了内地与港澳以及与国际刑事司法协助的比较。④ 此外，还有些著作也有不少篇幅论述了区际刑事司法协助的问题，例如，柯葛壮的专著《涉外、涉港澳台刑事法律问题研究》；⑤ 单长宗主编的《中国内地与澳门司法协助纵横谈》；⑥ 黄进、黄风主编的《区际司法协助研究》。⑦

3. 学位论文

区际刑事司法协助问题一直以来也是一些学位论文的重要选题，例如，中国政法大学陈晖的博士论文《中国区际刑事司法协助研究》（2007 年）；吉林大学吕岩峰的博士论文《中国区际刑事司法协助问题研究》（1999 年）；中山大学叶穗仪的硕士论文《内地与香港警方刑事司法协助研究——以粤港警方刑事司法协助实践为主要分析标本》（2005 年）；中国政法大学王贺的硕士论文《关于我国区际刑事司法协助的若干问题的思考》（2004 年）；深圳大学罗春响的硕士论文《内地与港澳地区刑事司法协助协议的研究》（2004 年）；深圳大学陈利民的硕士论文《论中国区际刑事管辖权的冲突和协调》（2004 年）；中国人民大学黄继斌的硕士论文《论中国内地与香港刑事管辖权冲突及其解决》（2002 年）；中国人民大学张晓明的硕士论文《香港特别行政区与内地间的刑事法律关系展望》（1987 年）。

此外，在一些学位论文中，有人附带性地阐述了相关问题的区际刑事司法协助，例如，中国人民大学王新清的博士论文《刑事管辖权研究》（2000 年）、武汉大学许利飞的硕士论文《澳门有组织犯罪研究》（2000 年）。

4. 专门论文

关于区际刑事司法协助的论文（由于篇数较多，本文不一一列出），除了发表在具有刊号的各类杂志上外，一些以书代刊的连续出版物刊载了较多的相关论文，主要是《刑法论丛》、《刑法评论》、《中国刑事法杂志》、《刑事法评论》等刊物。

---

① 澳门特别行政区检察院编：《内地与港澳台检察律政法律研讨会论文集》，澳门特别行政区检察院 2000 年版。

② 赵国强：《基本法与区际司法协助》，中国社会科学出版社 2000 年版。

③ 司法部司法协助局编：《司法协助研究》，法律出版社 1996 年版。

④ 黄进主编：《区际司法协助的理论与实务》，武汉大学出版社 1994 年版。

⑤ 柯葛壮：《涉外、涉港澳台刑事法律问题研究》，上海社会科学出版社 1999 年版。

⑥ 单长宗主编：《中国内地与澳门司法协助纵横谈》，人民法院出版社 1997 年版。

⑦ 黄进、黄风主编：《区际司法协助研究》，中国政法大学出版社 1993 年版。

据不完全统计，对于区际刑事司法协助问题，港澳地区的学者也有一些论述。尤其是对于张子强案与李育辉案，香港各派人士争论激烈，发表了一系列的文章。① 除了中文文献外，还有一些外文文献，也专门论述了区际刑事司法协助问题。②

（二）研究重点

目前，对于区际刑事司法协助的研究，主要聚焦于区际刑事司法协助的概念、特征、产生原因、原则、模式、内容等方面。③

1. 中国区际刑事司法协助的概念与范围

学术研究之中，概念之争比较激烈，对于中国区际刑事司法协助的概念与特征，我国学者存在较大的分歧。我国学者认为，中国区际刑事司法协助的概念有广义与狭义之分，甚至有学者认为，不应该用区际刑事司法协助的概念，而是区际刑事司法互助。④ 目前，主流观点已经确认，中国区际刑事司法协助的含义是指我国四个法域之间在刑事方面的相互协助。至于协助的具体内容，虽然也存在很多争论，但是大多数学者已经达成共识，认为应从尽可能最广泛地进行刑事司法合作、共同预防和打击犯罪的基础出发来确定刑事司法协助的范围。因此，应从广义的角度来理解刑事司法协助的范围，具体应包括调查取证、协助缉捕和移交犯罪嫌疑

---

① 参见梁爱诗：《从正确角度去看司法管辖权问题》，载《香港律师》1999 年 1 月号；梁爱诗：《内地审判张子强不违基本法》，载香港《文汇报》1998 年 11 月 9 日；吴霭仪：《保障在香港法制之下的公义》，载《香港律师》1998 年 12 月号；戴贤聪、刘南平：《大富豪案引起的思考》，载香港《信报》1998 年 11 月 11 日；戴耀庭：《维护本港自治责无旁贷》，戴香港《明报》1998 年 11 月 2 日；梁美芬：《曲解中国刑法　港府多此一举》，载《香港经济日报》1998 年 11 月 22 日；曾钰成：《司法管辖权解决不易》，载《明报》1999 年 1 月 21 日。

② See Lao Ian Chi, Regional Judicial Cooperation of the Macau Special Administrative Region on Criminal Matters, available at http：//www. criminallawbnu. cn/criminal/Info/showpage. asp? showhead =&ProgramID = 90&pkID = 1105&keyword = , visited on October 30, 2008。See also, Fu Hua ling, One Country and Two Systems ：Will Hong Kong and the Mainland Reach an Agreement on Rendition?, Hong Kong Lawyer, Jan. 1999; Margaret Ng, Rendition Negotiations Must Have a Bottom Line, Hong Kong Lawyer, Jan. 1999.

③ 对相关问题的综述，参见赵秉志、黄晓亮：《中国区际刑法问题研究综述》，载赵秉志主编：《中国区际刑法问题专论》，中国人民公安大学出版社 2005 年版，第 376 ~ 401 页；吕岩峰、李海滢：《中国区际刑事司法协助问题研究综述》，载《白城师范学院学报》2005 年第 2 期，第 20 ~ 21 页。

④ 参见赵秉志、黄晓亮：《中国区际刑法问题研究综述》，载赵秉志主编：《中国区际刑法问题专论》，中国人民公安大学出版社 2005 年版，第 376 ~ 401 页。

人、移交赃款、赃物、代为送达刑事法律 、刑事诉讼移管、刑事判决的承认与执行、已决犯移管、交换犯罪情报等。①

2. 中国区际刑事司法协助的特征与原则

鉴于一国两制条件下四法域刑事法律冲突的特殊性，学者们对于中国区际刑事司法协助的特征争议也比较大，有两特征说、三特征说、四特征说、五特征说、六特征说。② 与此相对应，各个学者对于中国区际刑事司法协助的原则也有不同的看法，有所谓的两原则说、三原则说、四原则说、五原则说、六原则说。无论如何，我们至少都必须坚持国家主权原则、一国两制原则、平等互利原则。毕竟，中国的区际刑事司法协助具有再多的特殊性也仍然是我国主权内部的协助，必须促进和维护国家统一，在此基础上更好地共同预防和打击犯罪。

3. 中国区际刑事司法协助的模式与途径

关于中国区际刑事司法协助的模式，有学者总结了 15 种模式。③ 大体而言，我们认为主要有立法模式、国际条约模式、示范法模式、中心机关模式、双边协议模式、灵活模式。关于协助的途径，一方面，内地与港澳特区的相关机关直接进行协助，包括公安机关、检察机关和审判机关等之间的直接协助；另一方面，继续通过国际刑警组织进行协助。同时，继续坚持并不断探索新的协助途径。

4. 中国区际刑事司法协助的主体与程序

关于协助的主体问题，由于学者们对协助的范围的认识不同而有不同的看法。我们认为，从有助于共同预防和打击犯罪的角度出发，应尽可能广义地认定协助的主体。也就是说，不仅应当包括审判机关、检察机关，而且也包括公安机关和司法行政机关。至于协助的程序问题，学者们对各个步骤都存在争议。我们认为，如果有规范性文件的，那就按照规定来办理，一般而言包括委托的提出、委托的审查、委托的接受、委托的执行。另外，实践中存在许多灵活的、个案性的程序，这些也应该继续坚持。

5. 具体犯罪的区际刑事司法协助

目前，学者们对于具体犯罪的区际刑事司法协助问题的研究，原来主要集中于有组织犯罪（黑社会性质犯罪）、走私犯罪、计算机犯罪、环境犯罪、版权犯罪。

---

① 参见赵秉志、黄晓亮：《中国区际刑法问题研究综述》，载赵秉志主编：《中国区际刑法问题专论》，中国人民公安大学出版社 2005 年版，第 376～401 页。

② 参见赵秉志、黄晓亮：《中国区际刑法问题研究综述》，载赵秉志主编：《中国区际刑法问题专论》，中国人民公安大学出版社 2005 年版，第 380～382 页。

③ 参见赵秉志、黄晓亮：《中国区际刑法问题研究综述》，载赵秉志主编：《中国区际刑法问题专论》，中国人民公安大学出版社 2005 年版，第 386～389 页。

最近几年，学者们对于洗钱犯罪、腐败犯罪、财税犯罪的关注和研究在不断地加强，科研成果不断涌现。相信随着研究的深入展开，对于具体犯罪的区际刑事司法协助问题的研究将会更加全面、深化。

6. 中国区际刑事司法协助的不足与完善

一直以来，各界都注意到中国区际刑事司法协助的不足与面临的困难，当前主要的不足与困难是司法协助缺乏规范化，相互之间的协助缺乏规范性文件的基础，司法协助的效率有待改进、协助的程序有待完善、协助的范围有待扩大。为此，学者们也提出了诸多完善的建议。

二、我国区际刑事司法协助研究之不足

从前面的论述可以看出，我国区际刑事司法协助的研究取得了一定的进步，为我国的学术研究和实践作出了一定的贡献。然而，不可忽视的是，我国区际刑事司法协助研究仍然存在一些不足和薄弱环节。

1. 研究方法上的不足

对于区际司法协助问题，国际私法学界研究较早，区际民商事司法协助问题的研究相对成熟一些。比较而言，区际刑事司法协助的研究起步晚了一点。就研究方法而言，对于区际刑事司法协助的研究主要是国内的刑事法学者唱主角。当然，国际私法学界、国际法学界也有一些学者对于区际刑事司法协助作了相关研究。因此，导致的结果就是研究成果以刑事法学为主，研究的视角不够综合，没有很好地反映区际刑事司法协助这样一个涉及刑事法学、国际法学和宪法学的跨学科部门的特点。

2. 研究成果精品不多

对于区际刑事司法协助问题，从已经发表的论文和出版的著作来看，表面上说欣欣向荣。然而，仔细阅读这些科研成果，尤其是中国期刊网上的论文后就会发现，研究成果虽多，但是精品不多。不少论文都是泛泛而谈，讨论的内容围绕中国区际刑事法协助的概念、特点、原则、模式、途径打转，学术讨论和批评不多，大部分论文缺乏新意，甚至一些论文还存在抄袭剽窃的嫌疑。可以说，对于区际刑事司法协助的研究没有看上去的那么繁荣，离真正满足实践的需要还有一段距离。

三、我国未来区际司法协助研究之展望

1. 综合研究与具体问题研究相结合

目前，我国区际刑事司法协助研究还没有专门的专著出版，还缺少对区际刑事

司法协助进行全面的、整体的、系统的、综合性的研究。同时，对于一些具体性的问题，也没有深入的研究。因此，未来有必要对区际刑事司法协助问题进行系统的综合性研究，同时，加强对具体问题的研究。

2. 扩大研究范围

目前，学者们关注的重点是内地与港澳台之间刑事司法协助的理论与实践，而内地与香港的刑事司法协助则是重中之重，对于港澳台之间的刑事司法协助，学者们关注较少。因此，一方面必须深化、加强内地与港澳台之间的刑事司法协助的研究，例如，各个法域在引渡与遣返、被判刑人的移管等方面的研究；另一方面，大力加强港澳台之间的刑事司法协助的研究。

3. 利用国际条约来解决区际刑事司法协助问题

有学者指出，由于中国区际法律合作关系特殊，各法域间借助国际条约来调整互涉的司法事务是切实可行的。①在民商事领域，黄进教授等人认为，无论通过什么途径解决区际法律冲突，都应借助于在中国及其香港、澳门地区都适用的国际私法条约，而且这也是非常有效的法律协调方式。②

在实践中，各个法域事实上也是利用国际条约来解决区际刑事司法协助问题。2005年10月27日，第十届全国人大常委会第十八次会议审议批准了《联合国反腐败公约》（以下简称《公约》）。2006年1月13日我国向联合国秘书长交存批准书。2月12日，《公约》对我国生效，同时适用于香港、澳门特别行政区。《公约》在我国香港、澳门地区的适用为区际刑事司法协助提供了法律依据，在欧文龙贪污受贿及洗黑钱案中，香港和澳门地区的相关部门通力合作，在港澳多处地方搜获大量重要证据，最终为案件的顺利审判奠定了基础。③对此，澳门有人作出评论，认为幸好《公约》适用于澳门。④对此，正如澳门检察院检察长何超明所指出的，随着《公约》的适用，该《公约》本身已成为澳门的法律渊源及进行国际合作及司法协助的法律依据。⑤

---

① 参见黄进、黄风主编：《区际司法协助研究》，中国政法大学出版社1993年版，第34页。

② 参见韩德培主编：《国际私法》，高等教育出版社、北京大学出版社2007年第2版，第342页；肖永平：《肖永平论冲突法》，武汉大学出版社2002年版，第350～353页。

③ 曾坤：《受贿表证成立　欧文龙被羁押》，载《人民日报（海外版）》，2006年12月11日第03版。

④ 相关评论参见永逸：《幸亏联合国反贪腐公约能及早延伸到澳生效》，http://www.waou.com.mo/wa/2006/12/20061211a.htm，2008年6月12日访问。

⑤ 徐京辉：《反腐败：澳门的相关立法与执法》，载《〈联合国反腐败公约〉与中国刑事法治的协调完善学术研讨会论文集》，第103页。

我们认为，从《公约》在各个法域的成功适用来看，在区际刑事司法协助领域，国际条约能够而且应该用来解决区际刑事司法协助问题。当然，区际刑事司法协助关系毕竟不同于国际刑事司法协助关系，至少一国内部的区际刑事司法协助并不涉及主权问题。如何更好地利用国际条约来调整区际刑事司法协助关系，促进各个法域在刑事司法协助上的进展，是未来一个值得继续深入研究的课题。

4. 为区际刑事司法协助的规范化提供理论支持

目前，区际刑事司法协助的规范化远远不能满足实践的需要。在区际安排方面，仅仅只有屈指可数的几个安排。2005 年 5 月 20 日，经澳门特别行政区政府与香港特别行政区政府代表协商，双方代表在香港特别行政区签署了《澳门特别行政区政府与香港特别行政区政府关于移交被判刑人的安排》，就移交被判刑人方面的合作达成了安排，以协助被判刑人重投社会。2000 年 10 月 13 日，公安部港澳台事务办公室和香港特别行政区政府保安局在北京签署了《内地公安机关与香港警方相互通报机制的安排》，从 2001 年 1 月 1 日起施行。为此，公安部专门发布了《公安部关于执行〈内地公安机关与香港警方相互通报机制的安排〉有关问题的通知》（公通字［2000］100 号）。同样地，内地与澳门也签订了《内地公安机关与澳门特区政府保安司关于建立相互通报机制的安排》。因此，必须加强区际刑事司法协助的规范化，使得区际刑事司法协助具有稳定的机制。

2002 年 4 月在澳门召开的“区际刑事司法协助法律研讨会”上，香港律政司司长梁爱诗在发言中指出：“内地有关机关与香港特区政府协商制定的移交逃犯和移交服刑人士上正在谈判，主要障碍是内地仍然执行死刑而香港特区已废除死刑。”至于其他刑事事项的司法协助，由于两地举证和证据法律的差异，仍需时日。① 这说明，各个法域实体法上的冲突已成为区际司法协助法律规范出台的主要障碍。

区际刑事司法协助的推进，离不开理论的支持与指导。在对各个法域的立法与司法实践分别进行研究以及比较研究的基础之上，找出其中的相同或者不同的原则、规则，分析它们背后的制度和社会文化原因，在此基础之上求同存异，寻求解决的方法。这样，有了理论的支持，区际刑事司法协助的规范化就能走得更远。因此，必须加强研究，为区际司法协助法律规范的出台提供理论依据。

---

① 参见：《梁爱诗司长在区际刑事司法协助法律研讨会开幕式上的致辞》，转引自赵秉志、何超明主编：《中国区际刑事司法协助探索》，中国人民公安大学出版社 2003 年版，第 474 页。

四、结 语

学术研究归根到底都必须从实践出发，以实践为依归。我国区际刑事司法协助的研究，过去已经取得了一定的成就，对实践也具有一定的指导意义。然而，与实践的需要相比，理论界做得远远不够。因此，理论研究必须更加注意与实践相结合，发现实践中的问题，并提出相应的解决方案，指引区际刑事司法协助的实践不断进步。在这一点上，学术界任重道远。

Research on the Inter-Regional Criminal Judicial Assistance within the Framework of "One Country, Two Systems": Retrospect and Prospect

LI Qingming

Abstract Research on inter-regional criminal judicial assistance between Mainland and Hong Kong and Macao has made great progress, of which, three influential seminars were conducted, and some treatises, dissertation and papers were published. At present, research on inter-regional criminal judicial assistance mainly focuses on its concept, characteristic, causes, principles, pattern and content, etc. There are few high-quality research results, and there is little discussion which reflects the interdisciplinary characteristic of the inter-regional criminal judicial assistance. As to future research, more attention shoud be paid to research methods, scope, how to make use of the international conventions to adjust the inter-regional criminal judicial assistance relationship, and how to provide theoratical support for the standardization of the inter-regional criminal judicial assistance.

Key words inter-regional criminal judicial assistance; research results; research methods

我国区际法律文化交流的回顾与展望

□ 何秋竺*

内容摘要 本文从对法律文化概念的界定入手，分析了改革开放以来我国区际法律文化交流的基本情况，在肯定交流成果的基础上，总结出目前交流的重点，指出目前存在交流内容重点过于集中，涉及面不够广；实务交流和一般文化交流较少；法律文化同一化趋势等不足，最后提出相关建议，即在今后的区际法律文化交流中应该加强基本理论的交流，扩大交流内容和交流人群范围，加强实务领域的交流。

关键词 法律文化 区际交流

目 次

香港已经回归十余载，澳门的回归也正在迈向十周年。回首这段历史，估计就连当初作出最大胆预言和猜测的人们，都没能想像到香港、澳门，包括内地会取得

* 武汉大学国际法研究所2007级博士生。本文内容仅仅是作者个人观点，所有错误与责任由作者个人承担。

如此辉煌的成就，没能想到“一国两制”的实施和实践会如此顺利、成功和前景光明。

全国人大香港基本法委员会副主任、香港特区政府前律政司司长梁爱诗曾说：“回归不单是换一面国旗、区旗，更换一些名称便能落实，还要经过一段心路历程，对国家民族的认同，而这个转变，首先发生在法律制度上。”① 本文即从法律文化之交流作一总结和展望，希望能够对一国两制的实施了解一二。

什么是法律文化？不同的学者从不同的角度对这一问题作出了阐述，有的用“法统”和“法体”统揽法律文化的内容和研究视野②，有的注重法律文化的研究前提和研究方向③，有的则从文化的概念入手研究法律文化的定义。④本人认为，法律文化的含义应采广义认识，即法律文化指人类法律实践中客观存在和内部隐含的综合性文化现象，包括法律意识、法律思想体系、法律心理等法律意识形态和与法律意识形态相适应的法律制度、法律规范、组织机构、设施等。因而，法律文化的交流主要是法律意识形态的相互交流，法律现象制度化外显形态直接交流的可能性并不大，但却通过法律意识形态的交流获得了改进、发展，甚至是同一化。下面我们就来看看我国区际法律文化交流的情况和交流带来的成果。

一、区际法律文化交流的现状

（一）主要的交流方式——研讨会

各种类型的研讨会是目前我国区际法律文化交流的主要方式。这种方式的特点是交流时间集中，交流人员的专业层次比较高，交流内容突出。

1. 固定的全面的学术研讨会

目前，已经形成传统的比较固定的全面进行法律文化交流的学术研讨会主要是“内地、香港、澳门区际法律问题研讨会”和“海峡两岸暨港澳地区法律发展学术研讨会”。

---

① 邓卓明：《梁爱诗：香港回归不单是换一面国旗》，资料来源于：http：//news.sina.com.cn/c/2007-06-12/013112001406s.shtml，2008年3月15日访问。系梁爱诗在2007年6月10日香港地区中国和平统一促进会举办的“促进中国和平统一研讨会”和庆香港回归祖国十周年联欢晚会上的发言。

② 武树臣：《中国法律传统文化》，北京大学出版社1994年版，第32页。

③ 张文显：《法律文化的释义》，转引自刘作翔：《法律文化理论》，商务印书馆1999年版，第63页。

④ 刘作翔：《法律文化理论》，商务印书馆1999年版，第2页。

“内地、香港、澳门区际法律问题研讨会”已经举办两届，分别于2005年5月和2007年5月在广东省佛山市和广州市两地举行。该研讨会是由中国国际私法学会主办，协同其他单位举办的高级别区际法律文化交流活动。①

“海峡两岸暨港澳地区法律发展学术研讨会”是由台湾“中研院”法律学研究所首倡，由北京大学、武汉大学、香港大学、澳门大学等高校联合发起，每年举行一次。该研讨会已经于2006年和2007年成功举办两届，分别以司法制度和FTA制度为研讨主题。②

2. 不定期的专门的学术研讨会

不定期的学术研讨会是我国区际法律文化交流中最主要的交流方式。此类学术研讨会的数量比较大，它的举办较灵活，举办时间和场次不受约束，针对的问题相对集中，是各法域间交流法律文化，解决法律问题的有效方法。

其中一些研讨会比较有影响力和代表性。例如，1999年9月，香港大学法律学院举办的“一国两制下的司法合作学术会议”；2000年12月，由国家知识产权局、香港特区政府知识产权署和澳门特区政府经济局共同举办的“内地与香港、澳门三地知识产权研讨会”；2001年，岭南大学、香港海峡两岸关系研究中心及台湾中华港澳之友协会联合举办的“两岸加入世界贸易组织后两岸港澳经贸关系之变化”学术研讨会；2003年12月，中山大学主办了“一国两制下粤港澳地区的协调与发展”学术研讨会；2005年9月，内地、香港、澳门及台湾法律界人士在北京参加了法律研讨会，围绕“投资与贸易的法律保障”等问题进行了讨论；2005年10月，香港城市大学法律学院、中国人民大学法学院联合主办的“比较侵权法国际研讨会”等。

2007年，恰逢香港特别行政区成立十周年，各法域之间举办了一系列的学术研讨会，特别针对“一国两制”的实施和成就展开研讨。例如，2月5日，在澳门举办了“一国两制，三种法律秩序发展前瞻”研讨会，重点讨论了“三种法律体系的发展及相互影响”和“基本权利和不同法治的相互影响”；4月16日，香港发展论坛举行了“在法律与政治之间”研讨会，香港、内地学者共同讨论基本法和“一国两制”方针的成就；4月25日，由北京大学港澳台法律研究中心和清华大学法学院港澳法律研究项目联合举办的“一国两制：比较的视角”研讨会在北京举

---

① 广州海事法院：《“内地、香港、澳门区际法律问题研讨会专题”在佛山举行》，资料来源于：http：//www. ccmt. org. cn/ss/news/show. php? cId =5973，2008年4月5日访问；《第二届内地、香港、澳门区际法律问题研讨会综述》，载《法学评论》2008年第1期，第156页。

② 中山大学报讯：《我校主办2007海峡两岸暨港澳地区法律发展学术研讨会》，载《中山大学校报》，2007年12月25日第2版。

行，内地、香港、台湾及海外学者、政界人士就“一国两制”在香港和澳门的实践经验进行总结；11月10日，由香港法律教育信托基金会主办，北京大学、香港中文大学等单位合办的“内地与香港两地审讯比较研究”活动，等等。

3. 法律实务性研讨会

特别提及的两个重要的法律实务性研讨会，是澳门特别行政区检察院举办的“内地与港澳台检察律政法律研讨会”和国家法官学院、最高人民法院主办的“内地与港澳地区商事法律实务研讨会”。尤其是前者，从2000年第一届开始已经连续举办了多届，为区际检察和律政文化提供了常期的交流。

（二）重要的交流平台——科研机构

1. 北京大学港澳台法法律研究中心①

北京大学港澳台法律研究中心开展对香港、澳门、台湾法律的系统研究，有力地推进了内地与港澳台三地的学术交流。该中心的主要学术交流活动包括组织北京大学教员与港澳台法学界同仁联合进行特定课题的研究；以中心名义或中心与港澳台有关机构的联合名义，举办有关港澳台法律的学术研讨会、报告会、座谈会；推动北京大学同港澳台法学界的人员互访和资料交流。

2. 中国人民大学港澳法律研究与交流中心、“一国两制”法律研究所②

中国人民大学法学院下属的港澳法律研究与交流中心，集合国内各地学者对香港、澳门法律进行研究和相互交流。该院宪政与行政法研究中心还设立了国内第一个以“一国两制”命名的，从法律视角研究港澳台问题，并阐释“一国两制”实践和理论的法律研究机构，即“‘一国两制’法律研究所”。

3. 武汉大学国际法研究所③

成立于1980年的武汉大学国际法研究所，是我国高校系统最早成立的国际法研究机构之一。在致力于国际法研究的同时，该所也非常关注区际法律问题的研究，并成为内地与港澳台地区法律界交流的重要平台。例如该所黄进教授主持的国家社科基金项目《中国区际冲突法研究》，肖永平教授主持的国家社科基金项目《九七以后大陆与香港的法律协调模式研究》等，都为区际法律问题的研究和交流作出了重要贡献。

---

① 《北京大学法学院研究机构》，资料来源于：http：//www.chinalawinfo.com/fxyj/yjjg/pku.asp，2008年4月5日访问。

② 蔡洁：《“一国两制”法律研究所成立》，载《人大法学》，2007年11月3日第5版。

③ 《武汉大学国际法研究所科研项目》，资料来源于：http：//translaw.whu.edu.cn/institute/15xiangmu.php，2008年3月21日访问。

4. 中山大学港澳珠江三角洲研究中心①

中山大学港澳珠江三角洲研究中心是一个跨学科的综合性研究机构，研究领域涵盖区域经济、法律与政治、社会文化与教育。虽然该中心不是一个专门从事法律研究的机构，但由于其特殊的地缘优势，该中心在区际法律文化的交流和研究中发挥着不可忽视的重要作用。

（三）源源不断的交流载体——各类法律人才

1. 通过考试、招生体现出来的法律人才交流

首先是港、澳普通高等院校从1998年开始在内地招生，特别是2005年，香港中文大学和香港城市大学正式纳入全国统一招生计划后，大规模的报考和招生接踵而至。同时，据不完全统计，内地招收华侨、港澳台地区学生的学校包括招生第一批次录取学校约105所，以及招生第二批次录取学校约73所。②尽管内地与港澳普通高校的相互招生不仅限于法律和法学领域，但也涵盖了该学科领域，并且是其中非常重要的一个学生交流领域。以招收港澳台侨学生人数连续五年（2004—2008年）居全国内地高校第一③的武汉大学为例，法学以及相关学科的学习是港澳台侨学生的首选之一。

其次，可以从内地的国家司法考试情况来看区际法律文化的交流。国家司法考试被认为是内地最重要的法律资格考试。从2004年开始，港澳居民（限永久性居民中的中国公民或持港澳居民来往内地通行证的中国居民）被准许参加内地国家司法考试④，港澳法律界人士可以通过参加该考试与内地法律界人士展开交流，更可以在获得内地律师资格后，在提供具体法律服务的实务工作中加强两地法律的相互协作、交流和相互借鉴。

2. 专业法律人才跨地区的工作

为落实CEPA的有关规定，规范港澳执业律师受聘于内地律师事务所担任法律顾问的活动和港澳律师事务所与内地律师事务所在内地进行联营的活动，司法部制定了《香港法律执业者和澳门执业律师受聘于内地律师事务所担任法律顾问管理

---

① 《港澳珠江三角洲区际法律与政治研究》，资料来源于：http：//hkmac.sysu.edu.cn/ReadNews.asp? NewsID =268，2008年3月21日访问。

② 《2008年内地招收华侨、港澳台地区学生的学校》，资源来源于：http：//www.baokao.net/htmlnews/2008-2/20080222184455541.htm，2008年3月28日访问。

③ 杨凯军：《武大成为港澳台侨学生首选内地高校》，资料来源于：http：//news.whu.edu.cn/display.php? id =4655，2008年4月5日访问。

④ 《2004年国家司法考试公告》，资料来源于：http：//www.eol.cn/article/20040528/3106769.shtml，2008年4月5日访问。

办法》和《香港特别行政区和澳门特别行政区律师事务所与内地律师事务所联营管理办法》，为港澳地区专业法律人才跨地区的工作和交流提供了有力的保障。

此外，一些地方政府部门也积极制定吸引港澳人才来内地工作的政策，如北京市出台的《香港、澳门和台湾地区高级人才来京工作有关政策的实施意见》，重庆市颁布的《重庆市人民政府关于加强渝港澳人才交流与合作若干政策的意见》等。这些包括但不限于对法律专业人才吸收和引进的政策，也为加强区际法律合作和交流提供了有力的政策保障。

3. 其他灵活的交流活动

其他交流活动方式多样，层次不一，但对于内地和港澳法律文化的交流都起到了重要的推动作用。例如，浙江省司法厅率该省律师协会代表团一行访问港澳的法律界；香港律师会派出律师到内地多家律师事务所进行短期培训；粤港澳三地大法官举行迎春茶话会；积极举办像“港澳与内地青年法律交流周”一类的联欢活动，等等。

（四）丰硕的交流成果

1. 立法成果

在定义法律文化时曾提到，法律现象制度化外显形态，包括法律制度、法律规范、组织机构、设施等，直接交流的可能性并不大，但却通过法律意识形态的交流获得了改进、发展，甚至是同一化，因而我们完全可以认为相关的一些立法成果是在区际法律文化交流中产生的，也是区际文化交流的产物。

其中涉及面最大、覆盖领域最广的法律成果当属商务部与香港、澳门特别行政区财政司于2003年先后签署的《内地与香港关于建立更紧密经贸关系的安排》和《内地与香港关于建立更紧密经贸关系的安排》。最高人民法院、海关总署、国务院办公厅等部门先后为该安排的落实制定了相关的意见。

此外，还有1998年通过的《关于内地与香港特别行政区法院相互委托送达民商事司法文书的安排》、2000年施行的《关于内地与香港特别行政区相互执行仲裁裁决的安排》、2001年生效的《关于内地与澳门特别行政区法院就民商事案件相互委托送达司法文书和调取证据的安排》、2006年生效的《内地与澳门特别行政区关于相互认可和执行民商事判决的安排》、2008年实施的《关于内地与澳门相互认可和执行仲裁裁决安排》、2008年生效的《关于内地与香港特别行政区法院相互认可和执行当事人协议管辖的民商事案件判决的安排》等。

2. 专题著作

关于区际法律问题的研究，有一些比较重要的专题著作。其中，有些著作以介绍港澳地区法律制度为主的，如《港澳台法制概论》①、《香港法概论》②、《澳门国际商法研究》③ 等。

专注于区际法律问题和区际法律比较的专题著作也很多。如《中国区际法律问题研究》;④《中国内地与香港地区法律比较研究》⑤、《中国内地与香港地区法律的冲突与协调》⑥、《中国内地·香港法律制度研究与比较》⑦、《港澳珠江三角洲地区法律冲突与协调》⑧、《中国内地与港澳若干法律问题研究》⑨ 等。

3. 专门论文

关于区际法律问题研究的专门论文（由于篇数较多，本文不一一列出），除了发表在具有刊号的各类杂志上外，还包括一些公开发表的论文集或在各类研讨会上提交的专门论文。

4. 其他成果

其他交流成果可以通过三个例子体现。首先是司法部与香港律政司共建法律服务平台，理顺两地法律服务领域合作事宜；其次，深圳市政府效仿香港设律政司，聘请专职法律顾问，将重大项目交由政府律师打理；再次，据不完全统计，目前至少有超过 47 家香港律师事务所在内地设立了代表机构，另有少数律师行已经批准与内地律师事务所进行联营。

二、目前交流的重点和不足

（一）目前交流的重点

目前，内地和香港、澳门区际法律文化交流的重点集中在区际法律冲突的特点、解决途径等基本理论以及管辖权、裁判执行、司法协助等司法实践领域。

1. 中国区际法律冲突的特点及解决途径

---

① 焦宏昌：《港澳台法制概论》，中国政法大学出版社 1999 年版。

② 张学仁：《香港法概论》，武汉大学出版社 2007 年版。

③ 范剑虹等：《澳门国际商法研究》，广东人民出版社 2005 年版。

④ 黄进：《中国区际法律问题研究》，法律出版社 2001 年版。

⑤ 魏振瀛、王贵国：《中国内地与香港地区法律比较研究》，北京大学出版社 1998 年版。

⑥ 董立坤：《中国内地与香港地区法律的冲突与协调》，法律出版社 2004 年版。

⑦ 香港法律教育信托基金：《中国内地·香港法律制度研究与比较》，北京大学出版社 2008 年版。

⑧ 谢石松：《港澳珠江三角洲地区法律冲突与协调》，社会科学文献出版社 2007 年版。

⑨ 袁古洁：《中国内地与港澳若干法律问题研究》，广东人民出版社 2006 年版。

对于这一问题，多数学者都是从中国区际法律冲突产生的历史演进、法律冲突的特点谈起。① 不同学者对我国区际法律冲突特点的认识深度是不一的，大多数学者仅关注到国家体制、社会制度、法系、法律渊源等问题，个别学者从更深层面研究，进一步对国家统一程度、法律之间的政治法律关系及政治力量、法治水平差距等进行研究，更加全面地反映了我国区际法律冲突的特点。② 关于我国区际法律冲突的解决途径有“三种方式，四步走”的多种表述，个别学者还着重强调解决我国区际法律冲突的基本原则，并对解决区际法律冲突的多种途径作出可行性分析和价值分析。③

2. 区际案件管辖权的冲突和协调

针对区际案件管辖权，讨论较多的是刑事案件管辖权和民商事案件管辖权的冲突和协调问题。学者们普遍认为处理两类案件管辖权冲突都有一个基本原则，即“一国两制”原则,④很多时候只要是无损于“一国两制”的大原则，管辖的冲突都是可以协调的，尤其是在民商事领域。

协调刑事案件管辖权和民商事案件管辖权的具体原则、方法差异是比较大的，但绝大多数学者对于这两个问题基本形成了一致的见解。协调区际刑事司法管辖以合理、有效惩治防范犯罪为原则，以排斥内地刑法典和刑事诉讼法典在其他法域的空间效力为一般情况。⑤区际民商事案件管辖权冲突的解决要灵活和复杂得多，它包括了尊重专属管辖权、协议管辖权的优先效力、先受理法院机制、不方便法院机制、有利裁判执行、有利当事人等。⑥

3. 各法域间裁判的相互承认与执行

本问题涉及内地与港澳法院判决的相互承认与执行，以及仲裁裁决的相互承认

---

① 韩德培：《国际私法》，高等教育出版社 2000 年版，第 274 页。

② 郭玉军、徐锦堂：《中国区际法律冲突解决路径探析（上）》，载《时代法学》2008 年第 1 期，第 13 页。

③ 宋海伟、王海峰：《关于中国区际法律冲突问题的研究》，载《上海行政学院学报》2006 年第 1 期，第 74 页；索光举：《阻碍中国区际私法统一的几个问题探析——以内地与香港特别行政区的关系为视点》，载《武汉大学学报（哲学社会科学版）》2008 年第 1 期，第 129 页。

④ 韩德培：《国际私法》，高等教育出版社 2000 年版，第 434 页。

⑤ 江澍：《浅议中国区际刑事司法管辖冲突及协调》，载《法制与社会》2007 年第 3 期，第 553 页；杨正东、付国华：《浅议中国区际刑事司法管辖冲突及协调》，载《江南社会学院学报》2007 年第 3 期，第 70 页。

⑥ 张淑钿：《中国内地与香港区际民商事案件管辖权冲突问题研究》，资料来源于华东政法大学博士学位论文。

与执行。后者的实现在整个国际社会都要比前者容易许多，何况在《关于内地与香港特别行政区相互执行仲裁裁决的安排》和《关于内地与澳门相互认可和执行仲裁裁决安排》相继施行以后，内地与港澳相互承认与执行仲裁裁决就只是一个如何具体落实的问题了。因此，学者们对仲裁裁决相互承认与执行的讨论多是围绕如何落实两个《安排》展开。①

内地与港澳法院之间判决的相互承认与执行的情况就要复杂和困难得多，同时表现在区际司法实践中也是鲜有成功案例的，这是学者们以及实务工作者们的共识。当然，他们中的绝大多数对于这种情况的改变也是显得爱莫能助，所以他们更多的是介绍内地与港澳在承认执行法院判决中的具体制度，进行制度比较，而并没有提出太多可行的构想。相比之下，在《论香港承认和执行大陆法院民商事判决的法律障碍及其对策》一文中，实务者还对问题的一些症结作出了分析并提出了一些解决对策。②

4. 区际司法协助制度

如果以广义的司法协助概念来看，区际司法协助制度的交流和研究是整个区际法律文化交流的重点，即便在多数学者根据目前内地与港澳现有的司法协助协议的内容分析，将裁判承认与执行排除在司法协助之外而采狭义说的情况下，区际司法协助制度的讨论和研究仍然为学者和实务者交流的重点。

在刑事司法领域，内地与港澳不仅没有签署一个司法互助安排，就连最常用的合作事项，如相互移交逃犯等，都没有取得突破。而对刑事司法协助的研究也是数量多但实质内容少，鲜有能够解决实际问题的主张。

在民商事领域，学者们虽然多将裁判的承认与执行单列研究，但对区际司法协助的范围基本持一个比较宽泛的认识。在分析内地与香港的《相互委托送达民商事司法文书的安排》、内地与澳门的《民商事案件相互委托送达司法文书和调取证据的安排》对民商事司法协助的积极意义基础上，专家学者们也指出目前区际司法协助的现状尚不能满足各法域间社会经济生活相互渗透的要求，远没有实现真正意义上的区际民商事司法协助，需要对我国区际民商事司法协助的模式进行进一步

① 罗楚湘：《中国内地与香港仲裁制度之比较——兼论两地相互承认与执行仲裁裁决的有关问题》，载《法学评论》1999 年第 2 期，第 83 页；索光举：《统一中国区际仲裁裁决承认与执行的条件》，载《嘉应学院学报》2006 年第 5 期，第 95 页；宋纪萍：《中国内地与香港国际商事仲裁裁决的相互承认与执行》，载《辽宁行政学院学报》2005 年第 6 期，第 32 页等。

② 徐曾沧：《论香港承认和执行大陆法院民商事判决的法律障碍及其对策》，资料来源于：http：//www. ccmt. org. cn/hs/explore/exploreDetial. php? sId = 822，2008 年 3 月 27 日访问。

的探讨。①

5. 区际私法中的公共秩序保留

虽然对于区际私法中的公共秩序保留制度的关注不及前面几方面的内容，但仍有一些学者关注到了这个问题。学者们对于我国区际私法中的公共秩序保留基本都是一致同意“区别论”（也称“限制适用论”）的相关观点，即一方面承认公共秩序保留制度在区际冲突法中的地位，另一方面，也强调把区际冲突法上公共秩序保留制度的适用限制在一定的范围内。②

（二）目前交流中存在的不足

1. 交流内容重点过于集中，涉及面不够广

就目前区际法律文化交流的现状看，交流重点主要集中在诉讼（含仲裁）领域，尤其是司法管辖权、裁判的承认与执行以及司法协助等问题，这些问题在交流中多次重复涉及，在交流成果中也得到了充分的体现。虽然我们不能否认，相关问题在内地与香港、澳门地区交往过程中的重要性以及在实践中反映出来的迫切性，但是独木难成林，追求交流内容的全面开花是完全必要的。

2. 注重学术交流，实务交流以及一般文化交流较少

前面我们已提及学术研讨会是区际法律文化交流的最主要方式，区际法律文化的学术成果也是硕果累累。相比之下，各法域间法律实务界人士的交流却比较少。过分强调理论交流而忽略了实务界的交流，将使区际法律文化的交流成为一只脚走路的畸形发展，从而导致区际法律文化交流越来越空洞和流于形式。反之，法律实务界的交流必定更能促进不同法域之间的交流，因此应该进一步的加强。

在界定法律文化的定义时，即指出了法律文化包括但不限于法律意识形态。意识形态是人人都有的，一个社会的法律意识形态也是由大众构成的。因而法律文化不仅仅承载于少数的专家、学者，它更植根于千千万万的普通民众。要加强内地与香港、澳门地区的法律文化交流，必然要求加强普通民众之间的交流，其中既有今后可能成为法律工作者的年轻人，也有法律实施、演进中不可或缺的社会力量。

3. 交流成果未充分呈现“百家争鸣”的现象

---

① 马进保：《我国内地与港澳的区际司法协助与机制构建》，载《河北法学》2008年第3期，第132页；宋锡祥：《中国内地与香港区际民商事司法协助若干问题探讨》，载《华东政法大学学报》2008年第2期，第59页；陈红：《“一国两制”框架下我国区际司法协助的路径思考》，载《探索》2007年第4期，第190页等。

② 方勇：《论我国区际司法中的公共秩序保留制度》，载《高等教育与学术研究》2007年第1期，第118页；叶竹梅：《论中国区际判决承认与执行中的公共秩序》，载《社科纵横》2007年第12期，第61页。

就目前的研究成果来看，“同”是求了，“异”却被淡化了，法律文化交流呈现出法律文化同一化的趋势，不论是同一法域，还是不同法域之间的研究成果都越来越呈现出惊人的相似。但是任何一种交流都不是以最后的同化或者兼并为目的的，法律文化交流当然也是如此。对于区际法律问题的思考，学者们不需要众口一词，实务者们也不需要步调一致，每一个人都可以保有独特的法律认识，每一个人都可以拥有独特的法律思维，每一个人都可以对法律制度、规范发表不同的主张，只有真正的“百花齐放”，才能保持交流的基础，才有进一步的交流，才能推动法律进一步的发展。

三、我国未来区际法律文化交流的展望

1. 进一步加强基本理论的交流和研究

前面已经分析了，目前区际法律文化交流的不足之一在于交流内容重点过于集中，涉及面不够广，重视具体事务中出现的问题，却忽略了对于区际法律问题基本理论的交流和研究。例如区际法律冲突的概念、形成、特点、协调等内容的交流和研究应该进一步加强，其是整个区际法律文化交流的基石，很多其他的区际法律问题都是建立在基本理论基础之上的，只有重视对这一部分的交流和研究，才能更好地进行区际法律文化交流。

由于基本理论交流和研究的学术性，这一部分的交流更多依赖于学者。在今后的区际法律文化交流中，要充分利用有关研究机构的平台作用，增加以区际法律问题的基本理论为主题的研讨会或其他交流活动，并在固定的研讨会中增加对基本理论问题探讨的板块，充分认识基本理论交流研究的重要性，促进基本理论的交流和研究。

2. 扩大交流的内容

区际法律文化交流内容集中，重点突出，既是目前交流现状的特点，也是一个不足之处。目前，学者们重点关注管辖权、司法协助等问题，尤其是裁判的承认与执行问题更是重中之重，这几个问题的交流和研究占据了区际法律文化交流的半壁江山，而对各法域在法律适用、法律解释等问题关注较少。这一问题已经引起了部分学者的关注，相信今后的交流中会更多地体现这些内容。

同时，由于社会、政治制度以及风俗习惯的不同，导致各法域之间在商事案件中的融合和趋同要远多于普通民事案件和刑事案件，相应的，学者们对民商事案件的关注多于刑事案件，民商事案件中商事案件的交流和融合又多于婚姻家庭继承等普通民事案件。但是随着内地与港澳交往的进一步加强，相互间渗透的深入，法律问题可能涉及的领域越来越广泛。我们不会总等问题无法解决了，处理方法一再缺

失时再去交流、研究，因此，今后的交流一定会在加强现在重点内容交流的基础上，加强其他相关法律问题的交流。

3. 通过交流促进实际问题的解决，加强实务领域的交流

交流是因为存在差异，而差异与问题总是相伴而生。可以说，正是因为有问题的存在，才为交流提供了原动力，才需要不同文化之间进行交流。交流的目的是为了解决实际问题，否则交流就会流于形式，纸上谈兵。今后的交流中，要注意结合实际问题进行更多更直接的交流和对话，增加全国或地方法律实务界的交流，比如律师、法官、检察官，作为法律实务的一线工作者，他们对于涉及多法域法律的案件有更直接更强烈的认识，更多地组织他们的交流，有利于更好地解决区际法律冲突的实际问题。

同时要注意，这类的交流不能仅限于一次参观、访问，而应该形成制度化的交流机制，以保证在出现问题的每一个时刻都有畅通的交流和沟通途径。

4. 扩大交流的人群范围，尤其注意青年人和普通民众的交流

文化的载体是人，每一个人都可以成为文化的载体。法律文化之法律意识形态，如法律意识、法律心理是人人皆有的，每个人对于与法律意识形态相适应的法律制度、法律规范等的认识也各不相同。要加强和深化区际法律文化的交流，必然要扩大交流的人群范围，让更多的人承载着各地的法律文化进行更深入的交流。多组织参观、学习、交流，特别针对青少年，组织一些类似“青年法律交流周”的活动，使他们有机会多接触、多相互学习，让法律文化随着他们之间的友谊一起传播；同时，尽可能地简化往来的手续，使人民之间的往来更容易更频繁，让法律文化交流更有生命力。相信随着内地与香港、澳门地区交往的进一步加强，这种最朴素、最具生命力和影响力的法律文化交流会越来越多。

5. 在交流中求同存异，共谋发展

前面我们曾提及，交流不是以最终的同化或者兼并为目的的，通过交流，我们追求的只是实际问题的解决和法律文化的融合。

在“一国两制”构想提出之初，相关法律就规定香港、澳门原有的法律制度保持50年基本不变，这种“不变”包括一国两制的体制和法律框架不变，港澳的法律地位不变，港澳的基本法律制度不变，这种“不变”是为《基本法》所固定的，我们通过交流不能、不该也不会改变它，应该反对希望通过交流达到同一的激进思想，反对不切实际的照搬、照抄其他法域的法律文化。同时，也要肯定通过法律文化的交流，不同法域之间法律的自然融合和相互吸收、继承，这是自然的演变，是交流的成果，也是《基本法》所允许的。总之，区际法律文化的交流应该是求同存异，共谋发展的。

四、结　语

交流的基础是有“异”，交流的前提是对彼此的开放和接纳，交流的结果是解决冲突与和平相处。在区际法律文化交流的道路上，我们已经走了很多步，并对实践产生了积极的影响。然而，只要有“异”，只要愿意敞开彼此，交流的路就将一直走下去，那么，区际法律文化交流就将是一条无限延伸的路。

Inter-Regional Communication of Legal Culture in China: Retrospect and Prospect

HE Qiuzhu

Abstract This article starts with a study of the concept of legal culture, analyzing the content of inter-regional communication of legal culture in China since the Reform and Opening Up. After praising the good results, it points out the key problems in the communication, and suggests that there are still some shortcomings, such as too many emphases on several topics, insufficient communication of practial experience, and more and more similarities among regions. At last, it suggests that we should increase communication regarding basic theory and practical experience, and broaden the content and scope of participants to communication.

Key words legal culture; inter-regional communication

三、专题二：涉外司法实践

人民法院涉外仲裁司法审查情况的调研报告

□ 杨弘磊*

内容摘要 人民法院涉外仲裁司法审查工作主要包括对中国内地仲裁机构进行的涉外仲裁活动依法进行司法监督以及根据1958年《承认及执行外国仲裁裁决的公约》对外国仲裁裁决审查承认与执行。鉴于商事仲裁在解决国际民商事纠纷中日益重要的作用，人民法院全面掌握涉外仲裁司法审查情况具有积极的现实意义。最高人民法院民四庭对2002—2006年间此类案件的办理情况进行了调研，掌握了相关数据，总结了审判经验，归纳了实践问题。

关键词 涉外仲裁 司法审查

目 次

* 最高人民法院民四庭法官，法学博士。

三、对若干问题的进一步分析

四、调研结论与建议

作为解决民商事纠纷的法律制度之一，商事仲裁所发挥的作用日趋突出和重要。对中国内地仲裁机构进行的涉外仲裁活动依法进行司法监督以及根据1958年《承认及执行外国仲裁裁决的公约》对外国仲裁裁决审查承认与执行是人民法院涉外审判工作的重要内容。2006年，最高人民法院发布了《关于适用〈中华人民共和国仲裁法〉若干问题的解释》，为了更好地了解上述司法解释的实施情况，发现实践中存在的问题，总结推广审判经验，最高人民法院民事审判第四庭在2007年实施了人民法院办理涉外仲裁与外国仲裁案件有关问题的调研项目。

针对目前对此类案件的受案与办理的总体状况缺乏准确数据的情况，调研主要采取了以下方式：首先，由各有关高级人民法院安排专人对本院及辖区内有关法院自2002—2006年期间曾经办理的对我国仲裁机构作出的涉外仲裁裁决进行司法审查以及涉及外国仲裁裁决承认与执行的案件进行梳理归纳；其次，在全面搜集资料的基础上，尽可能精确地掌握案件底数；最后，由最高人民法院对资料进行汇总，分析办理状况，总结实践经验。

经过近一年的工作，调研组基本上掌握了五年来人民法院办理涉外仲裁以及外国仲裁裁决案件的数量、各类案件所占的比重、案件办理的具体情况、实践中存在的问题，等等。本次调研共有17个曾经受理此类案件的高级人民法院参与，北京高院、江苏高院、广东高院、天津高院提交了较为详细的报告，上海高院组织专人草拟了《上海法院仲裁司法审查监督的若干问题研究》，详细总结了上海法院近年来仲裁司法审查工作的历史和现状、问题与经验，内容翔实、论证严谨，为我们提供了大量的第一手资料。

本次调研的对象，是人民法院办理涉外仲裁与外国仲裁案件的有关问题，人民法院在审判实践中涉及的此类案件主要有以下几种：（1）申请确认仲裁协议效力案件；（2）申请撤销涉外仲裁裁决案件；（3）当事一方申请执行涉外仲裁裁决，另一方提出不予执行抗辩的案件；（4）申请承认及执行外国仲裁裁决案件（包括申请承认以及申请承认并执行的情况）。本次调研的内容不包括认可及执行港澳台地区的仲裁裁决案件，也不包括人民法院受理的涉及仲裁的涉外民事诉讼案件（例如，因存在有效仲裁协议而驳回原告起诉的案件）。

一、人民法院涉外仲裁司法审查案件的受案及办理情况

（一）四类代表性案件受理及处理结果的数据表现

1. 案件类别、地区分布与总量表（未列在图表中的地区表明在2002—2006年数据采集时段内没有此类案件）

类别 地区	确认仲裁协议效力	申请撤销涉外仲裁裁决	在执行涉外仲裁裁决程序中提出不予执行抗辩	承认及执行外国仲裁裁决	总计
上海	12	33	71	6	122
广东	5	89	3	14	111
北京	40	195	7	8	250
江苏	8	6	9	9	32
辽宁	8	4	1	14	27
福建	7	6		9	22
山东	2		5	6	13
湖北	3		7		10
浙江	6	1		2	9
天津	2	1		2	5
黑龙江	1		1		2
湖南	1	1			2
广西				1	1
海南				1	1
山西				1	1
四川				1	1
重庆		1			1
各类案件总计	95	337	104	74	610
占全部案件数的百分比	15.57%	55.25%	17.05%	12.13%	

2. 四类案件在全部案件中的百分比扇状图

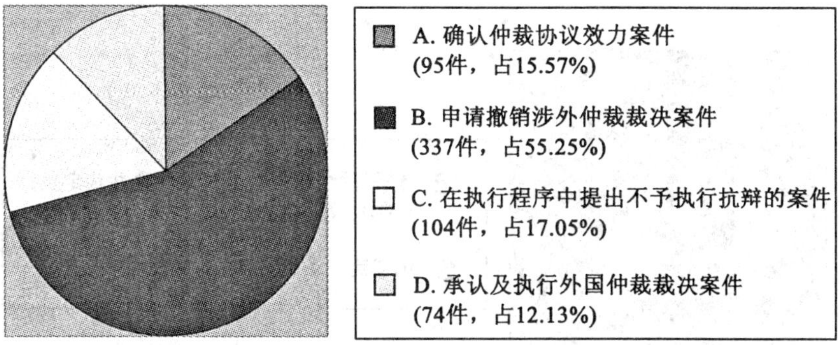

3. 案件办理总体情况扇状图

（1）确认仲裁协议效力案件

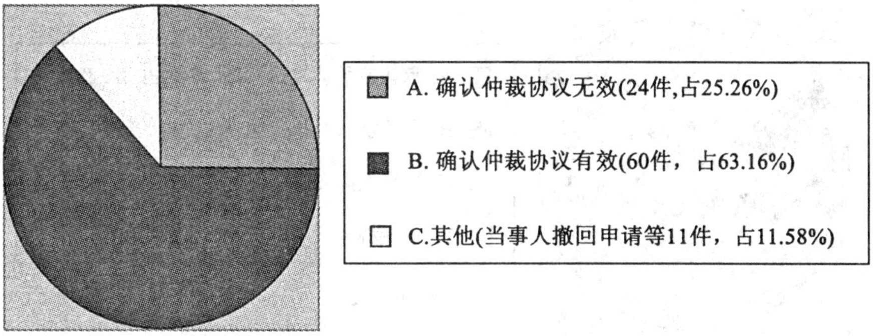

（2）申请撤销涉外仲裁裁决案件

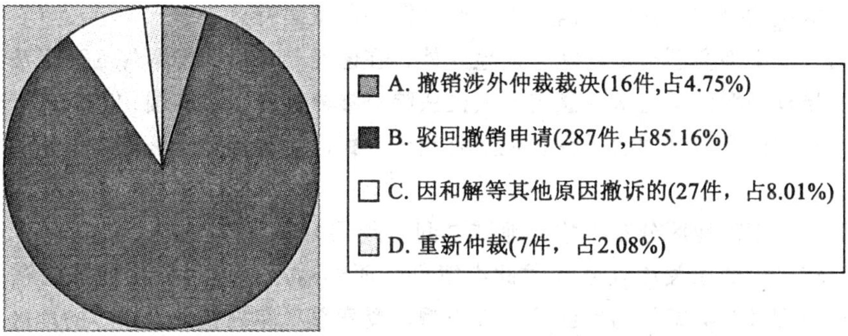

（3）在执行涉外仲裁裁决程序中提出不予执行抗辩案件

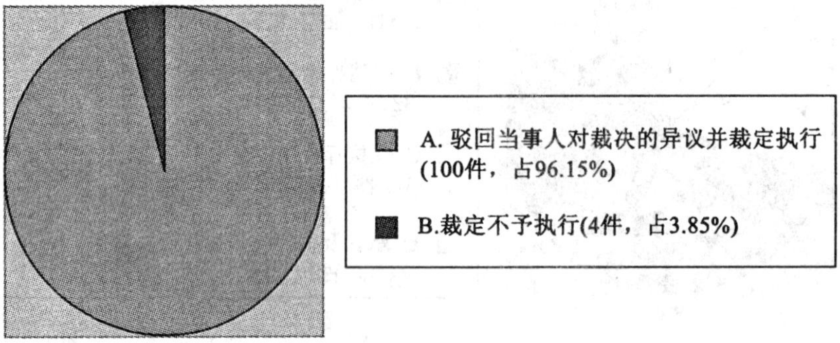

（4）承认及执行外国仲裁裁决案件

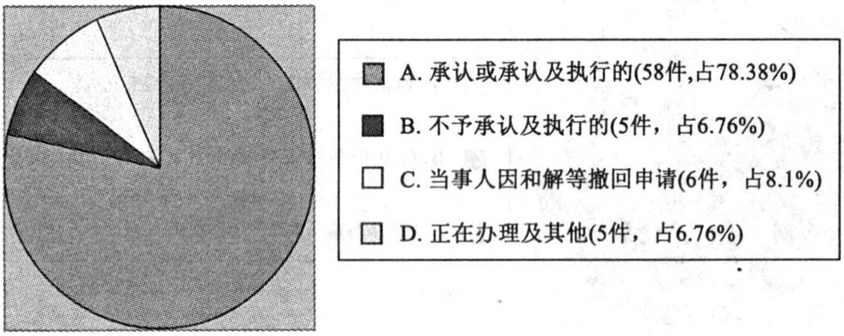

（二）对人民法院此类案件受案及办理情况的分析

从本次调研收集到的数据分析，此类案件的受案特点是：

第一，案件类型丰富。除个别地区外，在已经受理过此类案件的高级法院辖区内，所受理的案件类型基本涵盖了人民法院对涉外仲裁以及外国仲裁裁决进行司法审查的全部内容。这种状况在客观上有利于人民法院对仲裁司法审查工作的全面认识。

第二，案件地区分布不均，地域之间差别很大。目前，全国只有 17 个高级人民法院辖区内的相关法院办理过此类案件，西部地区、边远地区基本没有受理记录。在受理过此类案件的地区，案件类型、受案总量差别较大，较多的地区一年可以达到一百多件，较少的地区一年只有几件甚至仅有一件。

第三，在涉及人民法院仲裁司法审查的各类案件类型中，申请撤销我国仲裁机构在境内作出的涉外仲裁裁决案件总量较大，占全部案件的55.25%，承认及执行外国仲裁裁决案件总量较少，只占案件总量的12.13%，但后者由于涉及国际公约的运用，往往更受国际社会关注，具有更大的影响力和示范效应。

此类案件的办理特点是：

第一，在上述四类案件当中，人民法院的最终处理结果是确认仲裁条款有效、驳回撤销涉外仲裁裁决申请、执行涉外仲裁裁决、承认及执行外国仲裁裁决等对仲裁协议及仲裁裁决持肯定性结论的案件分别占全部案件的63.16%、85.16%、96.15%、78.38%，这一情况，不仅体现了司法对仲裁事业的支持，也体现了人民法院对当事人意思自治的尊重。

第二，人民法院对仲裁进行司法审查的理念不断发展，对仲裁的规律性认识不断深化。以上述四类案件当中确认仲裁协议效力案件为例，人民法院仲裁司法审查理念的发展变化在逐步承认仲裁协议的扩张效力方面体现得尤为明显。上海市法院系统近年来共受理涉及仲裁协议是否具有扩张效力的案件三件，2003 年受理的案件涉及合同转让后仲裁条款对受让人是否具有约束力的问题，当时法院认为没有约束力；2005 年审理的同样类型的案件中，法院采纳了仲裁协议具有扩张效力的理论，认为合同受让人受原合同中的仲裁协议约束；2005 年审理的另外一件案件，主合同中订有仲裁条款，但是作为补充协议的担保合同中没有仲裁条款，法院认为鉴于担保合同的从属性和不可分性，认定主合同中的仲裁条款效力及于该担保合同。其他地区的人民法院在这一问题上面同样形成了实践经验和理论创新。

第三，最高人民法院分别于 1995 年 8 月 28 日以《关于人民法院处理与涉外仲裁及外国仲裁事项有关问题的通知》、1998 年 4 月 23 日以《关于人民法院撤销涉外仲裁裁决有关事项的通知》确立起有关案件的报告制度。在上述承认与执行外国仲裁裁决案件中，受理当事人执行申请的中级人民法院、其所在辖区的高级人民法院均认为应当拒绝承认及执行该裁决的案件共 9 件，但经上报最高人民法院后，最高人民法院认为应当承认及执行的共有 4 件，占全部上报最高人民法院审查不予承认及执行案件的44%。在承认与执行外国仲裁裁决案件方面的有关数据从一个侧面说明了报告制度在现阶段存在的必要性。

二、人民法院涉外仲裁司法审查的经验与问题

（一）行之有效的实践经验

从本次调研搜集的材料来看，人民法院在对涉外仲裁进行司法审查以及审查承认及执行外国仲裁裁决的工作实践中，积累了不少行之有效的经验，培养了一大批具有这方面专业知识的人才，人才队伍的培养和审判经验的积累为办好此类案件打下了坚实的基础。

1. 注重专门审判队伍建设，保证办案质量

从调研的情况来看，相关法院全部设立了专门办理此类案件的涉外庭（或涉外合议庭），在人员的配备上，将具有较高教育背景或者有海外留学经历，以及审判实践经验较丰富的人员充实到涉外庭（合议庭）中，人员相对固定，保证了办案的质量和案件尺度掌握的连贯性。

2. 宽严适度，重在支持，突出保护当事人意思自治

仲裁是当事人就委托第三人对纠纷进行判断达成合意，并基于此合意而进行的纠纷解决办法。在运行层面上，仲裁表现了司法权性与契约性的相互作用。这种司法权性与契约性的相互作用，决定了人民法院对仲裁进行司法监督的必要性。但是，这种监督不是无限的，这种监督权力应当“谦抑”行使。有的法院将之概括为“司法审查的消极性”；有的法院则明确，从审查范围来看，即使符合法律规定的对仲裁裁决应予撤销、应不予执行的情形，但撤销及不予执行申请人没有将其作为撤销或不予执行理由时，法院不能依职权主动撤销或不予执行，除非裁决违反社会公共利益。

从本次调研收集的材料来看，各级人民法院已经认识到，司法职能和仲裁职能各有其本身的任务和特点，不能互相代替，法院不能妨碍仲裁效率的发挥。国际商事仲裁司法监督须局限于特定的范围，遵循经济性的要求，换言之，经济性的价值取向决定了司法对仲裁的审查只能是有限的审查，司法审查只能监督仲裁机构是否严格按照当事人选定的仲裁规则行事。从本次调研统计的数据来看，人民法院裁定仲裁条款无效、撤销仲裁裁决、不予执行仲裁裁决以及拒绝承认及执行外国仲裁裁决等对仲裁协议及仲裁裁决持否定性结论的案件分别占全部案件的25.26%、4.75%、3.85%、6.76%，反映了人民法院逐渐认识到了仲裁活动与司法活动的不同，尊重了仲裁活动的特殊规律。

3. 现阶段上报制度具有重要性与必要性

最高人民法院分别以《关于人民法院处理与涉外仲裁及外国仲裁事项有关问

题的通知》以及《关于人民法院撤销涉外仲裁裁决有关事项的通知》确立起有关案件的报告制度。报告制度建立了人民法院在受理具有仲裁协议的涉外经济纠纷案件以及决定对涉外仲裁机构之裁决不予执行、撤销涉外仲裁机构之裁决、拒绝承认和执行外国仲裁裁决之前必须报请本辖区高级人民法院审查，并最后报请最高人民法院答复后方可作出裁定的报告制度。该报告制度建立后，通过各地高级人民法院和最高人民法院的审查，大大减少了各地法院可能出现的法律适用错误、执法尺度不一等情况，对维护我国国际商事仲裁的地位和国际声誉起到了重要保障作用。

在本次调研所收集到的承认与执行外国仲裁裁决案件中，受理当事人执行申请的中级人民法院、其所在辖区的高级人民法院均认为应当拒绝承认及执行该裁决的案件共 9 件，但经上报最高人民法院后，最高人民法院认为应当承认及执行的共有 4 件。在审判实践中，也有一些拟撤销仲裁裁决案件、拟支持被执行人在裁决执行中提出的不予执行抗辩的案件被最高人民法院否定。

同时，上报制度的存在，使得最高人民法院有可能在所审查的案件中，提出并明确一些基本原则，如通过 ED&F 曼氏（香港）有限公司申请承认和执行伦敦糖业协会仲裁裁决一案①，确认了对我国法律的强制性规定的违反不一定构成对我国社会公共利益的侵犯的原则。这一观点在日本三井物产株式会社向海南省海口中院申请承认与执行斯德哥尔摩商会仲裁院 060/1999 号仲裁裁决一案②中得到再次强调。在一件中国涉外仲裁裁决不予执行案件（深圳宝升竞高环保发展有限公司、香港合升国际有限公司、合肥市市容卫生管理委员会及合肥市进出口公司合作纠纷③）中，也涉及了对“社会公共利益”问题的阐述，这些理论阐述都是在办理上报案件的过程中产生的。因此，这一制度实际上成为在仲裁司法审查领域统一司法理念的重要工具。

（二）实践中出现的新情况

调研收集的材料当中，有关法院对法律及司法解释没有明确规定但实践当中存在的需要重视的问题进行了归纳总结：

1. 关于仲裁条款效力的审查

北京高院在调研报告中总结了近年来仲裁条款效力审查方面的实践经验，提出在签订仲裁协议的当事人主体资格发生变化的情况下，除了《关于适用〈中华人民共和国仲裁法〉若干问题的解释》第 8 条、第 9 条规定的情形之外，在以下情

① （2003）民四他字第 3 号。

② （2001）民四他字第 12 号。

③ （2005）民四他字第 45 号。

形中，仍然应当认定仲裁条款具有约束力：

（1）当事人在订立仲裁协议后改制的，改制后的主体应当受仲裁协议的约束，改制后的主体应当根据权利义务承继关系来确定仲裁协议的承继关系；

（2）签订仲裁协议的企业营业执照被吊销的，仲裁条款对于该企业或者企业的清算单位具有约束力；

（3）签订仲裁协议的当事人被注销企业登记或者破产清盘的，仲裁协议对该企业的开办单位或者股东具有约束力。

2. 关于同意仲裁的具体形式

根据《合同法》第36条以及合同诚信原则，在当事人之间没有订立仲裁协议的情况下，当事人参加仲裁的具体行为足以认定仲裁协议的成立。在一件因还款协议产生的纠纷中，还款协议没有仲裁条款，在仲裁庭通知当事人参加仲裁的情况下，其没有对仲裁庭的管辖权提出异议，并且指定了仲裁员，进行了实体答辩，这种情况下，当事人因不满裁决结果而基于无仲裁协议提出的撤销申请不应支持。

3. 关于主合同与从合同之间仲裁协议的适用关系

北京高院从该院辖区内司法实践得出的结论是，仲裁条款的本质特征是意思自治，对于非仲裁合同当事人或者非仲裁合同权利义务承受人，不能因从合同对主合同的从属性而扩充主合同仲裁条款的适用范围。以借款合同及担保合同为例，如果两个合同主体一致，主合同中的仲裁条款对于从合同具有约束力；如果两个合同当事人不一致，则主合同中的仲裁条款对从合同中非主合同的当事人没有约束力。

江苏高院也遇到过类似的问题。房屋销售合同中的仲裁条款对相关的车位销售合同纠纷是否具有约束力。有的观点认为，车位是房屋的从物，且房屋销售合同与车位协议之间存在主从或牵连关系。因此，类似纠纷可以经由仲裁一并解决。实践中的处理方式是，如果当事人认为房屋销售协议项下的争议及车位协议项下的争议可以一并提交仲裁，可以理解为当事方就车位协议争议提出一项合并适用房屋销售协议仲裁条款的要约，对方当事人如果不明确反对，并且实际参加仲裁程序并进行实体答辩就可以认定对要约构成承诺。

还有另外一种情况：当事人在建设工程施工合同中约定了仲裁协议，其后就工程款项的支付签订了还款协议，还款协议中没有仲裁协议，也没有通过明示或者默示的方式将施工合同中的仲裁协议并入还款协议中，发生争议后，施工方向法院提起诉讼，建设方以仲裁协议提出管辖权异议。江苏高院认为，还款协议涉及的债务是当事人履行原合同而形成的，还款协议基于原合同而产生，与原合同密切相关，双方当事人就还款协议的履行产生的争议是与原合同有关的争议，应受仲裁条款的约束。

这一问题在现有法律及司法解释的范围内都没有涉及，实践当中，如何认定主从合同的关系、当事人的默示同意应当具备哪些要件都是值得探讨的问题，这一问题值得我们在将来的工作中予以关注。

（三）值得关注的一些问题

通过调研，我们也发现了在人民法院仲裁司法审查工作实践当中存在的问题。

1. 确认仲裁协议效力案件的内涵不应机械理解，此类案件尚包括当事人申请确认不存在仲裁协议的案件。有的法院在上报材料中提出了以前我们不掌握的情况，即当事人会对仲裁协议是否存在或者有关当事人是否是仲裁协议的主体产生争议，请求法院予以确认，法院往往以此类案件不属于法院收案范围为由，驳回当事人的申请。例如，在一起案件当中，当事人在合同中约定“凡与本合同有关的争议，由双方当事人协商解决，协商不成的，按照下列第______种方式解决：（1）提交甲地仲裁委员会；（2）依法向______人民法院起诉”。发生纠纷后，一方申请仲裁，另一方要求法院确认没有仲裁协议。法院认为当事人未就解决纠纷的具体方式作出明确选择，仅约定在由“仲裁”方式解决争议时提交甲地仲裁委员会，其申请不符合仲裁法第20条规定的法院审查仲裁协议效力的情形，裁定驳回了当事人的申请。仲裁裁决作出后，法院又以不存在仲裁协议为由，撤销了该裁决，从而造成了仲裁资源与司法资源的双重浪费。实际上，这是对仲裁法有关条文的机械理解，当事人申请法院确认不存在的仲裁协议，也属于确认仲裁协议效力案件的范围。

2. 《仲裁法》将“仲裁庭的组成或者仲裁程序与仲裁规则不符”作为撤销或者不予执行涉外仲裁裁决的理由过于笼统，实践当中，这一条款极易导致司法审查权的滥用。有的法院建议将仲裁程序与仲裁规则之间的不同是否实质影响到仲裁的公正进行作为这一规定的辅助条件，只有在仲裁庭的组成或者仲裁程序与仲裁规则不符的情况影响到仲裁的公正进行时，才可以此作为撤销或者不予执行裁决的理由。

3. 仲裁期间没有提出管辖权异议，当事人能否以“无仲裁协议”为由申请撤销仲裁裁决？《仲裁法》将“没有仲裁协议”明确规定为撤销仲裁裁决的理由，但是，实践中有这样的情况，即当事人之间没有仲裁协议或对是否存在仲裁协议不明确，在仲裁过程中，被申请人没有提出在仲裁庭第一次开庭审理之前提出书面管辖权异议，裁决作出后，当事人能否根据《仲裁法》的规定申请撤销仲裁裁决？人民法院应否支持？厦门中院办理的一件案件中，当事人没有在第一次开庭审理前提出书面管辖异议，庭审后提出的异议未获仲裁庭支持。厦门中院认为当事人在仲裁阶段未按照仲裁规则的规定行使权利，意味着当事人在管辖问题上已经失权。有的高级人民法院认为，这一问题关系到《关于适用〈中华人民共和国仲裁法〉若干问题的解释》第27条第1款的理解适用。有人认为，该条针对的情况既包括签订了仲裁协议而对其效力存在争议，又包括没有签订仲裁协议或者对是否签订仲裁协议存在争议的情况，无论哪种情况，只要一方当事人申请仲裁，另一方当事人在裁决作出前未提出异议的，均应视为当事人接受仲裁机构的审理，裁决作出后不能以仲裁协议无效或者没有仲裁协议为由撤销裁决。但也有人认为，按照词条的文义理解，此条规定的情况是以签订了仲裁协议为前提的，只能适用于签订了仲裁协议而对其效力存在争议的情况，如果根本没有签订仲裁协议，就不能适用本条规定。

4. 关于仲裁涉外性的判断标准，是仅以当事人的国籍作为认定依据，还是将当事人国籍、标的物所在地、法律事实发生地均作为认定依据？《仲裁法》对何谓“涉外仲裁”并未有明确规定。有的法院认为，对“国际”的定义，主要有两种标准：主体标准和争议的实质标准。主体标准主要是以当事人的身份来判断争议的国际性，主要考虑的连结因素包括当事人国籍、住所地或惯常居所地、法人的注册地、管理中心地等。最高人民法院曾经对申请人一方是国内注册的公司，被申请人一方是持中国护照、经常居住地在日本的自然人的仲裁案件认定为涉外仲裁案件。实质争议标准是将当事人之间具有国际商业利益争议的仲裁归为国际商事仲裁。但在实践中，最容易引起争议的是外贸代理合同。国内生产商或者进口商委托外贸公司进行外贸代理，由于外贸公司代理行为指向的标的物或者来源于国外，或者出口到国外，具有涉外因素，生产商或者进口商与外贸公司之间的纠纷，应当作为涉外案件看待。但这种认识并不能完全解决仲裁司法审查过程中对仲裁裁决是否具有“涉外性”或国际性的问题。

5. 关于“社会公共利益”或“公共政策”的判断标准，一些法院反映由于缺乏对“社会公共利益”或“公共政策”的客观判断标准，造成了实践当中如何适用这一原则进行实体审查存在很多困扰。有的法院建议应当对适用公共政策的法院级别进行限制，从人民法院的工作流程来看，凡是需要适用“社会公共利益”或“公共政策”原则的案件都需要报最高人民法院同意，建议规定最高人民法院是唯一在仲裁司法审查中有权运用公共秩序保留原则的法院。

6. 关于审理期限，一些法院提出，《仲裁法》第60条规定，“人民法院应当在受理撤销裁决申请之日起两个月内作出撤销裁决或者驳回申请”，这应当是对国内仲裁裁决审查的期限规定，对涉外仲裁裁决的审查不受此限，应当比照对涉外案件的审理期限的规定进行。鉴于对涉外仲裁裁决的审查仅限于程序问题，应当可以直接进行书面审理并作出裁定。根据《最高人民法院关于承认和执行外国仲裁裁决收费及审查期限问题的规定》的规定，当事人依照纽约公约第4条规定的条件申请承认和执行外国仲裁裁决，受理申请的人民法院决定予以承认和执行的，应在受理申请之日起两个月内作出裁定，如无特殊情况，应在裁定后六个月内执行完毕；

决定不予承认和执行的，须按最高人民法院《关于人民法院处理与涉外仲裁及外国仲裁事项有关问题的通知》的有关规定，在受理申请之日起两个月内上报最高人民法院。大部分高院认为以上期限规定缺乏合理性。实践当中，由于此类案件往往法律关系复杂、社会影响较大，人民法院处理此类案件的时间往往较长，上述期限缺乏可操作性。

7. 办理涉外仲裁司法审查案件的法院内部职能机构不统一，有的案件在立案庭办理，有的在专门的涉外商事案件审判庭，还有的在执行部门。由此带来的问题是，首先，执法尺度难以协调，在实践中存在不一致的现象；其次，案件整理与统计存在误差。

8. 一些法院提出，最高人民法院据以确立上报制度的两个通知效力等级较低，如果需要强调上报制度的重要性，可以将其上升为司法解释。

9. 就有关裁决归属问题而言，江苏高院在调研材料中专门阐述了对仲裁裁决归属问题的经验，而没有处理过此类案件的其他法院没有意识到这一问题，或者对这一问题持其他观点。这一问题实际上涉及仲裁裁决的归属或者国籍问题。长期以来，其并没有被实务界所重视，这也是近几年人民法院仲裁司法审查工作遇到的新情况。

三、对若干问题的进一步分析

1. 仲裁的性质问题

仲裁的特殊性及对仲裁进行司法审查的复杂性决定了仲裁与司法的不同，决定了必须从两个方面认识仲裁的“涉外性”或国际性，这两个方面就是争议本身的性质以及仲裁的性质。仲裁裁决的性质决定于这两个方面的结合。

法院对仲裁进行司法审查的过程，远比单一的诉讼过程要复杂得多。这一过程融合了争议本身、仲裁过程、法院程序三个完全独立的程序。在这三个独立进行的程序当中，每一个程序都可能发生于不同的地点、适用不同的实体法、受不同的程序法支配，因此，反映在人民法院对仲裁进行司法审查的阶段，上述不同地点、不同法律的叠加，使得仲裁司法审查变得愈发复杂。而这一特点正是我们司法实践长期忽视的问题。从某种意义上讲，契约是仲裁的本质。同时，仲裁不仅具有合意性的因素，而且也具有司法性的因素，因为仲裁必须在一个特定的法律框架下运作。即使是最简单的国际商事仲裁也可能涉及多个不同国家的法律制度：首先，有关承认和执行仲裁协议的法律；其次，规范仲裁程序本身的法律；再次，仲裁庭确定的适用于实体争议事项的法律；最后，承认与执行仲裁裁决所应适用的法律。从一定程度上说，仲裁所受到的国家法律的约束无论从其范围上还是内容上甚至要超过在一国境内进行的诉讼行为。

我国法律实践中没有“国际商事仲裁”的概念，在立法中，我国是以“涉外仲裁”代替“国际仲裁”的。我国《民事诉讼法》中规定了涉外仲裁裁决的概念，即“中华人民共和国涉外仲裁机构作出的裁决”，从这一规定来看，判断裁决是否属于涉外的标志是仲裁机构的性质。但在仲裁理论与实践中，往往根据争议的性质来判断仲裁以及裁决的性质。在争议的性质方面，最高人民法院有关司法解释确立的基本上是结合地理标准与争议的实际性质来判断争议的国际性。《最高人民法院关于贯彻执行〈中华人民共和国民法通则〉若干问题的意见（试行）》第178条规定：“凡民事关系的一方或者双方当事人是外国人、无国籍人、外国法人的；民事关系的标的物在外国领域内的；产生、变更或者消灭民事权利义务关系的法律事实发生在外国的，均为涉外民事关系。”我国学者普遍认为：“如果仲裁中至少有一方当事人为外国人、无国籍人或外国国家、国际组织，或者争议的标的物位于外国，或者引起争议的法律关系产生、变更或消灭的事实发生于外国，则该仲裁为国际仲裁。”由此可见，在仲裁的国际性方面，我国采取的是既考察案件有关的联系因素，又考察争议实际性质的判断原则，同时，确定争议的性质时，当事人的国籍、住所等又是重要的标志性因素。

2. 裁决归属问题

关于仲裁裁决的归属，有的高院通过办理案件，已经意识到这是一个必须统一认识的问题。江苏高院在办理国际商会国际仲裁院指派仲裁员在上海进行仲裁一案的过程中，对仲裁裁决的性质、国籍等问题进行了较为深入的研究。由于认定裁决国籍的标准不一，实践中，在哪一国家有权撤销裁决的问题上存在不同的观点。观点的不同必然导致裁决国籍的积极冲突与消极冲突。例如，甲国认为在该国境内作出的裁决无论适用什么法律，都是本国裁决，同时，在他国作出的裁决只要适用甲国法，也视为甲国裁决；乙国则认为只要在本国境内作出的裁决，无论适用法律为何，都是乙国裁决。仲裁庭在乙国境内适用甲国法作出的裁决就会遇到国籍的积极冲突问题，甲乙两国都会主张对该裁决的“首要裁判权”。如果当事人申请甲国撤销该裁决，甲国决定维持该裁决的效力，当事人转向乙国申请撤销裁决并得到支持，针对该裁决的效力问题则会出现相互矛盾的不同结论。另外，如果甲乙两国都认为只有在本国境内并且适用该国程序法作出的裁决才是本国裁决，那么，适用乙国法律在甲国作出的裁决和适用甲国法律在乙国作出的裁决将会被认为没有甲、乙两国的国籍，其国籍问题陷入消极冲突之中。

根据《民事诉讼法》第269条规定，国外仲裁机构的裁决，需要中国法院承认和执行的，应由当事人直接向被执行人住所地或其财产所在地的中级人民法院申请，人民法院应当依照中国缔结或参加的国际条约，或按互惠原则办理。从字面意思来看，只要是国外仲裁机构的裁决，无论其作出地点如何，无论其适用的仲裁程序法如何，都纳入“需要中国法院承认与执行”的范畴。也就是说，以仲裁管理机构的归属国判断仲裁裁决的国籍。

有的外国学者认为，联合国《国际商事仲裁示范法》将仲裁地作为划分国内仲裁和国外仲裁的标准，中国仲裁法虽然没有关于这种划分标准的明文规定，但因为中国是《纽约公约》的缔约国，按照公约的标准，原则上也是根据实际作出仲裁裁决的场所进行划分。① 也有学者认为，对于外国仲裁裁决国籍的认定，中国采用领域标准兼仲裁机构所在地标准，即中国涉外仲裁机构在中国作出的裁决视为内国裁决，其他涉外裁决视为外国裁决。我国法律依照作出裁决的仲裁机构所在地国为标准区分外国仲裁裁决和中国仲裁裁决。《民事诉讼法》第 257 条、第 259 条、第 260 条、第 266 条以及第 269 条均使用“中国涉外仲裁机构作出的裁决”和“国外仲裁机构作出的裁决”的措词区分内、外国仲裁裁决。同时，由于我国加入了《纽约公约》，公约第 1 条第 1 款的领域标准规定凡是在申请执行国以外做成的裁决即为外国裁决，各国法律的规定标准只能是对领域标准的补充，以扩大公约的适用范围。根据国际公约优先于国内法适用的原则，我国既然加入了公约，就应当以仲裁裁决作出地作为确定公约裁决国际的主要标准，同时由于公约的允许，兼采仲裁机构所在地标准。这样，涉外仲裁裁决可以分为四类：（1）在中国由中国涉外仲裁机构作出的裁决；（2）在中国由外国涉外仲裁机构作出的裁决；（3）在外国由中国涉外仲裁机构作出的裁决；（4）在外国由外国涉外仲裁机构作出的裁决。第一类裁决属于中国涉外仲裁裁决，第二、三、四类均为外国仲裁裁决，由于中国涉外仲裁机构的现行仲裁规则允许在外国开庭而不允许在国外作出裁决，第三类在现实中不存在。公约意义上的外国仲裁裁决应当被界定为外国仲裁机构在中国或外国作出的仲裁裁决，非公约意义上的外国仲裁裁决的认定标准应当依照我国的法律，适用仲裁机构所在地标准。②对于公约来说，这一仲裁机构与仲裁地点混合标准实际上还是仲裁机构标准。

采纳仲裁机构标准或者包含仲裁机构标准的混合标准在实践中可能出现的问题是，如果外国仲裁机构在中国内地作出裁决，则该裁决是否应当按照外国仲裁裁决予以承认和执行，该裁决的承认与执行问题是否可以适用《纽约公约》的规定？按照《纽约公约》的规定，公约裁决是指在《纽约公约》缔约国境内作出的裁决，按照这一理解，中国仲裁机构在非中国的公约成员国境内作出的裁决也应当认为是公约裁决，其承认与执行问题应当适用《纽约公约》来解决，这一论断的直接依

① 渡边惺之：《日本仲裁法的现状》，载《北京仲裁》2003 年总第 49 期，第 50 页。

② 赵威：《国际仲裁法理论与实务》，中国政法大学出版社 1995 年版，第 271 页。

据就是全国人民代表大会1986年12月2日通过的《关于我国加入〈承认及执行外国仲裁裁决的公约〉的决定》和最高人民法院1987年发布的《关于执行我国加入的〈承认和执行外国仲裁裁决公约〉的通知》，我国加入公约时作了两项保留：第一，我国只在互惠的基础上对在另一缔约国领土内作出的仲裁裁决的承认和执行适用公约；第二，我国只对根据我国法律认定为属于契约性和非契约性的商事法律关系引起的争议适用公约。另外，在公约确定的地域标准之外，公约尚规定了“非内国裁决”这一补充标准，但仍然不能解决中国内地法律与公约之间的协调问题。根据2000年1月24日最高人民法院发布的《最高人民法院关于内地与香港特别行政区相互执行仲裁裁决的安排》，该“安排”适用的对象是“在香港特别行政区内作出的裁决”，显然采纳的是和《纽约公约》相同的地域标准。

中国已于1986年参加了《关于承认和执行外国仲裁裁决公约》，国外仲裁机构在国外作出的裁决在中国执行已经不成问题。但问题是，国外的仲裁机构到中国内地裁决的案件，是属于国外裁决还是国内裁决，目前还没有明确规定，这将必然导致裁决执行时的麻烦。笔者认为，这一问题的根源在于裁决归属标准的模糊与不统一。有学者指出，我国仲裁法没有采纳仲裁地这一概念，而是以仲裁机构所在地决定仲裁与特定国家法律制度之间的联系，与国际社会通行实践严重背离，也产生了诸多难以克服的实践难题。①

笔者认为，仲裁地意味着仲裁的司法基础，将仲裁“法律意义上的地点”（而不是开庭地点、举行会议的地点等）作为判断仲裁裁决国籍的标准是较为适宜的。在目前两种主要标准并存的情况下，当事人或者仲裁庭应当尽可能追求两者的同质性，即确定仲裁所在地国并适用该国的仲裁程序法（两者不同质的非内国裁决问题下文论述），这是彻底解决裁决国籍问题，保证仲裁程序正常进行和裁决得以顺利承认和执行的关键。

3. “公共政策”问题

公共政策是一个关系到时间和地域的概念，由于政治制度和文化传统的差异，不同的国家可能对公共政策的内涵有不同的解释，而且，即便是在同一个国家，其公共政策的内涵也会随着社会的发展而变化。公共政策概念的不确定性是由法律所调整事实的无限性与法律规范数量的有限性要求之间之矛盾运动的必然结果，该种不确定的法律概念为相应的法律规则确立了较大的适用范围和裁量空间。公共政策概念又是体现了一定价值标准的规范性概念，这种规范性概念要求法律适用者自己在个案中进行判断。在一定程度上，公共政策又是一种特殊的衡平手段。从公共政

---

① 万鄂湘、于喜富：《论仲裁地的概念及其法律功能》，载《中国仲裁与司法》2004年第2辑，第50页。

策所反映的价值与利益角度考察，公共政策主要体现了国家或社会的利益评价，公共政策原则在冲突法领域的适用就是这种利益评价的实现过程，即在具体的案件中实现法律秩序中的价值判断。

世界主要商事国家对“公共政策”概念进行狭义的解释，将公共秩序保留限制于执行外国裁决会明显违反执行国法制的基本原则的范围内。1975 年德国汉堡上诉法院认为，并非所有法院地国强制性规则都构成公共秩序事项，后者仅应涵盖最极端的事件。1974 年美国第二巡回上诉法院认为，应当将公共政策限制为“法院地国有关道德与正义的最基本概念”；1976 年日内瓦行政区法院指出，对公共政策的侵犯意味着侵犯瑞士法律秩序的基本原则并伤害正义感情。① 从国际范围适用公共政策原则的情况观察，通过个别的司法行为对该原则作进一步的定性与具体化是一种司法趋势。例如，澳大利亚法律认为公共政策的主要内容是欺诈、贪污和裁决形成过程中的显失公平。美国法院在“帕森斯”案件中确立的公共政策标准是“法院地国最基本的道德和正义观念”。德国法院在“海兹诉亚考伯”案件中认为，只有在外国裁决存在严重的影响德国公共和经济生活基础的缺陷时，才能因德国公共政策原因被拒绝。

最高人民法院通过不同的案件已经确立这样的原则：（1）严格限制公共政策在承认与执行仲裁裁决中的运用；（2）从社会公共利益的时代性、发展性出发，坚持对具体案件的不同情况进行分析，不僵化地适用这一概念。已有的案例表明：最高人民法院至少明确了以下情况不一定构成对我国社会公共利益的违反：（1）仅仅涉及部门或者地方利益；（2）违反我国法律的强制性规定。从国际范围适用公共政策原则的情况观察，通过个别的司法行为对该原则作进一步的定性与具体化是一种司法趋势。人民法院实际上也在通过具体案件的处理确认可能适用“社会公共利益”的范围。

四、调研结论与建议

本次调研的目的就是从宏观方面掌握人民法院近五年来办理仲裁司法审查类案件的底数和办理情况，了解实践当中的经验与发现存在的问题。仲裁司法审查类案件总体发案数量不算多，但法律适用复杂，又存在此类案件自身的特殊性，很多问题需要人民法院从理论上加以明确、在实践中加强指导和交流。

通过调研，我们认为，为保证仲裁司法审查类案件办理的质量，在未来的工作

① ［法］Emmanuel Gaillard、［英］John Savage 编：Fouchard，Gaillard，Goldman on International Commercial Arbitration，中信出版社 2004 年 1 月影印本第 1 版，第 996 页。

中，可以采取以下几个方的面措施：

首先，通过具体案件加强各级法院的业务联系与指导。具体案件，特别是逐级上报到最高人民法院的案件，往往具有典型意义，也最容易提炼和把握问题，通过此类案件的办理，加强上下级法院之间对案件理论问题的交流。下级法院的报告要明确处理意见以及法律依据，最高人民法院的答复要把理由讲深、讲透。

其次，通过网站、书籍等多种形式加大此类案件的宣传力度，一方面确保执法尺度的统一，另一方面使得案件的办理结果透明化。

再次，不少法院提出，对涉外仲裁司法审查涉及的国际公约、现有法律规定以及司法解释掌握不够、理解不透，急需加强学习培训。有必要组织几个受案较多、实践经验比较丰富的高级人民法院就其在审判实践当中遇到的问题进一步总结经验，以最高人民法院民四庭《审判指导与参考》为平台，推广他们比较成熟的做法，探讨实践中出现的疑难问题。

最后，仲裁司法审查案件有其自身的特殊性和规律性，其问题的发现和解决，并不是简单的一个调研报告所能够完成的。而且，此类案件每年都会出现新的问题与难点，是否可以考虑在每年年终，对该年度人民法院办理此类案件的情况进行汇总分析，以年鉴或者年度报告、年度分析的方式，从受案情况、办理状况、重点案件、新的难点热点问题、理论焦点等方面着手，重点分析人民法院办理的有代表意义的案件中的实践做法，这样做的目的就不仅仅是了解经验与发现问题，而是总结经验与解决问题。

Report on the Judicial Review of International Arbitration in Chinese Courts

YANG Honglei

Abstract Judicial Review of international arbitration in Chinese courts refer to, inter alia, judicial review of arbitration organized by arbitral instituions in China, and review of foreign arbitral awards in accordance with the 1958 Convention on the Convention on the Recognition and Enforcement of Foreign Arbitral Awards. In view of the importance of commercial arbitration in international civil and commercial dispute settlement, empirical studies of judicial review of international arbitration in Chinese courts are of practical significance. The Supreme People's Court conducted an empirical study of Chinese cases concerning judicial review in international arbitration in the period from 2002 to 2006, which casts light on a number of problems.

Key words international arbitration; judicial review

涉港民商事审判中的两个证据问题

□ 李 继*

内容摘要 基于内地法院审理涉港案件的实际需要、减轻当事人和内地法院的诉讼负担以及推进内地和香港司法合作进程等考虑，内地法院在审理涉港民商事案件中均应对当事人提交的香港判决作特别对待，在经特别程序审查认定符合一定标准的情况下，可被内地法院采纳为相关案件事实。就调取存在于香港的民商事证据而言，香港本地法律的规定以及两地此前已存在的良好合作关系为此提供了依据，但内地法院委托香港法院调取证据的具体操作流程尚待规范。此外，内地和香港应当通过协商尽速达成为调取证据提供司法协助的协议或安排。

关键词 涉港民商事审判　证据　取证

目　　次

人民法院在审理涉港民商事案件时，往往会遇到一些特殊的证据问题。这些问题的解决对案件事实查明的程度、案件处理的公正与效率均有重要的意义和影响。本文拟结合内地法院的审判实践，对涉港民商事审判中遇到的两个证据问题进行分析，并探讨解决问题的对策，以期推动两地民商事司法协助和合作朝着与“一国两制”所要求的方向和水平发展。

一、香港判决①作为内地法院认定案件事实依据的问题

根据《最高人民法院关于民事诉讼证据的若干规定》第 9 条的规定，已为人

* 广东省高级人民法院民四庭法官，法学博士。

① 本文所称香港判决，是指未经内地人民法院认可的香港法院生效判决。

民法院发生法律效力的裁判所确认的事实，当事人无需举证证明，但有相反证据足以推翻的除外。这一规定的理论基础来源于民事诉讼中的既判力理论，即生效裁决无论对其当事人，还是对法院自身，均具有法律约束力，法院既不能随意更改或撤销该裁判，也不能作出与该裁判完全相反的另一个裁判。① 据此，人民法院在审理案件过程中，对于其他生效判决认定的事实，可纳入司法认知的范围作为免证事实对待。以此类推，经人民法院生效裁定承认的外国或域外判决所确认的事实及其判决本身，可以作为免证事实在内地的相关民商事诉讼案件中予以采纳。内地人民法院在审理涉港民商事案件中，经常会收到当事人提交的香港法院判决（包括判决书、命令，具体内容包括依照香港裁判利率判决的利息）。还有当事人以香港法院作出的诉讼费评定证明书作为债权债务凭证在内地法院起诉该证明书上的支付义务人，要求法院判令该支付义务人支付该证明书上所评定的在香港诉讼中发生的诉讼费。由于内地至今没有建立普遍的承认和执行香港民商事判决的机制，除了范围非常窄的、由当事人协议选择管辖的香港判决外，其他的香港民商事判决在内地无法通过承认的方式获得法律效力，其认定的事实及判决结果能否如同内地生效判决一样在内地审理涉港民商事案件中作为免证事实或证据采纳，成为一个争议的问题。而这些在客观上有香港判决可供借鉴的诉讼的发生，绝大多数根源于两地间判决承认与执行机制的缺乏。

如果根据证据理论和内地现有法律规定来分析，未被承认的域外判决不能被内地人民法院所采纳。第一，判决认定的事实缺乏证据的客观性属性，它是证据证明的结果，不能成为证据本身。"客观性是指证据所反映的内容必须是客观存在的事实。"② 民事诉讼证据本身代表着一种客观真实，而判决所认定的事实是法官在特定的法律环境下对这些客观证据进行主观加工的结果。也就是说，判决认定的事实是主观对客观的认识，是一种法律事实，而非客观事实。也正因为这一原因，最高人民法院在上述规定中将已为裁判认定的事实作为免证事实来对待，而非将其作为证据采纳。而且，如果对方当事人提出的反驳证据足以推翻该法律事实认定，人民法院在该案中不能引用该事实。第二，从上述司法解释规定原旨看，具有免证事实资格的是最高人民法院司法管辖区域——我国内地生效判决认定的事实。判决认定的事实是法院行使司法权的结果，而司法权的行使具有严格的属地性，在其法域之

① 参见黄松有主编：《民事诉讼证据司法解释的理解与适用》，中国法制出版社 2002 年版，第 86 页。

② 汤维建：《关于证据属性的若干思考和讨论——以证据的客观性为中心》，载《政法论坛》2000 年第 6 期，第 130 页。

外没有当然的法律效力。所以，其他法域的判决即使在其当地具有法律效力，在没有得到内地法院承认的情况下，该判决认定的事实和判决结果在我国内地不能纳入法官司法认知的范围而作为免证事实对待或采纳。采纳香港判决认定的事实和判决结果在实际效果上等同于承认香港判决在内地的法律效力，而当前内地对香港判决不存在普遍承认的机制。由于判决认定的事实不具有证据属性，且香港判决在内地不具有法律约束力，其不能援引上述司法解释的规定而在内地法院审理的涉港民商事案件中作为免证事实对待，人民法院采纳未经内地法院认可的香港判决认定之事实或判决结果看来是没有法律依据的。最高人民法院民四庭对类似问题是持有与此相同的观点，该庭在《关于涉外商事海事审判实务问题解答（一）》第 20 条称："对于外国法院作出的民商事判决所认定的事实，除有关判决已为人民法院承认或者当事人认可外，人民法院不宜直接采用外国法院判决所认定的事实。"

然而，这种认识与客观实际情况和要求不相符合，也与内地与香港司法合作的应有水平和趋势相违背。第一，一概不采纳香港判决认定的事实和判决结果，会不必要的增加了当事人诉讼负担，造成人民法院讼累。香港与内地在经济、人员往来等方面的紧密关系非任何他方可比，但由于双方之间在管辖权和民商事判决的承认与执行方面缺乏统一协调，导致了大量平行诉讼、重复诉讼和其他相关诉讼的发生。根据内地现有规定，就同一民商事案件，即使当事人在香港诉讼且已获胜诉判决，由于该判决在内不能得到承认和执行，其要想在内地实现其权益，必须就同一案件事实向人民法院提起诉讼。在这种情况下，无视香港生效判决的客观存在，要求当事人将有关证据完整的向人民法院提交，并经质证、审查，再在此基础上对香港判决已经认定的事实重新作出认定，并没有太大的实际意义。事实上，内地和香港虽然在法律制度属于不同法系，但从总体上讲，在民商事领域已经实现了一定程度的融合和趋同化，两地法院根据同样的证据认定的事实不应有太大的差异。从客观效果看，采纳香港判决认定的事实或判决在实体上也并不会发生许多人所担心的司法公正问题。因此，内地法院再对同样的证据作一次实质审查实无必要。再作一次实质审查虽然实现了形式上的合法性，但丧失了实质上的合理性，既有违诉讼经济原则，也于司法公正无益。第二，一概不采纳香港生效判决认定的事实和判决结果，违反了区际司法合作中应有的互惠原则，不符合两地司法合作的发展方向。众所周知，香港存在通过普通法诉讼方式承认与执行内地判决的制度。这一制度是以普通法上的"债务理论"为基础的，该理论认为："对被告有管辖权的法院作出的判决，使被告承担了支付判决所规定款项的义务或债务，而本地法院是应该执行这种判决的；其后果是，任何否定这种义务或构成不履行这一义务的法律上借口的事项，都是诉讼中的抗辩。”① 在这种诉讼中，外地金钱判决对被告确定了债务，香港法院不会对外地判决认定的事实和判决结果作实质性的审查，而仅仅根据当地承认与执行外地判决的要件作程序审查。由此可见，在香港现有法律制度下，存在着可对内地判决予以承认和执行的普通法诉讼制度。而在该制度下，内地民商事判决所认定的事实和判决结果是可以为香港诉讼所采纳的。反观内地，我们现有的对外地判决的一般承认与执行制度并没有惠及香港，很多当事人持香港判决作为证据提交的诉讼本身就是因这种制度的缺失而起，如果人民法院在这些案件的审理过程中不能对香港判决予以特殊考虑，而片面的固守判决的属地效力原则，势必引发许多不必要的区际法律问题。相对于香港对内地判决采取的审查标准和态度，我们对香港判决采取的态度存在不对等之处。无视香港法院判决的做法显然不符合同一主权国家内两个法域之间应有的协作精神和互惠原则。对于外国判决的承认与执行，各国之所以限制条件，如形式审查以及要求有条约关系和互惠，其目的是保护国家利益的需要。内地和香港属于同一主权国家，利益在国家层面是统一的。即使在双方没有承认和执行民商事判决协议的情况下，为了查明案件事实的目的，采纳香港判决认定的事实及判决结果也是必要的、可行的。《关于内地与香港特别行政区法院相互认可和执行当事人协议管辖的民商事案件判决的安排》的签署和生效，标志着内地和香港已经建立了有限的相互认可执行民商事判决的制度，在不远的将来建立更加普遍的认可和执行制度是必然的。当前内地有关制度设计和审判实践应当体现、反映和顺应这一趋势。采纳香港生效判决认定的事实和判决结果是解决因为管辖权和判决承认与执行缺乏协调导致的诸多区际法律问题重要的替代办法。

事实上，包括最高人民法院在内的许多内地法院，均有过在审理涉港案件中采纳香港判决认定的事实和判决结果的司法实践。最高人民法院在广东发展银行江门分行与新中地产有限公司借款担保合同纠纷案②中，就有关主债务数额的事实，采纳了香港判决的认定。最高人民法院在该案判决中认为，案涉主债务已在香港提起诉讼并作出判决，对该判决认定的主债务有效存在及数额问题，广东发展银行江门分行未能提供充分证据予以反驳，故对香港判决认定的主债务有效存在及其数额作为事实予以确认。由此可见，最高人民法院在审判实践中是将香港判决书作为证据采纳，并将其中认定的事实和判决结果采纳为其所审理相关案件的事实。内地法院系统的这一做法，不仅为所涉案件各方当事人所接受，理论界也没有对此提出质疑，社会效果还是较好的。最高人民法院的这一实践做法与其民四庭《关于涉外

① ［英］J. H. C. 莫里斯主编：《戴西和莫里斯论冲突法》，李双元等译，中国大百科全书出版社 1998 年版，第 1529 页。

② （2001）民四终字第 14 号。

商事海事审判实务问题解答（一）》第20条规定之间的区别，或可解释为其将外国判决和香港判决区别对待。作为内地与香港最接近的广东省法院系统结合审判实践，在《广东省高级人民法院关于涉外商事审判若干问题的指导意见》第69条规定：域外判决没有被人民法院承认的，仅可作为证据材料在诉讼中运用，人民法院不能直接采用该判决所认定的事实和判决结果。将内地法院系统的实践做法及上述规定与《最高人民法院关于民事诉讼证据的若干规定》第9条相对照可知，内地判决可作为免证事实对待，而香港判决只能作为证据提交。但是，通过进一步分析不难发现，两者的区别主要表现在文字表述及当事人对有关事实是否承担举证责任层面，其实质效果是一样的，即无论是作为免证事实对待的内地判决，还是作为证据提交的香港判决，在对方当事人没有提交足以推翻其认定的证据情况下，人民法院均予以采纳。

根据以上分析，可以得出这样的结论，即无论是基于内地法院审理涉港案件的实际需要、减轻当事人和内地法院的诉讼负担、推进内地和香港司法合作进程，还是基于内地法院在此问题上的成功实践，内地法院在审理涉港民商事案件中均应对当事人提交的香港判决作特别对待。由于香港判决毕竟不能等同于内地判决，通过特别的程序予以审查还是必要的。在审查程序问题上，可以参照对外国法或外法域法查明的做法，即在事实查明程序中予以审查。但是，在审查范围和内容上，不能等同于一般证据。内地法院在此前的审判实践中，虽然在判决中称将香港判决作为证据采纳，但在对香港判决的审查方面存在诸多缺陷，基本上是完全按照对证据形式审查的方式进行，即只要认定其真实性与关联性即予采纳，而且在绝大多数案件中甚至连该香港判决是否已经生效都没有说明。这种做法亟待规范。本文认为，即使在目前情况下可以将香港判决认定的事实和判决结果引用为内地法院审理案件的事实，也必须为此设定明确的审查标准。这个标准就是这种引用要经得起历史的检验，即特定香港判决符合内地承认外地判决的条件。只有在这种情况下，它才能在内地法院审理相关案件的事实认定上获得如内地判决同等的待遇。在具体的审查标准设计上，本文倾向于参照承认域外判决的标准，即在由主张待证事实的一方当事人举证证明香港相关生效判决存在的基础上，如果对方当事人不能证明该判决存在如下情形，则可被内地法院采纳为相关案件事实：（1）香港法院对该案诉讼没有管辖权或内地法院对该案有专属管辖权；（2）根据香港的法律，未曾出庭的败诉一方当事人未经合法传唤或者虽经合法传唤但未获依法律规定的答辩时间；（3）判决是以欺诈方法取得的。在上述审查的基础上，如果当事人主张法院采纳的事实是香港民商事生效判决结果本身，人民法院还需对采纳该事实是否违反内地社会公共利益进行审查。需要明确的是，为将香港判决认定的事实和判决结果作为内地案件的事实采纳而进行的审查毕竟不是为承认香港判决而进行的审查，其定位为普通民事诉讼程序中一个特殊事实问题的审查，上述标准主要供人民法院在具体案件中内部掌握，其最终目的是保证将香港判决认定的事实和判决结果采纳为内地法院审理之案件事实的正当性。

二、调取存在于香港的证据的问题

在内地民事诉讼中，人民法院可以依职权调取证据，也可以接受当事人的申请调取当事人自身无法取得的证据。在涉港民事诉讼中，当事人有时无法凭自身力量取得存在于香港的证据，于是产生了调取存在于香港的证据的问题。例如，在广东高院审理的招商银行广州增城支行与袁运南存单纠纷案①中，招商银行广州增城支行申请法院从香港调取香港金荔财务咨询有限公司在香港浙江兴业银行（现已并入中国银行香港有限公司）账户内资金的流向以及香港增宝有限公司的公司账目。在广东省梅州市中级人民法院审理的香港农银证券有限公司与广东省兴宁市兴达电力有限公司居间合同纠纷案②中，农银证券有限公司向法院申请调取香港华润电力控股有限公司从兴达电力公司股东处收购股权的股权转让协议。对这两个申请，受案法院均以该取证行为属于域外取证范畴、内地法律和司法解释对内地法院从香港特别行政区调取证据没有具体安排为由，未予接受。在内地法律规定了法院在民事诉讼中可依职权调查取证的情况下，如果人民法院在当事人申请调取香港地区的证据问题上长期处于一种无所作为的状态，将不利于案件事实的查明，会极大地损害法院的司法权威。因此，有必要厘清内地法院调取香港地区证据的可能性并在此基础上研究进一步解决问题的对策。

根据《中华人民共和国香港特别行政区基本法》的规定，香港特别行政区实行高度自治，除了与香港特别行政区有关的外交事务和防务由中央政府负责管理外，香港特别行政区享有行政管理权、立法权和独立的司法权及终审权，全国性法律除列入该法附件三者外，不在香港实施。香港特别行政区享有的高度自治权表明，内地的司法机关不能在香港特别行政区履行司法职能，否则即属于对香港特别行政区高度自治权的侵犯。不论是接受当事人的申请调取证据，还是主动依职权调取证据，人民法院调查取证的行为均是行使司法权的行为。由于人民法院不能如同在内地一样在香港行使司法权，其要调取存在于香港的证据，必须取得香港特别行政区的协助，即只能通过区际司法协助的方式进行。

内地和香港在证据制度上存在巨大差异，“在香港民事诉讼中，当事人和诉讼

---

① （2005）粤高法民四终字第115号。

② （2006）梅中法民三初字第8号。

代理人是取证的基本主体，取证并不属于法官和司法机关的职权，法官仅在审理案件时对当事人提出的证据作出法律上的判断”。① 因此，与内地的法律规定不同，香港《证据条例》并没有规定民事诉讼当事人或其代理人可以申请法院调取域外证据。这种差异导致两地至今没能就民商事证据的司法协助问题达成协议和安排。两地间缺乏直接的制度安排，严重影响了涉港案件审理的公正与效率。这与两地经济社会联系关系的不断加强、进一步融合的要求不相适应，也与“一国两制”的宪法要求不相符合。由于《海牙取证公约》适用于内地和香港，两地间调取民商事证据的司法协助的水平和程度远远逊于国际，这与国家主权统一的要求和日益增长的区际民商事诉讼的司法需求极不相适应。

司法协助的开展并非完全基于请求方和协助方之间存在条约和协议基础，还基于协助方是否愿意为请求方提供协助。在双方没有协议的情况下，协助方还可根据本地的法律规定或以双方在此领域存在友好协作关系为对方提供协助。具体到调取存在于香港的民商事证据而言，香港本地法律的规定以及两地此前已存在的良好合作关系为此提供了依据。第一，香港《证据条例》第 74 条至第 77 条为香港法院接受内地法院委托代为调取证据规定了法律依据。香港《证据条例》第 75 条在“为另一法院的民事法律程序取得证据而向原讼法庭申请协助”中规定，香港高等法院原讼法庭可以接受香港以外的国家或地区（a country or territory outside HongKong）行使司法管辖权的法院提出的申请而发出一项在香港取得证据的命令。该条中的“地区”并不限于与香港有协议或传统司法协助关系的地区，而是指所有与香港处于同一主权下的中国其他地区（法域）以及中国以外尚未取得主权国家地位的其他地区。据此，香港高等法院可以接受内地法院委托代为调取在内地审理的涉港民商事案件所需要的有关民商事证据。根据香港《证据条例》第 75 条和香港《高等法院规则》第 70 条的规定，香港高等法院司法常务官在收到外地法院代为调取证据的申请并认为符合《证据条例》规定可予调取的情况下，发出调取证据的命令，交由高等法院认为具备资格的人调取。调取的方式主要包括：以口头或书面方式询问证人，交出文件，检查、拍摄、保存、保管或扣留任何财产，取得任何财产的样品或对任何财产或以任何财产进行任何检验，对任何人进行身体检验。所以，虽然两地间没有民商事取证安排，但内地法院在审理涉港民商事案件的过程中委托香港高等法院代为调取存在于香港的证据是有法律依据可循的。“《证据条例》摒弃了一般国内法规定司法协助所采用的原则——以国际条约为基础或坚持互惠原则，而是直接规定只要符合协助的条件，高等法院便有权依法给予取证

① 董立坤主编：《中国内地与香港地区法律的冲突与协调》，法律出版社 2004 年版，第 493 页。

协助。"① 遗憾的是，由于对香港相关法律制度不熟悉且在双方没有达成协议的情况下对向香港法院提出代为取证申请是否会被香港方面理解为损害其独立的司法权心存顾虑，内地法院至今没有过依照香港《证据条例》第75条委托香港高等法院代为调取证据的实践，从而导致许多人误以为内地法院在现有法律制度下向香港法院申请调取证据没有法律依据。第二，从内地司法机关和香港有关部门自20世纪80年代以来在司法领域的成功协作实践看，香港为内地的涉港民事诉讼提供取证方面的司法协助是可行的。早在我国恢复对香港行使主权之前，内地的广东省有关司法机关就与香港有关部门之间就开展区际民商事和刑事司法协助达成过协议。例如，广东高院与香港高等法院就民商事司法文书的送达问题签订了《粤港送达协议》；在刑事司法协助方面，广东省人民检察院个案协查办公室经最高人民检察院授权，代表内地检察系统同香港廉政公署在相互间开展"代为取证"和"协助入境调查"等司法协助活动。② 这些做法均是内地司法机关与香港有关主管部门根据两地间实际情况建立的一种特殊的区际司法合作机制。虽然当时我国尚未对香港恢复行使主权，但这些机制也并非是根据国际合作模式建立的，而是由内地司法机关直接与香港有关部门协商达成的，这种合作事实上也得到了当时英国政府的默许。在香港回归之前，两地有关部门间尚能本着解决实际问题、促进合作与交流的态度就有关司法协助问题达成协议；在香港回归、两地间不存在主权问题障碍的情况下，双方进一步拓展区际司法协助的范围和强化有关合作措施是可行的。在这种背景下，若内地法院向香港高等法院委托代为取证，香港高等法院应当会认真对待，并依照香港《证据条例》的有关规定进行处理。

尽管香港现有法律规定预留了内地法院委托香港法院调取民商事证据的空间，但由于该规定并非专门针对内地法院的委托，且内地法院至今没有这方面的实践，内地法院委托香港法院调取证据的具体操作流程尚待规范。另一方面，内地司法人员赴港直接取证制度的缺乏不仅使调取香港证据效率低下，也可能会因两地证据制度的差异而导致香港法院代为调取的证据在内地因程序或形式问题而不能被采纳。为此，内地和香港应当通过协商尽速达成为调取证据提供司法协助的协议或安排。在安排的内容问题上，可以在借鉴均适用于两地的《海牙取证公约》的基础上，结合两地主权统一及紧密联系的现状作适当的调整。"《海牙取证公约》制定的主要目的是在大陆法系国家和英美法系国家的取证制度之间建立一种联系，而中国国

① 黄进主编：《中国的区际法律问题研究》，法律出版社2001年版，第172页。

② 参见珠海市人民检察院研究室：《"一国两制"下粤澳两地反贪合作模式的思考》，载《中国刑事法杂志》总第43期，第125页。

内也存在大陆法系法域和英美法系法域的取证制度的协调问题。"① 具体地讲，双方之间调取民商事证据的司法协助机制可包括如下内容：第一，在提供协助的方式问题上，在统一规范代为取证制度的基础上，建立允许有条件的直接取证制度。在代为取证制度上，就委托香港法院取证而言，主要是在香港《证据条例》现有规定的基础上，就有关具体操作层面的问题，如相关文书的格式、文书传递的途径、代为取证的时间限制等进行规范。在建立直接取证问题上，虽然我国在加入《海牙取证公约》时对"特派员取证"制度予以保留，但是，拒绝接受直接取证制度的法律障碍即防止国家主权受到侵害在中国的区际之间并不存在。"特派员取证在一国内跨法域为之，不存在损害国家主权、安全的问题，也不至于因取证造成取证地的社会秩序受到伤害。"② 本文认为，在内地和香港之间可以建立有条件的直接取证制度，即首先要向对方提出直接取证的申请，在对方同意并确定了直接取证的人员和时间后，由接受方法院派出专门人员陪同申请方的取证人员开展取证工作。这样一方面可以保证取证程序和形式符合取证法院的要求、提高取证效率和成功率，另一方面可保证取证不损害取证地的司法权和社会公共秩序。另外，申请方取证人的取证行为必须遵守当地的法律且在被取证人自愿的情况下进行。如果被取证人不接受取证，接受方法院的陪同人员可以在不违反当地法律和申请方的法律允许的情况下强制被取证人接受取证。第二，在取证司法协助的联系和执行机关问题上，香港地区可根据其《证据条例》的规定由香港高等法院负责。鉴于内地实行涉外涉港澳台民商事案件的集中管辖制度，且在最高人民法院下有数十个高级法院，为了便于规范和管理且不至于给香港方面造成过重负担，建议根据审理涉港民商事案件数量及需委托香港法院取证的多寡，指定内地的一个高级法院专门负责与香港高等法院就调取证据的司法协助进行联系和执行。由于广东法院审理的涉港民商事案件占全国同类案件的大半且与香港法院系统联系较为密切，最高人民法院可以指定广东高院负责这一工作。广东高院可设立专门机构负责接收内地其他法院的申请并进行初步审查，对于那些可以由当事人自行调取或委托香港民间机构和律师调取的证据，可直接退回申请法院；对于确需委托香港高等法院调取或许赴港直接调取的，由广东高院统一向香港高等法院发出委托书或申请书。

三、结束语

内地法院在涉港民商事审判中遇到的上述证据问题，归根到底都反映了内地与

① 黄进主编：《中国的区际法律问题研究》，法律出版社 2001 年版，第 182 页。

② 黄进主编：《中国的区际法律问题研究》，法律出版社 2001 年版，第 182 页。

香港两地司法协助和合作的紧密程度问题。“回归10年以后，香港和中国内地两地法制的联系仍相当松散，虽然基本法为两地的司法互助提供了基础，但香港和内地的司法互助的密切程度仍低于香港与一些外国的司法互助水平，主要由于两地法制的差距比香港与一些其他国家法制上的差距更大。”① 内地与香港之间的许多区际法律问题之所以迟迟得不到解决，其实质并不在于这些问题在理论上存在多少不可突破的法律障碍，而在于对“一国两制”这种新生事物不能全面而准确的理解。许多人在分析和研究这些区际法律问题时，总是不由自主地坚持参照国际法律冲突解决问题的思维。其实，国际法律冲突与区际法律冲突存在本质的不同，这种不同表现在国际法律冲突源于国家利益的不同，而区际法律冲突在国家利益层面是一致的。在此基础上，无论是内地的法律，还是香港的法律，其目的都是要建立一种秩序，使人民的利益在这种秩序下能够得到保护。内地法院和香港法院虽然管辖的地域不同，但其均属于中国的司法机关，承担着宪法和法律赋予的司法职能，共同推动中国司法公正的实现。如果内地和香港的司法机关在解决区际法律冲突问题上过于强调两个法域的相互独立性，而忽视其目标的一致性，必将损害两地居民的合法权益、阻碍两地之间的正常交流与合作的发展，并最终损害整个国家的司法权威。构成中国区际法律冲突产生根源的“一国两制”本身是思想解放的结晶，对于“一国两制”实施过程中许多区际法律问题的解决，仍需要各方不断地解放思想，放弃传统固有的、僵化的思维模式。

Two Issues Concerning Evidence in Inter-Regional Civil and Commercial Cases Involving Hong Kong

LI Ji

Abstract In view of the practical needs of Mainland courts in inter-regional cases involving Hong Kong, the facts established by judgments rendered in Hong Kong shall be accepted by Mainland courts, provided that the judgments satisfy particular requirements. With regard to taking evidence situated in Hong Kong, Hong Kong law and the cooperative relationship between Mainland and Hong Kong have provided legal grounds and a sutiable

① 陈弘毅：《“一国两制”的法治实践》，载《中国人大》2007年第7期，第19页。

framework, and yet taking evidence by Hong Kong courts on behalf of Mainland courts calls for detailed regulative rules. Moreover, it is suggested that Mainland and Hong Kong should conclude as soon as possible an arrangement on judicial assistance for taking evidence.

Key words inter-regional cases involving Hong Kong; evidence; taking evidence

四、武大国际法学人

李浩培及其国际法思想评述

□ 张 辉*

目　　次

* 武汉大学国际法研究所副教授，法学博士。

一、李浩培先生生平记略[①]

李浩培先生1906年7月6日生于上海一个平民之家，幼年入私塾开蒙，熟读四书五经。1919年起先后在上海商业学校、昌世中学、承天中学学习，并于1925年19岁时进入东吴大学攻读法科。这是民国时期我国最好的法律院校之一，尤重英美法和比较法的教育，20世纪上半叶曾人才辈出。

在东吴大学学习的三年时间，李浩培先生过着半工半读的生活，每日下午4时半到7时半上课，上午到下午四时以及晚上8时到9时在承天中学代课，以课酬支付学费，生活和学习颇为紧张和艰苦。尽管如此，李浩培先生依然成绩优异，1928年以总平均第二名毕业，获得法学学士学位。

毕业不久，李浩培先生便考取律师资格，随后和承天中学的同事创办上海旦华中学并担任校长，同时也开始律师执业。1935年国民政府招考庚款留英学生，先生虽将近而立，有家室之累，但仍极为渴求继续深造。经过短时间刻苦准备，先生终于得偿所愿，成为第四届庚款留英的21名佼佼者中的一员。在英国伦敦政治经济学院期间，先生师从劳特派特教授研究国际公法，师从卡恩·弗劳因特教授研究国际私法和比较民法，听课之外则每日上午10时至晚上10时在图书馆广泛阅读专业书籍，从事研究。在东吴大学学习的经历是李浩培先生进入法学殿堂的开端和法律职业生活的起点，而在英国三年的学习则可以说是先生此后毕生研究方向和学术生涯的奠基。

1939年，由于第二次世界大战爆发，在英国的学业被迫中断，且当时李浩培先生已经接到时任武汉大学法学院院长周鲠生先生的邀请和聘书，遂于年底回国到已迁到四川乐山的武汉大学法律系任教。在武汉大学期间，先生讲授国际私法、法理学、英美法和近代大陆法等课程。先生深厚的学术素养很快获得校方和学生的认可和赞誉，并在1941年被任命为法律系主任。在回国初的这段时间，先生谢绝出任政府高官，潜心学术和教育，有大量研究成果发表，特别是在国际私法领域，先后有《怎样研究国际私法》、《契约实质成立要件及其效力之准据法》、《国际私法中之反致与转致的问题》、《国际私法中的公共秩序问题》、《关于侵权行为的国际私法问题》、《国际私法总论》等著述，代表了当时我国国际私法研究的水准。

---

① 此部分系根据凌岩编的《李浩培先生年谱》（载《李浩培法学文集》，法律出版社2006年版，第829～844页）和陈立虎、易波合撰的《浩气存天地之间，博学蜚国际法坛》（载《东吴法学》（2006年春季卷），第163～166页）写成，李浩培先生生平更详细的记述可参见上述两文。

抗战胜利后，应浙江大学竺可桢校长的邀请，并征询武汉大学周鲠生校长的意见，李浩培先生前往浙江大学担任法学院院长并筹建法学院。在浙江大学期间，虽然担负行政职责，并且先后主讲罗马法、国际私法和刑法，工作繁重，李浩培先生仍研究成果不断，其中重要者如《物权的准据法》、《十九世纪的国际私法学》、《国际私法中当事人本国法主义》、《关于离婚及别居的国际私法》、《安全理事会中大国的否决权》等。

1949 年，李浩培先生拒绝随从国民党政府撤退台湾，留了下来，并被任命为政务院法制委员会外事法规委员会专门委员。在这个面貌一新的国家里，先生以极大的热忱投入到社会主义法制建设中，为新中国成立初期的立法和所面临的法律问题积极出谋划策，如投入大量精力研究华侨和国籍问题，审议国籍法，研究两航飞机案中的法律问题等。在其后的岁月里，先生先后在国务院法制局、国际关系研究所、外交学院、外交部条法司等处工作，始终兢兢业业，一方面用自己的国际法专业知识为国家解决有关法律问题，另一方面仍不放弃学术追求，即使是在那个政治运动不断的年代，仍坚持学习和研究，发表了《国有化和国际法》、《对国际私法中属人法学派的批判》等文章，翻译了沃尔夫的《国际私法》。在"文革"期间，先生虽然被迫中断学术论文写作，但仍利用一切时间钻研国际法理论，研究我国当时所面临的国际法问题。

"文革"结束后，李浩培先生终于又迎来了学术的春天。虽然他已经是古稀之年，但却又焕发青春，忘我地投入工作和研究中，取得累累硕果，发表了《条约中的保留问题》、《强行法与国际法》、《论条约法上的时际法》等重要论文，同时出版专著 4 部，译著 3 部。这些工作成绩纵使年轻人也难以企及，而他不断进取、只争朝夕的精神更是值得晚辈后学们景仰。即使在前南问题国际法庭法官任上，工作极其繁忙，他仍利用点滴时间翻译萨维尼的《现代罗马法体系》第八卷。

1982 年，国务院任命李浩培先生为外交部法律顾问。1991 年，为表彰他在社会科学领域的特殊贡献，国务院特授予证书并颁发政府特殊津贴。在国际舞台上，李浩培先生也获得了世界性的声誉，1985 年当选为国际法研究院院士，1990 年赴海牙国际法学院讲授《国际私法在遗产继承问题上的新发展》，1993 年当选为联合国前南问题国际法庭法官，1995 年任卢旺达国际法庭上诉法官。1997 年 10 月，李浩培先生因工作过度劳累，且年事已高，患病住院就医，不幸因意外情况于 11 月 6 日逝世。①

---

① 2002 年荷兰警方指控女护士露西亚德博克连环谋杀住院病人，受害人包括李浩培先生，2006 年荷兰最高法院终审判决被告 7 起谋杀罪成立。

二、李浩培先生的国际公法思想

在国际公法领域，李浩培先生的学术著述虽然在数量上并不是太多，但造诣很深，如《国际法的概念和渊源》、《条约法概论》、《国籍问题比较研究》等著作堪称中国国际法研究的代表性成果，可留诸后学再三研习。与大多数国际法学者经历不同的是，李浩培先生既曾在大学从事国际法专业教学和研究工作，又曾长期在外交部门和国际司法机构任职，因此对国际法的认识更多了一层实践的色彩，在他的学术著述中反映出与众不同的务实性和精确性。同时他也留有大量与时政和工作紧密相关的论文，就具体问题剖析，有很强的针对性和时代印记。

（一）国际社会特性与国际法性质

今天我们所处的时代已经是一个文明的时代，国家之间的利益冲突更多地是通过外交和法律途径和平解决，使用武力被《联合国宪章》原则上禁止。但在冷战后，地区武装冲突仍频繁发生，特别是在 1998 年北约组织空袭南斯拉夫联盟和 2003 年美国进攻伊拉克以后，联合国权威遇到了空前的危机，人们开始质疑国际法的性质和作用，一个这样容易被强权打倒在地的规则体系，真的是法律吗？

这一切疑问的根源在于对国际法和国际社会的认识，人们总在将国际法与国内法、国际社会和国内社会进行比较，并先入为主地认为国内法就是法律的标准，甚至一些国内法学者也否定国际法的法律性。李浩培先生对此问题则早有鞭辟入里的阐释，他明确指出，国际社会和国内社会有显著的不同。国内社会的权力集中于国家，因而每个国家有集中的立法机关以制定法律，有集中的司法机关以适用法律，有集中的行政机关以执行法律。而国际社会的权力则分散于主权国家，因而国际社会既没有集中的立法机关，也没有集中的司法机关，更没有集中的行政机关。① 因此与国内社会纵向的权力结构不同，国际社会的权力结构是横向的，每一个主权国家都是平等的，彼此间没有管辖权。而国际组织和国家权力机构也有着本质不同，其权力来自国家主权的有限让渡，并且国家可以随时取消这种让渡，因此国际组织更像一个国家间的协商性质的论坛。

基于对国际社会的认识，李浩培先生进一步指出，这种权力分散的特性导致了以下结果②：首先，在国际社会内，没有一个处于各国之上的立法机关来制定各国都应遵守的国际法。主权国家既是国际法对之适用以决定其权利义务的主体，又是

---

① 李浩培：《国际法的概念和渊源》，贵州人民出版社 1994 年版，第 27 ~ 28 页。

② 李浩培：《国际法的概念和渊源》，贵州人民出版社 1994 年版，第 28 ~ 32 页。

国际法的创立者，国家对形成国际法持审慎态度，以防自己利益受损。这种状况使得通过多边条约或习惯创立普遍性国际法的过程十分漫长，并且国际法只能就国际交往中所发生的一部分问题作出规定，而其余部分则是各国“保留范围”。

其次，在国际社会内，也没有一个处于各国之上的具有强制管辖权的司法机关或仲裁机关来适用和解释国际法，并对被告国的行为是否违反国际法进行裁判。因而，国际法并非在一切场合都能得到有权的解释和适用，解释和适用权力落到国际法主体（主要是主权国家）本身，它的权利和义务往往不能得到确定。

再次，当违反国际法的事件发生时，对违法国的制裁依赖于受害国自己实行，包括报复、报仇和战争等方式。联合国虽然禁止使用武力，将武力制裁的权力集中于安全理事会，但这一制度并不很有效。

尽管国际法的上述特性使其实效受到减损，但李浩培先生指出，它仍然是名符其实的法。① 李浩培先生认为，国际法否定论者提出了两个根本性问题：(1) 国家具有主权是否使国际法的产生成为不可能？(2) 法是否必须是上下位的，即由上位者对下位者命令遵行（从属法）的，而不可能是同位者共同制定以便互相遵守的（同位法)？

对于第一个问题，李浩培先生认为答案是否定的。主张主权国家之间不可能有国际法的学说大多是从绝对主权概念出发的，但这种绝对主权观念是完全错误的。各国要保持主权，必须以互相尊重主权为条件，而互相尊重主权又以承认国际法的拘束力为条件。如果没有这两个必要条件，国家之间将处于无法无天的状态，根本谈不上主权的保持。国家主权是相对的，要受到国际法的制约。

对于第二个问题，李浩培先生则指出，如奥斯汀那样把国内法先下个定义，然后以国际法与其国内法定义不符为理由，主张国际法不是法，是没有充分根据的。国际社会的法是并立法，而非从属法，是国际社会的结构在逻辑上的当然结果。只要各国认为是对自己有拘束力的共同行为规则，在本质上就是法律。

李浩培先生还从国际实践的角度反驳了国际法否定论，认为就各国的国际行为实践来看，遵守国际法是原则，而违反国际法是例外，不能因为有违法行为就否定国际法的存在。国家的行为是理性的，在作出违反国际法行为时必然考虑利弊得失，而在一般情况下，由于违法的代价和长期消极影响，主权国家在绝大多数场合总是选择遵守国际法的。

在肯定国际法的法的属性的同时，李浩培先生也特别强调，因为国家有违反国际法的实力，所以国际法的实效较之国内法为低，提高国际法的实效在于全世界人民和国家的积极努力。

---

① 李浩培：《国际法的概念和渊源》，贵州人民出版社 1994 年版，第 45～48 页。

李浩培先生对国际法和国际社会的特性的分析，对我们研究国际法极为重要。任何法律的生成都有其特定的社会背景和环境，对于法律的认识绝不能固守于一种认知模式，而更应透过种种形式探寻其共同的内核。关于国际法存在和发展的国际社会环境，国内有关国际法著作往往予以忽略或一笔带过，在此方面只有梁西先生的《国际法》较为详细地探讨了国际法的社会基础问题。而事实上，了解并铭记国际社会和国内社会的差别，恰恰是理解、研究并推动国际法发展的基础和起点。

（二）个人的国际法地位

关于个人的国际法地位，历来存在争论，历史上有两种极为对立的学说。一部分学者从主权思想出发，认为只有主权国家才是国际法主体，而个人不可能成为国际法主体。也有学者从国际法和国内法严格分离的二元论出发，认为国际法只拘束国家，不能拘束个人，国际法规则如果涉及个人，必须转变为国内法，才能使个人享受权利和承担义务。而另一种与此对立的较为极端的观点认为，（在终极意义上）个人才是国际法的真正主体，因为国家只能通过其机关行动，而机关的行动实际上是机关管理者个人的行动，并且只有个人才能主张权利和履行义务，而法的最终目的是建立人类的生存秩序。

李浩培先生认为，以上两种观点都无法经受国际法实践的考验。他认为，第一，主权国家作为国际法的主要主体的事实是不容否认的，没有主权国家，国际法不可能发生和存在。第二，由于个人受国家主权的支配，原则上个人与国际法只具有间接的关系。第三，在例外情况下，个人也可以直接享受国际法上的权利和负担国际法上的义务。①

李浩培先生主张，国际社会至少已趋向于承认个人为部分国际法主体，并举了两个例证。一是个人直接享受国际法上权利的实例，即欧洲理事会于 1950 年缔结的《欧洲人权公约》。根据该公约，设立了欧洲人权委员会和欧洲人权法院，缔约国如果声明接受欧洲人权委员会和欧洲人权法院的管辖，则其就可能因侵犯人权被诉。第二个是个人直接负担国际法上义务的例子，即二战后纽伦堡国际军事法庭审判欧洲轴心国战犯的实践。纽伦堡国际军事法庭的判决批驳了只有国家是国际法主体，个人不能因违反国际法而承担刑事责任的主张，明确指出个人负有国际义务，应承担个人责任。

李浩培先生认为，国际法是发展的，国际法学说也应随之而发展。在 19 世纪中叶之前，由于在国际社会行动的几乎都是国家，因此国家是国际法唯一主体的观点尚属正确。但此后一百多年来，由于国际生活的需要，其他部分国际法主体已经

① 李浩培：《国际法的概念和渊源》，贵州人民出版社 1994 年版，第 21 ~ 22 页。

产生，个人也有被承认为部分国际法主体的趋向，应实事求是地看待这一变化，适应并促进国际法的发展。李浩培先生同时指出，个人的部分国际法主体地位依赖于各主权国家的意志，是由于一些主权国家以条约规定个人具有部分国际法主体地位，个人才取得这种地位。①

从我国的官方立场来看，是坚决反对所谓个人的国际法主体地位的。这种立场选择当然政治成分更多一些，从历史角度看，我国在恢复联合国席位以前，也曾坚决反对国际组织的国际法主体地位。国家利益决定立场，这是不可更改的规律，任何国家概莫能外。有不少国内学者为这种立场提供了学理支持，并且颇有道理。其中最主要的根据就是，个人所承受的权利义务来自国家的认可，个人其实并不具有独立地以自己的意志创设国际法权利义务的能力。但独立地以自己的意志创设国际法权利义务的能力是否作为国际法主体必要的条件呢？这个问题并没有确定的答案。从国内法来看，未成年人毫无疑问是法律主体，但他的行为能力受到限制，不能独立地进行意思表示，参与法律关系的能力有很大局限，个人在国际法上的地位似乎可以与此进行比较。从国际学术界观点来看，个人的国际法主体地位已经获得了较大程度的认可。就二战以来国际法的发展而言，个人在国际法上受到了越来越多的关注，个人的国际法主体地位将得到国际法实践的不断确认。在国内学者仍反对个人的国际法主体地位时，李浩培先生的著作《国际法的概念和渊源》（1994年）已经对此重加思索，主张个人具有部分国际法主体地位，这反映了他开辟理论禁区，言他人所未能言的勇气，也说明了他对时代发展、国际法趋向的把握和远瞻。

（三）国籍法

国籍问题是国际公法和国际私法共同关注的一个问题，它本是国内法管辖事项，但由于国际交往的频繁，它又具有很强的涉外性，为国际法学者关注。李浩培先生1979年在商务印书馆出版的《国籍问题比较研究》一书是我国研究国籍问题的较早专著之一，至今仍具有很大的参考价值。但李浩培先生关注国籍问题以及华侨问题却仍可向此前追溯到20世纪30年代。在美国、加拿大、澳大利亚、东南亚的开发过程中，华工华商发挥了巨大的作用，但在那个中国国力羸弱的年代，海外华人却备受欺凌，拒绝入境、不平等税负、强制入籍、强迫同化甚至关押、杀害是他们经常的遭遇。1932年李浩培先生发表了《新约与移民法》、《美加澳移民法与华侨问题》，后在20世纪40年代末到50年代又有多篇相关文章，如《外侨的容纳与待遇》、《社会主义国家的国籍法的原则》、《东南亚华侨的双重国籍问题》、《华

① 李浩培：《国际法的概念和渊源》，贵州人民出版社1994年版，第26～27页。

侨的概况及其国籍问题的研究》等。现在想来，李浩培先生为《国籍问题比较研究》一书经年累月所搜集的众多资料以及所做的长时间思考，应当都是来自于对华侨待遇和国籍问题的触动与关切。

在《国籍问题比较研究》一书中，李浩培先生较详细地论述了国籍和国际法的关系。他指出，国籍法是一国决定谁具有它的国籍因而是它的国民的一种国内法。由于国家政府是在特定的领土上对特定的人口行使权力的，因此国籍法的目的就在于决定这个特定人口。国籍虽然主要是由各国国内法规定，但却对国际关系有重要影响，因为各国通过国籍法来规定国籍，实际上是将全世界的全体人类分配给各个国家。①

李浩培先生认为，按照现行国际法，国籍问题原则上属于每个国家主权的事项，即在各国国内管辖的保留范围之内，各国有权以自己的法律决定谁是它的国民。这一原则得到了有关国籍问题的《海牙公约》、常设国际法院咨询意见和国际法院判决的认可，也为国际法学术界公认。但李浩培先生同时指出，国籍属于每个国家主权或保留范围的原则并不是没有限制的。这种限制可以从两个方面考察：一是从一国规定自己国籍方面，二是从一国是否有权规定外国国籍方面。②

从一国规定自己国籍方面来看，限制主要来自国际条约。在突尼斯—摩洛哥国籍命令案和波兰国籍案中，常设国际法院咨询意见认为，两案的当事国——法国和波兰的国籍立法自由权都因签订了条约而受到一定的限制。除条约外，限制还可能来自于国际习惯和普遍承认的关于国籍的一般法律原则。但后一限制情况更多是学理分析，很少实践依据。在"诺特包姆"案中，国际法院以"实际国籍"(natioanalité effective）原则来审查一个国籍能否在国际法上对抗其他国家，但这会造成无国籍的两难境地，并且能否得到普遍支持也存在疑问。从一国是否有权规定外国国籍方面来看，毫无疑问，国际法是禁止任何国家规定外国国籍的。但在实践中，仍会出现一国规定外国国籍的少数情况，这可能是立法上的无意之举，也可能是为一定目的，但这种规定在该国之外是不可能产生法律效果的。③

李浩培先生对国籍和国际法关系的阐述，为我们理解现代社会中国内法和国际法的关系提供了一个极好的实例。随着国际交往的日益频繁，原本属于完全国内管

① 李浩培：《国籍问题比较研究》，载凌岩编：《李浩培法学文集》，法律出版社 2006 年版，第 87 页。

② 李浩培：《国籍问题比较研究》，载凌岩编：《李浩培法学文集》，法律出版社 2006 年版，第 97 页。

③ 李浩培：《国籍问题比较研究》，载凌岩编：《李浩培法学文集》，法律出版社 2006 年版，第 97～101 页。

辖范围的事项会逐渐受到国际法的干预和限制，国家主权在现代社会中在一点点被侵蚀，但这种主权的放弃或限制获得的是另外方面利益的补偿，即国际合作、秩序的利益。

在《国籍问题比较研究》一书中，李浩培先生从国籍的取得、丧失、恢复及其抵触几个方面详加论述，仅资料一项就有 99 个国家的国籍法，数十种英法文著作，可谓极尽翔实。而论证则严密、细致入微，所言皆有实据，并提出自己的见解。今天看来，国内学者的国籍法研究仍难以超越。

（四）国际法渊源

国际法的渊源问题向来研究者和成果颇多，李浩培先生在此方面亦极有建树。根据《国际法院规约》第 38 条，国际法的渊源主要有三项，即国际条约、国际习惯和一般法律原则，此外，司法判例和学说可作为确定法律原则的补助资料。对于这一列举是否穷尽，学者间存在争论，李浩培先生认为，从理论上讲，国际法的渊源是随着国际社会的发展而发展的，因而不能说已详尽无遗，但就当代国际法发展阶段，第 38 条的列举似乎已经可以满足国际社会的需要。因为国际条约、国际习惯和一般法律原则作为第一位的渊源，可以包括如单边法律行为、国际组织决议等第二位渊源。①

1. 条约

在条约法领域，李浩培先生所著《条约法概论》一书已经成为无可质疑的国际法经典之作。这一著作有几个显著特点：（1）内容丰富、详尽。全书有 60 多万字，涵盖条约法各个方面的问题，几无遗漏。（2）论证严密细致，佐以大量例证。对于每一问题，李浩培先生都条分缕析，旁征博引，特别是有大量案例、各国实践，不仅加强了说服力，也让人读来兴致盎然。（3）注重程序条约法。《条约法概论》对条约从缔结到终止的程序性内容予以了充分论述，很多细节问题是没有外交部门工作背景的研究者所无法注意到的。现在，任何研究条约法的学者都不可能绕过这一里程碑式的研究成果，而必须以此为出发点。不过，李浩培先生研究条约法的著述并不仅限于《条约法概论》一书，在《国际法的概念和渊源》一书中也有部分论述，此外还发表了不少相关论文，如《条约、非条约和准条约》、《条约中的保留问题》、《论条约法上的时际法》等。这些著述内容范围极广，无法一一备述，以下仅择数点举要：

（1）强行法与条约

强行法的概念源于国内法，可追溯至罗马法，但它出现在国际法领域却是十分

---

① 李浩培：《国际法的概念和渊源》，贵州人民出版社 1994 年版，第 53 ~ 54 页。

晚近的事，充满了争论，到1969年《维也纳条约法公约》中才确定下来。李浩培先生认为，任何法律秩序，不可能只有任意法规则，可由法律主体任意排除适用。认为主权国家有权将一切国际法规则以条约排除适用的理论，倾向于否定国际法的法律性，是同国际社会的客观实际和需要相违反的。强行法不仅在国际法上存在，而且符合强行法还是条约实质有效的前提条件。李浩培先生同时指出，《维也纳条约法公约》对强行法规则的规定是不完善的，缺点主要在于对强行法规则产生的程序、范围和内容未明确规定，适用上易生争议，有害于条约的稳定，并且要证明强行法规则的成立也很困难。①

（2）准条约

李浩培先生认为，在条约和非条约之外，还有一种国际协议形式，即准条约。准条约这一名称系李浩培先生所主张，其他学者有称其为“非拘束性协定”、“事实上协定”、“纯粹政治性约定”或“君子协定”的，但均不十分妥当。在判断多个国际法主体意思表示一致时，是成立条约、非条约还是准条约，关键是分析国际法主体的意思内容。在准条约中，缔约各方没有产生国际法上相互权利义务的意思，因此它不是法律，当然这并不说明它没有法律意义。准条约的出现是为适应国际实践的需要，在有些场合当事各方认为不宜采用硬性的条约，而倾向“软法”性质的准条约。无论是条约、非条约还是准条约，都要受国际法的支配，因为当事各方作为国际法主体，其行为要受到国际法的拘束。李浩培先生还进一步认为，《维也纳条约法公约》关于条约的定义是有缺点的，不能将条约和准条约区分开。②

（3）条约的抵触

由于现代国际社会条约数量剧增，条约间的抵触不可避免，那么抵触是否影响条约效力呢？李浩培先生区分了三种情况来分析这个问题。③ 第一，先后两条约的当事国相同，此种情况采取“后法优于前法”原则。

第二，先后两条约的当事国部分相同，部分不同。这还可分为两种情况，第一种情况是先条约是多边条约，其部分缔约国之间或与他国又缔结了一个相抵触的后条约，此时各方权利义务依均为缔约国的条约决定。第二种情况是先后两条约都是双边的，但当事国不同。此时先条约应得到优先履行，而对后条约当事国承担不履

---

① 李浩培：《强行法与国际法》，载《李浩培文选》，法律出版社2000年版，第513页。

② 李浩培：《条约、非条约和准条约》，载《李浩培文选》，法律出版社2000年版，第560～584页。

③ 李浩培：《论条约的抵触》，载《李浩培文选》，法律出版社2000年版，第649～664页。

行的国际责任。

第三，条约本身包含关于优先地位的条款，此时则按照规定的次序履行条约。

(4) 条约法上的时际法

时际法（intertemporal law）或称为过渡法，是解决法律时间抵触的法律，即决定法律的时间适用范围。这一名词来自胡伯在帕尔马斯岛案的仲裁裁决，他认为国际法上的时际法原则是——法律事实应当按照与之同时的法律予以判断。有的学者主张时际法不是真正意义的法律，而只是解决时际法问题的方法，可以通过法律的明确规定本身或法律解释解决一个法律规则的时间范围问题。李浩培先生则认为，时际法不仅是方法，更重要的是它是缔约国必须适用的法律。李浩培先生对《维也纳条约法公约》所涉及的时际法问题进行了分析，认为公约确定了以下几个时际法规则：条约不溯及既往、条约法公约本身无追溯力、缔结时与强行法抵触的条约自始无效、条约与后形成的强行法抵触的自该强行法规则产生时起无效、条约解释应顾及在当事各国关系中可以适用的有关国际法规则。李浩培先生还认为，《维也纳条约法公约》关于时际法的规定仍存在疏漏，即未明确已经终止的条约的残余效果，这是指一个终止了的条约能否适用于其有效期间发生的事件。对于条约的残余效果，应当按照“法律事实应当按照与之同时的法律予以判断”的时际法原则和条约必须遵守原则加以处理，因此，一个终止了的条约仍应适用于其有效期间发生的事件。①

(5) 条约与国内法的关系

根据李浩培先生的研究，对于条约与国内法的关系，各国现行制度可分四类：(1) 国内法地位优于条约。这种做法极为罕见，但阿根廷是个例子，条约被置于宪法、国会立法之后适用。(2) 国内法与条约地位相等。在这类国家，宪法地位最高，而条约与一般法律同等对待，如果二者相抵触，则适用两个原则解决——和谐解释原则和后法优于前法原则。(3) 条约地位优于国内法。在这类国家，宪法地位也居于最高，但条约可先于其他法律适用。(4) 条约地位优于宪法。这类国家是彻底的国际法主义，条约居于最高地位，目前采取国家较少，荷兰属于典型代表。对于前三种情况，可能发生条约因抵触而不被适用的情形，此时国家应承担相应的国际责任。而荷兰模式则没有以上问题，李浩培先生称赞这是条约与国内法的关系上最先进的制度，如果在实践上得到贯彻，将积极影响国际法的发展。②

2. 国际习惯

---

① 李浩培：《论条约法上的时际法》，载《李浩培文选》，法律出版社 2000 年版，第631～648 页。

② 李浩培：《条约法概论》，法律出版社 2003 年版，第 324～331 页。

习惯国际法为什么具有效力是个颇有争议的问题，传统学说主要有两种。第一种是默示同意说，认为国际法以各国的意思为基础，这在条约国际法场合是明示表现的，而在习惯国际法场合是默示表现的。这种观点被批评为只是拟制，不符合客观实际。另一些学者提出了客观法规则或集体法律意识的体现说，主张客观法规则或集体法律意识是原先存在的，习惯国际法规则只是客观法规则或集体法律意识的表现，这种规则是由于符合了原有的客观法规则或集体法律意识才具有效力的。但李浩培先生也指出，后一学说也存在客观法规则或集体法律意识无从证明的问题。李浩培先生认为，习惯国际法发生的原因和存在的理由在于国际社会的需要。任何社会没有法律是不可能维持的，而在国际社会内，由于各国都有主权，各国之上没有一个立法机关为各国制定法律，习惯国际法就显得特别需要。①

3. 一般法律原则

在国际争端解决中适用一般法律原则的做法由来已久，但对于其意义以及能否作为国际法的独立渊源却存在很大分歧。根据李浩培先生的总结，这些学说可分两类。一类是否定一般法律原则的独立渊源地位的学说，又可具体分两种观点，一种观点将法律原则与其他国际法渊源相混同；另一种观点认为法律原则只是可据以创立一项新的国际法规则以解决具体争端的资料。第二类是肯定说，也可分两种观点，一种观点把法律原则认为是世界各民族的法律意识的表现；另一种占优势观点则把它视为各国国内法律体系所一般接受的原则，其中还有部分学者认为它应是一切法律体系包括国内法和国际法体系所共有的原则。李浩培先生认为，一般法律原则是国际法的渊源之一，不仅是因为它为《国际法院规约》所承认，而且如果不承认这一渊源，将会在某些场合导致因无法适用而拒绝司法。②

4. 国际裁判和学说

按照《国际法院规约》的表述，国际裁判和学说并非国际法的形式渊源，而只是认识渊源，但李浩培先生认为，这一规定未能把它们的作用包罗无遗。由于国际法院通常在判决中依循自己的先例，并且在判决中陈述和适用现行法与新创一个法律规则间很难区分，所以国际法院的判决实际上发展了国际法，从而起着国际法的独立形式渊源的作用。③ 李浩培先生的这一阐述对于理解国际法发展中国际裁判的作用有很大的启发意义，从某种角度看，国际法有相当重的判例法色彩。

对于学说，李浩培先生认为它并非国际法的形式渊源，但可构成实质渊源，对

① 李浩培：《国际法的概念和渊源》，贵州人民出版社 1994 年版，第 97 ~ 101 页。

② 李浩培：《国际法的概念和渊源》，贵州人民出版社 1994 年版，第 101 ~ 114 页。

③ 李浩培：《国际法的概念和渊源》，贵州人民出版社 1994 年版，第 115 ~ 116 页。

国际法发展仍具有极为重要的意义。①

5. 单边法律行为

在我国一般国际法著作中，都未提及单边法律行为，这可能是由于《国际法院规约》并未将其列为国际法的形式渊源。李浩培先生认为，单边法律行为是指仅仅一个或几个国际法主体作为一方意欲产生法律效果而作出的，且国际法依其意欲赋予法律效果的意思表示。它可以分两类：（1）附属于条约缔结程序的单边法律行为，如保留、批准、加入等；（2）独立的单边法律行为，包括许诺、承认、抗议、放弃、通知五种。独立的单边法律行为作为国际法渊源的效力根据是，保护一方对他方意思表示信赖的一般法律原则，有些情况下也有国际习惯或条约的根据，从而构成一种国际法的第二位渊源。②

6. 国际组织决议

李浩培先生认为，各个国际组织的决议在性质上并不相同，其法律效果也不相同，应当将其区别为属于国际组织"内部法"的决议、属于技术领域内"准立法"的决议和联合国大会的建议性决议等三种情况进行分析。对于前两种决议，无疑具有拘束力，可构成国际法渊源，但如果会员国声明不接受技术领域内的"准立法"，则其不受约束。而对于联大决议则争论纷纭，这是由于国际社会确实需要一个立法机关制定国际法规则，但《联合国宪章》却并未赋予联大立法权。李浩培先生指出，这说明了各国虽然由于国际互赖都愿意进行合作，但另一方面却由于维护各自主权都尽力保持自己的行动自由，所以，这个问题的解决还有待于国际互赖事实的进一步加强和国际合作思想的进一步发展。但是，不管怎样，国际组织决议只能是第二位的渊源，取决于其组织创立条约。③

对于国际法渊源问题，李浩培先生有着非常深入的研究。在条约领域，自《条约法概论》一书面世后，我国学者出版的条约法著作并不多见，迄今似乎只有万鄂湘教授等著的《国际条约法》和朱文奇、李强著的《国际条约法》两书。这其中原因想来与《条约法概论》所取得的成果和树立的研究标尺有关系，后来研究想超越它有相当难度，万鄂湘教授也曾表示，《国际条约法》一书受《条约法概论》的影响很大。在其他国际法渊源问题上，李浩培先生也多有他人所未能及的阐发。例如单边法律行为，国内外一般的教材和著作中极少涉及，但它的确构成国际法的一个重要渊源，对之加以研究十分必要。而对于国际习惯、一般法律原则、判例学说、国际组织决议等渊源形式，李浩培先生也对其中理论分歧有着细致分

① 李浩培：《国际法的概念和渊源》，贵州人民出版社 1994 年版，第 116 ~ 117 页。

② 李浩培：《国际法的概念和渊源》，贵州人民出版社 1994 年版，第 117 页。

③ 李浩培：《国际法的概念和渊源》，贵州人民出版社 1994 年版，第 131 ~ 141 页。

析，给人不少启发。

三、李浩培先生的国际私法思想

李浩培先生在国际私法领域建树颇多，研究主要集中在冲突法和国际民事程序法方面，其中冲突法研究成果几乎涉及冲突法的各个领域，从一般理论、制度到物权、合同、侵权、婚姻家庭、继承等各分支。这些研究成果体现为1945年出版的《国际私法总论》、1996年出版的《国际民事程序法概论》两书，数十篇论文以及在《中国大百科全书》法学卷和《中华法学大词典》国际法卷中撰写的大量词条。李浩培先生在海牙前南国际刑事法庭法官任上时，仍在收集资料，准备在卸任后完成一部国际私法著作，将自己的研究心得传诸后人，可惜未及着手便已仙逝，让人扼腕。但李浩培先生现在留下的这些国际私法著述，已足以让我们领略一代法学大师的风范。

（一）国际私法一般理论问题

1. 国际私法的概念和产生条件

李浩培先生认为，国际私法是指在世界各国民法和商法互相歧异的情况下，对含有涉外因素的民法关系，解决应当适用哪国法律的法律。由于涉外因素又称国际因素，而民法和商法在西方传统上称为私法，国际私法因而得名。这种法律的歧异情况，可称为法律的抵触或冲突，此种部门法则称为法律抵触法或法律冲突法（law of the conflict of laws），而国际私法与之是同义词。

在我国国际私法学界，一般使用“法律冲突”这一用语的较多，而李浩培先生则对此有不同主张。有些学者认为，法律冲突是由于法律的域内效力和域外效力发生矛盾引起的，李浩培先生不同意这种观点，他认为一国的法律本身并不具有域外效力，而完全取决于案件审理法院根据其国际私法规则是否适用外国法，如果适用则该外国法具有域外效力，否则没有。因此，严格讲，各国民法只有差异，并无冲突。如果一国主张其法律具有域外效力，必须在他国得到适用，则可能在国家间发生政治冲突或主权冲突，这已不是“冲突规范”可以解决的问题。国家之所以有时不适用内国法而适用外国法，并不在于解决法律的冲突，而是为适用与案件有密切关系的法律，实现当事人之间的公平。据此，李浩培先生主张必须摒弃“法律冲突”和“冲突法”的用语，而代以“法律抵触”和“法律抵触法”的术语。这种认识在中国国际私法学界可谓独树一帜，虽然如此区分“抵触”和“冲突”的必要性还可商榷，但李浩培先生对法律域外效力的认识却十分精当，有助于我们理解外国法律在内国的地位。

在此理解基础上，李浩培先生指出，国际私法产生的条件主要有：（1）各国人民来往频繁，有些民事法律关系含有涉外因素；（2）各国民法互相歧异；（3）对含有涉外因素的民事法律关系，在一定范围内有适用外国法的必要和可能。①

2. 国际私法的性质和作用

李浩培先生认为，国际私法是国内法而不是国际法。国际私法规则在于决定在什么情况下应适用内国法，什么情况下应适用外国法以及适用哪一外国法。从法的渊源看，这些规则的渊源主要是国内立法和国内判例，只有很少数来自各国缔结的条约，所以国际私法主要是国内法而不是国际法。

同时，李浩培先生还指出，国际私法是适用法而不是实体法。国际私法的作用在于对含有涉外因素的民法关系选择适用适当的法律，以使其获得公平合理的解决。国际私法只是指出应适用哪一国家的实体法来解决当事人的权利义务，本身并不直接解决这种权利义务关系。所以国际私法是关于民法的法律适用法，而非实体法。②

3. 国际私法的范围

由于法律传统不同，各国学者对于国际私法的范围的看法素来区别很大。德国、瑞士、斯堪的纳维亚半岛国家、日本、意大利学者大多认为国际私法就是冲突规范；而法国、荷兰、比利时、西班牙、葡萄牙、拉美国家学者则认为国际私法包括确定国籍的规范、确定外国人法律地位的规范、冲突规范和管辖权规范；英美学者认为国际私法是管辖权规范、冲突规范和外国判决的承认与执行规范的结合；也有一部分前苏联和东欧学者主张国际私法范围应包括冲突规范和国际统一实体规范，甚至还包括国内法中调整涉外民事关系的实体规范。

国内学者对此也一直存在不同观点，但占据主流地位的是通称为“大国际私法”的理论，认为国际私法包括外国人民事地位规范、冲突规范、涉外民事统一实体规范和国际民事诉讼与国际商事仲裁程序规范。李浩培先生对此持不同观点，在《国际私法的概念》和《有关国际公、私法的几个基本问题的管见》等文章中，他认为对同一题材或同一对象可因研究的角度不同而使用不同的方法和工具，分为几个不同的科学来研究，从而获得不同的收获。对于民法抵触的现象，可以用国际私法研究在不消除法律抵触的情况下，怎样适用法律，另一方面也可通过统一民法来消除法律抵触。涉外民事统一实体规范就是统一的实体民法规范，将它和法律抵

① 李浩培：《国际民事程序法概论》，载凌岩编：《李浩培法学文集》，法律出版社 2006 年版，第 302～303，457～458 页。

② 李浩培：《国际民事程序法概论》，载凌岩编：《李浩培法学文集》，法律出版社 2006 年版，第 302～303，458～459 页。

触法放在一起，不符合在科学上分工合作的做法。李浩培先生认为国际私法范围包括法律抵触法、民商事国际管辖权规范和外国民商事判决的承认和执行规范，而国际民商事统一规范可以包括在国际私法范围内，也可以单独成为法律体系。这一观点比较接近于英美学者的观点，与其在英国的留学经历应不无关系。① 虽然李浩培先生的观点在国内学界并非居于主流，但其合理性是毋庸质疑的。将国际民商事统一实体规范和冲突规范放在一个法律体系、一个法律学科之内的确有其不协调之处，而且在教学实践中，统一实体规范部分也基本不在国际私法课程中讲授。

（二）冲突法

20 世纪以来，国际交往迅速发展，在此背景之下，在冲突法领域无论是理论学说还是立法司法实践都有了较大的变化。对于我国而言，民国政府在 30 年代曾借鉴西方立法模式，颁布《法律适用条例》。1949 年后，由于时代变迁，原民国立法废止，直至 1979 年后我国回到建设法治国家的道路上，对外交往的需要使得对冲突法的研究和立法重新得到重视。李浩培先生自 20 世纪三、四十年代开始，在冲突法领域进行了深入的研究，留有大量文章，涉及冲突法一般制度、当事人能力、物权、合同、侵权行为、继承等领域的准据法的确定，对我国冲突法的研究和立法、司法实践均有重大影响，以下仅选择几个方面加以说明。

1. 反致转致问题

关于反致转致问题，一直以来在国际私法学者中间存在争论，各国实践也不一致。我国民国时期的《法律适用条例》承认反致，但不接受转致，当时我国学者对此问题也是赞同与反对观点并存。李浩培先生在 1944 年发表的论文《国际私法中之反致与转致的问题》② 对赞同反致转致的理由逐条进行了反驳，明确反对这一做法。

对于主张一国法律是不可分的，因而在适用某国法律时也将同时适用其国际私法规范的观点，李浩培先生认为，不同法律部门目的不同，国际私法构成一个独立的体系，与民法无关。如果坚持二者不能分离，则将导致两个国家的法律互相反致，往复不止，无法解决案件。而法院即使可以在外国法第一次反致到内国法时即适用内国法，但这显然不合乎法律不可分的理论；对于主张以反致来增进法院地法的适用的观点，李浩培先生认为，这将导致法律适用上的不公平，并且与国际私法存在的目的背道而驰；对于主张反致与转致能使各国对外国法律的适用以及判决趋

① 李浩培：《国际私法的概念》、《有关国际公、私法的几个基本问题的管见》，载《李浩培文选》，法律出版社 2000 年版，第 22 ~ 24，470 页。

② 参见李浩培：《李浩培文选》，法律出版社 2000 年版，第 80 ~ 89 页。

于一致，并使得判决易于得到外国承认和执行的观点，李浩培先生认为，如果只是一国采取反致，固然可使判决一致，但如果两国法院都采取反致，则判决又会不一致，仍会产生问题。

20世纪80年代后我国的有关立法和司法实践均不接受反致与转致，李浩培先生等学者的反对观点对此有着重大影响。虽然在这个问题上仍有不少学者持赞同反致与转致的立场，但学界及实践部门的主流看法并未改变。

2. 权利能力

关于权利能力，李浩培先生认为可将其分为一般权利能力和特殊权利能力两种，前者是指在民法范围内为权利和义务主体的能力，而后者是指在民法范围内取得一特定权利或负担一特定义务的能力。对于一般权利能力，法律冲突的发生主要限于能力的开始问题，这与人的出生有关。李浩培先生主张，一般权利能力应适用属人法，而反对适用本案准据法和法院地法。他通过举例说明本案准据法说将导致案件结果的矛盾和荒谬，而法院地法说则将导致同一人的能力会因受诉法院的不同而不同，二者均不合理。对于特殊权利能力，也存在法院地法说、当事人本国法说和本案准据法说等观点，李浩培先生指出，一人的特殊权利能力，是特定法律关系的成立要件之一，以支配该法律关系的法律来解决该人关于该法律关系的特殊权利能力问题，是比较适当的，但如果适用本案准据法的结果有害于内国公序良俗，则可依照公共秩序规定排除适用，而适用内国法。①

3. 合同

李浩培先生在1943年发表长文《契约实质成立要件及其效力之准据法》②，对合同应适用何法律进行了详细探讨，并提出按照不同类型合同的特性来寻求适当准据法的观点。李浩培先生认为，限定合同准据法为成立地法、履行地法、债务人住所地法或债务人本国法等法律之一的观点过于机械，也不合理。合同种类繁多、情况复杂，应适应各种不同合同的特性而非只顾及某一特定因素来选择法律，以达到具体的公平。他认为可以将所有合同按性质分类，如果情况需要，还可进一步分成小类，然后研究其特性来寻找适当的准据法。以买卖合同为例，他具体指出，不动产买卖合同以不动产所在地法为准据法较适宜，因为出卖人债务的履行必须在不动产所在地进行，如果此合同违反当地强行法，则不能履行，有关的外国判决也不能得到执行。其他种类买卖合同，如，船舶和航空器买卖合同应适用旗国法；在交易所及公共市场成立的有体动产买卖合同、拍卖成立的有体动产买卖合同、零售成立

① 李浩培：《权利能力的准据法》，载《李浩培文选》，法律出版社2000年版，第101～113页。

② 参见李浩培：《李浩培文选》，法律出版社2000年版，第216～264页。

的有体动产买卖合同适用合同成立地法；格式合同适用格式合同提供人所在地法等。李浩培先生的上述观点与最密切联系原则、特征性履行学说等均有一定相似之处，是较早提出突破僵化的合同法律适用方法的学者，但在新中国成立后，他将较大的精力投入到国际公法领域，更加上 1949 年到 1979 年的 30 年中我国对外民商事交往极少，使得他在这一领域的研究未能进一步向前。

4. 遗产继承

1990 年，李浩培先生应邀在海牙国际法学院讲授国际私法课程，题目为 Some Recent Developments in the Conflict of Laws of Succession。①在这篇讲演中，李浩培先生针对有关遗产继承国际私法规则的一些发展进行了深入的阐述，其观点集中于三个方面：首先是国际遗产继承准据法的体制问题。传统上各国立法存在单一制和分裂制的差异，李浩培先生指出，被继承人的遗产不论位于何处，都构成一个统一体，以单一法律来处理遗产继承，符合被继承人的愿望，而分裂制则容易引起无法克服的困难和不公平，因此，从各国立法、判例以及国际条约来看，分裂制正逐步被单一制取代。其次是被继承人的法律声明问题，即被继承人对遗产继承准据法的主动选择。在 20 世纪 60 年代以前，只有少数国家允许被继承人对遗产继承准据法进行选择，并几乎没有条约实践。但 1987 年瑞士国际私法以及 1989 年《关于遗产继承准据法的海牙公约》显示出，被继承人在生前选择遗产继承准据法正在得到认可，不过这种认可只在限定的范围内，即被继承人只能在其本国法和住所地法之间进行选择。李浩培先生认为，允许被继承人对遗产继承准据法进行选择，可以增进国际的协调、可预见性和法律安全。再次是遗嘱处分方式的准据法问题，即遗嘱的法定形式和程序的准据法。从各国立法的发展看，这方面可适用的准据法范围在逐渐扩大，以使遗嘱尽可能有效，而 1961 年《关于遗嘱处分方式法律适用的海牙公约》进一步明确了这一立法精神的转变，使得一个遗嘱几乎不会被宣布为方式上无效，李浩培先生将这一趋势称为“为遗产利益原则的实行”。②

（三）国际民事程序法

国际民事程序法属于较为新兴的一个法律部门，对于其概念、范围仍存在不少争论。李浩培先生是我国在此领域较早的研究者之一，1996 年出版了《国际民事程序法概论》一书，此外还有数篇重要的相关论文，如《论瑞士新国际私法关于

---

① See Recuil des Cours, 1990-Ⅴ. 后译为中文《国际私法在遗产继承方面的几个新发展》，发表在《中国国际法年刊》1991 年卷。

② 李浩培：《国际私法在遗产继承方面的几个新发展》，载《李浩培文选》，法律出版社 2000 年版，第 356 页。

国际裁判管辖权的规定》、《论规范国际民事裁判管辖权的多边条约》、《1968 年欧洲共同体〈关于民、商事裁判管辖权及裁判执行公约〉》。

李浩培先生认为，涉外民事案件的解决必须适用两类法律，实体法和程序法。适用实体法是为解决当事人的具体权利义务问题；而程序法则为是案件有序、合法地开始、进行和终结。这种程序法规则的总体即国际民事程序法，它不仅涉及诉讼事件，也包括非讼事件和仲裁事件。李浩培先生还指出，虽然这个法律部门使用“国际”一词，但并不属于国际法的一部分，其主要规则都是国内法，即使存在一些国际条约，但尚未成为形成对各国具有普遍拘束力的国际法体系。

国际民事程序法中关于管辖豁免的规则属于国际法，因此其法律渊源应包括《国际法院规约》第 38 条所列各项。其他规则基本属于国内法，主要渊源包括：(1) 国内立法，一般规定在民事诉讼法典中，但晚近有改由国际私法典规定的倾向；(2) 判例，这在普通法系国家自然属于重要渊源，即使在大陆法系国家，判例的重要性也在不断上升，已经成为事实上的法律渊源，法国即为典型例证；(3) 学说，国家一般均不明确承认其渊源地位，但事实上对立法和裁判均有影响；(4) 条约，在此方面已经有不少双边和多边条约。

李浩培先生认为，国际民事程序法的基本原则是程序依法院地法，这已经为各国国内立法、判例和国际条约所确认。程序依法院地法的理由在于：(1) 属人原则因在程序问题上会产生矛盾的结果而无法适用，只能采用属地原则；(2) 国际民事程序法属于公法，原则上只能适用国内法；(3) 程序问题适用外国法会因为法院不熟悉外国程序法而导致审理困难。但在现实中，一个问题到底是程序问题还是实体问题并不容易确定，各国的做法有很大差异。

根据李浩培先生的观点，国际民事程序法的规范对象主要包括：民商事裁判的豁免权；民商事国际裁判管辖权；外国人在国际民事程序法上的地位；外国民商事裁判的承认和执行；民商事案件的国际司法协助；国际商事仲裁。在《国际民事程序法概论》中，李浩培先生就以上几个方面分别进行了深入论述。① 而在其他几篇论文中则对国际民商事案件管辖权的多边条约进行了专题研究。

四、其他法律问题

李浩培先生除有大量学术著述外，还有不少文章虽非国际法专业之作，但与国际法有关。在这些文章中，有一篇《在华领事裁判权发生之原因》，探讨中国昔日

① 以上数段内容参见李浩培：《国际民事程序法概论》，载凌岩编：《李浩培法学文集》，法律出版社 2006 年版，第 299 ~ 316 页。

不平等的治外法权制度的来由，今天读来仍具启发意义。

根据李浩培先生的研究，在鸦片战争之前，外国人在华的主要是两种人，即商人和船员。在中外商人之间，虽然也有债务纠葛，但在当时并不引起国际管辖权纠纷，因为这种纠葛一般交由商会公断，并不经过官府，而清政府对此类纠纷也没有什么干预的兴趣。但在外国船员和当地百姓之间却屡有刑事纠纷，由于这事关当地治安、国际争议，清政府不能不加以处理。李浩培先生对当时的刑事案件和法权纠纷的史料进行了研究，通过其中11个案件的分析得出了一些结论①：

1. 民事方面

中外并无法权（即管辖权）纠纷，原因在于上述。

2. 刑事方面

可分为三种情况：

（1）外国人为被害人而中国人为被告的案件。清政府认为这事关国体，常对被告严格执行法律，外国人也觉得非常满意。例如1828年发生的福建厦门船主吴滚等人为谋财杀害雇船运输的法国人案件，清廷严令缉拿法办，处理过程迅速公正，东印度公司也表示“值得最高之赞扬”。

（2）被害人和被告均为外国人的案件。清政府认为外夷“自戕同类”，与中国并无损害，因此常放弃管辖权，或者有时也依中国法律判决，但实际上仍令外国人“自行处治”。如1754年发生的英国水手枪杀法国水手一案，英国人要求清政府严惩凶手，而清政府则劝当事人双方自行和解，遭到拒绝后才被迫行使管辖权，而罪犯并未被严惩，次年即获释放。

（3）中国人为被害人而外国人为被告的案件。如果案件并不重大，则清政府也常放弃管辖权，如1820年的英国水手放枪致中国人死伤案件，对被告6人判决杖80，但实际上交由英人处置，并未执行刑罚，也可视为放弃管辖。而如果清政府认为案情重大，如有人命丧失，则会行使管辖权，引发中外争执。

3. 中外法权纠纷案件，大多与人命有关，对此被告常被处绞刑。

4. 外国人抗拒中国法权的借口，一般是中国法律不良，审判不公，疑犯一旦交出，无一例外地被处绞刑。

从李浩培先生的叙述可以看出，当时的清政府并无国家主权和公共秩序观念，因此对于放弃管辖权也未感不妥。这种情况的发生与中国在近代以前所处的国际环境有很大关系，当时的中国与周边国家之间不是一种现代意义上的国际关系，而是所谓的天朝朝贡体系。而主权观念的产生则需要以近代欧洲那种平等的民族国家体

① 李浩培：《在华领事裁判权发生之原因》，载凌岩编：《李浩培法学文集》，法律出版社2006年版，第562～571页。

系为基础，所以放弃管辖权并不被认为是损害本国的司法主权，而行使管辖权同样也不是为了维护主权，在更大程度上是出于天朝体面的需要。

另一方面，从李浩培先生所引案例也可以看出，外国人对当时中国法律不良、审判不公的指责也并非没有道理。古代中国的司法和行政不分，与欧洲传统有很大差异，而轻视程序、轻视疑犯权利、刑罚严酷甚至官吏贪渎糊涂更加深了西方人对中国法律和司法的不信任。

一方对司法主权态度漠然，另一方对中国法律和司法不信任，两者结合在一起自然造就了近代中国治外法权的产生。对于这个问题，我们不能够因为其关乎民族独立尊严而只从政治角度谴责西方列强的恃强凌弱，而应该从法律和司法的角度更理性全面地看待这一问题。要知道日本即使在日俄战争后仍维持了西方的治外法权很长一段时间，这个问题除与国家实力相关外，的确还与本身的法律观念和制度密切相关。李浩培先生对此问题的客观记述和评析应促使我们不断对中国所面临的国际法问题进行理性的反思和客观的研究。

五、结　语

李浩培先生学术研究跨越国际公法和国际私法两个领域，并都取得了极高的成就，学术著作成为传世的经典，学术思想惠及后代学人，并得到不断的传承。李浩培先生学术影响还及于海外，当选为瑞士国际法研究院院士，赴海牙国际法学院发表学术讲演，并以国际法官身份参与审判，主持国际正义，其独立、中立、追求公平正义的精神以及学术造诣深为国际法庭同行赞许。这些成就使李浩培先生不仅是20世纪中国国际法学界最具影响的学者之一，也是国际国际法学界的重要学者之一。在李浩培先生逝世后，根据国际学术界的惯例，王铁崖和易显河两位教授特主编了英文版纪念文集《冷战后世界中的国际法：纪念李浩培论文集》①，在英国出版，李浩培先生是我国国际法学者中极少数获此等待遇者。

李浩培先生的一生反映出他们那一代国际法学人所共有的高贵品质，堪为后世楷模。先生首先是热爱自己的国家，怀抱专业报国的理想和信念，远赴异国求学，学成后归国投身国家建设，以自己的学识报效国家，即使身受磨难也无怨无悔、矢志不渝。其次是先生热爱自己的专业和学术，孜孜不倦，潜心钻研，身处逆境仍思考探寻不止，决非以学术为敲门砖，谋取禄位名利。

今天，我们正在沿着这些国际法前辈开拓的道路前行。李浩培先生留下的学

① Wang Tieya and Sienho Yee, ed., International Law in the Post-Cold War World: Essays in Memory of Li Haopei, Routledge, 2001.

说、著述将继续为后学提供知识及学术指引，但在这个时代，李浩培先生身上所体现的品格更应值得我们敬重和追随，这种精神才是构建具有世界影响的中国国际法学的力量来源。

李浩培先生主要著述

一、学术著作

（一）国际公法

1.《联合国》，华夏图书出版公司 1948 年版；

2.《国籍问题比较研究》，商务印书馆 1979 年版；

3.《条约法概论》，法律出版社 2003 年版；

4.《国际法的概念和渊源》，贵州人民出版社 1994 年版。

（二）国际私法

1.《国际私法总论》，1945 年；

2.《国际民事程序法概论》，法律出版社 1996 年版。

（三）其他

1.《英国的司法与司法制度》，商务印书馆 1946 年版。

二、译著

1.［苏］斯·勒·齐夫斯著：《美国刑法的反动本质》，法律出版社 1955 年版；

2.［奥］菲德罗斯等著：《国际法》，商务印书馆 1981 年版；

3.［英］沃尔夫著：《国际私法》，法律出版社 1988 年版。

三、论文

（一）国际公法

1.《新约与移民法》，载《世界政治》1943 年新约特号；

2.《美加澳移民法与华侨问题》，载《世界政治》1943 年第 3、4 期；

3.《外侨的容纳与待遇》，载《东南日报》1947 年 1 月 26 日第 2 版；

4.《国际人权保障公约刍议》，载《中建》1948 年第 6 卷第 1 期；

5.《联合国的安全理事会与国际和平》，载《观察》1948 年第 4 卷第 7 期；

6.《安全理事会中大国的否决权》，载《东南日报》1948 年 9 月 15、22、29 日第 6 版；

7.《华侨的概况及其国籍问题的研究》，未发表，1950 年；

8.《社会主义国家的国籍法的原则》，未发表，1958 年；

9.《国有化与国际法》，载《政法研究》1958 年第 2 期；

10.《东南亚华侨的双重国籍问题》，未发表，1959 年；

11.《最惠国条款》，载《法学译丛》1979 年第 1 期；

12.《条约中的保留问题》，载《中国社会科学》1980 年第 5 期；

13.《强行法与国际法》，载《中国国际法年刊》1982 年；

14.《论条约法上的时际法》，载《武汉大学学报》1983 年第 6 期；

15.《论条约的抵触》，载《中国国际法年刊》1984 年；

16.《论条约必须信守原则》，载《法学》1985 年第 1 期；

17.《论国家管辖豁免》，载《中国国际法年刊》1986 年；

18.《条约、非条约和准条约》，载《中国国际法年刊》1987 年；

19.《论国际法的特性》，载黄炳坤主编：《当代国际法》，广角镜出版社有限公司 1988 年版；

20.《条约法的一个突破：多边外交中的协商基本一致决定程序》，载黄炳坤主编：《当代国际法》，广角镜出版社有限公司 1988 年版；

21.《对塔迪奇关于国际法庭管辖权动议的上诉案的个别意见》，载《前南斯拉夫国际法庭判决书》1995 年；

22.《对检察官诉埃尔戴莫维奇上诉案的个别和异议意见》，载《前南斯拉夫国际法庭判决书》，1997 年。

（二）国际私法

1.《怎样研究国际私法》，载《读书通讯》1941 年第 2 卷第 27 期；

2.《契约实质成立要件及其效力之准据法》，载《国立武汉大学社会科学季刊》1943 年第 8 卷第 1 期；

3.《国际私法中之反致与转致的问题》，载《中华法学》1944 年第 3 卷第 6 期；

4.《国际私法中的公共秩序问题》，载《中华法学》1945 年第 4 卷第 1 期；

5.《关于侵权行为的国际私法问题》，载《中华法学》1945 年第 4 卷第 3 期；

6.《死亡宣告的管辖冲突与法律冲突问题》，载《中华法学》1945 年第 4 卷第 4 期；

7.《19 世纪的国际私法学》，载《新法学》1948 年第 1 卷第 1 期；

8.《国际私法中的当事人本国法主义》，载《新法学》1948 年第 1 卷第 3 期；

9.《关于离婚及别居的国际私法》，载《新法学》1948 年第 5 卷；

10.《关于婚姻成立问题的国际私法》，载《浙江学报》1948 年第 2 卷第 1 期；

11.《婚姻成立的形式要件的准据法》，载《中华法学杂志》1948 年第 7 卷第 1 期；

12.《子女身份的准据法》，载《中华法学杂志》1948 年第 7 卷第 8 期；

13.《美轮撞沉新安轮案的法律问题》，载《新建设》1950 年第 2 卷第 6 期；

14.《对国际私法中属人法学派的批判》，载《政法研究》1961 年第 4 期；

15.《国际私法的概念》，载《国际私法讲义》1982 年；

16.《国际私法学说的历史发展》，载《国际私法讲义》1982 年；

17.《论合同的法律适用问题》，载《经济与法律》1987 年 6 月；

18.《合同准据法的历史发展》，载《国际私法讲稿》（下）1988 年；

19.《瑞士新国际私法》，载《法学》1989 年第 4 期；

20.《论瑞士新国际私法关于国际裁判管辖权的规定》，载《中国国际法年刊》1991 年；

21.《美国的国际私法革命》，载《中国国际法年刊》1992 年；

22.《论规范国际民事裁判管辖权的多边条约》，载《中国国际法年刊》1993 年；

23.《1968 年欧洲共同体〈关于民、商事裁判管辖权及裁判执行的公约〉》，载《中国国际法年刊》1994 年；

24.《1980 年欧洲共同体〈关于契约债务准据法的公约〉》，载《中国国际法年刊》2004 年；

25.《有关国际公、私法的几个基本问题的管见》，载《中国现代法学家大辞典》，中国劳动出版社 2004 年版。

（三）其他法律问题

1.《建设新中国与发展法律教育》，载《今日评论》1941 年第 5 卷第 9 期；

2.《在华领事裁判权发生之原因》，载《世界政治》1942 年第 8 期；

3.《法治与建国》，载《中央训练团团刊》1943 年第 201/202 期；

4.《评王著“新约研究”》，载《读书通讯》1944 年第 98 期；

5.《何德奎案》载《观察》1946 年第 1 卷第 15 期；

6.《英国司法制度》，载《观察》1946 年第 1 卷第 15 期；

7.《法治实行问题》，载《观察》1947 年第 2 卷第 12 期；

8.《谈婚约法》，载《东南日报》1947 年 7 月 13 日第 3 版；

9.《法国法关于他人侵权行为之民事责任》，载《大公报》1947 年 9 月 19 日、26 日第 9 版；

10.《比较法的意义、方法、目的及其现状》，载《东南日报》1947 年 10 月 18 日第 6 版；

11.《联合国组织述要》，载《东南日报》1948年10月24日第3版；

12.《旧中国选举制度的实质》，载《人民日报》1953年6月8日第3版；

13.《论公民的劳动权》，载《新建设》1954年8月；

14.《拿破仑法典初步批判》，载《政法研究》1955年第2期；

15.《谈法律和法律科学的继承性》，载《光明日报》1957年4月29日第3版；

16.《论国际公法和国际私法目前的相互作用》，载《政法译丛》1957年第4期；

17.《支持阿拉伯人民的争取独立的斗争》，载《政法研究》1958年第4期；

18.《读尼赫鲁先生的谈话》，载《北京日报》1959年5月4日第3版；

19.《论美国总统行政命令对人民基本人权和自由的摧残》，载《政法研究》1962年；

20.《谴责美国的法西斯立法和审判，支持美共的正义斗争》，载《政法研究》1962年第1期；

21.《巴西当局迫害中国人员严重违反国际法》，载《大公报》1964年4月25日第4版；

22.《不容巴西当局对中国人员进行所谓“预防性逮捕”》，载《人民日报》1964年6月5日第3版；

23.《驳斥巴西当局对中国人员的非法判决》，载《光明日报》1964年12月31日第3版；

24.《加强国际经济法研究》，载《经济与法律》1985年第1期；

25.《争取法制原则的贯彻执行》，载《群言》1986年第3期；

26.《老浙大法学院简史》，载《杭大校史通讯》1987年第4期；

27.《实行法治需要解决的几个问题》，载《群言》1988年第2期；

28.《评姚梅镇主编：〈国际经济法概论〉》，载《中国国际法年刊》1990年。

四、辞书条目

1.《中国大百科全书》法学卷“国际私法”部分辞条；

2.《中华法学大辞典》国际法卷“国际私法”部分辞条。

王铁崖及其国际法思想评述

□ 谢晓庆*

目　次

一、王铁崖先生的国际法生涯

（一）结缘国际法

王铁崖先生，原名庆纯，笔名石蒂①，1913 年 7 月 6 日出生于福建省福州市一

* 武汉大学国际法研究所博士生。

① 王家有 12 个孩子，“子八女四”(《闽侯县志·七二文苑下》，第 22 页)，王先生排行第十，“石蒂”当为“十弟”的谐音。王先生在很多论著中，均使用了这一笔名，如在 1971—1973 年商务印书馆出版的译著《奥本海国际法》第八版（与陈体强先生合译）中，使用的就是石蒂的笔名。在《新独立国家与国际法》、《新的国际经济秩序：原则、政治和国际法》等文章中使用的也是石蒂的笔名。

个法学和外交世家。王先生的父亲王寿昌是这一法学和外交世家的开山鼻祖。① 这种独特的家庭背景对于王先生的成长以及人生道路的选择无疑具有重大影响。王先生自己就曾说过，“大概是受了家庭的影响，我的父亲曾多年担任省交涉员的工作，我的堂兄曾任驻外使节，在30年代，国际法在中国仍属冷门学科，而我则很早就对国际法和外交史产生了兴趣，1931年从上海复旦大学转入清华大学政治系后，就一心一意要学国际法”。②

但是，家庭的影响并不是王先生选择国际法作为自己一生的职业的唯一因素。在1931年通过转学考试进入清华大学政治系学习之前，王先生曾在复旦大学政治系学习一年。此时，国际法似乎不是王先生学习和研究的重点。直到在清华大学学习后，王先生才“开始重点学习和研究国际法”。为什么要到清华大学后才开始重点学习和研究国际法呢？王先生在自述中作了回答，原因在于正要在清华大学开始学习时，“九一八事变”发生了，这给了他很大的触动。③ 事变使他的爱国思想④化为了满腔的民族仇恨，他满怀热情地参加了三星期的军事训练，准备投入前方的战斗，抗击日本帝国主义对中国的侵略。然而，由于清华大学校方提倡学生继续留在学校里学习，声称学习比参战更为重要，他没有奔赴前方战场，但却从此开始了对国际法一生的学习和研究。⑤ 从表面上看，奔赴前线武力抗击帝国主义对中国的侵略与学习和研究国际法似乎没有关联，但在当时的历史背景下，两者实际上存在着莫大的联系。这种联系在于，帝国主义对近代中国的侵略方式是多样的，既有通过武力掠夺领土的直接侵略方式，也有以条约体系实际控制中国的间接侵略方式，

---

① 参见［法］巴斯蒂：《出国留学对中国近代世界观形成的影响——清末中国留法学生》，载中国社会科学院近代史研究所编：《近代中国与世界：第二届近代中国与世界学术讨论会论文集》（第二卷），社会科学文献出版社2005年版，第262页。

② 秦晓程：《矢志不渝六十载——访国际法学家王铁崖教授》，载《群言》1995年第12期，第22页。

③ 参见王铁崖：《王铁崖自述》，载高增德、丁东编：《世纪学人自述》（第四卷），北京十月文艺出版社2000年版，第419页。

④ 由于父亲王寿昌从事外交工作的关系，王先生很早就接受了爱国主义教育。他曾回忆到，从父亲那里，他知道了早期日本对中国的侵略，这是他受到的“第一次爱国主义教育”。他仍然记得无意间在父亲的办公室里听到父亲和日本领事发生激烈争执的情形。参见［加］罗纳德·麦克唐纳：《王铁崖：活着的精神》，载饶戈平编：《山高水长：王铁崖先生纪念文集》，北京大学出版社2004年版，第310页。

⑤ 参见［加］罗纳德·麦克唐纳：《王铁崖：活着的精神》，载饶戈平编：《山高水长：王铁崖先生纪念文集》，北京大学出版社2004年版，第311页；宋英等：《为王先生写传记》，载邓正来编：《王铁崖文选》，中国政法大学出版社2003年版，第600页。

而条约则是国际法的一个重要组成部分。① 因此，学习和研究国际法同样可以抗击帝国主义对中国的侵略，只不过其手段是学术的，而非武力的。所以，20 世纪 30 年代中国所处的时代背景也是王先生选择国际法作为一生的职业的重要因素。

（二）学习国际法

1931 年在清华大学政治学系正式开始国际法的学习之后两年，王先生以论文《中国领事裁判权制度》毕业，获得法学学士学位。毕业后，他作为成绩优异的本校毕业生免试直接升入清华大学研究院政治学研究所，师从王化成教授进行研究生阶段的学习，1936 年以论文《中国租借地问题》毕业，取得硕士学位。在清华政治学系就读的这五年是王先生国际法生涯中非常关键的五年，奠定了他一生国际法研究的基础，正如他自己所说，"如果我不到清华，如果我遇不上王化成先生，我很可能不会坚持攻读国际法了"。②

1936 年从清华大学毕业后，王先生学习国际法的过程并没有结束。他因通过 1936 年的第四届中美庚子赔款留学考试，取得专研国际公法（注重法理）的留美公费生资格而得以到国外继续学习。但按照美国庚子赔款基金的要求，通过留学考试者在出国之前，要在导师指导下留在国内进修一年。因此，王先生并未立即出国，而是保留了在清华大学的学籍，在周鲠生和王化成两位教授的指导下进修。③进修期间，王先生的留学目的地发生了变化。王先生参加的是中美庚子赔款留学考试，取得的是留美公费生资格，按理应赴美留学。但由于王先生在读了英国国际法学者劳特派特（Lauterpacht）的《法律在国际社会中的作用》一书后，深为欣赏他的渊博学问，便决心改去英国留学，跟他学习国际法。④ 就国际法的学习而言，王先生的选择无疑是正确的。劳特派特因其优秀的研究成果和严谨认真的治学态度而被认为是 20 世纪 20 年代到 60 年代世界上最重要的国际法学家，并且创立了自己

---

① 参见罗志田：《帝国主义在中国：文化视野下条约体系的演进》，载《中国社会科学》2004 年第 5 期，第 193 页。

② 何刚、吴云：《王铁崖：从北大教授到国际法官》，载《国际人才交流》1997 年第 9 期，第 37 页。

③ 参见［加］罗纳德·麦克唐纳：《王铁崖：活着的精神》，载饶戈平编：《山高水长：王铁崖先生纪念文集》，北京大学出版社 2004 年版，第 312 页；孙宏云：《中国现代政治学的展开：清华政治学系的早期发展（1926 至 1937）》，三联书店 2005 年版，第 153、245 页。

④ 参见秦晓程：《矢志不渝六十载——访国际法学家王铁崖教授》，载《群言》1995 年第 12 期，第 22 页。

独特的学派——劳特派特学派。① 但从后来实际的留学经历来看，王先生的选择似乎又不太正确，他在英国的学习远没有在清华学习那么顺利。

1937 年 10 月王先生抵达伦敦后随即拜见并师从于劳特派特。但是，没有预想到的是，1937 年 11 月 13 日，剑桥大学决定任命劳特派特为该校惠威尔(Whewell) 国际法教授，并要求他在 1938 年 1 月到任。② 为继续师从劳特派特学习，王先生向清华校方提出请求，允许他跟随劳特派特转往剑桥。这一请求得到了校方的允准。③ 但最终不知何故未能实现，以致于王先生"只好偶然到剑桥去请教"。④ 由于不得不仍然留在伦敦政治经济学院学习，学院便建议王先生跟随赫伯特·阿瑟·史密斯（Herbert Arthur Smith）继续攻读他的博士学位。然而，好景又不长，第二次世界大战的爆发迫使他提前结束了在英国攻读博士的生活。中日之间的敌对使他本应得到的三年奖学金停发一年。1939 年 8 月，王先生在柏林和莱比锡度假，身上的钱所剩无几，他不得不决定回国。他先乘火车到巴黎，再由巴黎转道马赛，然后乘船取道越南西贡回到祖国。⑤ 就这样，王先生带着未能完成学业和取得任何学位的无尽遗憾结束了两年的留学生活，他学习国际法的过程也随之结束了。

（三）抗战烽火中的国际法研究与教学

1939 年底，王先生回到了正处在抗战烽火中的祖国。他先到昆明，与当时在西南联合大学行政研究所从事研究工作的陈体强先生取得了联系。由于在昆明找不到工作，王先生便辗转到当时中国的战时陪都重庆谋生。在重庆，经由同学的引荐，他得以到中国国际联盟同志会担任二等秘书，并主编该会主办的刊物《世界

① See James Crawford, Public International Law in Twentieth-century England, in Jurists Uprooted: German-Speaking Emigré Lawyers in Twentieth-century Britain, ed. by Jack Beatson and Reinhard Zimmermann, Oxford University Press, 2004, p. 698；日本国际法学会编：《国际法辞典》，世界知识出版社 1985 年版，第 361 ~ 362 页。

② See Martti Koskenniemi, Hersch Lauterpacht (*1897-1960*), in Jurists Uprooted: German-Speaking Emigré Lawyers in Twentieth-century Britain, ed. by Jack Beatson and Reinhard Zimmermann, Oxford University Press, 2004, p. 632.

③ 参见"历届留美公费生申请延长留学年限等来往函件"，清华大学档案，全宗号：1，目录号：3 ~ 3。案卷号：106。转引自孙宏云：《中国现代政治学的展开：清华政治学系的早期发展（1926 至 1937）》，三联书店 2005 年版，第 246 页。

④ 王铁崖：《王铁崖自述》，载高增德、丁东编：《世纪学人自述》（第四卷），北京十月文艺出版社 2000 年版，第 420 页。

⑤ 参见［加］罗纳德·麦克唐纳：《王铁崖：活着的精神》，载饶戈平编：《山高水长：王铁崖先生纪念文集》，北京大学出版社 2004 年版，第 313 ~ 314 页。

政治》。① 在中国国际联盟同志会工作不到半年，经由周鲠生教授的推荐，西迁至四川乐山的国立武汉大学聘请王先生到该校法学院政治学系任教。此时，王先生正因国联同志会遭到日机轰炸而丧失了自己所有的书籍和财物，陷入“一无所有”的绝境。因此，王先生很快接受了武汉大学的聘请，于 1940 年夏正式开始在武汉大学上课，并从此走上了教学道路。在武大政治学系，王先生受聘担任国际法、中国外交史、欧洲外交史三门课的教学，条约问题则是三门课中他最钟爱的讲授重点。在武大任教两年后，1942 年夏，王先生又应当时迁至重庆沙坪坝的国立中央大学之聘，任该校法学院政治系教授，讲授条约法、中国外交史等课程，直至抗战结束。在中央大学任教期间，为了增加收入，王先生还在重庆大学商学院短期授课，教授国际法和合同法，为时大约十八个月。②

在大学任教的这几年中，虽然有一份稳定的工作，但生活依然是异常艰苦的。王先生后来曾回忆到，“抗战期间，教授生活很艰苦，教学条件也极差，除了在课堂上向学生授课外，由于缺乏必要的资料和信息，无法进行深入研究”。③ 但是，王先生并没有中断自己的学术研究。他在这几年中发表的文章不少于二十篇，并出版了两部个人专著《新约研究》和《战争与条约》。他还应太平洋国际学会（Institute of Pacific Relations）中国分会之约，第一次以英文撰写了长达六十九页的论文《外国人和外国企业在中国的地位》（The Status of Aliens and Foreign Enterprises in China），并作为资料性报告（data paper）提交给 1945 年 1 月在美国弗吉尼亚州温泉（Hot Springs）举行的太平洋国际学会第九次年会。④ 这些研究成果不仅数量多，而且许多成果的质量也很高。《新约研究》当时就被认为是一部“篇幅虽不巨，但观念颇准确，能供一般人士以可读的智识与指示的著作”，是一

---

① 参见［加］罗纳德·麦克唐纳：《王铁崖：活着的精神》，载饶戈平编：《山高水长：王铁崖先生纪念文集》，北京大学出版社 2004 年版，第 314 页。

② 参见［加］罗纳德·麦克唐纳：《王铁崖：活着的精神》，载饶戈平编：《山高水长：王铁崖先生纪念文集》，北京大学出版社 2004 年版，第 314 ~ 315 页；沈守愚：《怀念恩师王铁崖教授》，载中央大学南京校友会、中央大学校友文选编纂委员会编：《南雍骊珠：中央大学名师传略》，南京大学出版社 2004 年版，第 159 ~ 160 页；饶戈平：《王铁崖和中国旧约章编纂》，载《清华法学》（第 4 辑），第 124 页。

③ 秦晓程：《矢志不渝六十载——访国际法学家王铁崖教授》，载《群言》1995 年第 12 期，第 22 页。

④ Institute of Pacific Relations, The Ninth I. P. R. Conference, Pacific Affairs, Vol. 17, No. 4, 1944, pp. 511-512; Institute of Pacific Relations, Conference Data Papers, Pacific Affairs, Vol. 18, No. 1, 1945, pp. 97-99.

本“可资注意国际问题人士之参考的好书”。① 该书和《战争与条约》以及发表的《条约与国内法律的冲突》与《国家继承与条约》等论文还被视为20世纪40年代中期中国国内有关条约法研究的最高成果之一，即使后来迁往台湾的“中央研究院”历史研究所在编纂历史文集时，也把这些论著列为该时期的代表作。② 因此，我们完全可以把这一时期视为王先生学术研究的第一个高峰期。

（四）政治运动频仍环境下的国际法研究与教学

1945年8月抗战结束后，中央大学开始筹备复员事宜。经过近一年的筹备，1946年6月，全校师生开始分批东进。③ 是年秋，王先生也随中央大学由重庆迁返南京任教。恰在此时，他接到了北京大学法学院院长兼政治学系主任周炳琳教授以及政治学系钱端升教授的邀函，请他到北大政治学系任教。④ 王先生接受了这一邀请，辞去了中央大学的教职，转往北大任教，从此开始了在北大近六十年的执教生涯。

王先生选择离开已执教五年的中央大学而转任北大的一个可能原因是，“中央大学已经深陷于政治斗争当中”。⑤ 然而，事实表明，北京大学也不是一块远离政治斗争的净土。1946年底“标志着蒋管区人民斗争的新高涨”的全国抗暴运动的导火索就是美军强奸北大女生的事件。而在1947年5、6月间的“反饥饿、反内战、反迫害”爱国学生运动中，北大也是积极的参加者。处在这样的政治漩涡里，身为北大政治学系教授并任政治学系主任的王先生是难以置身事外的。他积极参加了当时的政治活动，表现出强烈的政治热情。⑥ 与积极参与政治活动相应的是，他在1946—1949年间发表的近二十篇文章中，评论和批评内外时政的政治性文章占

---

① 李浩培：《评王著“新约研究”》，载凌岩编：《李浩培法学文集》，法律出版社2006年版，第781，784页。

② 参见饶戈平：《王铁崖和中国旧约章编纂》，载《清华法学》（第4辑），第124页。

③ 参见季啸风主编：《中国高等学校变迁》，华东师范大学出版社1992年版，第18页。

④ 参见沈守愚：《怀念恩师王铁崖教授》，载中央大学南京校友会、中央大学校友文选编纂委员会编：《南雍骊珠：中央大学名师传略》，南京大学出版社2004年版，第160页。

⑤ ［加］罗纳德·麦克唐纳：《王铁崖：活着的精神》，载饶戈平编：《山高水长：王铁崖先生纪念文集》，北京大学出版社2004年版，第315页。

⑥ 例如，他在《我们对于改善公教人员待遇的意见》、《我们对于政府压迫民盟的看法》和《停教宣言》等公开抨击国民党政府的宣言上署名。他多次参加学生活动，发表“谈内政与外交”、“再谈新五四运动”、“我对日本问题的看法”、“美国外交政策”等演讲，抨击政府的内外政策以及美国的对外政策。他几次参加《正论》、《新路》等刊物主办的关于国际形势和政府内外政策的座谈会，议论内外时政，发表自己的看法。

了绝大多数，而学术性文章则是极少的。也正因如此，他在自述中列举这几年的主要著述时，只提到了登载在1948年《国立北京大学五十周年纪念论文集》中的《条约签字后的法律上效力》。① 然而，即使是这篇文章，它也不是那几年中的学术成果，而是1943年就已发表在昆明《人文科学学报》上的一篇旧作。当然，王先生的情况也不是孤立的现象。《北京大学校史》在提到这一时期北大的科学研究时曾经指出，“由于科研经费极为短缺，加上社会动荡，教职工生活不安定，科研工作无法广泛展开。……因此，在这个时期，尽管北大集中了国内相当一批具有较高造诣的专家、学者，但科学研究工作的成绩是不甚显著的”。②

在新中国成立后的最初八年里，王先生实际上是在马不停蹄的政治和社会活动中度过的。③ 在这八年中，与不断的政治运动相伴随的还有全国高校院系的调整。1952年8月，北京大学政治学系被取消，王先生不得不改任北大历史系教授并兼国际关系史教研室主任。在历史系，他不能再像以往那样同时讲授国际法课程和国际关系史（包括中国对外关系史在内）课程，而只能讲授国际关系史，他的国际法教学生涯中断了。在历史系任教两年后，当时的高教部决定恢复北京大学法律系，并在1956年设立了国际法教研室，委任王先生为教研室主任。这样，王先生又开始兼任法律系教授，并于1957年后专任法律系教授。④ 但是，王先生的国际

① 参见王铁崖：《王铁崖自述》，载高增德、丁东编：《世纪学人自述》（第四卷），北京十月文艺出版社2000年版，第426页。

② 萧超然等编著：《北京大学校史1898—1949》，北京大学出版社1988年版，第476页。

③ 还在新中国成立之前，王先生就已积极参加了筹建新中国的政治活动。他多次参加中国人民政治协商会议，参与讨论《共同纲领》的起草。新中国成立后的第一年，他则作为法律顾问，参加中国派往联合国的代表团的筹备工作。同年，他还随全国总工会主席刘宁一率领的中国人民友好代表团到英国访问。1951年，他又参加了另一个访问英国的代表团。访问回来后，他马上被指定为北京四大学法学院土改团团长，带领学生到广西等地进行土改，直到1952年7月才返回北京。这时，一场声势浩大的知识分子思想改造运动已在全国范围内兴起，王先生也被卷入其中，花了一个月的时间完成了所谓的自我反省与自我认识。1955年，他作为中国代表团的一员，出席在印度新德里召开的亚洲国家会议。1956年5月，他作为中国政治法律学会代表团的成员出席了在布鲁塞尔召开的国际民主法律工作者协会第六届大会。同年，他还参加了中国法律工作者代表团到德意志民主共和国访问。1957年，整风运动又在全国展开，王先生再次参与其中。他给北大的改革提意见，在北大党委整风扩大会议上发言，并将发言稿整理成《肃清官风，发扬学风》一文，发表在《北京日报》上。他还参加北京法学界座谈会，在会上发言，批评政法教育界的“三害”（教条主义、官僚主义和宗派主义）很严重。

④ 参见李贵连等编：《百年法学：北京大学法学院院史：1904—2004》，北京大学出版社2004年版，第225~226页；王铁崖：《王铁崖自述》，载高增德、丁东编：《世纪学人自述》（第四卷），北京十月文艺出版社2000年版，第418页。

法教学并没有恢复。由于国际法是给法律系三年级学生开设的课程，所以王先生必须等两年过后才能给第一届学生授课。然而，“反右”运动的开始使他没有等到恢复国际法教学的机会。①

与1946—1949年间一样，王先生在这八年中也发表了近二十篇文章。这些文章有一个很明显的特点，即都以捍卫新中国政府的严正立场和合理主张，揭露和驳斥帝国主义侵略政策和战争政策以及它们的无理主张为目的。这从文章的标题就可以明显地看出来，如，《“白皮书”装的什么药？不会再落入帝国主义的圈套了》、《美国侵略台湾是对联合国宪章的彻底破坏》、《还有什么可以狡赖呢?》、《坚决反对美国政府迫害中国留学生的非法行为》、《美国的侵略罪行是掩盖不了的》、《丧失了理智的诡辩（评英国历史学家赫德逊所写的“两个中国”)》，等等。然而，这种国际法研究是难以称为学术研究的，这种研究成果也是难以称为学术成果的，它们更多地是政治成果。孔慈（Kunz）曾经指出，“国际法理论研究者……可能会变为仅仅只服务于自己的国家、同盟国或朋友的现实政策的学者。在这种情况下，他在国际法理论名义下的成果事实上只是政治成果，即为特定外交政策辩护的意识形态。这种国际法学更多地是国家政策的工具”。② 王先生自己也曾说，“政治性文章是有意义的，有时还是很重要的。这种文章有宣传的价值，在国际斗争中能够发挥一定的直接作用。但是，政治性文章不是学术性文章，两种文章不能相等同”。③从这一角度来说，在那八年里，王先生不仅中断了国际法教学，而且国际法的学术研究实际上也中断了。

国际法教学和学术研究的中断无疑已经可以说明，王先生的国际法生涯在新中国成立后的最初八年里遭受了很大的波折。然而，不幸的是，这仅仅是波折的开始，在以后的二十年中，他遭受的波折更大。1957年6月11日召开的北京法学界第七次座谈会拉开了法学界反右派斗争的序幕。九天之后，王先生在座谈会上就成了被首批揭发出来的“右派”分子。他被迫离开了教学岗位，并被禁止公开发表文章，从而与学术界隔离。五年之后，北大宣布王先生复职，“右派”的帽子也被摘掉了。然而，还没等到王先生实际走上讲台和发表一篇文章，社会主义教育运动

---

① 参见［加］罗纳德·麦克唐纳：《王铁崖：活着的精神》，载饶戈平编：《山高水长：王铁崖先生纪念文集》，北京大学出版社2004年版，第320页。

② Josef L. Kunz, The Theory of International Law, American Society of International Law Proceedings, Vol. 32, No. 1, 1938, pp. 27-28.

③ 王铁崖：《略谈国际法的研究及其论文写作》，载王力等著：《怎样写学术论文》，北京大学出版社1981年版，第74页。

又开始了，王先生又被卷入其中，无法从事教学和研究。① 接踵而来的则是史无前例的“文化大革命”，它对王先生来说，“更是一场恶梦”。他被迫在北大有名的“黑帮大院”蹲“牛棚”。他的家也被抄了，花费大量心血搜集整理的很多资料都损失殆尽。他还被发往江西鄱阳湖农场劳动，经受“精神和肉体的双重折磨”。② 在这样的环境中，连人身安全都难以保全，就更不用奢谈教学和研究了。因此，我们遗憾地看到，在1958年至1978年的二十年时间里，王先生没有发表一篇文章，更没有出版一部学术研究专著。③ 就此而言，这二十年对王先生的学术生命来说，无啻于被判处“死缓”的二十年。

（五）改革开放年代的国际法研究与教学

政治运动频仍的年代终于在1978年终结了。这年末召开的十一届三中全会实现了新中国成立以来党的历史的伟大转折，作出了把全党工作着重点和全国人民的注意力转移到社会主义现代化建设上来的战略决策，从而终结了政治运动频仍的旧时代，开启了改革开放的新时代。十一届三中全会对于中国国际法学的发展也具有转折意义，正是在邓小平所作的题为三中全会主题报告的《解放思想、实事求是、团结一致向前看》的著名讲话中，提出了“我们还要大力加强对国际法的研究”，从而为中国的国际法学家们重建国际法这个关闭了数十年的领域开辟了通道。在这样的背景下，王先生的国际法生涯得以重新开始。

改革开放的第一年，王先生就在被迫封笔二十年后，再次开始公开发表文章。这一年，他在《人民日报》上发表了《越南输出难民是对国际法的践踏》和《国际法的研究必须加强》两篇文章。在那个新旧时代转换之际，这两篇文章对王先生的学术研究而言，也是颇具转折意义的。前者无疑延续了政治运动频仍年代那种政治性文章的模式，但它也是王先生最后一篇此类文章，他以此告别了旧时代的国

---

① 参见［加］罗纳德·麦克唐纳：《王铁崖：活着的精神》，载饶戈平编：《山高水长：王铁崖先生纪念文集》，北京大学出版社2004年版，第322页。

② 参见刘俍：《空对真成被花恼，出门一笑大江横——著名法学家王铁崖教授答本刊记者问》，载《法学杂志》1985年第1期，第37页。

③ 值得注意的是，王先生在这一时期进行了大量的翻译和资料整理工作。他编著了三册《中外旧约章汇编》以及《海洋法资料汇编》，与人合作译出了《一八九八——一九一四年的欧洲国际关系》、《一八七一——一八九八年的欧洲国际关系》、《海上国际法》以及四册《奥本海国际法（第八版）》等国际关系和国际法方面的著作。这些成果在改革开放后中国国际法学的研究和教学中，发挥了重要作用，使中国国际法学的发展基本上有了必要的文献资料做基础，并为中国国际法研究者的研究提供了必要的文献依据。但在当时的时代背景下，它们并没有太多发挥作用的空间。

际法研究。① 后者则是王先生适应改革开放时代要求的第一篇文章，也是他在新时代进行国际法研究和教学的"总纲领"。② 在这篇文章中，他提出了加强国际法研究的四项具体措施：(1) 解放思想，破除迷信，打碎精神枷锁，勇于冲破国际法上的禁区。国际法与外交有密切的联系，但国际法毕竟是一门科学，有许多理论和学术上的问题需要加以探讨。(2) 尽快恢复国际法研究机构，成立国际法学会，健全高等院校的国际法教学科研组织。(3) 大力培养新的国际法研究人才，加强国际法教学工作，尽快制定出我国国际法研究的短期和较长远的规划，撰写国际法教科书和专著，活跃学术空气。(4) 加强国际法图书资料的建设和交流。

事实表明，在随后二十多年的国际法生涯中，王先生主要就是围绕上述四项措施来进行研究和教学的。关于第一项措施，王先生集中研究了国际法的最近发展、国际法与中国以及国际法的基本理论等三个方面的问题。其中最为突出的研究成果是他在海牙国际法学院发表的讲演《中国与国际法——历史与当代》和他最后一部学术专著《国际法引论》。前者标志着王先生在国际法方面的整个学术生涯的最高峰。③ 后者则是王先生一生国际法研究的最后结晶，反映了他的国际法知识的理论基础。④ 关于第二项措施，从1979年起，王先生就投身于中国国际法学会的筹备工作。经过一年的不懈准备，1980年2月2日，中国国际法学会在北京召开成立大会，正式宣告成立。王先生在成立大会上被推选为副会长，1990年后改任会长。1982年，他又主持创办了学会会刊《中国国际法年刊》，并任共同主编之一，直至生命的最后一刻。1983年，王先生还主持创办了北京大学国际法研究所，并担任第一任所长。关于第三项措施，1979年，王先生在北京大学法律系创设国际法专业，这是中国法学教育史上最早的国际法专业本科教育。国际法研究生的培养也相应展开。1981年11月3日，北京大学法律系法学理论、国际经济法和国际法等三个专业获得首批博士学位授予资格，王先生是国际法专业唯一的指导教师。⑤ 随着国际法教育的展开，国际法教材的撰写也被提上议事日程。1981年，王先生

---

① 参见王铁崖：《越南输出难民是对国际法的践踏》，载《人民日报》，1979年7月20日第5版。

② 参见王铁崖、魏敏：《国际法的研究必须加强》，载《人民日报》，1979年3月30日第3版。

③ See Zhaojie Li, Teaching, Research, and the Dissemination of International Law in China: The Contribution of Wang Tieya, Canadian Yearbook of International Law, Vol. 31, 1993, p. 209.

④ See Bingbing Jia, Judge Wang Tieya: The Yugoslav Tribunal Experience, Journal of the History of International Law, Vol. 4, No. 1, 2002, p. 212.

⑤ 参见李贵连等编：《百年法学：北京大学法学院院史：1904—2004》，北京大学出版社2004年版，第268页。

主编的高等学校法学教材《国际法》出版。1995年，王先生再次主编的《国际法》作为“九五”规划高等学校法学教材出版，并于同年以繁体字本在台湾发行。这两部教材是改革开放以来出版的数百部国际法教材中影响最大的两部。除了自己编写教材外，王先生还翻译了多部国外的国际法经典著作，整理出版了很多国际法的资料性著作，如《国际法资料选编》、《英法汉国际法词汇（附拉丁语词汇）》、《国际法原理》、《国际法资料选编·续编》、《奥本海国际法（第九版）》，等等。关于第四项措施，王先生则主要创建了北大国际法研究所的图书馆，尽管规模不大，但现在已是中国国际法藏书最丰富的图书馆之一。①

毋庸置疑，改革开放年代的王先生虽已步入天命之年，但他的国际法生命却似乎正当盛年。正如他自己所说的，“人们说晚年发挥余热，我认为不仅是余热，简直是死灰复燃，重见光明”。② 这是他自抗战结束以来国际法生涯的第二个辉煌时期。然而，与抗战时期所不同的是，他在改革开放年代的学术成就不仅在国内占有举足轻重的地位，而且获得了世界国际法学界的高度认同。国际法研究院是1873年创建的国际上最重要且最具影响的国际法学术团体。1981年，王先生在法国第戎召开的国际法研究院会议上被选为副院士，并于1987年当选为院士。他是新中国成立以来第一位当选院士的中国大陆学者。③ 海牙国际法学院是国际上又一重要的国际法学术机构，它是国际上国际法的最高学府，每年聘请世界上最著名的国际法学者讲课，讲稿收在当年出版的《海牙国际法讲演集》中，成为国际法最重要的参考文献。1989年，王先生被海牙国际法学院聘为客座教授，为该年的夏季讲习班讲学。他又成为自1949年以来仅有的两位在海牙国际法学院发表过讲演的中国学者之一，更是仅有的一位发表关于国际公法的讲演的中国学者。④ 王先生的学

① 参见［加］罗纳德·麦克唐纳：《王铁崖：活着的精神》，载饶戈平编：《山高水长：王铁崖先生纪念文集》，北京大学出版社2004年版，第326页。

② 王铁崖：《王铁崖》，载国务院学位委员会办公室编：《中国社会科学家自述》，上海教育出版社1997年版，第379页。

③ 很多人认为，王先生是第一位当选国际法研究院院士的中国国际法学者。这是不确切的。在民国时期，周纬（Zhou，Wei）、徐谟（Hsu，Mo）就先后在1921年和1948年当选为国际法研究院院士。1950年，随国民党集团去台湾的梁鋆立也当选为国际法研究院院士。See Peter Macalister-Smith, Bio-Bibliographical Key to the Membership of the Institut de Droit International, *1873-2001*, Journal of the History of International Law, Vol. 5, No. 1, 2003, p. 102, 108, 134.

④ 另一位中国学者是李浩培先生，他发表的是有关国际私法方面的讲演《国际私法在遗产继承方面的几个新发展》。在王、李两位先生之前，1948年，时任联合国国际法委员会秘书暨联合国总部国际法编纂司司长的中国学者梁鋆立（Liang，Yuen-Li）在海牙国际法学院以法文发表了《国际法之编纂与发展》的讲演。See Liang, Yuen-Li, Le Développement et la Codification du droit international, Recueil des cours, Vol. 73, No. 2, 1948, pp. 407-532.

术成就获得世界国际法学界高度认同的另一明证是1994年《王铁崖纪念文集》的出版。这是为庆祝王先生的八十寿辰，由加拿大多伦多大学麦克唐纳（Macdonald）教授发起并编辑的一部国际法论文集。全书厚达九百多页，共有来自于二十六个国家和地区的五十九位著名国际法学家撰稿。王先生是第一位在国际上获得由学术界同行给予如此之高的真正的学术承认的当代中国学者。① 表明王先生在世界上的重要影响和知名度的又一事例是1997年王先生当选为第二届联合国前南问题国际法庭法官。是年5月20日，联合国大会一百六十多个国家的代表对来自五大洲的十九名法官候选人进行投票，王先生以123票的高票数当选，他所得票数是新推荐的法官候选人当中最多的。②

二、王铁崖先生国际法思想述评

王先生在他七十余年的国际法生涯中，创作了大量的国际法论著。这些论著涉猎广泛，囊括了国际法的诸多领域，实难以在一篇论文中予以全面评述。因此，本文只能撷取王先生着力最深的几个领域，对其思想观点予以评述。

（一）国际法基本理论

国际法基本理论是王先生在晚年着力研究的一个重要领域。相较对国际法其他方面的研究而言，王先生认为“理论方面是感觉最吃力的部分”。在这一方面，我国国际法学者在旧中国时期曾经长期受西方国际法学说的影响，在新中国初期又曾一度受到前苏联国际法学说的影响。王先生认为，不论西方或前苏联的国际法学说，都是可以作为我们建立中国自己的国际法学说的参考的。但是，就建立中国自己的国际法学说本身来说，更需要的还是中国国际法学者自身的深入研究和思考。③ 王先生在这方面深入研究和思考的成果主要有王先生和赵理海、朱其武两位

① 参见邓正来：《中国与世界的王铁崖先生——〈王铁崖文选〉新版序》，载邓正来编：《王铁崖文选》，中国政法大学出版社2003年版，第3页；Peter Macalister-Smith and Joachim Schwietzke, Festschriften in Public International Law: An Annotated Bibliographical Compilation of Titles, *1930-2000/2001*, Nordic Journal of International Law, Vol. 71, No. 3, 2002, pp. 396, 421. 继王先生之后，同样的纪念李浩培先生的文集《冷战后世界中的国际法：李浩培纪念文集》（International Law in the Post-Cold War World: Essays in Memory of Li Haopei）在2001年出版，王先生和易显河教授任文集主编。这是迄今为止仅有的两部在国外出版的纪念中国学者的论文集。

② 何刚、吴云：《王铁崖：从北大教授到国际法官》，载《国际人才交流》1997年第9期，第37页。

③ 参见王铁崖：《国际法引论》，北京大学出版社1998年版，序，第1～2页。

先生共同撰写的1981年版《国际法》中的“导论”一章，王先生独自撰写的《中国大百科全书》中的“国际法”、“国际法的渊源”辞条，王先生主编的1995年版《国际法》中的“绪论”和“国际法基本原则”两章，以及王先生最后的一部学术专著《国际法引论》。其中，《国际法引论》一书是王先生关于国际法基本理论的最终研究成果，其内容涵盖了国际法的性质、国际法的渊源、国际法的证据和资料、国际法的编纂、国际法与国内法的关系、国际法基本原则、国际法史、国际法学史以及中国国际法史等国际法基本理论的所有问题。

从理论上讲，《国际法引论》是以现实为依据的。王先生自称为现实主义者。但是，这种现实主义，不是像有些西方学者以“权力政治”为内容的现实主义或者以“政策定向”为主导的现实主义，而是法律现实主义。因为王先生所理解的现实主义的现实乃是国际关系的现实，是为法律所制约的现实。也就是说，目前以及可预见的国际关系的现实是国家在国际关系中处于主要地位，并同时需要遵守一些法律原则、规则和制度。① 这实际上是王先生的国际法哲学，即他对整个国际法领域的最为根本性的看法。

王先生历来主张，国际法与国际关系及国际关系史有密切的联系，研究国际关系和国际关系史必须有一定的国际法知识为基础，而研究国际法则必须以国际关系和国际关系史为背景。这是他整个国际法研究的一个鲜明特点。而在《国际法引论》中，开篇就具体讨论了国际关系与国际法的的联系问题。王先生认为，一般地说，特别是在国际关系与国际法上，国际关系指的是国家之间的关系。国家之间的种种关系的存在、继续和发展需要有一些原则、规则和制度加以规范，而没有这些原则、规则和制度，整个国际社会就要处于极端无政府的混乱状态，国家之间的种种关系就难以存在、继续和发展。这些对国家之间的关系加以规范的原则、规则和制度的总体就是国际法。国家之间的关系需要国际法加以规范，而国际法对国家之间的关系加以规范，这种相互影响关系就是国际关系与国际法的关系。基于两者这种密切的相互关系，王先生甚至还认为，国际法是国际关系的一个方面，而在这个意义上，国际法学是国际关系学的一个部门。②

在国际法著作中，国际法学者往往首先回答“国际法是否是法律”这一问题，并从不同方面说明国际法是法律。阿库斯特（Akehurst）在其教科书《现代国际法概论》中开宗明义地提出的问题就是，“国际法是不是真正的法律?”《奥本海国际法》也是从一开始就论述“国际法是法律”。对这一问题，王先生认为，“无论如何，国际法是法律”。他赞同劳特派特“已经存在的国际社会是一个强有力的和高

① 参见王铁崖：《国际法引论》，北京大学出版社1998年版，序，第2页。

② 参见王铁崖：《国际法引论》，北京大学出版社1998年版，第1~6页。

于一切的现实”的观点，并指出，在这个基础上，就必须有国际法的存在。互相依赖和团结一致的国际社会正是使国际法具有法律性质的重大因素。他还认为，国际法之被遵守是受各种力量综合的影响的：一方面是各国承认有遵守的必要，这是主观要求，另一方面是违反的后果迫使各国遵守，这是客观因素。所有行为规则，特别是法律的行为规则，都含有主观要求，而客观因素则是法律的行为规则的一个基本特征。在国际上，法律的强制力量是违反国际法的受害国的反应。各种反应之中包括受害国的自助，甚至还有其他国家通过对受害国的援助而作出的反应。①

国际法的效力根据是国际法的一个基本理论问题，正是由于在这一问题上的不同看法，国际法学才分为不同的学派。王先生认为，分析这一问题，首先应该注意到国际现实，现实是唯一的标准。这不是所谓“现实主义”，而只是说：如果脱离了现实，尽管能够在逻辑上自圆其说，或在设想上很能动人，理论却往往成为没有根据的空话。对王先生而言，这种国际现实，或者说国际法现实，是指现今以及可预见的将来，世界主要是由国家组成的，国家彼此往来，发生和发展关系，从而形成一个国际社会。从这个现实出发，王先生认为可以从法律和事实两个方面来看国际法效力的根据。在法律上说，国际法的效力是依据于国家的同意的。当然，所谓国家的同意并不是每一个国家的同意，也不是各国的“共同同意”，而是各国的意志经过协调而取得的一致。而在事实上，国家是不能单独存在的，国家之间必然有彼此往来，而且这种往来是越来越经常、发达和复杂的。国家之间要维持正常关系，国家就必须遵守国际法原则、规则和制度。这就是国际法效力的事实根据。概言之，国际法效力的根据在法律上是各国的意志的协调统一，而在事实上是国家往来关系的需要。②

在国际法的渊源方面，王先生的观点也是富有特色的。在许多国际法学者的著作中，往往着重讨论国际法的渊源，而在讨论中只是顺便提到国际法的证据，即使论及，常常也是语焉不详。王先生则在《国际法引论》中把“国际法的渊源”和“国际法的证据”分开来写。这表明了他对国际法的证据的重视。他认为，从整个国际法的渊源来看，国家实践占有重要的地位，因为国际条约通常通过国家实践才能形成国际法原则、规则和制度，而国际习惯更是以国家实践为主要依据，就是一般法律原则也只能来自国家实践。国家实践必然体现在国际法的证据之中，国际法的证据就是证明国际法原则、规则和制度的资料。因此，国家实践的重要地位使得国际法的证据应该受到重视。事实上，各国政府在适用国际法时往往是从体现国家

① 参见王铁崖：《国际法引论》，北京大学出版社 1998 年版，第 6 ~ 13 页。

② 参见王铁崖：《国际法引论》，北京大学出版社 1998 年版，第 1 ~ 6 页。

实践的国际法的证据中去寻找国际法原则、规则和制度的。①

国际法与国内法的关系也是国际法上富有争论的一个问题。关于这一问题，王先生在《国际法引论》中的分析并没有遵循传统的一元论和二元论之间的争论。他采用的是辩证的方法。他认为，如果不脱离现实，不单从逻辑来讨论问题，应该肯定，国际法和国内法同是法律，但却是两个不同的法律体系。如果说国际法是国家之间的法律，而国内法是一国的法律，那么，正如二元论所说的两者在本质上是不同的：它们的渊源不同；它们所规定的关系不同；它们的法律实质不同。但是，二元论过分强调国际法和国内法的不同，把它们隔离开来。应该看到，国际法和国内法都是法律，国内法是国家制定的，而国际法是各国参与制定的；它们各有它们的规定范围，但又是互相联系和互相补充的。这种观点可以说是接近二元论而对二元论加以修正的。如果国内法与国际法相冲突，公认的原则是，国家应负责其违反国际法的责任。在这一点上，而仅仅在这一点上，可以说，国际法是优于国内法的。②

关于国际法史的有关问题，王先生在《国际法引论》中也表达了自己独到的见解。他认为，国际法史与国际关系史虽然有密切关系，但两者不能等同。国际法史探讨的对象是在国家之间的关系之中出现的法律原则、规则和制度的发展，而不是国家之间单纯的政治、外交关系的发展。国际法和国际法学说也有着密切的关系：国际法学说反映国际法的现实，而又往往推动国际法的发展；另一方面，国际法本身是国际法学的基础，而国际法的发展是国际法学发展的动力。但是，两者同样不能混同。国际法的发展是基于国家之间的关系所形成的法律原则、规则和制度，而国际法学是私人学说所构成的。虽然它与国际法互有影响，但却又相互独立，而不能混为一谈。因此，不同于努斯鲍姆（Nussbaum）在其《国际法简史》中同时论述国际法和国际法学的发展的历史，王先生把国际法史和国际法学史分开加以论述。他认为，把国际法史限于国际法本身的发展，而不包括国际法学说的发展在内，似乎是比较合适的。③

（二）当代国际法的发展

当代国际法的发展是王先生在改革开放时期国际法研究的一个突出方面，它集中讨论了二战以来国际法的发展。研究这一问题的现实背景是，由于中国国际法学界长期与世隔绝，也由于1966年到1976年国内政治灾难时期国际法教学与研究遭

① 参见王铁崖：《国际法引论》，北京大学出版社1998年版，序，第2～3页。

② 参见王铁崖：《国际法引论》，北京大学出版社1998年版，第177～192页。

③ 参见王铁崖：《国际法引论》，北京大学出版社1998年版，第254～255页。

到彻底破坏。到了七十年代末国际法在中国被重新提上日程的时候，中国学者迫切需要了解二战以来国际法的发展情况。①

1980年初，他写成了《国际法当今的动向》一文，从总体上概括地向国内介绍了国际法最近的发展情况。② 他认为战后国际关系中出现的新的变化和主要特征（新独立国家的兴起、国际组织的扩增、国际经济秩序的变动和科学技术的突飞猛进），既在内容上又在范围上为国际法律体系带来了具有深远意义的变化。这种变化导致了国际法新分支的形成，如国际组织法、国际经济法、国际发展法、海洋法新制度、外层空间法和国际环境法等。一些传统的国际法原则和制度被修改或废除了，而另外一些则或被重新确认，或者重新予以强调。为帝国主义和殖民主义辩护的旧的原则、规则和规章制度被摒弃了，而代之以民族自决和各民族国家主权平等的原则。随着当代国际法律体系的内容和范围的变化，建立新的国际经济秩序的原则和制度愈为迫切，科学技术的影响愈为引人注目。第三世界国家的发展和全球环境保护等问题不断地向整个国际社会提出了严峻的挑战。基于这种分析，王先生得出结论，“目前，国际法是处于动的状态，是从旧的传统的国际法向确立新的现代国际法的过渡中”。

随后，王先生又在《第三世界与国际法》一文中，具体地探讨了第三世界国家的兴起对国际法的影响。第三世界国家的兴起导致了国际法主体的增加，相应地使所有非欧洲国家登上了国际法的舞台。这些新独立国家都毫无疑问地接受了国际法的主要内容。而且，由于它们组成了国际社会中国家的大多数，它们在国际立法过程中的积极参与对国际法的逐步发展产生了巨大影响。它们的突出作用尤其表现在对许多联合国决议的倡导和支持上，这些决议对国际法的发展有重要的意义。此外，王先生还提到第三世界对当代国际法发展的多方面贡献，包括国际法基本原则、国家和政府的承认、国家责任、领土范围、不平等条约的废弃和武装冲突法、国际争端的司法解决等。③

在另一篇题为《联合国与国际法》的论文中，王先生探讨了联合国对国际法的发展所起到的作用。他首先考察了《联合国宪章》的性质，认为它应被视为一个特殊性质的多边公约，而且，正是《宪章》的这种特殊性质对国际法的发展产

---

① See Zhaojie Li, Teaching, Research, and the Dissemination of International Law in China: The Contribution of Wang Tieya, Canadian Yearbook of International Law, Vol. 31, 1993, pp. 194-195.

② 参见王铁崖：《国际法当今的动向》，载邓正来编：《王铁崖文选》，中国政法大学出版社2003年版，第3～19页。

③ 参见王铁崖：《第三世界与国际法》，载邓正来编：《王铁崖文选》，中国政法大学出版社2003年版，第24～48页。

生了深刻的影响。特别是《宪章》的宗旨和原则构成了当代国际法的基本原则。他对联合国对编纂和逐渐发展国际法的作用也发表了意见，高度评价了国际法委员会的工作。他认为，即便该委员会的文件草案没有最后成为条约，它们仍然有相当的权威，不亚于甚至高于各国的“权威最高之公法学家学说”。他对联合国大会所通过的宣示国际法原则的各项决议尤感兴趣，认为如果不参考这些决议，今天的许多重要国际法问题是不能得到充分的讨论和解决的。事实上，由于其日益增加的数目，由于其重要的内容和丰富的内涵，也由于其获得通过的方法（一些经由一致投票，一些经由协商一致），这些决议对国际法的形成发挥着重要的作用。不过，一般而论，它们只属于建议的性质，因而甚至对投票赞成的国家也并无法律拘束力，除非该决议是针对联合国组织内部的某些特定事项而作的。①

《论人类的共同继承遗产的概念》是这方面另一篇有分量的文章。在该文中，王先生对“共同继承遗产”这一概念的法律意义进行了充分而广泛的讨论。他认为，“共同继承遗产”是对开发国家管辖范围外深海海底资源所作出的法律上的反应。关于开发国家管辖范围外深海海底资源的中心法律问题，是谁拥有深海海底，以及资源在什么基础上加以开发。王先生指出，海底采矿一经成为可能，就会出现新的国际法原则和规则来调整已经变化了的情况。“人类共同继承遗产”的概念从1967年提出以来，已经得到了联大决议和其他联合国机构决议的重新宣示和确认，并获得了普遍的承认和接受。根据某类联大决议可以表达共同法律理念的理论，他相信，联大第2749（XXV1970）号决议庄严宣告“国家管辖范围外的海床洋底及其底土，以及该区域之资源属于全人类共同继承的财产”，这已经证明，“人类共同继承遗产”的概念是开采海底资源这一新制度的法律基础。1982年联合国《海洋法公约》更增强了这一信念。“人类共同继承遗产”的概念是一个真正的法律概念，包含着特定的原则和规则。②

（三）国际法与中国

改革开放包括对内改革和对外开放两个方面，它重启了中国融入国际社会的进程。在这一过程中，国际社会迫切需要了解中国对于国际法这一国际社会的交往规则的态度。王先生适应了这一需要，在改革开放时期着力研究了国际法与中国的相关问题。这方面的成果包括《中国与海洋法》、《从国际法看新宪法》、《格劳秀斯

---

① 参见王铁崖：《联合国与国际法》，载邓正来编：《王铁崖文选》，中国政法大学出版社2003年版，第49～66页。

② 参见王铁崖：《论人类的共同继承遗产的概念》，载邓正来编：《王铁崖文选》，中国政法大学出版社2003年版，第540页。

著作在中国》、《从历史看中国与国际法的关系》等论文，以及王先生在海牙国际法学院发表的讲演《中国与国际法——历史与当代》。其中，《中国与国际法——历史与当代》最为重要，论述也最为全面。该演讲的目的是讨论从早期到现在国际法在中国的发展，并特别说明这种关系的特色。演讲在简短的引言之后，分为五章展开论述：古代中国与国际法、近代中国与国际法、当代中国与和平共处五项原则、当代中国与主权概念、当代中国与“约定必须遵守”规则。①

在第一章中，王先生回答了一个问题：古代中国有没有国际法？在他看来，如果以“有社会，必有法律”为出发点，一些相同或近似于现代国际法规则的实践和惯例可以追溯到中国的“春秋战国”时期。然而，他又认为，这些实践和惯例并没有发展成为现代意义上的国际法。产生这些实践和惯例的社会环境并非以国家之间基于主权平等和独立概念的国际关系为特征的。直到西方列强以武力打开中国的大门，中国对世界的看法一直是：中国是世界的中心，世界秩序是一个基于中国文化优越性之上的大一统状态。中国与其邻国的关系是建立在父子、夫妇、君臣间内部关系的孔子学说之上的，而不是建立在主权平等独立的概念之上的。以中国为核心的世界秩序的典型表现是规定中国与其周边国家交往的进贡制度。因此，当中国与现代西方国家首次遭遇时，对中国人来说，了解西方的多国体制是极其困难的。由文化背景差异而导致的冲突也是不可避免的。

在第二章中，王先生讨论了中国对西方国际法输入的反应。他指出，西方国际法介绍到中国来，对当时中国对外关系的作用是有限的。中国认为这一外国法律与中国“体制”不合，至多只是制服“狡诈的领事馆”的一种办法而已。另一方面，西方各国从来未在其与中国的关系中充分地适用国际法。取代以中国为核心的世界秩序观念的，是一系列由西方列强强加于中国的不平等条约，而不是国家间基于国际法的平等关系。从1842年以来的一百年间，一系列不平等条约给中国带来了巨大的痛苦和耻辱。西方列强先是用武力征服了中国，然后将其置于不平等条约制度之下。与中国的所有关系都按照这些条约来调整，而国际法的主要作用仅在于保障这些不平等条约的实施。除了接受不平等条约制度所造成的现状而外，中国别无选择。这一惨痛的历史现实对中国关于国际法的态度具有决定性的影响。不仅如此，这个历史传统在决定今天中国对待国际法的态度时，仍然起着一定的作用。

后三章侧重于当代中国对国际法的态度。在讨论这一问题时，他并未试图对中国国际法实践作出完全的评价，也没有分析这一方面的具体问题，而是对国际法的基本问题加以考察。为了这个目的，他选择了“和平共处五项原则”、主权概念和

① 参见王铁崖：《中国与国际法：历史和当代》，载邓正来编：《王铁崖文选》，中国政法大学出版社2003年版，第221～329页。

“约定必须遵守”规则这三个主题。

王先生认为，“和平共处五项原则”（互相尊重主权和领土完整，互不侵犯，互不干涉内政，平等互利及和平共处）是中国对国际法的发展最有意义的贡献。他指出，“和平共处五项原则”对于国际法的意义必须在二战后需要有一套基本原则来重建国际法律秩序的历史背景下加以理解。1955 年，中国、印度和缅甸三国正式宣告“和平共处五项原则”，反映了实现这一需求的努力。由此，“和平共处五项原则”也就构成了国际法的基本原则。在这一方面，王先生反对那种贬低这些原则在国际法上的意义的企图，认为其意义决不止于对包含于宪章中的现有原则的复述。他指出，这些原则是作为一个系统的、完整的整体而宣告的，重点是各国之间的相互性，其目的在于把法律上平等与共同经济利益联系起来以实现国际社会中的分配正义。他认为，作为对宪章中重新确认的原则的补充，“和平共处五项原则”具有很高的价值。关于国家主权原则，王先生认为，该原则被中国视作整个国际法律体系的柱石：坚持国家主权的不可侵犯性是中国外交政策思想的核心。这一态度主要地由两个因素来决定：首先，中国近百年受制于外国帝国主义，处于被征服和灭亡的边缘，以及被剥削被压迫而四分五裂，备受凌辱，这一经验使中国人认识到，国家主权原则在国际关系中具有极为重要的意义。其次是国际社会的现实。直到现在，国际社会仍然是由在法律上彼此独立的主权国家组成的。国家实践总是支持主权原则的，即便强国也经常在其对外交往行为中提及这项原则。这表明这项原则有着国际法体系运行所依据的某些内在价值。然而，国家主权原则也是国际法上最有争议的原则之一。在他看来，这一原则并不意味着对和平的任何威胁或对国家尊严和发展的任何障碍，也不包含对法律逻辑的任何违反，或与生活现实的任何矛盾。不过，我们必须要反对绝对主权的学说。他指出，中国在其国际实践中从来没有主张绝对主权；相反地，它总是强调互相尊重他国主权，认为国家主权是受条约义务的约束的。对主权原则的这一态度也说明了中国为什么经常反对“世界法”和“世界政府”的观念。至于“约定必须遵守”规则，王先生指出，真诚履行条约义务是中国对待国际法态度的一个基本信条。由于中国文化传统中久经考验的信念——任何主权单位不信守诺言就不能生存，他相信，这一态度反映在中国的“诺言必须诚实遵守”的传统价值中。

通过这五章的论述，王先生得出了他的结论。国际法在中国完全适用的历史是短暂的。在开始时，由于中国长久的历史和文化背景，中国人对于西方国家所主张普遍适用的国际法原则、规则，其中包括为它们压迫和剥削弱小国家提供理由的原则、规则，是持怀疑态度的。然而，中华人民共和国在其成立后很快就认识到，国际法对于新成立的共和国来说，既是有用的，也是必要的。国际法是有用的，因为它可以用来保护自己的权利和利益不受外来的侵犯，而且它是必要的，因为没有它，国家之间的关系是不可能的。中华人民共和国的实践表明，它不仅承认国际法的存在，而且在其对外关系中采用和适用国际法原则、规则。他还据此得出了更为普遍性的结论，“有人曾经对发展中国家接受国际法的可能性抱有怀疑态度。的确，某些国际法原则、规则曾经被批评或攻击，而且曾经提出了对它们加以修改或废止的要求。然而，正如中华人民共和国的实践所表明，它们的基本态度是对国际法作为整体加以采纳，适用它的原则、规则和保护它的发展”。中华人民共和国的实践还表明，“历史和文化传统的差别尽管有它们的影响，并不产生西方和非西方对国际法的态度的不可逾越的罅隙。相反，差别如果得到协调则可以产生更有成效的结果。目标是建立一个有效的普遍国际法。过程可能是艰难而冗长的。目前，国际法学者的任务是要考虑到各国的不同历史和文化，找出所有国家共同的法律和正义原则”。

（四）中国对外关系中的实际问题

王先生一贯主张，学术研究“要为当前的外交政策服务，必须特别注意将研究工作与我国对外关系的实际相结合，才能学以致用”。① 这是他主要的学术思想之一。这方面的论著在王先生全部论著中占有很大比重，特别是他 1949 年以前的论著，几乎都是研究这类问题的。

在清华就读期间，王先生主要发表了《二十一条约的研究》、《中国铁路问题和门户开放》，《最惠国条款的解释》，《原始欧洲领事裁判权制略述》，《中国领事裁判权制度》，《最惠国条款论》和《中国租借地问题》等七篇论文。前两篇从标题就可以看出，它们是直接从国际法的观点来研究当时中国对外关系中的实际问题的，具有应时性。也正因为此，王先生不认为它们是自己的学术性的国际法论文。② 后五篇从选题上可以看出，主要研究了最惠国条款、领事裁判权和租界地三个问题。这三个问题实际上可以归为一个大的问题，即不平等条约制度问题。最惠国条款是指甲缔约国在任何时候给予任何第三国以任何利益，应以同样利益给予乙缔约国。③ 它在不平等条约制度中占有重要地位，其功能在于“把所有特殊权利和

① 刘很：《空对真成被花恼，出门一笑大江横——著名法学家王铁崖教授答本刊记者问》，载《法学杂志》1985 年第 1 期，第 38 页。

② 王铁崖：《王铁崖自述》，载高增德、丁东编：《世纪学人自述》（第四卷），北京十月文艺出版社 2000 年版，第 420 页。

③ 参见王铁崖：《最惠国条款的解释》，载邓正来编：《王铁崖文选》，中国政法大学出版社 2003 年版，第 407 页。

特权扩展到与中国有条约关系的国家”。① 王先生曾引用斯兹（Sze）的观点指出，最惠国条款之于在华外人权利有为英国宪法中之大宪章（Magna Carta）。② 领事裁判权则是外国攫取的最重要的特权，依据这种特权形成的领事裁判权制度构成了整个不平等条约的主要部分。它在中国造成了一种特殊的司法制度，严重限制了中国的司法权力，极其有损于中国的主权，从而成为不平等条约制度的象征。③ 租借地也是各国攫取的一种特权，它被认为是“伪装的领土割让”，包括德国租借胶州湾、俄国以及后来日本租借旅顺和大连、英国租借威海卫和九龙、法国租借广州湾。④ 对不平等条约制度的研究充分体现了王先生国际法研究“注意将研究工作与我国对外关系的实际相结合”的思想，因为“1842 年以后中国缔结的不平等条约形成在中国的不平等条约制度的基础。中国传统世界秩序受西方国家优越武力攻击时开始瓦解。它并未被以主权国家体系为基础的近代国际秩序所代替，而代替的是新的一种不平等条约的秩序。中国对外关系所适用的，不是国际法原则规则，而是不平等条约”。⑤ 以对不平等条约制度的研究为基点，王先生还把自己的研究范围扩展到条约问题的其他方面。他在以后的学术生涯中，还发表了《战争对条约的影响（甲）理论》、《战争对条约的影响（乙）国家的实践》、《条约签字后的法律上效力》、《条约与国内法律的冲突》、《条约在中国法律制度中的地位》等极具学术价值的条约法论文，编纂了总字数超过 340 万字的三卷本《中外旧约章汇编》。这使得对条约的执著偏好构成了王先生国际法研究的另一个显著特点，他因此而享有“条约癖”的诨号。⑥

在周鲠生和王化成两位教授的指导下进修期间，可能是为了适应专研国际公法而又注重法理的留美公费生资格要求，王先生发表了一篇比较纯粹的研究国际法理论的论文《民族主义的国际法观》。这篇理论文章虽与在清华时期的研究直接针对中国对外关系的实际问题不同，但却仍然是与中国密切相关的，因为它探讨的主题是：中国国民党奉行的三民主义对国际法采取怎样的态度，它对于国际法规则是否

① 王铁崖：《中国与国际法：历史和当代》，载邓正来编：《王铁崖文选》，中国政法大学出版社 2003 年版，第 257 页。

② 参见王铁崖：《最惠国条款论》，载《清华周刊》1932 年第 11 ~ 12 期，第 167 页。

③ 参见王铁崖：《中国与国际法：历史和当代》，载邓正来编：《王铁崖文选》，中国政法大学出版社 2003 年版，第 257 ~ 259 页。

④ 参见王铁崖：《中国与国际法：历史和当代》，载邓正来编：《王铁崖文选》，中国政法大学出版社 2003 年版，第 256、260 页。

⑤ 王铁崖：《中国与国际法：历史和当代》，载邓正来编：《王铁崖文选》，中国政法大学出版社 2003 年版，第 255 页。

⑥ 参见饶戈平：《王铁崖和中国旧约章编纂》，载《清华法学》（第四辑），第 123 页。

有特殊的见解？文章对这一问题作了肯定的回答，认为三民主义和法律的关系在于：民族主义的国际法，民权主义的宪法和民生主义的民法。民族主义和国际法的关系包括消极的和积极的两个方面。消极的方面是指国际法可以用为实现民族主义的工具。积极的方面则指民族主义有一个符合其精神和适合其目的的国际法观念，对于国际法持有特殊的见解，并能直接间接影响国际法的原则规则。①

在任《世界政治》主编期间，王先生先后发表了《敌对状态中外侨损害责任问题》、《论中立法的前途》、《敌人封锁我国海岸的性质》和《论不承认主义》等四篇文章。其中，《敌对状态中外侨损害责任问题》和《敌人封锁我国海岸的性质》两篇是他在伦敦政治经济学院未能完成的博士论文“中日之间的敌对状态”的一部分，讨论了当时中日敌对状态中的若干法律问题。② 其研究重点在于鉴别和考察正式战争状态和敌对状态之间在法律上的区别，尤其是这种区别如何适用于当时中日之间的冲突。③ 在当时中国全面抗战的背景下，研究这一问题无疑具有很大的现实意义和作用。《论中立法的前途》和《论不承认主义》两篇也是因应抗战时期中国对外关系中出现的实际问题而撰写的。《论中立法的前途》主要针对的是抗战前期（1937—1941）英美等国在中日冲突中实行的貌似“中立”的政策。王先生认为，“中日间的激烈的军事冲突至今还没有形成法律上的战争状态。因为中立法则系基于战争的法律状态的，在战争的事实状态中，第三国自无考虑她们的地位——中立与否——的必要。1938 年国际法学会讨论中立问题，中国的代表称，第三国对于中日纠纷事实上不中立，如果有的话，只是‘不完全的中立’，这是颇有道理的”。④ 他还明确指出，“所谓美国的中立法本来只是国际法限制范围外的国内立法问题，问题的讨论实际上集中在美国究竟应当便利那一方交战国的一点，它和国际法上的中立法的维持没有很大的直接关系”。⑤ 文章的结论则是，“就世界的和平而言，先前以为中立法能维持和平，因为是限定战争的范围，阻止战争的扩大。现在始知不然。他国交战，一国不分是非，不辨侵略与被侵略而中立旁观，她已经失去了和平公正的态度。其实，中立不但没有维护和平，而且恐会增加战争

① 参见王铁崖：《民族主义的国际法观》，载邓正来编：《王铁崖文选》，中国政法大学出版社 2003 年版，第 351，353，361 页。

② 参见王铁崖：《王铁崖自述》，载高增德、丁东编：《世纪学人自述》（第四卷），北京十月文艺出版社 2000 年版，第 421 页。

③ 参见［加］罗纳德·麦克唐纳：《王铁崖：活着的精神》，载饶戈平编：《山高水长：王铁崖先生纪念文集》，北京大学出版社 2004 年版，第 313 页。

④ 王铁崖：《论中立法的前途》，载《世界政治》1940 年第 5 期，第 6 页。

⑤ 王铁崖：《论中立法的前途》，载《世界政治》1940 年第 5 期，第 7 页。

的机会，知道他国总会保守中立，侵略野心的国家更放胆从事战争”。① 所以，中立法是没有前途的。《论不承认主义》的写作缘起则是因 1940 年 3 月南京“汪伪”国民政府的成立而导致的对该政府的承认问题。文章认为，中国外交部在“汪伪”政权成立翌日就向世界各国表明的“即任何非法组织，如现在南京成立者，或中国他处所存在之其他伪组织，其任何行为，当然完全无效，中国政府与人民绝对不予承认”的立场是对不承认主义的重申，其作用在于宣告不法结果的无效性。②

在武汉大学、中央大学等学校任教期间，王先生也发表了很多研究中国对外关系中的实际问题的文章。这些文章的选题与中国对外关系的发展紧密相关，甚至可以说是“亦步亦趋”。其中最早发表的是《论中英谅解》（1940 年 12 月 15 日），它是因应英国在滇缅公路危机前后对中国抗战的不同政策而写的。1940 年 7 月 17 日，英国为避免与日本在远东发生战争，置中国利益于不顾，与日本签订了关于封闭滇缅公路的协定，断绝了中国最重要的战时国际通道，切断了外部世界对中国军需品和其他必需品的供应。但这一举动并没有阻止日本南犯东南亚和与德意法西斯结盟。因此，英国开始重新认识中国的抗战与英国利益的关系，并重新考虑对华政策。10 月 14 日，英国向中国表示了愿意改变以往政策，与中国合作的态度。但这一表态并没有得到中国的积极回应。③ 王先生就中国的做法针锋相对地指出，“在目前的状态，我们对于表示同情的国家不必担心报答的问题。毫无疑义地确立完整的中国才是远东安定的要素。……目前的奋斗是中国存亡的关头，任何机会是不能放去的。二十年前人家给我们的机会，我们轻轻放去，现在自己奋斗而来的机会如果也不知利用，那是自己走上灭亡之道”。④ 第二篇这类文章是《论苏日中立条约》（1941 年 5 月 1 日），它是在《苏日中立条约》签订后仅十多天发表的，评论了这一在苏联为了避免东西两线作战、日本减少北方压力而实施南进战略的背景下，以牺牲中国的国家利益为前提签订的条约。

随后发表的是《领事裁判问题》（1941 年 9 月），它是在 1941 年 5 月 26 日中美换文和同年 7 月 4 日英国致中国照会，决定于远东和平恢复后，修改中国与英美两国之间的不平等条约的背景下写的。⑤ 文章略述了英美在中国取得领事裁判权以

① 王铁崖：《论中立法的前途》，载《世界政治》1940 年第 5 期，第 8 页。

② 参见王铁崖：《论不承认主义》，载邓正来编：《王铁崖文选》，中国政法大学出版社 2003 年版，第 362～372 页。

③ 参见徐蓝：《英国与滇缅公路危机》，载《北京师范学院学报》（社会科学版）1990 年第 5 期，第 27～36 页；周乾：《论 1939—1940 年中国建立遏制日本的远东国际联合阵线的努力》，载《安徽史学》2006 年第 3 期，第 47～48 页。

④ 王铁崖：《论中英谅解》，载《春秋月刊》1940 年第 7 期，第 9 页。

⑤ 参见王铁崖：《新约研究》，青年书店 1943 年版，自序第 1 页。

及中国努力撤废的历史。这篇文章不是孤立的，从它开始，王先生对中国与英美修约问题给予了持续关注。1942 年 10 月 10 日，英美两国政府进而声明，立即改订新约，取消特权。王先生马上就此发表了《论英美放弃在华特权》（1942 年 10 月 15 日），该文阐明了声明中“治外法权”等用语的含义，并认为“英美声明放弃在华的特权，显然是属于‘放弃’（renounciation）性质的法律行为。此声明的法律效力，当为：英美两国在原则上丧失了在华的特权”。① 紧接着，在英美与中国就改订新约交涉期间，王先生又发表了《改订新约与内地杂居问题：附表》（1943 年 1 月），驳斥了当时许多人“以为允许外人在内地杂居，对于我国的经济及国防，必将有害，以是主张约内不应予英美人以内地杂居的权利”的观点。② 经过三个月的交涉，1942 年 1 月 11 日，中英中美两新约分别签订成立，取消特权。不久，王先生就对新约订立后的种种问题进行了研究，发表了《新约的意义和内容》、《中美新约与最惠国条款》、《新约与条约的解释》、《新约内容之一般的分析》、《中英新约予九龙租借地》、《中美新约与不动产权利》和《新约与条约的文字》等七篇文章。③ 这七篇文章和先前三篇研究新约订立前的问题的文章合在一起，略加修改，就成了《新约研究》一书。

《战争与条约》的成书情况与《新约研究》大体相同。1941 年 12 月 9 日，中国政府决定对日本、德国和意大利三国宣战，发表了两道宣战布告。这一决定在当时的国际政治上显然具有重大的意义，在中国的对外关系史上，其地位也非常重要。由此，这两道宣战布告引起了王先生的研究兴趣，他在《世界政治》上相继发表了《我国对日德义的宣战布告》、《宣战布告与条约》和《战争与领事裁判权条约》等三篇文章。这三篇文章分别探讨了宣战布告的法律意义，宣战布告中关于战争废止条约的意义，宣战布告中战争废止条约的范围是否包括领事裁判权条约等三个问题。它们后来集为《战争与条约》一书出版，构成了该书的重要组成部分。④

① 王铁崖：《新约研究》，青年书店 1943 年版，第 13 页。

② 参见李浩培：《评王著“新约研究”》，载李浩培：《李浩培法学文集》，法律出版社 2006 年版，第 781 ~ 782 页。

③ 在这七篇文章中，目前已查知明确发表时间和地点的只有《中美新约与最惠国条款》、《新约与条约的解释》和《新约内容之一般的分析》三篇，其余四篇则还未查明。但根据王先生的说法，这七篇差不多都是发表过的。参见王铁崖：《新约研究》，青年书店 1943 年版，自序第 2 页。

④ 参见王铁崖：《战争与条约》，中国文化服务社 1944 年版，自序第 1 ~ 2 页。

三、结　语

纵览王先生的国际法生涯，实际上就是在阅读一部中国国际法的简明史。王先生最早的国际法论文是在1931年写出的，而国际法作为一门学科在中国被讲授和研究的历史只是从20世纪20年代中期开始的。① 因此，王先生的国际法生涯从一开始就是与中国国际法学的发展紧密相关的。他在70余年国际法研究与教学生涯中的起起伏伏也始终与中国国际法学的兴衰相伴随。他一生坎坷，历经磨难，但热爱国际法的初衷和热情，70年如一日，从未动摇。他将个人生命同学术生涯融为一体，把自己的毕生精力奉献给了中国的国际法事业，为国际法这门外来科学能在中国的土壤里生根发芽并茁壮成长而辛勤劳动，在国际法的教学、著述和翻译等诸方面均取得了巨大成就。他是当之无愧的国际法理论家、教育家、社会活动家，是中国国际法学界的一面旗帜，是国际法的中国传统的典型代表。② 王先生曾说，“研究好、讲授好国际法要具备两个思想基础：一是爱国主义，要热爱自己的祖国；二是国际主义，要热爱和平和正义，反对侵略，反对战争，没有这样的思想基础是搞不好国际法的”。③ 这也就是国际法的中国传统的思想基础。这一思想基础不应随着王先生在2003年1月12日的逝去而消失，而应继续作为我们在中国和平发展时代进行国际法研究和教学的思想基础。但是，体现“爱国主义与国际主义”思想的国际法理论，必须根据时代的新发展不断充实、更新与发展，正在和平发展并将最终崛起的中国需要的是真正具有全球性视野和理论与制度创新的、有利于人类发展的国际法学。④ 那么，这一国际法学最终能否建立起来呢？在王先生离我们远去之后，我们希望可以说，“数风流人物，还看今朝”。

---

① See Zhaojie Li, Teaching, Research, and the Dissemination of International Law in China: The Contribution of Wang Tieya, Canadian Yearbook of International Law, Vol. 31, 1993, p. 190.

② 任建新：《在王铁崖先生九十华诞庆贺会上的讲话（2002年6月28日）》，载任建新：《政法工作五十年——任建新文选》，人民法院出版社2005年版，第580页。

③ 宋英：《中国国际法学会会长王铁崖教授八十寿辰大会》，载中国国际法学会主编：《中国国际法年刊》（1993年卷），中国对外翻译出版公司1994年版，第411页。

④ 参见曾令良、余敏友主编：《全球化时代的国际法——基础、结构与挑战》，武汉大学出版社2005年版，第13页。

王铁崖先生的学术作品

学位论文

1. 《中国领事裁判权制度》，学士学位论文，1933 年清华大学政治学系。

2. 《中国租借地问题》，硕士学位论文，1936 年清华大学研究院法科研究所政治学部。

著作

3. 《新约研究》，青年书店 1943 年版。(独著)

4. 《战争与条约》，中国文化服务社 1944 年版。(独著)

5. The Status of Aliens and Foreign Enterprise in China，China Institute of Pacific Relations，Chung King，1945.

6. 《中外旧约章汇编》(第一册)，三联书店 1957 年版。(编著)

7. 《中外旧约章汇编》(第二册)，三联书店 1959 年版。(编著)

8. 《中外旧约章汇编》(第三册)，三联书店 1962 年版。(编著)

9. 《海洋法资料汇编》，人民出版社 1974 年版。(合编)

10. 《国际法》，法律出版社 1981 年版。(主编)

11. 《国际法资料选编》，法律出版社 1982 年版。(与田如萱合编)

12. 《英法汉国际法词汇（附拉丁语词汇)》，中国对外翻译出版公司 1983 年版。(编著)

13. 《中国大百科全书 · 法学》，中国大百科全书出版社 1984 年版。(国际法分支学科编写组主编之一)

14. 《战争法文献集》，解放军出版社 1986 年版。(合编)

15. 《联合国基本文件集》，中国政法大学出版社 1991 年版。(合编)

16. 《王铁崖文选》，中国政法大学 1993 年版。(邓正来编)

17. 《国际法资料选编 · 续编》，法律出版社 1993 年版。(与田如萱合编)

18. 《国际法》，法律出版社 1995 年版。(主编)

19. 《国际法》，台湾五南图书出版有限公司 1995 年版。(主编)

20. 《中华法学大辞典 · 国际法学卷》，中国检察出版社 1996 年版。(总主编)

21. 《国际法引论》，北京大学出版社 1998 年版。(独著)

22. 《王铁崖学术文化随笔》，中国青年出版社 1999 年版。(邓正来编)

23. 《周鲠生国际法论文选》，海天出版社 1999 年版。(与周忠海合编)

24.《国际人道主义法文选（1997）》，法律出版社1999年版。（名誉主编）

25.《国际人道主义法文选（1998）》，法律出版社2001年版。（名誉主编）

26. International Law in the Post-cold War World: Essays in Memory of Li Haopei, Routledge, 2001.（与易显河共同主编）

27.《王铁崖文选》，中国政法大学2003年版。（邓正来编）

译作

28.《一八九八——一九一四年的欧洲国际关系》，三联书店1957年版。（与王绳祖选译）

29.《一八七一——一八九八年的欧洲国际关系》，三联书店1957年版。（与王绍坊选译）

30.《海上国际法》，［英］希金斯、哥伦伯斯著，法律出版社1957年版。（化名王强生合译）

31.《奥本海国际法》（第八版上卷第一分册），［英］劳特派特修订，商务印书馆1971年版。（与陈体强合译）

32.《奥本海国际法》（第八版上卷第二分册），［英］劳特派特修订，商务印书馆1972年版。（与陈体强合译）

33.《奥本海国际法》（第八版下卷第一分册），［英］劳特派特修订，商务印书馆1972年版。（与陈体强合译）

34.《奥本海国际法》（第八版下卷第二分册），［英］劳特派特修订，商务印书馆1973年版。（与陈体强合译）

35.《海洋政治地理》，［澳］普雷斯科特著，商务印书馆1978年版。（与邵津合译）

36.《关于“一分为二”与“合二为一”问题（第一辑）》，商务印书馆1982年版。（选译）

37.《一九一四——一九一八年的第一次世界大战》，商务印书馆1982年版。（选译）

38.《国际法原理》，［美］凯尔森著，华夏出版社1989年版。（独译）

39.《国际海洋边界——太平洋中部和东亚》，［韩］朴椿浩编著，法律出版社1994年版。（编校）

40.《奥本海国际法》（第九版第一卷第一分册），［英］詹宁斯、瓦茨修订，中国大百科全书出版社1995年版。（合译）

41.《奥本海国际法》（第九版第一卷第二分册），［英］詹宁斯、瓦茨修订，中国大百科全书出版社1998年版。（合译）

论文与评论

42. 《福建的田赋》，载《（复旦大学）政治学报》1931 年第 1 期。

43. 《二十一条约的研究》，载《清华周刊》1931 年第 8 期。

44. 《中国铁路问题和门户开放》，载《建国月刊》（南京）1932 年第 4～5 期。

45. 《最惠国条款的解释》，载《清华周刊》1932 年第 7～8 期。

46. 《徐公肃丘瑾璋合著上海公共租界制度》，载《图书评论》1933 年第 3 期。

47. 《原始欧洲领事裁判权制略述》，载《清华周刊》1933 年第 12 期。

48. 《最惠国条款论》，载《清华周刊》1934 年第 11～12 期。

49. 《国内宪法与国际宪法上的习惯》，载《清华周刊》1934 年第 5 期。

50. 《民族主义的国际法观》，载《民族》（上海）1936 年第 12 期。

51. 《敌对状态中外侨损害责任问题》，载《外交研究》（重庆）1940 年第 2 期。

52. 《论不承认主义》，载《外交研究》（重庆）1940 年第 5～6 期。

53. 《论中立法的前途》，载《世界政治》（重庆）1940 年第 5 期。

54. 《敌人封锁我国海岸的性质》，载《世界政治》（重庆）1940 年第 7 期。

55. 《论中英谅解》，载《春秋月刊》（重庆）1940 年第 7 期。

56. 《论苏日中立条约》，载《世界政治》（重庆）1941 年第 9 期。

57. 《领事裁判问题》，载《当代评论》（昆明）1941 年第 9 期。

58. 《如何研究国际公法》，载《读书通讯》（重庆）1941 年第 24 期。

59. 《我国对日德义的宣战布告》，载《世界政治》（重庆）1942 年第 1 期。

60. 《条约法（书评）》，载《世界政治》（重庆）1942 年第 5 期。

61. 《宣战布告与条约》，载《世界政治》（重庆）1942 年第 6 期。

62. 《战争与领事裁判权条约》，载《世界政治》（重庆）1942 年第 8 期。

63. 《论英美放弃在华特权》，载《世界政治》（重庆）1942 年第 16 期。

64. 《改订新约与内地杂居问题：附表》，载《世界政治》（重庆）1943 年第 19～20 期。

65. 《新约内容之一般的分析》，载《世界政治》（重庆）1943 年新约特号。

66. 《中美新约与最惠国条款》，载《当代评论》1943 年第 18 期。

67. 《新约与条约的解释》，载《当代评论》1943 年第 22 期。

68. 《关于中国与国联的关系》，载《世界政治》（重庆）1943 年第 2 期。

69. 《条约签字后的法律上效力》，载《人文科学学报》（昆明）1943 年第 1 期。（再刊于《国立北京大学五十周年纪念论文集》，北京大学出版部 1948 年版）

70.《条约与国内法律的冲突》，载《国立中央大学社会科学季刊》1944年第2期。

71.《国家继承与条约》，载《国立中央大学社会科学季刊》1945年第1期。

72.《论国际法院》，载《新新新闻》（成都）1945年4月20～22日。

73.《（收复区）土地问题》，载《经济导报》（北平）1946年第6卷。

74.《杜鲁门政策与联合国（专论）》，载《新新新闻》（成都）1947年6月7日。

75.《杜鲁门主义与门罗主义》，载《民主论坛》（上海）1947年第8期。

76.《接收旅大与中苏条约》，载《民主论坛》（上海）1947年第12期。

77.《论立法院与条约权》，载《观察》1947年第2期。

78.《暂停开放大连问题》，载《现代知识》1947年第10期。

79.《我们对于改善公教人员待遇的意见》，载《观察》1947年第8期。（与王遵明等人共同发表）

80.《我们对于政府压迫民盟的看法》，载《观察》1947年第11期。（与周炳琳、朱光潜、朱自清等四十六名各院校教授共同发表）

81.《中美商约一周年（专论）》，载《西方日报》（成都）1947年11月4日。

82.《论战争罪犯》，载《天文台》1947年第2期。

83.《美苏在联合国争执的关键——否决权的检讨》，载《现代知识》1947年第5期。

84.《中美商约与土地权问题》，载《现代知识》1947年第9期。

85.《谈内政与外交（节略）》，载北大四院自治会编：《风暴四月》，北大四院自治会1948年版。

86.《如何打破对日和约问题的僵局》，载《新新新闻》（成都）1948年1月6日。

87.《此中土之远患，而非目前之近忧》，载《观察》1948年第11期。

88.《五四运动与新五四运动》，载《北大半月刊》1948年第4期。

89.《再谈新五四运动：五五“民主与科学”晚会上的讲演》，载《北大半月刊》1948年第5期。

90.《我对日本问题的看法：“美国扶植日本问题讨论会”上的讲演》，载《北大半月刊》1948年第6期。

91.《美国外交政策（讲演词）》，载《自由批判》1948年第3期。

92. Review: La Doctrine Americaine de la Porte Ouverte en Chine et son Application Dans la Politique Internationale, Pacific Affairs, Vol. 21, No. 3, 1948.

93.《从日本政局论到中国对日关系》，载《新路》1948年第24期。

94.《美国大选与外交》，载《新路》1948年第1期。

95.《柏林纠纷·美国大选·世界大战?》，载《正论》1948年新11期。（与王聿修、徐炳昶合写）

96.《论政府之亲美外交》，载《展望》1949年第11期。

97.《“白皮书”装的什么药？不会再落入帝国主义的圈套了》，载《人民日报》1949年8月26日。

98.《新政府的成立和旧条约的审查》，载《观察》复刊号1949年第2期。

99.《反对破坏联合国的行为》，载《人民日报》1950年1月24日。

100.《国际问题解答》，载《世界知识》1950年第21期。(与一氓等合写)

101.《美国侵占台湾是对联合国宪章的彻底破坏》，载《人民日报》1954年10月19日。

102.《还有什么可以狡赖呢?》，载《光明日报》1954年12月20日第4版。

103.《从国际法上论罗马尼亚驻瑞士使馆被袭事件》，载《人民日报》1955年3月15日第3版。

104.《恢复大国间互信合作是维护世界和平的基本因素》，载《人民日报》1955年7月18日。

105.《日内瓦协议必须严格遵守》，载《人民日报》1955年9月27日。

106.《不容许美国继续阻挠联合国接纳新会员国问题的合理解决》，载《光明日报》1955年12月9日第4版。

107.《自决权是保卫基本人权的先决条件》，载《人民日报》1955年12月17日第3版。

108.《从国际法上论集体自卫》，载《政法研究》1955年第4期。

109.《坚决反对美国政府迫害中国留学生的非法行为》，载《大公报》1956年1月12日第4版。

110.《美国的侵略罪行是掩盖不了的》，载《大公报》1956年1月27日第4版。

111.《丧失了理智的诡辩（评英国历史学家赫德逊所写的“两个中国”)》，载《光明日报》1956年7月29日第4版。

112.《论所谓“国际管制”苏伊士运河的计划的非法性》，载《人民日报》1956年8月12日第6版。

113.《制止武力侵略的阴谋（苏伊士运河问题)》，载《人民日报》1956年9月23日第7版。

114.《深厚的友谊——访问德意志民主共和国的回忆》，载《光明日报》1956年10月7日第4版。

115. 《为匈牙利人民的胜利而欢呼!》，载《光明日报》1956年11月7日第4版。

116. 《必须有重点地学习》，载《世界知识》1956年第18期。

117. 《肃清官风，发扬学风》，载《北京日报》1957年5月10日第2版。（再刊于牛汉、邓九平主编：《六月雪：记忆中的反右派运动》，经济日报出版社1998年版）

118. 《国际民主法律工作者协会第六届大会》，载《北京大学学报》（哲学社会科学版）1957年第1期。

119. 《政法教育界的“三害”很严重（在北京法学界座谈会6月4日第4次会议上的发言）》，载中国政治法律学会资料室辑：《政法界右派分子谬论汇集》，法律出版社1957年版。

120. 《国际法的研究必须加强》，载《人民日报》1979年3月30日第3版。（与魏敏合写）

121. 《在联合国第三次海洋法第八次会议第七协商组会上关于划界争端问题的发言（1979年4月26日）》，载《中国代表团出席联合国有关会议文件集》（1979年1—6月），世界知识出版社1979年版。

122. 《越南输出难民是对国际法的践踏》，载《人民日报》1979年7月20日第5版。

123. 《国际法当今的动向》，载《北京大学学报》1980年第2期。（再刊于西南政法学院国际法教研室编：《国际法论文集》，西南政法学院国际法教研室1983年版）

124. 《新独立国家与国际法》，载《国外法学》1980年第3期。

125. 《〈海洋发展与国际法——海洋事务杂志〉》，载《国外法学》1980年第3期。

126. 《新的国际经济秩序：原则、政治和国际法》，载《法学译丛》1980年第6期。（译文）

127. 《国际经济法——国际法的一个新分支》，载《国外法学》1980年第6期。

128. 《略谈国际法的研究及其论文写作》，载王力、朱光潜等著：《怎样写学术论文》，北京大学出版社1981年版。

129. 《导论》，载王铁崖主编：《国际法》，法律出版社1981年版。（与赵理海、朱其武合写）

130. 《空气空间和外层空间》，载王铁崖主编：《国际法》，法律出版社1981年版。

131. 《新的国际经济秩序的法律方面》，载《国外法学》1981 年第 6 期。（译文）

132. Die aktuellen Trends im internationalen Recht, in Gerd Kaminski und OskarWeggel, ed. , China und Volkerrecht, 1982.

133. 《王铁崖自传》，载晋阳学刊编辑部编：《中国现代社会科学家传略》（第二辑），山西人民出版社 1982 年版。

134. 《第三世界与国际法》，载《中国国际法年刊》（1982 年卷），中国对外翻译出版公司 1982 年版。（再刊于《中国法学文集》编辑组编：《中国法学文集》（第一辑），法律出版社 1984 年版）

135. 《联合国国际法委员会》，载《中国国际法年刊》（1982 年卷），中国对外翻译出版公司 1982 年版。

136. 《奈特：〈海洋法：案例、文件和阅读材料〉（1980 年版）》，载《中国国际法年刊》（1982 年卷），中国对外翻译出版公司 1982 年版。

137. 《从国际法看新宪法》，载中国民主同盟中央委员会、中国民主同盟北京市委员会文教、科技工作委员会编：《新宪法十二讲》，江苏人民出版社 1983 年版。

138. 《从国际法发展看〈国际法〉教材中的问题》，载《国际法》教材讲习班编：《〈国际法〉教材讲习班发言材料汇集》，1983 年。

139. 《如何办好国际法专业》，载《中国高等教育》1983 年第 4 期。

140. Teaching and Research of International Law in Present Day China, Columbia Journal of Transnational Law, Vol. 22, No. 1, 1983-1984.

141. The Third World and International Law, in R. St. J. Macdonald and D. M. Johnston, ed. , The Structure and Process of International Law: Essays in Legal Philosophy, Doctrine and Theory, The Hague etc. , 1983.

142. 《国际法》，载《中国大百科全书 · 法学》，中国大百科全书出版社 1984 年版。（再刊于知识出版社编：《法学知识概要》，知识出版社 1986 年版）

143. 《国际法的渊源》，载《中国大百科全书 · 法学》，中国大百科全书出版社 1984 年版。

144. 《论人类的共同继承财产的概念》，载《中国国际法年刊》（1984 年卷），中国对外翻译出版公司 1984 年版。

145. 《国际法学会第六十一届会议》，载《中国国际法年刊》（1984 年卷），中国对外翻译出版公司 1984 年版。

146. 《荷兰阿塞尔研究所和纪念格老秀斯诞生四百周年国际法讨论会》，载《中国国际法年刊》（1984 年卷），中国对外翻译出版公司 1984 年版。

147. China and the Law of the Sea, in Douglas M. Johnston and Norman G. Letalik, ed., The Law of the Sea and Ocean Industry: New Opportunities and Restraints, 1984.

148.《格老秀斯著作在中国》，载陈守一等著：《法学论文集》，北京大学出版社 1984 年版。

149.《我国法学十个学科的现状与展望·国际法学》，载《中国法学》1984 年第 1 期。（再刊于中国法学会编：《我国法学研究的现状与展望》，群众出版社 1984 年版）

150.《和平共处五项原则有巨大生命力》，载《光明日报》1984 年 7 月 19 日第 4 版。

151.《国际问题（之一）》，载国家教育委员会高教一司编：《哲学社会科学研究现状和发展——高校“七五”科研规划咨询报告》，北京大学出版社 1985 年版。

152. China and International Law: A Historical Perspective, in T. M. C. Asser Instituut, International Law and the Grotian Heritage: A Commemorative Colloquium Held at the Hague on 8 April 1983 on the Occasion of the Fourth Centenary of the Birth of Hugo Grotius, T. M. C. Asser Instituut, 1985.

153. Grotius's Works in China, in T. M. C. Asser Instituut, International Law and the Grotian Heritage: A Commemorative Colloquium Held at the Hague on 8 April 1983 on the Occasion of the Fourth Centenary of the Birth of Hugo Grotius, T. M. C. Asser Instituut, 1985.

154.《怀念体强同志》，载陈体强著：《国际法论文集》，法律出版社 1985 年版。

155.《联合国与国际法》，载《中国国际法年刊》（1986 年卷），中国对外翻译出版公司 1986 年版。

156.《国际法学会第六十二届会议》，载《中国国际法年刊》（1986 年卷），中国对外翻译出版公司 1986 年版。

157.《美国国际法学会第七十九届年会》，载《中国国际法年刊》（1986 年卷），中国对外翻译出版公司 1986 年版。

158.《英国剑桥大学国际法研究中心》，载《中国国际法年刊》（1986 年卷），中国对外翻译出版公司 1986 年版。

159. The New Convention on the Law of the Sea and the Development of the Law of the Sea, The Workshop on the Law of the Sea Held at Dalhousie University, Canada, 1987.

160.《商务印书馆对中国文化教育的贡献》，载蔡元培等著：《商务印书馆九十年：我和商务印书馆：1897—1987》，商务印书馆 1987 年版。

161.《国际法的几个问题》，载中国人民政治协商会议北京市委员会学委会主编:《法律基本问题系列讲座》，北京大学出版社 1987 年版。

162.《光华寮案的国际法分析》，载《中日友好二十一世纪委员会第十四次会议资料集》，1987 年。

163.《序言》，载［法］卢梭著:《武装冲突法》，张凝等译，中国对外翻译出版公司 1987 年版。

164.《序》，载梅汝璈著:《远东国际军事法庭》，法律出版社 1988 年版。

165.《核威慑与国际法》，载《中国国际法年刊》（1988 年卷），法律出版社 1989 年版。

166. Nuclear deterrence and International Law, Maxwell Cohen and Margaret E. Gouin, ed., Lawyers and the Nuclear Debate, 1988.

167.《国际法在过渡中》，载《中国国际法年刊》（1988 年卷），法律出版社 1989 年版。

168.《反封建的伟大斗争》，载阳翰笙主编:《柳江怒涛：柳城县土改回忆录》，广西人民出版社 1989 年版。

169.《怀念张先生》，载张奚若著:《张奚若文集》，清华大学出版社 1989 年版。

170.《新海洋法公约与海洋法的发展》，载外交学院国际法研究所主办:《国际法论丛》，法律出版社 1990 年版。

171. International Law in China: Historical and Contemporary Perspectives, Recueil des Cours, 1990-II.

172.《中国与国际法——历史与当代》，载《中国国际法年刊》（1991 年卷），法律出版社 1992 年版。

173.《编后》，载《中国国际法年刊》（1992 年卷），中国对外翻译出版公司 1993 年版。

174.《序》，载程道德主编:《近代中国外交与国际法》，现代出版社 1993 年版。

175.《从历史看中国与国际法的关系》，载邓正来编:《王铁崖文选》，中国政法大学出版社 1993 年版。（再刊于邓正来编:《王铁崖学术文化随笔》，中国青年出版社 1999 年版）

176.《中国与海洋法》，载邓正来编:《王铁崖文选》，中国政法大学出版社 1993 年版。（再刊于邓正来编:《王铁崖学术文化随笔》，中国青年出版社 1999 年版）

177.《否决权——廿五年（1945—1970）：修改宪章斗争的主题》，载邓正来编：《王铁崖文选》，中国政法大学出版社 1993 年版。

178. 《沉痛悼念拉克斯法官》，载《中国国际法年刊》（1993 年卷），中国对外翻译出版公司 1994 年版。

179. 《悼念盖尔·霍恩教授》，载《中国国际法年刊》（1993 年卷），中国对外翻译出版公司 1994 年版。

180. 《前言》，载［韩］朴椿浩编著：《国际海洋边界：太平洋中部和东亚》，王丽玉等译，法律出版社 1994 年版。

181. 《回顾与展望：学会工作与国际法的发展——在中国国际法学会 1994 年年会上作的工作报告（摘要）》，载《中国国际法年刊》（1994 年卷），中国对外翻译出版公司 1996 年版。

182. 《条约在中国法律制度中的地位》，载《中国国际法年刊》（1994 年卷），中国对外翻译出版公司 1996 年版。

183. 《国际法的普遍性与国际法教学》，载《中国国际法年刊》（1995 年卷），中国对外翻译出版公司 1996 年版。

184. 《序》，载刘星红著：《欧共体对外贸易法律制度》，中国法制出版社 1996 年版。

185. 《序言》，载饶戈平主编：《国际组织法》，北京大学出版社 1996 年版。

186. 《进一步推动国际法在中国的发展——江泽民主席关于国际法的讲话读后感》，载《中国国际法年刊》（1996 年卷），法律出版社 1997 年版。

187. 《公法学会——中国第一个国际法学术团体》，载《中国国际法年刊》（1996 年卷），法律出版社 1997 年版。

188. 《国际法研究院第 67 届会议》，载《中国国际法年刊》（1996 年卷），法律出版社 1997 年版。

189. 《王铁崖》，载国务院学位委员会办公室编：《中国社会科学家自述》，上海教育出版社 1997 年版。

190.《〈胜诉在美国〉代序》，载《博览群书》1998 年第 3 期。

191. 《张奚若先生印象记》，载鲁静、史睿编：《清华旧影》，东方出版社 1998 年版。

192. 《序》，载陈致中编著：《国际法案例》，法律出版社 1998 年版。

193. 《恭三，你走了》，载《群言》1998 年第 7 期。

194. 《沉重悼念李浩培法官——无限的哀思》，载《中国国际法年刊》（1997 年卷），法律出版社 1999 年版。

195. Joint Separate and Concurring Opinion of Judge Wang Tieya and Judge Rafael Nieto-Navia, Anatole Nsengiyumva v. The Prosecutor, Case No. ICTR-96-12-A,

Appeals Chamber, 3 June 1999. (In Cooperation with Judge Rafael Nieto-Navia)

196. Joint Separate and Concurring Opinion of Judge Wang Tieya and Judge Rafael Nieto-Navia, Joseph Kanyabashi v. The Prosecutor, Case No. ICTR-96-15-A, Appeals Chamber, 3 June 1999. (In Cooperation with Judge Rafael Nieto-Navia)

197. 《序言》，载李兆杰主编：《国际人道主义法文选》，法律出版社 1999 年版。

198. 《序》，载王铁崖、周忠海编：《周鲠生国际法论文选》，海天出版社 1999 年版。

199. 《愿为我国国际法发展贡献余力》，载《群言》2000 年第 1 期。

200. 《宪法与国际法——为纪念钱端升 100 年冥诞而作》，载赵宝煦等编：《钱端升先生纪念文集》，中国政法大学出版社 2000 年版。

201. 《王铁崖自述》，载高增德、丁东编：《世纪学人自述》（第四卷），北京十月文艺出版社 2000 年版。

202. My Friend Li Haopei, in Sienho Yee and Wang Tieya, ed., International Law in the Post-cold War World: Essays in Memory of Li Haopei, Routledge, 2001.

203. 《追思陈岱孙先生》，载清华校友总会编：《校友文稿资料选编》（第七辑），清华大学出版社 2001 年版。

五、综　　述

“WTO 多哈回合与中国贸易政策和法律的新挑战”*

□ 余敏友** 廖　丽*** 刘筱萌****

目　　次

---

* 作者感谢武汉大学国际法研究所研究生张晓京、余炳南、胡传海、周杲、徐世增、周冠、莫娇、段丽薇、陈婷、耿萌、郑晓丽、郑慧颖、刘佳佳、廖济贞、康丹、程迪、徐婧媛、熊珊、马松涛、李茜、李文博等的协助。

** 武汉大学国际法研究所教授，博士生导师。

*** 武汉大学国际法研究所 2007 级博士研究生。

**** 武汉大学国际法研究所 2007 级硕士研究生。

七、区域贸易与服务贸易法律问题

（一）区域贸易相关问题

（二）服务贸易相关问题

为推动世界贸易组织法研究的深入发展，促进学术交流，2007 年 11 月 17 日至 18 日，由中国法学会世界贸易组织法研究会、武汉大学国际法研究所、法学院和 WTO 学院共同主办的中国法学会世界贸易组织法研究会 2007 年年会在武汉大学隆重召开。此次年会的主题是“全球化推动的改革开放——WTO 多哈回合与中国贸易政策和法律的新挑战”，共有来自国内高等院校、研究机构、政府部门的 120 余位代表与会，收到会议论文 60 多篇。与会代表围绕会议主题展开了广泛而深入的探讨，从不同角度反映了 WTO 多哈回合与中国贸易政策法律所面临的热点和难点问题。

一、全球化推动的 WTO 与中国改革开放

（一）WTO 新领域与新课题

自 2001 年启动多哈回合以来，被寄予厚望的 WTO 新一轮谈判就一直饱经挫折。对此，有学者认为，WTO 多边贸易体制是一个多种实力进行角力、争斗、平衡与合作的过程。多哈回合受阻的原因主要包括两个方面。一是 WTO 协定本身先天不足。WTO 体制内存在过多例外，在试图建立一个全球多边自由贸易体制的同时允许地区小多边（Mini Multilateral）体制扩散，但目前这种地区性多边体制已经侵蚀到 WTO 的多边体制。二是 WTO 体制后天失调。这首先表现在尽管有了宪政性质的 WTO 规则，但是对于发展中国家来说，加入 WTO 就意味着必须接受大量不利的格式条款。其次，WTO 对发展中国家的优惠政策仍旧不能落实。再次，国际法目前的发展趋势表明，现在的局面正是对旧制度的否定和对 WTO 新制度的追求。① 不过，也有学者认为，从表面上看，多哈回合陷入困境是一种挫折，但对中国而言，则可能有弊也有利，因为目前我国在服务贸易、与贸易有关的知识产权等方面并未做好充分的准备去迎接所有的挑战。②

关于多哈回合谈判中与 TRIPS 相关的问题，有学者认为，WTO 协定本身的修订在程序上和实体上都存在困难。修订条文首先必须由总理事会或部长级会议以协

① 陈安：《WTO 的多哈回合和目前所遇到的新课题》，年会主题发言。

② 王传丽：《多哈回合谈判的症结与农业问题谈判的困难》，年会主题发言。

商一致的方式通过，然后必须由三分之二以上的成员国批准通过，才能生效。而目前修订存在最大争议的就是《与贸易有关的知识产权协议》中针对“强制许可”的第五条第一款。另外一个争议则是有的国家认为得到的强制许可不能用来出口，也就是说通过强制许可得到的知识产权不能用来盈利，这主要是发达国家对发展中国家的要求。尽管2005年12月，多哈回合谈判通过了关于公共健康的知识产权强制许可协议的文本，但最后必须得到三分之二多数成员国的批准才能正式生效，困难重重。① 至于多哈回合的症结，尤其是农业问题，有学者认为，在农业问题的谈判中，主要分歧方是欧盟和美国，涉及的主要问题是国内支持、市场准入和出口补贴。②

WTO政府采购协定（GPA）是近年来的新问题，随着各国政府采购额的日益增大和政府采购市场开放水平的不断提高，这个领域也越来越为各WTO成员所关注。中国在加入世贸组织时就承诺尽快加入《政府采购协定》，有学者指出，目前我国正在与美国和欧盟进行为期一年的技术性磋商。在这一阶段，磋商的内容主要包括：第一，审查（包括寻找中国法律的漏洞）我国招标投标法、政府采购法与WTO政府采购协定是否有矛盾或冲突；第二，开展关于政府采购市场开放的谈判，其中提出了国有企业与国家控股企业的采购问题；第三，GPA本身处于修改进程之中，尽管于2006年底完成了修改草案，但目前法律审核程序仍未结束。③

（二）中国入世六年成就与挑战

加入世贸组织，是中国经济和社会发展进程中的一个重大转折，如今，中国走完了六年的历程，中国经济也经历了前所未有的高速发展。大会开幕式上，曾为中国入世第二任首席谈判代表的佟志广副部长在发言中指出，我们必须加大利用机遇的自觉性，积极融入世界贸易进程，主动参与和利用世界贸易组织的各种机制；我国入世的战略目的，就是利用WTO平台加速我国的发展，促进资源互补；一方面，我们要“请进来”——引进外资技术；另一方面要落实科学发展观，统筹兼顾，为“走出去”铺平道路。我们改革开放的目的是要推动一套新的经济体制，即具有中国特色的经济体制。我国目前开放的程度已经很高，要注意不能开放过度，要注意经济安全，要警惕外国公司的恶意并购。④

---

① 郭寿康：《保护知识产权的巴黎公约》，年会主题发言。

② 王传丽：《多哈回合谈判的症结与农业问题谈判的困难》，年会主题发言。

③ 于安：《中国加入GPA的谈判现状》，年会主题发言。

④ 佟志广：《更加自觉地乘经济全球化的潮流，利用WTO平台发展我国经济》，年会主题发言。

中国法学会世界贸易组织法研究会孙琬钟会长认为，中国加入世贸组织六年来，信守了加入时的承诺，对贸易体制和政策进行了全面的调整，开展了新中国成立以来规模最大的法规、政策的清理和修改，建立和完善了法律规章和规范性文件的备案审查制度，在依法行政方面也取得了明显成效，对世贸组织规则在我国的实施起到了保障作用。可以说，中国已经平稳地度过了入世以后的过渡期，总体表现良好。但是我国的法律制度同样面临着潜在的、深层次的压力和问题，这就需要专家学者进一步加强对世贸组织规则的研究。

关于 WTO 体制与我国行政法制建设，有学者认为，在行政法制建设方面，我国入世时所承诺的义务并未完全履行，目前仍然存在很严重的问题，并在很大程度上阻碍着我国市场经济法治化的进程。例如行政权力过大、政府对市场的干预过多、行政权力的界限模糊等，并产生了严重影响政治、经济和社会发展的一系列问题。首先，我国目前仍然存在着收入分配不公、贫富差距过大的问题；其次，近几年人民币汇率面临着很大的升值压力。政府行政管理职能调整的滞后，在一定程度上是这些问题的根源。我国行政法制建设的目标是建立公平、透明、权责明确的政府，在这方面，WTO 体制对我国行政法制的影响才刚刚开始。因此，我们除了培养 WTO 争端解决专业人才，还应当认识到问题的根本，更积极地推动政府行政管理的法治化。①

二、多哈回合与 WTO 体制基本理论问题

多哈回合谈判是世贸组织主持的第一轮多边贸易谈判，意在进一步削减贸易壁垒，营造更加公平的贸易环境以促进全球特别是较贫穷国家的经济发展。多哈回合谈判议程确定了 8 个谈判议题，即农业、非农产品市场准入、服务贸易、规则谈判、贸易与发展、争端解决、知识产权、贸易与环境问题。认真研究多哈回合与 WTO 体制基本理论问题，有利于我们更充分地了解 WTO 体制，更进一步地认识多哈回合所面临的困难。

有学者认为，WTO 体制是由申请加入 WTO 的各方与 WTO 成员之间以及 WTO 成员相互之间（尤其是发达国家成员与发展中国家成员之间）通过利益平衡机制博弈形成的、以权利义务平衡为内容的利益平衡体系，而 WTO 协议就是该利益平衡体系的法律确定形式与利益平衡博弈的游戏规则。因为 WTO 协议及其生成、演变与实施过程，无不昭示 WTO 体制的运行规律是利益生成平衡、平衡演变与维持平衡，因此无论是国际层面的争端解决，还是国内层面的争端解决，都应当追求、

① 刘光溪：《WTO 体制下中国行政法治建设》，年会主题发言。

维护WTO协议规定的争端各方的利益平衡，只有以利益平衡为价值导向，平衡各方利益的争端裁决才能最终“定纷止争”。① 另有学者则认为，WTO是国家间体制的代表，其主导力量是经济实力。发达国家经济实力强大，其利益需求主导着WTO的规范取向。但是，由于国家之间的相互依赖，国际机制也不完全体现为实力导向，仍有可能兼顾道义因素。这意味着发展中国家的要求也会受到一定程度的考虑，而不会被完全漠视。所以公平贸易有可能部分实现，其实现的程度取决于发展中国家的谈判策略和团结程度。②

有学者认为，多哈回合谈判是WTO以发展问题为主轴的、进行自我完善和提升的一次重大努力。自20世纪80年代中期乌拉圭回合谈判发起以来，多边贸易体制进入一个艰难而影响深远的转型期，贸易谈判向各种“新议题”的转移，民众和各国政府对贸易自由化支持度的下降，发展中国家在该轮谈判后对多边贸易体制不信任感的加强等因素使该体制的发展日益迷失方向。反思战后多边贸易体制的发展历程，展望未来，多哈回合谈判在注重效率优先的前提下，还应兼顾公平。③

有学者从“宪政”的具体含义出发，认为以在全球范围内合理地配置资源为目的的特征，决定了WTO的组织目的和形式的公法性质。从形式上看，WTO组织及规则的产生体现了成员利益的冲突与妥协，其“制度化”的过程可以被看作是某种意义上的“宪政化”；而对成员政府外贸行政权的干预则在具体内容上使“宪政”的含义扩大到国际法领域了。④

有学者从英国首席经济评论员马丁·沃尔夫的“世界经济是全球的，但是世界政治却是国家的，简言之，这就是全球治理的两难困境”言论出发，阐述了国际贸易关系面临的诸多矛盾与冲突，探讨了当代国际贸易关系确立法治实现全球治理的现实路径。⑤ 也有学者指出，在全球化深入发展的条件下，为实现全人类共同利益和保障基本人权，在现代国际贸易关系领域，应当力图通过世界各国普遍接受的国际贸易法律规范，在全球范围内更有效地调整国际贸易关系，推动以追求全球正义为目标的全球治理。持不同意见的学者则认为，全球治理需要一种世界性的协调和管理机制，而在这种机制之中应当协调哪些方面，如何进行协调等问题仍需要更进一步的研究。同时，贸易与自由如何定位，权力如何制衡，程序如何公正透明

① 朱淑娣：《WTO体制的利益平衡体系与机制——国内/国际功法视角》，载《中国法学会世界贸易组织法研究会2007年年会论文集》。以下同。

② 何志鹏：《公平贸易是否可能：WTO多哈谈判的未来》。

③ 黄志雄：《WTO多哈回合谈判与转型中的多边贸易体制：挑战与未来》。

④ 刘文静：《WTO的“宪政结构”》。

⑤ 郑玲丽：《国际贸易关系的法治与全球治理》。

等问题依然存在较大争议。①

关于国际法的人本化趋势对WTO体制的影响问题，一种观点认为，国际法的人本化趋势虽然给现代国际法体系在理念、实在法和实践等方面带来深刻的变化，但是由于WTO体制的贸易导向和贸易的非价值性，国际法的人本化趋势对作为WTO体制核心建筑之一的互惠原则的冲击和挑战，目前十分有限，将来也不会太大。②

三、WTO与中国经济法律新问题

中国加入世贸组织六年来，经济取得了长足的发展，同时也出现了一些全新的问题。与会学者就此展开了认真而深入的讨论。

关于中国入世后的国家经济安全问题，目前学者们对国家经济安全的分析并不是很多，国家经济安全问题主要体现在过渡期后，一是不断升级的贸易摩擦与国家安全问题，二是不断凸显的货币与金融安全问题，三是不断涌现的内外资并购与产业安全问题。有学者通过结合相关国际经济安全的理论以及对入世后中国自身面临的经济安全问题的考察，指出“WTO体制下我国国家经济安全问题”是保护期结束后应该关注的焦点，对于国家经济安全问题的法律检讨是所有国家经济安全问题研究中最为有效的途径之一，入世之后我国对资源安全、产业安全、金融安全和全球规则制定等方面的法律保障还有待加强。③

中国是世界出口大国，中国制造的安全问题也是全世界所关注的焦点问题。对于中国产品质量安全问题的国际化甚至被“妖魔化”，有学者提出，一方面是由于世界贸易舞台上国家政治利益和经济利益之间的相互缠结，发达国家贸易保护主义有所抬头，但另一方面也说明各国产品质量安全技术法规及产品检验或认证之间存在差异。因此，为协调这种标准差异，除了建立各国技术标准与法规相互承认机制之外，还应当寻求国际组织进行相应的监管。而WTO则是担负这一国际监管职责的最佳选择。④

美国一直是中国最重要的贸易伙伴，而中国对美贸易自1993年转为顺差之后，中美贸易顺差即持续增加。对此有学者认为，现今中美贸易顺差很大程度上是由于贸易统计方法过于笼统，不能真实反映贸易收支平衡的实际情况，中美贸易统计数

---

① 朱兆敏：《论适用于贸易统计的中国原产地规则》。

② 黄伟：《国际法人本化趋势下WTO的互惠原则》。

③ 赵学清、徐忆斌：《论WTO体制下的中国国家经济安全问题与法律保障》。

④ 李雪平：《从国际法角度论中国产品质量安全问题的国际化》。

据甚至有时相差千亿美元之多。① 更多的学者则认为，纵观 WTO 原产地规则协定，当今国际上缺少一个更为明细且更为公平的原产地统计规则，而用一般贸易的原产地规则来进行贸易统计，只会扭曲贸易并造成贸易秩序的混乱。中国贸易顺差一方面由于美国等一些国家公布的统计数据不全面，另一方面则是美国对一些知识产权产品采取限制出口的政策。因此，贸易统计的原产地规则应当通过国际条约和国内立法加以进一步明确。

关于中国建筑业的跨境贸易和投资市场准入问题，有学者分析了世贸组织关于市场准入的相关规定和各成员在建筑服务业的承诺情况，认为中国建筑业跨境贸易和投资的市场准入障碍主要体现在企业设立和工商登记，经营者条件，技术管理人员，劳务人员，建筑企业的基本金、工作业绩、设备和材料，工程质量、安全、环保、健康和卫生标准，承包政府工程项目或项目总承包等方面，并指出中国企业应当利用 GATS 的规则，建立进入他国建筑市场的谈判平台和争端解决机制。②

四、WTO 争端解决机制问题

WTO 争端解决机制是世贸组织在总结关贸总协定 40 多年来实践的基础上建立起来的一套新颖而复杂的争端解决制度。在自 WTO 成立至今的 12 年多中，WTO 争端解决机制为多边贸易体制的安全性及预见性提供了可靠的法律保障，成为 WTO 协议最有力的法律保障手段。WTO 争端解决机制，既成绩斐然，又暴露出固有的缺陷，还面临着新的挑战。

有学者对 WTO 争端解决机制 12 年多来的运作做了如下总结：一方面，WTO 争端解决机构受理的案件数量大，涉及面广，所涉协定多而集中，总体执行情况良好，专家组和上诉机构成绩显著，WTO 争端解决机制在总体上具有较高的合理性，符合当今国际社会多边贸易体制“规则取向”的趋势，另一方面，它也面临着一系列的矛盾和问题，需从长计议，慎重考虑。这些问题与挑战表明，“世贸组织皇冠上的明珠”还需要经受全球化浪潮的不断冲击和洗涤，法治理想与政治实力的不断碰撞会继续影响国际贸易争端解决制度的务实创新，WTO 争端解决机制的改革，任重而道远。③ 另有学者指出，如果说 WTO 争端解决机制是整个 WTO 体制的核心，那么履行机制就是该核心的关键，预计在未来 3～5 年，随着我国国际贸易地位的迅速提高，与美国、欧盟等主要贸易伙伴的摩擦势必增多，以我国为争端当

---

① 朱兆敏：《论适用于贸易统计的中国原产地规则》。

② 师华：《论中国建筑业跨境贸易和投资之市场准入障碍与对策》。

③ 余敏友：《WTO 争端解决机制：成就与问题》。

事方的案件将进入多发期。如何应对 WTO 争端解决（包括 DSB 通过有关裁决或建议之后的履行问题），值得我国国际法学界及实务部门高度重视。①

有学者以欧盟荷尔蒙案为例，具体剖析了 WTO 争端解决履行机制中的授权报复之后的程序问题，指出美国继续中止减让案是欧美荷尔蒙牛肉争端的继续，是 DSU 中后报复时期程序规则缺失的苦果，凸显了增设请求撤销报复授权的具体程序规则的价值，也从另一个方面体现了 DSU 谈判的重要意义，在仍不能就澄清和改进 DSU 达成一致的情况下，各成员也应继续发扬其解决"顺序"问题时展现出的创造精神，力图通过争议当事方之间的特别协议解决问题。②

关于案例研究和 WTO 案例法是否在 WTO 争端中有着不可替代的作用，有学者结合判例法的基本条件和要素，根据 WTO 相关规则的要求，通过实证方法分析，论证了 WTO 争端解决案例法的方法。在严格意义上，判例法的突出特点是遵循先例，案件相同裁决相同；在一般意义上，判例法具有指导作用。WTO 司法实践证明，原属普通法系的先例原则，正在 WTO 法律制度中生根发芽，WTO 的争端解决，也明显地表现出了案例法的方法或特点，在实践中越来越向"遵循先例"倾斜，因此这对坚守传统大陆法系法律制度的国家充分利用 WTO 争端解决制度提出了挑战，随着中国越来越多地卷入普通法国家的诉讼，研究"先例制度"成为当务之急。③

有学者认为，WTO 诉讼策略或诉讼技巧当中的一个重要问题就是系争措施（measures at issue）。系争措施的确定，决定着专家组职权范围的确定，是专家组程序进入实体审理之前需要解决的先决问题。如何确定系争措施对当事方的胜败影响甚大，而成为系争措施必须是在设立专家组的申请书中指明的政府措施或政府参与的措施。系争措施与 WTO 争端解决当事方的利害攸关，易被滥用，因此我国在充分利用 WTO 争端解决机制时，不管是作为申诉方还是应诉方，都应该注意系争措施的正确应用。④

针对中国进口汽车零部件案，有学者指出，目前处理此案的最好方法是通过磋商程序解决争端，而不是进入专家组程序。原告控诉中国主要是因为它们期待从中国广阔的市场获得更多的利益，而且其他国家和公司也有同样的期待。如果利用磋商程序来解决问题，就会给申诉方较多的时间以有利于被申诉方调整政策，从而也可以使被申诉方改变其与 WTO 规则不一致的措施，最终实现双赢。中国法律文化

① 张乃根：《论析 WTO 争端解决履行机制》。

② 肖军：《授权报复之后的程序问题浅析——以欧盟荷尔蒙案为例》。

③ 韩立余：《WTO 争端解决中的案例法分析》。

④ 欧福永、黄文旭：《论 WTO 争端解决程序中的系争措施》。

与制度不同于西方，决定了中国参与 WTO 争端解决的中国特色，从而有可能对 WTO 争端解决机制的理论与实践产生独特的影响。① 而有的学者则认为，尽管 WTO 各成员采用磋商的方式解决问题能够避免很多激烈的争议和冲突，但有时却是一厢情愿。以美国为例，美国认为 WTO 争端解决机制的基本标准应当是尽一切可能维护美国利益、为美国服务，但磋商程序却不能够满足其目的，也不能达到美国国家利益的最大化。②

五、贸易摩擦与贸易救济问题

中国加入 WTO 后，尤其是最近两年，中国同各主要贸易伙伴的贸易摩擦急剧增加，贸易摩擦及其救济问题历来是 WTO 法研究的重中之重，本次年会也不例外。学者们主要探讨了反倾销和反补贴的最新发展。

（一）贸易争端中的反倾销问题

在 WTO 国际贸易体制中，倾销被认为是一种不公平的贸易行为，反倾销则是一种有效地抵制这种不公平贸易行为的合法措施。中国是目前世界上出口产品遭受反倾销指控最多的国家，因此，贸易争端中的反倾销制度研究在我国有着重要意义。有学者认为，因果关系标准分为主要原因标准、首要原因标准、重要原因标准、原因之一标准四种。无论是国际反倾销规则还是各国立法对这个问题都存在反复和分歧，因而也是 WTO 多哈回合反倾销谈判中各国争议较为激烈的一个议题，标准的问题主要取决于各成员的反倾销政策和利益，以及各成员在谈判中的妥协。有学者结合我国法律和实践，指出我国宜采用实质性标准。③ 也有学者指出，我国反倾销主管机关对调查的启动、初裁、终裁和复审程序基本符合我国相关法律法规以及 WTO《反倾销协定》的要求，具有相当的合法性。不过，以 WTO《反倾销协定》为参照标准，在透明度要求和损害与因果关系的认定等方面，我国反倾销实践仍需改进。④ 另有学者提出了完善我国反倾销立法的建议，包括提高立法层次，完善配套法规，在实体方面，具体完善涉及倾销的界定、损害的界定、倾销与损害

---

① 张琪，China and the WTO Dispute Settlement System：First outing as a Respondent in the Case on China Measure Affecting Imports of Automoile Parts。

② 栾信杰，Eudcation Services under Ongoing GATS Negotiations：Reconsidering the National Treatment Principle and Individual Experiences。

③ 肖伟：《论反倾销的因果关系标准》。

④ 刘勇：《从法律的视角看我国反倾销实践的不足及完善建议》。

的因果关系的规则；在程序方面，具体完善包括反倾销调查、代表第三国的反倾销行动、司法审查的规则。①

（二）贸易争端中的反补贴问题

有学者分析了中美之间的反补贴争端，认为美国商务部对原产于中国的铜版纸作出反补贴初裁结果的正式发布，标志着美国政府已经实行 23 年的不对“非市场经济国家”适用反补贴法的政策发生了重大改变，反补贴争端已成为美国实施对中国贸易保护的新的内容和形式。② 另有学者则分析了美国对“非市场经济”国家适用反补贴法的法律依据，认为美国对“非市场经济”国家不适用反补贴法是 1986 年美国联邦巡回上诉法院确立的判例，而美国商务部对中国出口产品发起的一系列“二反合并”调查充分证明其已经推翻自身在判例法中的立场，由此引起了中美两国对反补贴法适用于“非市场经济”国家之法律依据的极大关注。还有学者认为，由于美国宪政体制下对外贸易政策与法律制定、执行与审查及相互制衡，美国对“非市场经济”国家适用反补贴法必须面临三个选择：一是商务部承认完全市场经济地位或作为“市场导向”的个别产业之市场经济地位；二是商务部行使自由裁量权，推翻判例法中的立场；三是国会通过贸易立法授权商务部对非市场经济（NME）国家适用反补贴法。无论是承认中国的个别市场经济地位还是通过国会立法转化《中国加入 WTO 议定书》第 15 条下的贸易权利，美国商务部都将面临重大挑战。③

2006 年，美联储主席伯南克最先提出人民币汇率被低估构成一项中国政府对出口企业的“有效补贴”问题，该言论引起了美国许多制造业协会的共鸣，后者不断游说美国政府向中国政府施加升值压力。有学者认为，美国部分议员的真正目的是通过有关将汇率被低估作为反补贴税征收对象的立法，实现政治目标。汇率被低估是否属于一种“问题补贴”？人民币汇率是否属于“货币操纵”？美国反补贴法律是否适用于“非市场经济地位”的中国？这三个问题表明将汇率低估作为反补贴对象是对现行法律的挑战；不能忽视汇率低估成为美国反补贴调查对象的可能性，中国应认真研究应对之策。④

---

① 王祥修：《WTO 机制下中国反倾销立法的完善》。

② 高永富：《评中美反补贴争端》。

③ 徐泉：《美国对“非市场经济”国家适用反补贴法之法律依据探究》。

④ 屠新泉、孙娜：《人民币汇率与反补贴：牵强的挂钩》。

六、TRIPS 与 SPS 问题

（一）TRIPS 与中国

关于 WTO 中的知识产权问题，近年来越来越多的发达国家利用知识产权制度对广大发展中国家设立了相当高的门槛，引起了许多国家的不满，也引起了学术界广泛的争议和讨论。

有学者认为目前我国存在的问题主要是有关知识产权的程序法有待进一步完善；另一个问题则是知识产权行政执法和法院司法不力，究其原因，主要是知识产权法制观念尚未深入人心以及 TRIPS 协议规定的严格执行程序给中国留下的回旋余地和空间较小。① 另有学者认为，对外贸易中知识产权的司法与执法保护有三种模式，即以司法机关保护为重心的模式、以执法机关保护为重心的模式、执法机关与司法机关平行管辖模式。中国应采取以司法保护为主的模式保护知识产权，应确立以司法机关为中心的知识产权实施协调机制，调整司法体制与行政体制中的利益关系，降低知识产权司法与执法机关及其个人的利益与地方经济发展的关联度，加强监督，遏制腐败，加强海关管理与临时措施方面的协调。②

2007 年，美国就中国知识产权保护不力问题向 WTO 提请与中国进行磋商，认为中国对侵犯知识产权的行为追究刑事责任的门槛过高，让盗版产品的批发和分销商很容易逃脱刑事处罚。与会学者从不同的角度对本案进行了深入的讨论，一种观点认为，关于中国具有商业规模的蓄意假冒商标或盗版行为如果没有符合“门槛”要求将无法适用中国的刑事程序和处罚的指控，没有 WTO 法律依据；关于中国海关对侵权产品的拍卖处理，在消除侵权特征后的处置问题，违反了 TRIPS 协定第 46 条和第 59 条下的义务，中国需要进一步澄清或修改相关法规；关于中国对审查中的进口文化产品不予保护的指控，是出于对中国著作权法的误读，混淆了版权审查与市场准入的问题；关于对未授权的复制或未授权的销售著作权作品的覆盖范围，2007 年 4 月《最高人民法院、最高人民检察院关于办理侵犯知识产权刑事案件具体应用法律若干问题的解释》第 2 条已经作了解释，即明确说明刑法第 217 条中的“复制发行”，包括复制、发行或者既复制又发行的行为。③

有学者认为，如何解释 TRIPS 协定第 61 条所规定的“商业规模”是中美知识

---

① 田曼莉：《中国实施 TRIPS 协议的问题和对策》。

② 冯汉桥：《对外贸易中知识产权执法与司法保护协调问题研究》。

③ 龚柏华：《美国就“中国知识产权保护和执行特定措施”与中国 WTO 磋商案评析》。

产权案的关键。根据DSB解释实践，提出"商业规模"的解释权应属各成员，但解释边界受TRIPS协定第61条相关条件的限制。中国知识产权刑事保护立法机制符合TRIPS协定，没有必要继续下降"刑事门槛"。之所以在实践中盗版行为依旧比较严峻，主要原因在于执法问题，而执法问题的根源又在于知识产权保护的"刑事门槛"超越了中国当前的发展水平。美国对中国知识产权的施压应由"降低刑事门槛"转变到"如何在降低正版产品的价格情况下加大对盗版的刑事打击力度"。① 也有学者表示，要以平常心看待美方提起的申诉。国际贸易摩擦通过WTO体制解决是我国国际贸易环境改善的重要表现。在"权力"严重不对称的知识产权领域，知识产权纠纷的解决从美方频繁使用"337调查"的单边形式转移到DSB，恰恰是中国以巨大代价加入世贸组织所换来的利益所在。国内知识产权保护的法制环境的改善是减少此类纠纷的根本。②

（二）SPS与公共健康问题

在动植物卫生措施协议（SPS协定）中，风险预防原则具有重要的意义，它不仅有助于增强消费者的信心，同时也表明了对公共健康的保护是政府的主要职能。不过有学者认为风险预防原则也可能会成为削弱SPS协议的某种科学依据。关于WTO规则下风险预防原则与贸易自由化的关系，通过比较分析近些年WTO争端解决专家组以及上诉机构对美欧荷尔蒙案和生物技术产品案的裁决，有学者认为，WTO专家组在这两个案例的判决中都选择适用了SPS协定，而在WTO对风险预防原则的态度上，则适用狭义的、高度特定化的、要求充分确实的科学论证的"风险预防"原则，旨在防止国际贸易壁垒的形成。③ 有学者认为，SPS协定的风险评估必须包括三个方面：1. 应当指明WTO成员旨在防止进入其境内的疾病种类及其社会和经济影响；2. 评估该种疾病进入WTO成员境内的可能性；3. 评估在采取卫生措施后这一疾病进入的可能性。④

2001年11月，WTO第四届部长会议通过的《TRIPS协议与公共健康多哈宣言》对TRIPS与公共健康关系作出了澄清，而后WTO总理事会分别于2003年和2005年通过了《关于实施TRIPS协议与公共健康多哈宣言第6条的决议》及《修订TRIPS协议议定书》。与会学者认为，这标志着在知识产权保护（特别是公共健

① 贺小勇：《论中美知识产权"刑事门槛"争端的法律问题》。

② 刘志云：《中美知识产权WTO第一诉：背景、事件及对策》。

③ 秦天宝、陈萍：《国际贸易中风险预防原则的适用问题研究：结合WTO/SPS协定及案例的考察》。

④ 龚向前：《欧美SPS风险规制之合法性审查与WTO的回应》。

康、药品的获取与专利保护）问题上，国际社会一种新的价值取向（人道主义的考量）的形成，也就是说，应在知识产权保护与公共利益之间寻求平衡，知识产权保护不应成为促进公共福利的障碍。①

七、区域贸易与服务贸易法律问题

（一）区域贸易相关问题

经济全球化和区域一体化是当今世界经济发展的两个显著特征。WTO 可以说是全球化的一个象征，而区域自由贸易协定（RTA）则是区域经济一体化的重要载体。20 世纪 90 年代初以来，区域自由贸易协定一直呈现蓬勃发展的态势，WTO 的成立也并未使这一趋势减缓。根据 WTO 的官方统计，截至 2005 年 7 月，向 WTO 及其前身 GATT 通知备案的自由贸易协定总计达 330 个，其中 206 个是 1995 年 1 月 WTO 成立后备案的。

有学者认为，《科托努协定》是欧盟对外贸易关系的一项重要发展，对于非洲、加勒比海和太平洋诸国（ACP 国家）的经济贸易具有重大意义。《科托努协定》实质上是一个以贸易为导向的经济合作协定，同时又是一个以发展合作为导向的经济合作协定。协定的自由化性质具有双重性，即对称性与不对称性。另外，《科托努协定》的范围还具有史无前例的广泛性，不仅鼓励私人部门参与双边贸易以及经济发展，还有政治条款和人权条款。也有学者提出，欧盟基于以往 ACP 国家发生的滥用和贪污援助基金的情况，引入了世界银行的“善治”概念作为判断这些国家是否实现善治的标准，这不仅有将自身的治理模式强加给 ACP 国家之嫌，而且这种标准本身也是相当模糊的，这无异于授予了欧盟在财政援助上的自由裁量权，从而使得欧盟能运用此种权利迫使 ACP 国家在其他领域，特别是经济贸易领域中作出更多的让步。②

《内地与香港关于建立更紧密经贸关系的安排（CEPA）》及其附件和《内地与澳门关于建立更紧密经贸关系的安排》的签署在内地与港、澳之间正式建立起了自由贸易关系，也标志着相互之间的经贸交流与合作进入了一个新的历史阶段。与会学者认为，CEPA 的顺利实施有力地推动了内地与港澳之间经贸交流，促进了经济的共同繁荣和发展。相比货物贸易而言，CEPA 协议中服务贸易的开放对内地和港澳经济的影响更为直接和深远。一种观点表明，目前 CEPA 还没有完整的法律体

① 冯洁菡：《药品专利强制许可——〈多哈健康宣言〉之后的发展》。

② 廖诗评：《欧盟对外贸易关系的新发展——〈科托努协定〉简论》。

系，虽有许多补充协议，但实质性规则如争端解决等仍然没有最终确定。①

有观点认为，在东亚地区没有任何国家或国家集团具备主导中国——东亚自由贸易区的能力与条件，因此这就给在东亚地区建立多边主导的，更加公正的自由贸易协定创造了条件。同时，在认知自由贸易就是公平贸易的基础上，借鉴 WTO、欧盟与北美自由贸易区所取得的经验，在权力平等、普遍性原则与无强迫原则的指导下，也就有可能达成中国——东亚自由贸易区的协定。②

有学者认为，中国与拉美区域经济合作发展模式存在双边和多边并举的特点，加速签订多种以及和多个国家签订条约具有相当的可能性和可行性，中国应该从长远利益出发，寻求跨洲、跨洋的战略经济合作，在双边和多边两个层面上有所作为，最终推进多边贸易体制的发展和多哈发展回合谈判的成功。③

（二）服务贸易相关问题

有学者指出，资本流动和金融服务贸易之间是一种双向联系、相互制约和相互依存的关系；资本过度自由化必将带来类似 1997 年亚洲金融风暴的危机；因此，资本市场必须审慎渐进开放，才能够抵御各种金融风险。我们既要加强金融服务贸易的开放力度，又要建立和完善相关法规和政策。④ 也有学者认为，对于任何一种金融服务自由化国际法律体制而言，在实现国民待遇、取消市场准入方面的歧视性数量限制措施之后，各国金融监管标准之间的差异所导致的非歧视性贸易壁垒即成为跨境金融服务最主要的法律障碍，而后续谈判重点是与监管标准有关的技术性问题以及覆盖特定金融服务领域中的相互承认安排和纳入 WTO 争端解决机制等有关问题。⑤

在迄今为止的国际贸易史上，石油已经成为最大宗的交易物，关系到一国的能源安全、政治安全和经济安全。与会学者认为，现在的国际上只有石油输出国组织（OPEC）以及经济合作组织（OECD）在进行协调石油贸易的工作，WTO 在此却没有发挥应有的作用，也因此造就了如北美自由贸易区（NAFTA）般的区域安排作为解决能源（石油）安全问题的范式与潮流。但是与会学者们一致认为，区域贸易安排固然有着相对紧凑灵活、决策便捷等优势，但终究只能是权宜之计，仅凭

① 慕亚平、卜凌嘉：《推进 CEPA 框架下我国内地与港澳旅游业合作的法律思考》。

② 金晓晨、张红：《组建多变主导的中国——东亚地区自由贸易协定的法律模式研究》。

③ 冯军：《从中国 RTAs 的发展谈我国与拉美国家区域经济合作》。

④ 王江雨，Financial Liberalization and Regulation in East Asia: Lessons from Financial Crises and the Chinese Experience of Controlled Liberalization。

⑤ 刘轶：《WTO 金融服务法中的承认制度及其实践》。

其“歧视性”的基础及成员的有限性，便决定了其难以成为全球经济一体化时代的主导力量。①

总体而言，本次年会内容丰富、精彩纷呈。孙琬钟会长在闭幕式上就高度评价了本次年会。武汉大学 WTO 学院院长余敏友教授也在闭幕式上总结指出，中国加入 WTO 六年来，尽管 WTO 研究经历了由热到冷的转变，然而本次年会却是一个新的历史起点。现在 WTO 法律问题的研究越来越现实，越来越具体。我国 WTO 法律研究要进一步跨出学科，要与其他学科交流；要跨出国门，要在全球化背景下进行 WTO 法律研究；要跨出校门，要更积极地与政府、企业和律师事务所联系和交流。希望中国法学会世界贸易组织法研究会成为一个教育、咨询、服务三位一体的机构，使我们的学术研究更好地为政府和社会大众服务，积极主动地迎接全球化和 WTO 法发展的各种挑战。

Digest of the 2007 Annual Meeting of the Chinese Society of WTO Law

YU Minyou LIAO Li LIU Xiaomeng

① 唐旗：《石油贸易与 WTO 体制》。

六、武汉大学国际人道法研究中心成立

编者按语：2008 年 3 月 14 日，武汉大学国际人道法研究中心成立暨武汉大学—红十字国际法委员会合作协议签约仪式在武汉大学法学院隆重举行，由红十字国际委员会和武汉大学合作成立的武汉大学国际人道法研究中心正式揭牌。武汉大学国际人道法研究中心是经武汉大学批准成立、挂靠武汉大学国际法研究所运作的一个研究机构，也是红十字国际委员会在中国高校支持设立的第一个国际人道法研究中心。中心计划开展的主要活动包括：承接红十字国际委员会、军队有关部门和机构、中央部委等委托进行的课题研究，并积极申报国家社科基金、教育部等部门的相关课题；主办、协办各种与国际人道法相关的研讨会、培训班和其他咨询培训活动；同红十字国际委员会等机构合作，出版国际人道法领域的专著、教材、教学资料等；建设国际人道法资料中心。中心的成立对于扩大国际人道法在中国的教学和研究、扩大武汉大学特别是国际法学科在国内外的影响力具有重要意义。

为庆祝该研究中心的成立，我们在此特编发中国政法大学校长（时任武汉大学副校长、国际法研究所所长）黄进教授，红十字国际委员会东亚代表处主任 Thierry Meyrat（蒂埃里·梅拉）先生、外交部条法司易先良参赞以及中央军委法制局肖凤城大校在中心成立仪式上的发言，以飨读者。

在成立武汉大学国际人道法研究中心会议上的讲话

□ 黄 进

2008 年 3 月 14 日

尊敬的各位来宾、各位同仁：

今天，武汉大学春光明媚、春意盎然。我们在这里欢聚一堂，举行武汉大学与红十字国际委员会（ICRC）合作协议签约仪式暨武汉大学国际人道法研究中心成立揭牌仪式。这是我国有关国际人道法教学、研究和传播方面的一次盛会。首先，我代表武汉大学对红十字国际委员会东亚代表处主任 Thierry Meyrat 先生、中央军委法制局肖凤城大校、中国外交部条法司易先良参赞、中国红十字总会联络部部长王小华先生等来宾和同仁表示最热烈的欢迎，对大家多年来关心、支持和帮助武汉大学国际法学科的建设和发展表示衷心的感谢！

大家知道，国际人道法是国际法的一个历史悠久的分支，主要规范战争和武装冲突中的作战手段和方法以及对非交战人员和平民的保护。随着国际关系不断发展，在当前国际形势复杂多变的格局下，国际人道法不仅有巨大的存在和适用空间，而且它所承载的人道主义理念日益彰显，其在国际社会中的重要性已被各国政府和国际法学者广泛认同。因此，加强国际人道法的教学、研究和传播恰逢其时。我们武汉大学通过同红十字国际委员会建立合作关系，适时成立国际人道法研究中心，来推进国际人道法教学和研究，可以说选准了方向，为武汉大学国际法学科的发展注入了新的活力，培育了新的增长点。

大家也知道，红十字国际委员会是一个以在战争和武装冲突中独立、中立地执行人道主义使命和促进国际人道法传播为主要职责的国际组织，其法律地位和在国际人道法领域的重要作用已在国际上得到普遍的认可，它已在全世界享有美誉。而武汉大学具有重视国际法教学和研究的传统，改革开放以来，武汉大学的国际法学科一直是国家重点学科，武汉大学国际法研究所在 1980 年成立时不仅是中国高校设立的第一个国际法研究所，而且现在还是国际法方面全国唯一的教育部人文社会科学重点研究基地。武汉大学的国际法教学和研究在国内外学术界具有较强的综合实力和较大的影响力。因此，武汉大学与红十字国际委员会在国际人道法领域开展合作可谓珠联璧合、相辅相成、相得益彰。这种合作模式正是我们武汉大学开展人文社会科学研究所追求和极力推进的。

大家更知道，中国将始终不渝地走和平发展道路，推动建设持久和平、共同繁荣的和谐世界，我国政府一贯遵循联合国宪章和原则，恪守国际法和公认的国际关系准则，高度重视国际人道法的遵守和实施。据我所知，早在 2005 年 12 月，我国外交部就同红十字国际委员会签署协议，在北京设立了红十字国际委员会东亚代表处。大家看到，出席今天盛会的来宾不仅有学界同仁，而且有来自中国外交部条法司的代表，来自中国人民解放军有关部门的代表。这说明大家对国际人道法的高度重视。应该提到的是，长期以来，外交部条法司、中国人民解放军有关部门大力支持武汉大学国际法学科开展国际人道法教学、研究和传播，彼此已有许多合作，建立了密切的联系。这大大提升了我校国际人道法学术研究的针对性和实际价值，而今天成立武汉大学国际人道法研究中心又能进一步深化和拓展我们同这些实务部门的交流与合作。

各位来宾，各位同仁，签署协议和成立机构是值得我们庆贺的事情，但这只是开始，万里长征的第一步。事实上，行动比协议更重要。从今天开始，让我们携起手来，同舟共济，埋头苦干，开拓奋进，让国际人道法的教学、研究和传播真正能在武汉大学这块沃土上生根、开花、结果。

谢谢大家！

Speech for the Establishment of Wuhan University Research Center for International Humanitarian Law

□ Thierry Meyrat

Dear President Huang Jin, Dean Xiao Yongping and Professor Yu Minyou,

Ladies and Gentlemen,

As you all know, the International Committee of the Red Cross (ICRC) is an impartial, neutral and independent organization whose exclusively humanitarian mission is to protect the lives and dignity of victims of war and internal violence, and to provide them with assistance on the basis of international humanitarian law (IHL). The ICRC also endeavors to prevent suffering by promoting and strengthening instruments of this law and works for its development, application, comprehension and dissemination.

Therefore, the promotion and development of IHL are core ICRC activities that the institution has been engaged in since its inception in 1863 and are based today on its mandate under the Geneva Conventions and the Statutes of the International Red Cross and Red Crescent Movement. In this regard, the ICRC has long cooperated with the academic circles to establish a sound teaching and research tradition in the filed of IHL with an eye towards students as the next generation of leaders, which, we believe will make the world, in the long run, a better place of humanity for all.

Today the ICRC is following up on university-related activities in some 130 countries around the world. Despite considerable improvement in recent years, the teaching of humanitarian law in universities is unfortunately still not sufficiently widespread.

This description should serve to remind teachers, students and practitioners of the limits of what is now known as international humanitarian law. At the same time, however, it provides a welcome justification for teaching and especially for applying humanitarian law, which is no longer the backwater of international law that it was nearly 50 years ago: today it is applied in countless situations and constantly cited by a growing number of bodies including the United Nations Security Council.

China is a state party to most of the IHL treaties. Dissemination is an obligation undertaken by the state parties. Dissemination creates understanding, which is the first step towards a faithful implementation. Therefore the ICRC also attaches great importance to the cooperation with the Chinese academic circles in dissemination of IHL to the government agencies as well as to the general public.

In September 2005, the ICRC moved its regional delegation for East Asia to Beijing. This has allowed us, over the past years, to intensify the cooperation with academic institutions in China with a view of promoting the teaching of IHL at selected law faculties. This also allowed us to have found an important partner-Wuhan University.

Founded in 1893, Wuhan University is well-known to the world with a long history. Its law school founded in 1926, was one of the oldest law schools in China. What' more important, after the World War II, Prof. Mei Ru'ao, the dean of the time, was appointed as a judge in the Military Tribunal at Tokyo. The torch of IHL in China was firstly lightened at this prestige university.

Now this torch has been passed to a new generation of the teachers and students of Wuhan University. This has also been proved by our cooperation on the first teachers training programme on IHL and the university's participation and good performance in IHL moot court competition and last but not least, the cooperation agreement to be signed between the delegation and the University as well as the plan of action to be announced by Prof. Yu.

The cooperation between the two sides, as indicated in the Agreement, covers thematic research of IHL, establishment of IHL documentation centre and integration of IHL into the curriculum of the University, ect. Therefore, we sincerely hope that through these cooperation the dissemination of IHL can be enhanced within China and another good example of promotion of IHL at the Universities is also set up.

Thank you!

在武汉大学国际人道法研究中心成立仪式上的发言

□ 易先良

2008年3月14日

尊敬的黄进副校长、肖永平院长、余敏友院长，女士们、先生们：

早上好！

我谨代表外交部条法司对武汉大学国际人道法研究中心的成立表示最诚挚的祝贺。对国际红十字会、中国红十字会等机构积极参与支持中心的成立与未来的工作表示赞赏！

武汉大学是全国著名的高等学府，对国际法领域的理论研究更是久负盛名。武汉大学国际法研究所多年来致力于国际法的教学和研究，为国家输送了大量优秀的国际法专业人才。外交部条法司与武汉大学国际法研究所一直保持着非常密切和良好的合作。条法司相当一部分工作人员毕业于武汉大学法学院，他们在我国国际法工作和相关多边、双边谈判中发挥着骨干作用。条法司还经常就工作中的一些具体问题咨询武汉大学国际法研究所的意见，研究所总能给予我们热情周到的协助。因此，我愿借此机会再次向武汉大学国际法研究所表示敬意和感谢！

国际人道法主要是适用于战争和武装冲突的规则和规范，是国际法领域的一个内容丰富的分支。从19世纪末起，中国对国际人道法就采取了积极态度，参加了日内瓦公约的谈判，签署和批准了相当数量的国际人道法条约。1949年新中国成立后，中国政府更加重视国际人道法。1956年中国批准了日内瓦四公约，1983年加入了两个附加议定书，是世界上较早批准日内瓦四公约和最早加入两个议定书的国家之一。不论是在和平时期还是极少数被迫卷入武装冲突的场合，中国都认真遵守了国际人道法。2007年12月，中国还成立了国际人道法国家委员会。该委员会负责研究涉及国际人道法的各种问题，协调国内传播和实施国际人道法的活动，协调中国参与国际人道法事务和国际交流与合作等事宜。

过去的百年堪称人类历史上变化最为剧烈的时期之一。两度“惨不堪言”的世界大战催生了以联合国和《联合国宪章》为基础的新的国际秩序，以及国家主权平等、不使用武力、和平解决国际争端等国际法的基本原则。在这百年间，中国也从一个积贫积弱的旧中国成长为致力于推动和建设持久和平与共同发展的和谐世界的发展中大国。中国所倡导的和谐世界并不是一个没有矛盾、没有问题的世界，而是希望在一个复杂的、充满矛盾的世界中尽可能减少对抗、化解矛盾、建立秩序、促进共同发展。我们希望，和谐世界为所有国家和民族带来友善与公正。在当今世界武装冲突仍难以彻底避免的情况下，国际人道法迫使以诉诸武力实现政治目的的人们三思而行。国际人道法的研究、传播和实施对于保护武装冲突受难者，维护战时的法治和秩序将发挥重要作用，对于促进建设持久和平、共同发展的和谐世界也有着积极意义。

国际人道法是值得学术界深入研究的一个领域。我相信，武汉大学国际人道法研究中心的成立，将对中国国际人道法学术研究和传播乃至国际人道法的实施发挥非常积极的作用。我们支持你们为此作出的努力，期待着看到和运用你们丰硕的研究成果。

作为一名国际法工作者，我自己与武汉大学国际法的交流合作经历使我坚信，作为全国第一家与红十字国际委员会合作成立的国际人道法专门研究机构，你们将在教学、科研、咨询和推广国际人道法方面作出卓越的贡献。因为：

第一，你们具有浓厚的全球观和外向意识。我在国际法之都——海牙工作的8年多时间里，一年四季都能看到武汉大学法学院教师和学生的身影，他们积极参与各种研讨会、学习班和其他交流活动。可以说，武大法学院的教学与科研是与国际同步的。

第二，你们具有较强的全局观和服务意识。武汉大学法学院的教学和科研，始终围绕着国家的发展需要而进行。早在22年前，我曾参加武大环境法研究所主办的全国环境法立法与学术年会。当时，由一个教学机构主办此类重要会议是不多的。武大法学院在国际私法、国际经济法、国际环境法等诸多领域举国闻名、举世认可。可以相信，今天成立的国际人道法研究中心也必将成长为武大又一重要学术机构，国际人道法将发展为武汉大学又一著名专业学科。

第三，在中国，国际人道法是国际法领域中既古老又前沿、既背负着历史又面临着巨大挑战的学科，是需要从战略高度、宏观思维、大视野审视的学科。如何基于但又走出传统的海牙体系的习惯、日内瓦体系的规则，既有战略高度，又紧跟裁军、军控、维和、国际刑法、人权法相关领域和学科的时代步伐，为我国国际人道法的普及、研究、咨询、发展和国际合作作出开创性贡献，是包括在座各位学者在内的国际法领域的专家所面临的新任务。而武大在这方面的专门与综合优势，恰恰是应对这一任务的重要基础。

包括本人在内的全体外交部条法司同志期待并相信武汉大学国际人道法研究中心的成功！

谢谢！

在武汉大学国际人道法研究中心成立仪式上的发言

□ 肖凤城

2008 年 3 月 14 日

今天很高兴应邀参加武汉大学国际人道法研究中心成立暨与红十字国际委员会合作协议签约仪式。我简要谈一些想法。

第一，武汉大学成立国际人道法研究中心具有重要意义。大家知道，仅在军队中传播国际人道法是不够的，还应当在广大民众特别是青年学生中传播国际人道法，因为军人植根于民众，从民众中来，尤其是从青年学生中来。世界许多国家以及红十字国际委员会既重视国际人道法在军队中的传播，也十分重视在广大民众尤其是青年学生中的传播。我自己对国际人道法最初的了解，就是来自高等院校的教育。武汉大学成立国际人道法研究中心，有利于促进国际人道法在我国青年学生中的传播，有利于加强我国对国际人道法的研究和运用。我对武汉大学国际人道法研究中心的成立表示衷心祝贺，同时也对研究中心今后的发展和作用给予由衷的期待。

第二，红十字国际委员会与中国军队的交流与合作由来已久。今天参加仪式的红十字国际委员会东亚代表处代表给大家分发了一份资料，列举了自 1990 年以来红十字国际委员会与中国人民解放军在国际人道法传播方面进行交流与合作的情况，表明 18 年来双方的交流与合作取得了很大成绩。这 18 年，红十字国际委员会在我军院校中举办了许多国际人道法讲座和培训班，接受传播和培训的军官回到所在部队后，进一步传播国际人道法。我军官兵对国际人道法的了解已经今非昔比，这既是红十字国际委员会的工作成绩，也是中国军队尊重和遵循国际人道法的充分证明。我相信，这种交流与合作将会继续。

第三，我军对国际人道法的传播、教育和训练将进一步发展。我军有遵守“三大纪律，八项注意”的光荣传统，这一传统与国际人道法的基本精神是相通的。从 20 世纪 90 年代初开始，我军官兵逐步了解国际人道法。进入 21 世纪，我军几乎所有的军官和大部分士兵对战争法、武装冲突法或者国际人道法有了粗略的了解。今后，我军将制定具体、实用的行动规范，完善相关的教育训练大纲，培养能够正确指导部队遵循国际人道法的军队律师队伍，更好地掌握和运用国际人道法。这是我军尊重和遵循国际人道法的努力方向和发展趋势。